L'Almanach de Pierre Bellemare

L'Almanach de Pierre Bellemare

pour que chaque jour soit un bon jour

Conçu par
Pierre Bellemare

Réalisé par
Gaëtane Barben
Jérôme Equer
Jacqueline Hiegel
Jean-François Nahmias

22, rue Huyghens, 75014 Paris

www.albin-michel.fr
ISBN : 2-226-15572-4

Déjà une année passée ensemble. Vous avez été nombreux à me parler de mon Almanach et, comme je suis toujours à votre écoute, avec mon équipe nous avons cherché à améliorer cette nouvelle édition 2005/2006.

L'éphéméride qui, par définition, ne peut pas beaucoup se renouveler a été remplacé par un bref résumé des événements s'étant déroulés au long des jours des années 1965/1966 (« Il y a 40 ans »).

Pour vous faire rire ou sourire, Jacqueline Hiegel a recherché des perles en tout genre et des mots de la fin étonnants.

La Science amusante ayant eu beaucoup de succès, vous trouverez trente nouvelles expériences réalisables en famille.

Enfin Jacqueline est allée à la recherche des origines d'expressions que nous employons parfois sans savoir d'où elles viennent.

Gaëtane Barben vous remercie pour vos compliments sur ses recettes de cuisine, elle vous en propose plus de cent nouvelles.

Pour occuper vos dimanches, elle a trouvé des activités originales, et son jardin lui a inspiré de nouveaux conseils.

Chaque jour Gaëtane vous propose un proverbe en lieu et place des dictons de l'année dernière, enfin cent nouveaux bons trucs sont à votre service.

Bien sûr, les histoires, les faits divers découverts par Jean-François Nahmias et Jérôme Equer sont là pour vous étonner et vous faire passer d'excellentes soirées.

Que ces quatre nouvelles saisons vous soient douces et que chaque jour soit un bon jour.

Pierre Bellemare

Rubriques

recettes de cuisine

★ faciles ★★ moins faciles ★★★ difficiles

Il y a quarante ans

expériences de physique amusante

jeux d'esprit

trucs

conseils de jardinage

origine des expressions

le mot de la fin

perles

Printemps

IMPRESSION DE PRINTEMPS

Il est des jours – avez-vous remarqué ? –
Où l'on se sent plus léger qu'un oiseau,
Plus jeune qu'un enfant, et, vrai ! plus gai
Que la même gaieté d'un damoiseau.

L'on se souvient sans bien se rappeler…
Évidemment l'on rêve, et non, pourtant.
L'on semble nager et l'on croirait voler.
L'on aime ardemment sans amour cependant

Tant est léger le cœur sous le ciel clair
Et tant l'on va, sûr de soi, plein de foi
Dans les autres, que l'on trompe avec l'air
D'être plutôt trompé gentiment, soi.

La vie est bonne et l'on voudrait mourir,
Bien que n'ayant pas peur du lendemain,
Un désir indécis s'en vient fleurir,
Dirait-on, au cœur plus et moins qu'humain.

Hélas ! faut-il que meure ce bonheur ?
Meurent plutôt la vie et son tourment !
Ô dieux cléments, gardez-moi du malheur
D'à jamais perdre un moment si charmant.

Paul VERLAINE

IL Y A 40 ANS, EN 1965 : Le Salon des Arts ménagers ferme ses portes. Second tour des élections municipales : à l'assemblée parisienne, UNR 39, Centristes 13, Front républicain 38 ; à Marseille, les listes de Gaston Deferre ont la majorité absolue.

LUNDI 21 MARS

Sainte Clémence

Bélier 1er décan

Mieux vaut une portion de légumes avec l'affection Qu'un bœuf gras avec la haine.

LA SCIENCE AMUSANTE

LA PIÈCE QUI SAUTE. Il est tout à fait possible de prendre une pièce de 2 centimes d'euros posée sur une table, sans toucher ni à la pièce ni à la table. Pour cela, maintenir votre main entrouverte à une faible distance de la pièce de monnaie. Celle-ci étant posée entre le bord de la table et votre main, souffler brusquement sur la table, à 4 ou 5 centimètres en avant de la pièce. Avec un peu d'entraînement, les 2 centimes sauteront de la table dans votre main.

EXPLICATION : L'air, comprimé par votre souffle, pénétrera sous la pièce et aura assez de force élastique pour la faire sauter dans votre main.

TAILLE DES CLÉMATITES. La clématite a besoin d'un sol léger et craint l'excès d'humidité. Entourez son pied d'une cuvette. Sa bonne implantation nécessite deux ou trois années, durant lesquelles elle paraît souffreteuse. C'est le moment de couper à 30 centimètres du sol les hybrides à grandes fleurs qui s'épanouiront de mai à juillet. Si elles ne sont pas taillées très court en fin d'hiver, la partie aérienne se dessèche. Pour les clématites de printemps comme *Clematis montana*, attendez la fin de la floraison pour commencer le travail de taille. Apportez au printemps des engrais « arbustes à fleurs », riches en oligo-éléments.

Jeux d'esprit

Je suis couvert de la peau d'une bête
Et je ne suis pas bête ;
J'ai des feuilles
Et je ne suis pas arbre ;
Je suis muet
Et je sais parler à ceux qui me regardent.
Réponse :

Un livre.

IL Y A 40 ANS, EN 1965 : Accord franco-soviétique, signé à Paris par MM. Peyrefitte et Vinogradov sur la télévision en couleurs : l'URSS adopte le procédé français SECAM.

Les jeunes vont par bande, les adultes par couples et les vieux tout seuls (Suède).

Sainte Léa

Bélier Ier décan

MARDI **22** MARS

LES DRÔLES D'HISTOIRES DE PIERRE BELLEMARE

Le guide de l'amour

C'est tout à fait banalement qu'Ariane Legrand, une employée de banque de quarante ans habitant la région lyonnaise, a découvert que son mari la trompait. En faisant les poches de son pardessus pour le donner au teinturier, elle a trouvé un carnet où le volage avait imprudemment noté ses aventures extra-conjugales. Mais si le début est banal, le reste sort plutôt de l'ordinaire. Qu'on en juge !

D'abord, la profession de M. Legrand n'est pas habituelle : il est critique gastronomique et il est entre autres employé par un guide renommé pour tester les meilleures tables de France. À ce titre, il parcourt tout le pays, ce qui a évidemment facilité ses nombreuses liaisons. Ensuite, cédant à la déformation professionnelle, il avait noté ses moments passés au lit de la même manière que ceux qu'il passait à table.

Ces dames et demoiselles étaient ainsi classées en trois catégories de valeur croissante : « hors-d'œuvre », « plat de résistance » et « dessert ». Chacune était gratifiée d'une note de 0 à 20, plus une réflexion élogieuse ou critique, du genre : « fade et insipide », « délicieusement relevée », « succulente, mais un peu sucrée ».

Les adresses et le téléphone figurant sur la fiche de chacune, Ariane Legrand a appelé, en guise de vengeance, tous les « hors-d'œuvre » pour leur faire part de l'appréciation les concernant. Ensuite, malgré les protestations de son mari, qui lui affirmait qu'elle méritait la meilleure note de toutes, elle a demandé le divorce, lui disant d'aller désormais chercher ailleurs son ordinaire.

IL Y A 40 ANS, EN 1965 : Cap Kennedy, 9 h 25 : départ de l'opération Gemini ; c'est un succès, après trois révolutions autour de la Terre, Grisson et Young sont récupérés sains et saufs dans l'Atlantique, à 14 h 17. Pour la première fois, deux cosmonautes ont corrigé eux-mêmes le vol de leur capsule.

MERCREDI 23 MARS

Saint Victorien

Bélier 1er décan

Trop de profit crève la poche.

⭑ SOUFFLÉ DE MERLAN. Faites cuire à feu doux 1 livre de filets de merlan dans un peu de beurre. Mixez et mêlez au poisson une béchamel épaisse, assaisonnez à votre goût. Ajoutez trois jaunes d'œufs et cinq ou six blancs battus en neige très ferme. Disposez dans un plat à soufflé, mettez à four doux environ 40 minutes. Une sauce tomate légèrement aillée et parfumée à l'origan accompagne bien ce soufflé (qui peut également se faire avec d'autres poissons).

LES PERLES À L'ÉCOLE

Tout devoir non remis ne sera pas corrigé.

À LA QUEUE LEU LEU

L'un derrière l'autre.

Le latin *lupus* a donné en vieux français « lou » et « leu ». « Leu » et « leup » étaient utilisés en particulier en Picardie. Les loups vont en bande de quelques individus et il leur arrive de se suivre un par un, l'un derrière l'autre, à la queue d'un autre.

Rangés dans vos placards, vos draps et nappes se marquent de traces jaunâtres au niveau des pliures. Badigeonnez les taches avec du lait cru et laissez sécher votre linge en plein soleil. Lavez-le ensuite normalement. Il sera immaculé. Vous ferez aussi disparaître les taches de moisissure en faisant bouillir le tissu dans du lait, ou bien en laissant tremper le linge dans de l'eau chaude additionnée d'ammoniaque pendant 1 heure.

IL Y A 40 ANS, EN 1965 : Sortie le même jour de trois films cultes : *Le Corniaud* de Gérard Oury avec Louis de Funès et Bourvil, *Le Majordome* de Jean Delannoy avec Paul Meurisse, *La Vieille Dame indigne* de René Allio avec Sylvie. *Ranger IX* s'écrase, comme prévu, sur la Lune après avoir pris 5 000 clichés.

La pauvreté est la sagesse du génie (Espagne).

Sainte Catherine de Suède

Bélier 1er décan

JEUDI 24 MARS

LES DRÔLES D'HISTOIRES DE PIERRE BELLEMARE

Une leçon d'anatomie

Mariés depuis deux ans, Françoise, trente-six ans, et Pierre, la quarantaine passée, vivent dans l'espoir d'un enfant. Hélas, celui-ci se fait attendre. Inquiet de sa stérilité, le couple en parle à son médecin traitant. Ne décelant aucune anomalie, le Dr Blanchin lui propose de consulter un gynécologue. Françoise refuse catégoriquement. Violée à l'âge de douze ans par un cousin, elle répugne à se déshabiller devant un inconnu. Pierre l'approuve.

Six mois passent avant que Françoise consente enfin à se faire examiner. Ne constatant rien d'anormal chez la jeune femme, le spécialiste soumet Pierre au test de Hunter. Ce test consiste à analyser les spermatozoïdes normalement présents dans la glaire cervicale après un rapport sexuel. Nulle trace de spermatozoïdes. Pierre serait-il stérile ? Le médecin lui prescrit alors un spermogramme pour analyser la quantité et la qualité de son sperme. Les résultats sont étonnants : rien de physiologique ne s'oppose à ce que Pierre puisse faire un enfant à sa femme.

Le couple plonge dans la dépression et se résigne peu à peu à un avenir sans bébé. Plusieurs mois s'écoulent, et voilà à nouveau Françoise chez le Dr Blanchin. Souffrant de démangeaisons purulentes au niveau du nombril, elle s'en explique avec embarras. Ces rougeurs surgissent après avoir fait l'amour avec mon mari. Le médecin est alors confronté à ce qu'il n'aurait jamais soupçonné possible après trente ans de carrière : Pierre et Françoise font l'amour par le nombril depuis trois ans ! « Ce cas exceptionnel s'explique par une volonté inconsciente de rejeter la sexualité, considérée par le couple comme un acte condamnable et répugnant », explique le Dr Blanchin.

Pierre et Françoise ont dû apprendre à se déculpabiliser avec l'aide d'un sexologue et d'un psychiatre. Ils sont aujourd'hui parents de deux beaux enfants. Qui contesterait que l'éducation sexuelle, dispensée dès l'école primaire, puisse contribuer grandement au bonheur futur de certains couples !

IL Y A 40 ANS, EN 1965 : Fin de la « Marche de la Paix » conduite par Martin Luther King, pour dénoncer la ségrégation raciale. À Bonn, le Bunderstag prolonge le délai de prescription des crimes de guerre jusqu'au 31 décembre 1969.

VENDREDI 25 MARS

Vendredi saint

Bélier 1er décan

L'éloge des absents se fait sans flatterie.

Vous pouvez vous retendre les traits et lisser votre grain de peau en quelques semaines grâce à une crème de nuit naturelle et peu onéreuse. Enduisez-vous le visage et le cou de vaseline, humectez vos doigts d'eau minérale régulièrement en massant afin que l'eau et la graisse se mélangent. Lissez vos traits du haut en bas et du nez aux oreilles, pendant 3 minutes. Terminez par une brumisation d'eau et séchez immédiatement en tamponnant avec un coton sec.

Jeux d'esprit

Dans les airs je m'élève et domine la sphère,
Et je deviens un crime en descendant sur terre.
Réponse :

Le vol.

FORSYTHIA. Ne taillez pas un sujet de moins de trois ans. Pour les sujets âgés, coupez les branches anciennes en avril, aussitôt après la floraison. Réduisez la plante d'un tiers, en la rabattant au-dessus de rameaux latéraux vigoureux pour faire démarrer de nouvelles pousses le plus près possible du sol. Vous pouvez aussi former votre forsythia en tige ; mené sur un tronc, il aura l'air d'un petit arbre. Il se plaît dans tous les sols, et peut même se cultiver en bac.

☆ *TARTE ELIANE. Passez au mixer deux œufs avec 1 livre de pruneaux dénoyautés – que vous aurez fait tremper éventuellement dans l'eau une nuit s'ils manquent de moelleux. Étendez une pâte brisée toute prête dans un plat à tarte et garnissez-la de votre mélange.*
Cuisez à four moyen 25 minutes.

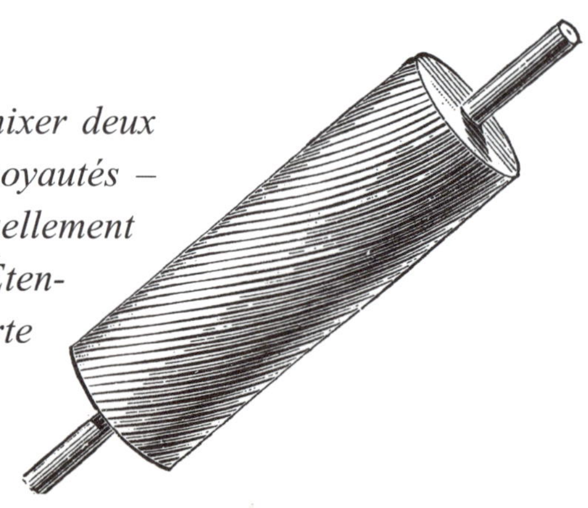

IL Y A 40 ANS, EN 1965 : Quatrième raid américain de la semaine sur le Nord Viêt-nam. Arrestation à la frontière belge de Louis de Condé, l'un des auteurs de l'attentat du Petit-Clamart perpétré contre le général de Gaulle. La terre tremble au Chili : il y a plus de 500 morts.

L'activité est la marchandise qui rapporte le plus (Monde arabe).

Sainte Larissa

Bélier 1er décan

SAMEDI 26 MARS

Le logis du menteur a brûlé, mais personne ne l'a cru (Turquie).

Saint Habib

Bélier 1er décan

DIMANCHE 27 MARS

Ajoutez une note européenne à votre fête de Pâques...

Pâques, c'est la célébration du printemps... Faites de votre table une évocation du renouveau de la nature. Étalez de la mousse fraîche légèrement séchée sur votre table en prenant soin de protéger la nappe par un plastique. Parsemez-la de fleurs des champs, vraies ou fausses. Nouez votre serviette avec du raphia et glissez-y une primevère. Une pince à linge peinte en rose serrant une corolle d'anémone servira à la fois de marque-place et de porte-couteau. Attachez des mèches de raphia agrémentées de pâquerettes sur les pans de la nappe. Réalisez en papier mâché (lanières de papier journal mouillées, collées puis peintes) un gros œuf partagé en deux dans le sens de la longueur, garni de fleurs et d'œufs en chocolat... Comme en Allemagne, attachez à des branches de forsythia, dans un vase, des œufs décorés. Ou bien inspirez-vous de la coutume suédoise : un bouquet de ramilles de saules avec ses chatons, garni d'une multitude de duvets teints et d'œufs décorés. Vous pouvez offrir, comme dans la tradition commune aux Suédois et aux Grecs, des œufs durs aux invités pour jouer par deux à les entrechoquer : le gagnant est celui qui parvient à conserver son œuf intact. C'est une coutume d'origine orthodoxe de servir au repas l'agneau pascal. En Grèce, on déguste la soupe aux tripes dans laquelle on a fait cuire le cœur et les poumons de l'agneau. En Alsace, les boulangers confectionnent un biscuit en forme d'agneau. Les pâtisseries de Pâques s'apparentent un peu partout à des brioches. En Grèce, elles sont ornées d'œufs durs colorés en rouge. Font aussi partie du décor les sujets en chocolat figurant lièvres et lapins, cacheurs d'œufs privilégiés. En Allemagne, selon les régions, le lapin est remplacé par un renard, un coucou ou un coq, que vous aurez peut-être du mal à trouver dans les confiseries... N'oubliez pas d'offrir une poule... Sans elle, il n'y aurait pas d'œufs de Pâques !

IL Y A 40 ANS, EN 1965 : Premier dimanche de vrai printemps qui provoque un embouteillage monstre autour de Paris.

LUNDI 28 MARS

Saint Gontran

Bélier 1er décan

Chacun tente de passer par où la haie est la plus basse (Danemark).

LA SCIENCE AMUSANTE

LES TRENTE-SIX ALLUMETTES. Si vous souhaitez exercer la sagacité de vos enfants, mettez sur la table 36 allumettes en les rangeant les unes à côté des autres de façon que la distance entre deux allumettes voisines soit égale à la longueur de l'une d'elles.

Comment pourront-ils, sans en enlever une seule, disposer ces 36 allumettes afin qu'il reste sur la table seulement une allumette ?

EXPLICATION : Quand ils auront bien cherché, vous disposerez vos allumettes afin de composer les mots UNE ALLUMETTE, écrit en lettres bâton ! Ainsi, il reste vraiment une allumette, comme vous l'aviez demandé…

SE METTRE MARTEL EN TÊTE

Se faire du souci, se tourmenter.

L'expression, apparue sous cette forme au début du XVIIIe siècle, utilise les valeurs métaphoriques de martel, « souci, inquiétude », courantes dès le XVIe siècle et exprimées dans des locutions comme avoir, donner martel, « avoir, donner du souci ».

Le mot de la fin

«Je veux vivre.
J'ai tout à faire…»
Guillaume Apollinaire, 9 novembre 1918.

ROSIERS. C'est le dernier moment pour la taille des rosiers. Terminez-la avant que les bourgeons n'aient trop évolué en pousses feuillées. Immédiatement après la taille, désherbez entre les plants, répandez quelques poignées d'engrais spécial rosiers et enfouissez-le par griffage. Certaines variétés de rosiers, comme les couvre-sol dont beaucoup sont remontants, ne réclament pas ce type d'intervention. Leur entretien se limite à retirer en fin d'hiver les brindilles mortes et à couper les bouquets fanés.

IL Y A 40 ANS, EN 1965 : Manifestation à Saint-Pol-de-Léon des maires et conseillers généraux du Finistère, qui s'opposent à l'« exportation » de plants d'artichauts bretons vers le Maine-et-Loire.

Le monde entier, fût-il ligué contre toi, ne peut te faire le quart du mal que tu te fais à toi-même (Turquie).

Sainte Gladys

Bélier 1er décan

MARDI 29 MARS

LES DRÔLES D'HISTOIRES DE PIERRE BELLEMARE

Le gang des poitrines nues

Jan Verstend, vingt-cinq ans, est en train de faire ses achats dans un grand magasin de Zwolle, aux Pays-Bas, lorsqu'il n'en croit pas ses yeux. À peu de distance de lui, six paisibles ménagères qui paraissaient comme lui faire paisiblement leurs emplettes, retirent d'un même geste le pull-over qu'elles portaient et apparaissent torse nu, sans soutien-gorge. Après quoi, elles se mettent à se promener dans les rayons en exhibant leurs poitrines, au milieu des cris admiratifs ou scandalisés, les premiers émanant de la partie masculine et les seconds de la partie féminine de la clientèle. Ce n'est que quand plusieurs employés du magasin se décident à intervenir qu'elles se rhabillent et s'enfuient en courant.

Mais Jan Verstend n'est pas au bout de ses surprises. Il en est encore à se demander la signification de cette extraordinaire manifestation, quand il entend des cris provenant d'une autre partie du magasin :

« Au voleur ! On a pris la caisse ! »

Car telle était la raison de ce strip-tease d'un nouveau genre : pendant que ces dames attiraient l'attention, deux hommes habillés tout à fait normalement faisaient main basse sur la caisse. Et le procédé a été efficace. Interrogé comme témoin, Jan Verstend n'a rien pu dire sur les voleurs. Comme les autres, il n'avait vu que leurs séduisantes complices.

Ceux que la presse hollandaise a appelés « le gang des poitrines nues » ont recommencé deux fois leur coup, puis, jugeant sans doute que l'effet de surprise ne jouerait plus, ont-cessé leurs activités, après avoir empoché un joli butin.

IL Y A 40 ANS, EN 1965 : Attentat vietcong à l'ambassade américaine de Saigon. Journée de défense du cinéma français : l'opération « Cinéma gratuit » a fait salle comble.

MERCREDI 30 MARS

Saint Amédée

Bélier 1er décan

Il vaut mieux régner en enfer que servir au paradis (Angleterre).

☆☆ ŒUFS EN MATELOTE. Faites cuire 20 minutes environ moitié eau et moitié vin blanc (ou rouge selon le goût), avec bouquet garni, oignons, échalotes, ail, sel et poivre. Passez au tamis, puis remettez la sauce à bouillir, pochez dedans les œufs, posez chaque œuf sur un croûton de pain grillé dans du beurre, tenez au chaud. Faites un roux blanc avec un peu de farine, mouillez avec la sauce, faites une liaison au jaune d'œuf, et versez sur les œufs.

LES PERLES A L'ÉCOLE

Saint-Exupéry est mort trop jeune pour avoir pu écrire des livres posthumes.

Si votre porte en bois frotte contre les montants, passez de la craie sur la tranche incriminée. Fermez la porte et ouvrez-la de nouveau : les traces de craie qui auront disparu au contact des montants vous indiqueront les endroits à poncer ou même à raboter. Passez ensuite un morceau de paraffine.

Jeux d'esprit

Personne ne me voit,
Jamais on ne m'entend,
Le sage me connaît et la foule m'évite,
Et je n'existe plus dès que l'on parle de moi.

Réponse :

Le silence.

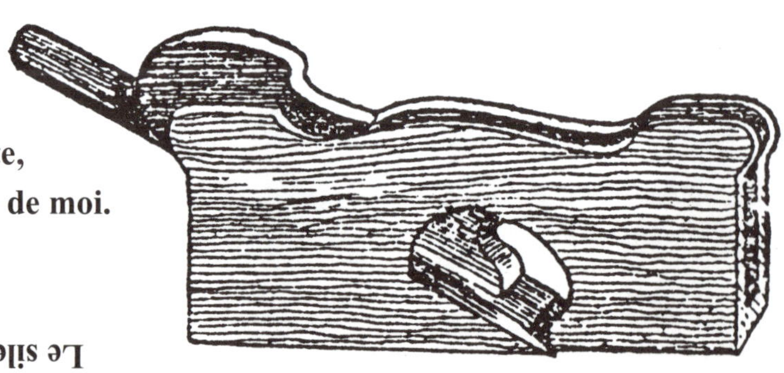

IL Y A 40 ANS, EN 1965 : En France, le coût de la vie a augmenté de 2,4 % en un an (au lieu de 5 % l'année précédente).

**Du même bois,
on peut faire et une croix et une trique
(Roumanie).**

Saint Benjamin

Bélier 1er décan

JEUDI 31 MARS

LES DRÔLES D'HISTOIRES DE PIERRE BELLEMARE

Un mal mystérieux

Le 1er avril 2002, Andrew Georges Goff, un Australien de trente et un ans, déambule dans une rue piétonne de Sydney. Soudain, il se frappe la poitrine, vacille et s'affale sur le sol. Des passants se précipitent aussitôt. Le jeune homme semble plongé dans un profond coma. On lui soulève la tête, on défait sa cravate, on l'évente avec un journal. Une femme, qui se prétend secouriste, pratique un bouche-à-bouche, tandis qu'une autre, affolée, appelle Police-secours sur son téléphone portable.

Quelques minutes plus tard, un médecin urgentiste et un infirmier surgissent d'une ambulance. Le premier, diagnostiquant un malaise cardiaque, fait une injection d'adrénaline, le second pose un masque à oxygène sur le visage. Lorsqu'ils l'estiment stabilisé, les soignants transportent le malade dans l'ambulance et foncent vers l'hôpital le plus proche.

Bien que le service des urgences soit bondé de blessés en attente, le médecin exige que son patient soit soigné en priorité, tant il estime son cas critique. En effet, le visage d'Andrew Goff est parcouru d'affreuses grimaces qui lui tordent la bouche.

Abandonnant un instant une femme sur le point d'accoucher, une équipe de réanimation est réquisitionnée. Par prudence, elle décide de transférer sans tarder le jeune homme au bloc opératoire.

Alors que l'anesthésiste est déjà sur le point de l'endormir, Andrew Goff se redresse d'un bond, arrache sa perfusion et éclate d'un rire sonore.

« Poisson d'avril ! hurle-t-il à la face des médecins abasourdis. Je n'ai rien du tout, je vous ai bien fait marcher ! »

Prix à payer pour cette farce de mauvais goût : trois mois de prison avec sursis et 6 000 euros d'amende !

IL Y A 40 ANS, EN 1965 : Le *Journal officiel* publie les décrets relatifs au prix du lait. Le litre de lait pasteurisé en emballage perdu est fixé à 0,76 F, à 0, 73 F en bouteille et 0,66 F en vrac. Mort de la célèbre esthéticienne Helena Rubinstein à New York

VENDREDI 1 AVRIL

Saint Hugues

Bélier 2er décan

Le chien au chenil aboie à ses puces ; le chien qui chasse ne les sent pas (Chine).

Si l'humidité a attaqué certains de vos livres, saupoudrez toutes les pages de talc et répartissez-le avec un morceau de coton. Refermez le livre et maintenez-le fortement, les pages bien serrées les unes contre les autres. Au bout de 15 minutes, secouez le livre, le talc aura alors absorbé l'humidité.

QUAND LA PRESSE S'EMBALLE

La maman n'avait pas assez de lait pour nourrir le bébé et le père.
Nice Matin

COUP DE JARNAC.

Signifie « attaque perfide », par allusion à la célèbre botte, pourtant régulière, du chevalier de Jarnac qui tua en duel La Châtaigneraie en 1547.

JARDINS CITADINS.

Pour les jardins de ville ou les terrasses et balcons, pensez aux plantes à feuillage qui donnent rapidement un beau volume et qui peuvent aussi se cultiver en jardinière. Le lierre est très résistant à la pollution et supporte bien l'ombre et la sécheresse ; les jardinières pourront rester en place en hiver. Il offre une grande diversité de feuilles – arrondies, allongées, petites ou grandes, très découpées, frisées - et une grande variété de coloris allant de l'argent au vert sombre, en passant par le crème. Il est un des meilleurs moyens de masquer les murs de béton à l'ombre en grimpant, ou se présenter en position retombante. Pour qu'il ne dégrade pas les murs de pierres déjà en mauvais état, prévoyez un support.

IL Y A 40 ANS, EN 1965 : Lancement du premier satellite américain doté d'un réacteur nucléaire. La direction de l'ORTF annonce la suppression de « La Caméra explore le Temps » de Stellio Lorenzi, Alain Decaux et André Castelot.

Mieux vaut user des souliers que des draps (Italie).

Sainte Sandrine

Bélier 2e décan

SAMEDI 2 AVRIL

Mange selon la hauteur de ton sac à provisions, marche selon la largeur de ton pas (Tibet).

Saint Richard

Bélier 2e décan

DIMANCHE 3 AVRIL

Un jardin pour chacun

L'intérêt pour le jardinage a augmenté ces dernières années. Vous habitez en ville, dans un immeuble... Votre activité professionnelle est stressante, et vous avez besoin de vous rapprocher de la nature. Le moment n'est pas encore venu d'acquérir un pavillon ou une maison à la campagne, mais vous rêvez d'un jardin, pour vous et vos enfants. Les « jardins familiaux » vous offrent la possibilité de faire pousser vos légumes, ce qui représente une récolte souvent non négligeable, avec le plaisir de cultiver des produits sains. Se dépenser physiquement en pratiquant le jardinage permet de vivre au rythme des saisons. Respirer, se sentir libre, avoir une activité gratifiante, c'est un rêve que vous pouvez peut-être réaliser en vous adressant à la Fédération nationale des jardins familiaux, 11 rue Desprez, 75014 Paris, tél. 01 45 40 40 45. En moyenne, les parcelles sont de 250 m2 à 300 m2. Il faut parfois attendre plusieurs mois pour s'en voir attribuer une... Si le délai vous paraît trop long, il y a une solution d'attente, celle des « jardins partagés ». Au milieu de la ville même, grâce à ces jardins partagés, il est possible de cultiver quelques légumes et quelques fleurs et de s'aérer.

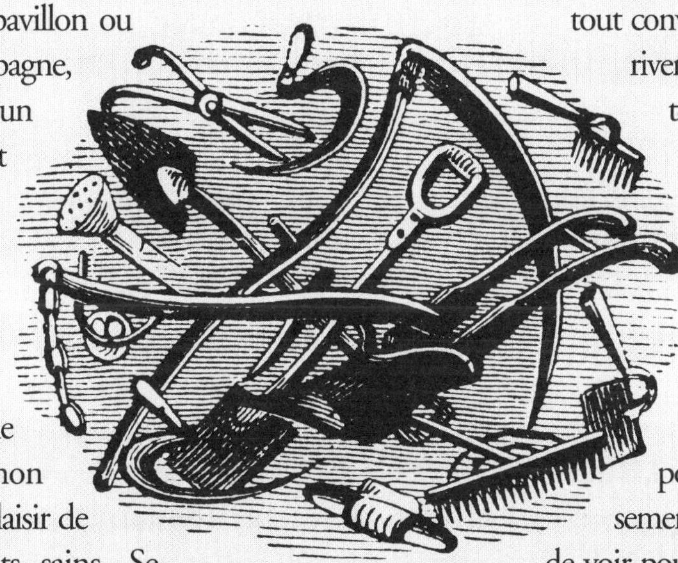

Leur vocation est écologique, mais surtout conviviale puisque tous les riverains peuvent en profiter. Ces jardins citadins se développent de plus en plus, parfois aménagés sur d'anciennes friches, usines désaffectées, terrains vagues. Tout le monde s'entraide pour travailler la terre et semer. Vous aurez le plaisir de voir pousser fleurs et légumes, de déguster des tomates et des radis. En contrepartie de la mise à disposition de terrains et de leur aménagement (clôture et eau), les associations responsables du jardin s'engagent à respecter l'environnement, à ouvrir les lieux au public une demi-journée par semaine et à organiser des événements culturels (s'adresser à la mairie). Après une ou deux saisons de « jardins partagés », le jardinage n'aura plus de secrets pour vous.

IL Y A 40 ANS, EN 1965 : Mort de Gaston Dominici.

LUNDI 4 AVRIL

Annonciation

Bélier 2e décan

Sang noble ou ignoble est de la même couleur (Allemagne).

☆ *ESCALOPES DE DINDE PANÉES. Préparez une panure en mélangeant 150 grammes de chapelure, 20 grammes de zestes de citron séchés, 100 grammes de brisures de noisettes, sel et poivre. Passez quatre escalopes dans la farine, dans un œuf battu et dans la panure. Mettez-les à cuire à feu doux dans une poêle avec de l'huile et du beurre. Vous napperez les escalopes de dés de citron revenus dans une noix de beurre.*

Le mot de la fin

«Tu la montreras au peuple. N'oublie pas. Elle en vaut la peine.»
Danton au bourreau le 5 avril 1794

Vos meringues ne s'affaisseront plus en cuisant si vous les saupoudrez de sucre glace avant de les mettre au four.

SEDUM. Le sedum est une plante vivace facile de 10 à 40 centimètres selon la variété, à planter jusqu'à mi-avril. Ses ombelles vert pâle se colorent progressivement en de nombreuses nuances de rose au mois d'août. L'effet décoratif est de longue durée, car ses feuilles épaisses et charnues, d'un brun rouge, persistent en hiver. Elle se développe dans peu de terre – espacez chaque sujet de 30 centimètres –, résiste au froid, s'accommode aussi bien de la sécheresse que de l'humidité, de l'ombre que du soleil. Elle est idéale pour garnir un petit coin de rocaille, mais peut également être cultivée en pot. Vous pouvez en faire des bouquets aussi bien frais que séchés.

IL Y A 40 ANS, EN 1965 : Remontée du « spéléonaute » Antoine Senni du gouffre Ollivier : il a passé 127 jours hors du temps, battant ainsi un record mondial, et se croyait au 6 février ! Violent séisme à Mégalopolis, dans le Péloponnèse – le quatrième en six semaines –, qui fait des centaines de blessés.

Quand on tient la poule, il faut la plumer.

Sainte Irène

Bélier 2e décan

MARDI 5 AVRIL

LES DRÔLES D'HISTOIRES DE PIERRE BELLEMARE

Poissons d'avril

Fred Snowburry, propriétaire d'un important restaurant new-yorkais, est un incorrigible amateur de grosses farces. En particulier, il ne manquerait sous aucun prétexte la sacro-sainte tradition du 1er avril. C'est ainsi qu'en cette année 2003, il a fait en sorte que tout son personnel reçoive le 31 mars une lettre de licenciement. Et, le lendemain, lorsque les intéressés sont venus le trouver, bouleversés ou furieux, il leur a lancé à chacun, avec un grand rire sonore : « Poisson d'avril ! »

Après cette plaisanterie médiocrement appréciée par ses victimes, le travail a repris au restaurant, mais une semaine plus tard, une série d'incidents extravagants se sont produits coup sur coup. D'abord, un clochard, qui avait réussi à tromper l'attention du personnel, s'est enfermé dans les toilettes pour y prendre le déjeuner qu'il avait emporté dans sa musette. En attendant qu'arrive la police, c'est en salle que les événements se sont multipliés. Des homards, sortis on ne sait comment de leur vivier, ont commencé à circuler au milieu des tables, tandis qu'une cliente éméchée se mettait à pousser la chansonnette. Fred Snowburry s'arrachait les cheveux, lorsque tous ses employés lui ont lancé en chœur : « Poisson d'avril ! »

Ils avaient loué les services d'une maison spécialisée dans les animations à domicile, qui avait mis en scène ce charivari. Fred Snowburry, trouvant qu'une pareille plaisanterie était de nature à nuire à la réputation de l'établissement, leur a déclaré qu'elle était de très mauvais goût, mais ses employés lui ont rétorqué qu'une fausse lettre de licenciement n'était pas de meilleur goût.

IL Y A 40 ANS, EN 1965 : À Vienne, 16 pays sur 31 adoptent le procédé couleur français SECAM. *My Fair Lady* est proclamé le meilleur film à la 37e cérémonie des Oscars qui s'est déroulée à Santa Monica, et totalise huit Oscars.

MERCREDI 6 AVRIL

Saint Marcellin

Bélier 2e décan

Que celui qui n'a pas encore traversé ne se moque pas de celui qui s'est noyé (Afrique).

LES PERLES À L'ÉCOLE. Verlaine était belge par ses parents et français par ses livres…

★★*FENOUIL AU CHÈVRE. Après avoir lavé quatre bulbes de fenouil et enlevé leur enveloppe un peu coriace, coupez-les en tranches. Faites-les cuire 20 minutes dans un peu d'eau bouillante additionnée d'une cuillerée d'huile d'olive, d'un dé de pastis et de deux gousses d'ail, sel, poivre. Égouttez bien si nécessaire. Étalez le fenouil dans un plat à four beurré, dispersez des éclats d'olives noires, nappez d'un mélange de 400 grammes de fromage de chèvre frais, deux cuillerées d'huile d'olive, et un jaune d'œuf. Mettez au four thermostat 6-7 pendant 30 minutes. Assaisonnez à votre goût.*

PRÉCAUTIONS LORS DE LA TONTE. Au démarrage de la saison de la tonte, il y a des précautions à prendre pour ne pas heurter et blesser les troncs d'arbres avec la tondeuse. La moindre entaille ou encoche est une véritable porte d'entrée pour les maladies. Pour les arbres robustes, posez quelques dalles autour du tronc facilitant le passage de la tondeuse ; pour les jeunes arbres, utilisez des sections de manchons de mousse isolante (rayon bricolage) fendus sur toute leur longueur, et entourez-en les troncs de faible diamètre.

Les géraniums ont la réputation d'écarter les moustiques. Il en est de même pour la lavande. Ne vous privez donc pas de garnir de potées toutes vos fenêtres.

IL Y A 40 ANS, EN 1965 : Les mannequins en colère, revendiquant un vrai statut social, sont reçues par le ministre du Travail. Adoption par le Conseil des ministres du projet de réforme du service militaire, avec institution d'un système sélectif ; sa durée est maintenue à 18 mois.

Un bon étalon pète en pissant.

Saint Jean Baptiste de la Salle

Bélier 2e décan

LES DRÔLES D'HISTOIRES DE PIERRE BELLEMARE

Un nom qui vaut de l'or

Mikhaïl Kalachnikov, le père du célèbre fusil d'assaut Avtomat Kalachnikova 1947 (AK 47), peut s'enorgueillir d'avoir imaginé l'arme individuelle considérée par de nombreux experts militaires comme la meilleure jamais fabriquée. Devenue emblématique de toutes les organisations de guérilla, équipant les armées de cinquante-cinq pays à travers le monde, l'AK 47 s'est vendue à plus de cent millions d'exemplaires.

Pour autant, l'ingénieur Kalachnikov, général retraité de l'Armée Rouge, vivant seul dans un modeste appartement de trois pièces décorées de meubles datant de l'époque stalinienne, n'a jamais perçu le moindre kopeck de droit d'auteur pour sa géniale et meurtrière invention.

Estimant aujourd'hui que sa prodigalité a atteint ses limites, Mikhaïl, âgé de quatre-vingt-quatre ans, a décidé de rattraper le temps perdu. Puisque son nom vaut de l'or, pourquoi ne pas décliner une gamme de produits labellisés Kalachnikov ? Le calibre 7,62 mm et les chargeurs de trente cartouches n'étant pas très « tendance » dans les galeries marchandes, le vieux général a porté son dévolu sur des objets moins belliqueux : montres, parapluies et parfums.

« Les articles qui seront fabriqués et signés de mon nom auront des qualités très proches de celles de mon fusil, fiables, d'un emploi facile et indestructibles », a assuré l'inventeur.

Aurons-nous bientôt le bonheur de surprendre dans les conversations de piquantes petites phrases telles que celles-ci : « Quelle heure est-il à ta Kalach ? », ou : « J'adore ton parfum. Ça ne serait pas "Rafale" de Kalachnikov, par hasard ? »

IL Y A 40 ANS, EN 1965 : Léonide Brejnev signe à Varsovie un traité polono-soviétique garantissant l'inviolabilité des frontières polonaises. Des ouvriers travaillant à la nouvelle piste d'Orly ont mis au jour quatre squelettes humains et des pièces de monnaie frappées en 1596.

VENDREDI 8 AVRIL

Sainte Julie

Bélier 2e décan

Un vieil ami est chose toujours nouvelle (Italie).

★★★CANETTE DU CHEF EVRARD. Placez dans une canette vidée, salée et poivrée, une noix de beurre et une grosse orange pelée. Dans une cocotte doux-feu (ou autre marmite à couvercle de préférence creux pour y mettre de l'eau), cuisez-la 1 heure au four thermostat 6 à 7 légèrement huilée avec une branche de thym. Sortez la marmite du four, retirez l'excès de graisse de canard fondue, versez dans le restant le jus de deux oranges et leur zeste râpé ainsi qu'un verre de vin blanc sec. Remettez au four la marmite fermée et cuisez doucement encore une demi-heure. Pendant ce temps, rissolez des tranches d'oranges pelées à la poêle (une par convive) avec un peu de beurre, qui serviront de garniture. Pour les grosses faims, prévoyez des pommes de terre grenailles ou des marrons, sautés à la graisse de canard. Servez la volaille découpée recouverte de sa sauce.

Pour désodoriser vos sanitaires, il y a plus efficace que les bombes aérosol. Grattez trois ou quatre allumettes après votre passage. Le soufre en brûlant éliminera toutes les odeurs désagréables.

LA SCIENCE AMUSANTE

UNE BOULETTE DE PAIN FRAIS. Prenez une boulette de pain frais, de la grosseur d'une noix. Pétrissez-la fermement en lui donnant la forme indiquée sur notre dessin. Maintenant, amusez-vous à jeter cette drôle de boulette contre le mur, à la laisser tomber d'une grande hauteur, ou à la frapper à coups de poing une fois posée sur la table. Non seulement la boulette ne sera pas brisée par ces chocs, mais elle ne se déformera même pas malgré toutes ces tentatives pour l'aplatir.

EXPLICATION: Ce phénomène très curieux est dû à l'élasticité de la mie de pain frais, en particulier quand la mie de pain a été bien pétrie de manière à former une pâte homogène.

IL Y A 40 ANS, EN 1965 : Pour la première fois depuis la guerre de Corée, un combat aérien a eu lieu entre Chinois et Américains au-dessus du golfe du Tonkin. La belle Otéro meurt, à quatre-vingt-dix-sept ans, dans un modeste appartement à Nice où elle s'était retirée.

L'avare est un homme qui s'obstine à vivre pauvre pour mourir riche (Espagne).

Bonjour lunettes, adieu fillettes.

Saint Gautier

Bélier 2e décan

SAMEDI 9 AVRIL

Saint Fulbert

Bélier 3e décan

DIMANCHE 10 AVRIL

Il est nécessaire de se chouchouter de temps en temps

Bien-être et forme passent par les soins du corps, les massages, les douches raffermissantes – solutions détente à pratiquer chez soi de temps en temps le dimanche. Oubliez les habitudes de la semaine, changez de rythme. La journée commencera bien si vous avez bien dormi. Et pour cela, ayez une maison qui respire ; aérez dix minutes avant de vous coucher. Ne vous obstinez pas à mettre une planche sous le matelas si ce n'est pas confortable. Vous appartenez peut-être à la catégorie de gens qui dorment mieux sur un matelas moelleux. Dimanche matin, premier geste de remise en route : boire un verre d'eau à petites gorgées pour purifier l'organisme. Puis inspirez en retenant l'air quelques secondes et expirez lentement en vidant vos poumons. Étirez-vous longuement comme un chat… Vous voici prête pour la douche. Il ne faut pas brutaliser son corps : commencez-la tiède pour terminer doucement par un jet bien froid. Utilisez un savon revigorant. Ensuite frictionnez-vous avec un gant végétal (loofah) imprégné d'une eau de soins aux essences naturelles tonifiantes. Prenez le temps de vous asseoir pour prendre un petit déjeuner équilibré. Continuez à vous chouchouter… Il faut favoriser la circulation sanguine et lymphatique. Enduisez vos mains d'une huile de massage ou d'une crème hydratante pour le corps. Installez-vous confortablement, jambes allongées. Commencez à masser la plante des pieds et la cheville en de légers effleurements, puis accentuez la pression avec l'extrémité des doigts pour traiter chaque orteil séparément. Remontez vers la jambe que vous massez de bas en haut en mouvements longilignes sur la face interne, des chevilles jusqu'à l'aine. Enfin, jusqu'à mi-cuisses sur la face externe. Terminez par le visage en faisant un gommage : prenez un bain de vapeur pour ouvrir les pores et déloger toutes les impuretés, puis pratiquez un massage facial avec quelques gouttes d'huile vitaminée, et finissez par un masque. Journée sans maquillage ! Continuez-la dans la détente. Vous commencerez bien la semaine.

IL Y A 40 ANS, EN 1965 : Rik van Looy est pour la troisième fois vainqueur du Paris-Roubaix. Le chah d'Iran échappe à un attentat à Téhéran.

LUNDI **11** AVRIL

Saint Stanislas

Bélier 3e décan

Bien dire fait rire, bien faire fait taire.

PASSER SOUS LES FOURCHES CAUDINES.

Signifie « subir une cuisante humiliation ». Dans un étroit défilé, appelé Fourches caudines, les Romains essuyèrent des Samnites une cuisante défaite et durent, en signe d'humiliation, passer sous un joug formé de lances dressées par leurs ennemis.

C'est Saint-Simon qui le premier aurait employé cette expression.

☆ PATATES DU PÂTISSIER. *Émiettez finement trois madeleines dans une terrine, ajoutez 125 grammes de sucre en poudre, 100 grammes de poudre d'amandes, mélangez et incorporez un blanc d'œuf battu en neige ferme. Formez des boulettes oblongues que vous roulez dans du chocolat en poudre (75 grammes). Pour simuler les germes, piquez sur chaque boulette des filets un peu épais coupés dans des amandes entières mondées. C'est une recette qui peut se faire avec les enfants.*

Pour empêcher que l'une des branches de vos lunettes ne se détache ou ne se desserre, posez une goutte de vernis à ongles sur la vis d'articulation de la branche.

Le mot de la fin

« Tirez le rideau, la farce est jouée. » Rabelais, 9 avril 1553.

IL Y A 40 ANS, EN 1965 : À Berlin, pour la quatrième fois depuis l'érection du mur en 1961, les autorités est-allemandes acceptent d'ouvrir la frontière pour les fêtes de Pâques, permettant à des Berlinois de l'Ouest de rendre visite à leur famille. Mariage de Johnny Hallyday et de Sylvie Vartan à Loconville.

L'ignorance, c'est comme la science, ça n'a pas de bornes (Angleterre).

Saint Jules

Bélier 3e décan

LES DRÔLES D'HISTOIRES DE PIERRE BELLEMARE

Ligne médiane

Le journal interne de cette grande entreprise du secteur des assurances ne manque pas d'humour, comme en témoignent ces deux articles parus successivement. Le premier annonçait :

« Le bruit court qu'on va tracer une ligne médiane dans certains couloirs pour que les employés qui arrivent en retard ne se heurtent pas à ceux qui partent en avance. »

Mais le numéro suivant a publié cette note rectificative :

« On a jugé inutile de tracer des lignes médianes dans les corridors, l'enquête ayant démontré que les employés qui arrivent en retard sont les mêmes que ceux qui partent en avance. »

Dites-le avec des fleurs

Une douzaine de malfrats, condamnés à des travaux d'intérêt général dans une petite ville du Yorkshire, au nord de l'Angleterre, se sont vengés en plantant des jonquilles, artistiquement disposées sur le parterre de l'hôtel de ville.

En effet, quand les fleurs ont éclos, les habitants de la commune ont eu la surprise de lire l'injonction suivante, inscrite en magnifiques lettres jaunes, perlées de rosée : « *Fuck you !* » (« Allez vous faire foutre ! »).

Depuis, chaque week-end, la foule se presse dans les rues de la ville, impatiente de découvrir les autres messages plantés à son intention par les mauvais garçons.

« Cela ne donne pas de nous une image très positive, analyse Alan McCue, l'adjoint au maire. Beaucoup d'autres parterres vont éclore un peu partout et nous nous attendons au pire. »

IL Y A 40 ANS, EN 1965 : Devant l'ampleur des réactions suscitées par la découverte « de signaux qui pourraient provenir d'êtres vivants et intelligents, appartenant à un monde hautement civilisé », il a été prudemment reconnu que de très longues vérifications restaient à faire…

MERCREDI 13 AVRIL

Sainte Ida

Bélier 3e décan

Ne déprécie pas la tortue à cause de son humilité, il se peut qu'elle te guide demain (Afrique).

★ RISOTTO À LA ROQUETTE. Faites revenir dans de l'huile d'olive un oignon haché fin avec 250 grammes de riz (type arborio). Une fois le riz translucide, mouillez peu à peu avec du bouillon de légumes (en tablettes) sans cesser de remuer et en attendant à chaque fois qu'il soit absorbé. Au bout de 20 minutes, incorporez des feuilles de roquette crues et servez votre risotto agrémenté de copeaux de parmesan.

MOUTON DE PANURGE

Se dit des gens qui s'imitent niaisement les uns les autres.

C'est une expression issue du *Quart Livre* où Rabelais décrit la vengeance de Panurge contre le négociant Dindenault : un mouton jeté à la mer, tous les autres suivent ; le dernier entraînant l'infortuné marchand qui tente de le retenir.

CŒURS DE MARIE. Quand les cœurs de Marie défleurissent, les feuilles jaunissent puis fanent complètement jusqu'à disparaître en été. Signalez l'emplacement par un petit bambou, pour ne pas détruire la plante en été d'un coup de bêche malheureux. Si vous récoltez des graines, prenez de préférence celles des premières fleurs : les graines récoltées en fin de saison donnent, en général, des plantes qui fleurissent plus lentement.

LES DRÔLES D'HISTOIRES DE PIERRE BELLEMARE

Un alibi irréfutable

Jean Calemans, un SDF de Liège, n'a pas la vie facile tous les jours. Aussi lui arrive-t-il parfois d'enfreindre la loi, ce qui lui a déjà valu plusieurs condamnations.

Ce jour d'avril 2003, il est en train de se livrer à la mendicité sur un marché, lorsque plusieurs représentants de l'ordre lui sautent dessus et l'emmènent *manu militari* au commissariat. Là, il se trouve en présence d'une femme âgée, qui s'exclame en le voyant :

« C'est lui ! Je le reconnais. »

Jean Calemans s'indigne, mais les agents l'interrompent.

« Ne te fatigue pas. Madame t'a reconnu sur ta photo, et elle confirme. Tu lui as volé son sac à main avant-hier, à la même heure, sur ce marché ! »

Le SDF jure ses grands dieux que c'est faux et, à bout d'arguments, lance :

« J'ai un alibi ! »

Et il annonce, donnant toutes sortes de détails, que la veille, à cette heure-ci, il cambriolait par effraction une maison de retraite dans la banlieue de Liège.

Renseignements pris, les policiers ont dû reconnaître que c'était la vérité et Jean Calemans a été innocenté du premier et inculpé du second.

Il risque une peine deux fois plus importante pour un cambriolage avec effraction que pour un vol à l'arraché…

IL Y A 40 ANS, EN 1965 : À la Maison de l'ORTF, Henri de France, inventeur du procédé de la télévision en couleur SECAM, reçoit la rosette de la Légion d'honneur. Mariage à Èze-Village du ministre belge des Affaires étrangères, Paul-Henri Spaak, avec Mme Simone Rikkers.

VENDREDI 15 AVRIL

Saint Paterne

Bélier 3e décan

Il y a toujours une guêpe pour piquer le visage en pleurs (Japon).

★★ MILLEFEUILLE DE POLENTA. Faites bouillir 1 minute 100 grammes de semoule de maïs dans 50 centilitres d'eau. Hors du feu, ajoutez 30 grammes de beurre, sel, poivre et muscade râpée. Versez le tout dans un plat huilé. Avec le dos d'une cuillère, étalez la polenta sur 1 centimètre d'épaisseur. Laissez refroidir. Faites cuire 10 minutes des pommes granny smith pelées coupées en dés dans une casserole avec 20 grammes de beurre (une demi-pomme par personne). Dans une poêle, faites rissoler du boudin, puis enlevez la peau. Découpez deux carrés de polenta par personne. Faites-les dorer à la poêle dans du beurre. Répartissez sur la moitié des carrés de polenta une couche de boudin, une couche de pommes, puis posez le deuxième carré de polenta surmonté d'une cuillerée de pommes cuites. Passez le tout sous le gril du four 3 minutes pour colorer légèrement le dessus, avec un peu de sucre pour caraméliser si vous aimez.

Jeux d'esprit

Quand je suis sous les pieds,
Je marche sur la tête.
Réponse :

Un clou.

PLANTES AROMATIQUES. Pour les aromates de base tels que persil, ciboulette, estragon, thym, sarriette ou autres que vous utilisez quotidiennement, il est judicieux de planter un minimum de deux touffes à chaque fois : une se repose pendant que l'autre est récoltée. Même s'il arrive que vous n'utilisiez pas leurs feuilles, taillez-les tous les mois pour que les tiges ne durcissent pas. Les feuilles de coriandre s'utilisent dans les recettes marocaines et les salades. Laissez ensuite un pied monter en graines que vous récolterez pour assaisonner certaines marinades.

IL Y A 40 ANS, EN 1965 : Arrestation du guérisseur de Nemours, qui soignait ses malades, au premier étage d'un café, à la confiture et au chocolat… La France s'abstient de participer à la célébration de l'anniversaire de Waterloo. À Washington, 15 000 jeunes participent à un meeting contre la guerre du Viêt-nam.

Fruit vert cueilli,
Tôt se flétrit.

Saint Benoît

Bélier 3e décan

SAMEDI 16 AVRIL

Tous les crabes
meurent dans les beignets
(Monde créole).

Saint Anicet

Bélier 3e décan

DIMANCHE 17 AVRIL

Faites-vous un carré de jardin d'inspiration médiévale

Au Moyen Âge les végétaux étaient répartis en trois jardins : le potager, les aromatiques et les plantes médicinales appelées « simples », tous cultivés en carrés, bordés de buis taillés en arrondi, de pavés, ou de « plessés », clôtures basses de branchages ou d'osiers tressés, faciles à réaliser et qui ont beaucoup de charme. Pour créer un « jardin de simples », il suffit de planter autour d'un carré un piquet de 50 centimètres tous les 30 à 40 centimètres, et de faire onduler horizontalement des branches souples entre ces piquets, en alternant les passages devant et derrière les piquets (noisetier ou osier). Les plantes répertoriées et réputées bonnes pour la santé étaient souvent des fleurs « simples » des champs ou des bois. Parmi elles, la plupart sont toujours considérées comme médicinales. Choisissez une dizaine de plantes. À ces végétaux faciles à vivre et souvent odorants qui s'adaptent à tous les styles de jardins, vous adjoindrez les plantes que vous aimez, à condition qu'elles ne soient pas sophistiquées. Sauge et rue (antispasmodiques), hysope (antiseptique pulmonaire) absinthe (vermifuge) faisaient partie des plantes essentielles de la médecine médiévale. Restent d'usage la teinture d'arnica, les bains de tilleul et de camomille, les emplâtres de joubarbe, l'eau de bleuet bonne pour les yeux, et bien d'autres… Votre choix est large : santoline, origan doré, lavande, bourrache, muguet, pervenches (ces deux dernières à l'ombre). Mélangez annuelles, vivaces et persistantes. Ajoutez un rosier botanique. Et si vous en avez l'occasion, allez visiter abbayes et châteaux qui perpétuent les jardins médiévaux, vous serez séduits : jardins du prieuré de Salagon (Alpes-de-Haute-Provence), château du Hohlandsbourg (Alsace), ferme médiévale de Bois-Richeux (Eure-et-Loir), abbaye de Vauclair (Aisne) et beaucoup d'autres.

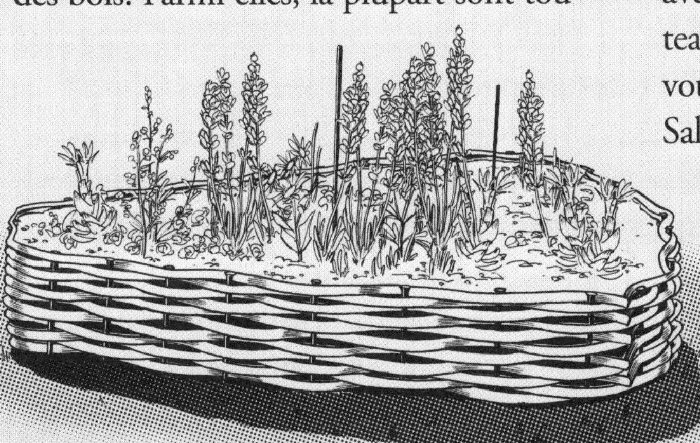

IL Y A 40 ANS, EN 1965 : À Belgrade, aux éliminatoires du championnat du monde 1966 de football, la Yougoslavie bat la France 1 à 0. L'URSS menace de nouveau d'envoyer des volontaires au Nord Viêt-nam, mais laisse la porte ouverte à la négociation.

LUNDI 18 AVRIL

Saint Parfait

Bélier 3e décan

Quand vous pourrez mettre vos pieds dans mes souliers, vous parlerez (Écosse).

★★ SAINT-JACQUES NOURCHON. Faites mijoter dans l'huile d'olive 1 livre de tomates pelées, épépinées, hachées et assaisonnées en réduisant le jus. Puis ajoutez 200 grammes de crème fraîche et un petit verre de pastis. Ralentissez le feu lorsque la sauce arrive à ébullition. Ajoutez douze à quinze noix de saint-jacques (pour trois à quatre personnes) que vous faites cuire doucement pendant 15 minutes à petits bouillons. Terminez par une rasade de whisky sur le tout que vous faites flamber et qui aura pour effet d'enlever l'acidité des tomates. Servez avec des tagliatelles fraîches.

LES PERLES DANS NOS RAPPORTS AVEC L'ADMINISTRATION :
Je suis handicapé du moteur et je ne bouge que quand quelqu'un me pousse.

TOMATES. La tomate est l'indispensable légume de l'été. Prévoyez deux ou trois plants de variétés différentes et mettez-les en place quand le sol est chaud, après avoir planté les piquets pour ne pas abîmer les racines. Offrez un treillage à vos tomates cerises pour les palisser, elles prendront ainsi moins de place. Abritez-les toutes dans un premier temps sous un voile de forçage, en arrosant régulièrement. Ensuite ne laissez se développer que la tige centrale pour les tomates à gros fruits.

IL Y A 40 ANS, EN 1965 : La 204 Peugeot fait son entrée sur le marché français.

Ne vous brûlez pas les doigts à moucher la chandelle d'autrui. (Italie).

Sainte Emma

Bélier 3e décan

MARDI **19** AVRIL

LES DRÔLES D'HISTOIRES DE PIERRE BELLEMARE

On ne meurt que trois fois !

En dépit de leur légendaire vélocité, les pompiers de Paris sont arrivés trop tard pour sauver Dominique Foy. Le corps du retraité, qui occupait l'appartement en feu, est retrouvé calciné dans sa salle de bain. Des détails insolites laissent cependant perplexes policiers et médecin légiste. Le cadavre du malheureux, entièrement carbonisé, est enfermé dans une malle en osier, qui, elle, n'a brûlé que par endroits. Plus étrange encore, l'autopsie établit que la victime était morte d'une rupture de l'aorte six jours plus tôt.

Si les enquêteurs s'appuyaient sur les seuls indices laissés sur les lieux, ils établiraient ainsi la cause du décès : Dominique Foy décède de mort naturelle dans son appartement. Avant qu'une rigidité cadavérique n'engourdisse sa dépouille et la rende peu maniable, le mort se glisse dans sa malle de linge sale. Il s'empare d'une bouteille d'alcool à brûler, s'en asperge, fait disparaître la bouteille, gratte une allumette et s'immole par le feu, en prenant soin de refermer sur lui le couvercle de la malle. Six jours plus tard, Dominique ressuscite de ses cendres, ressort de son panier et incendie son appartement.

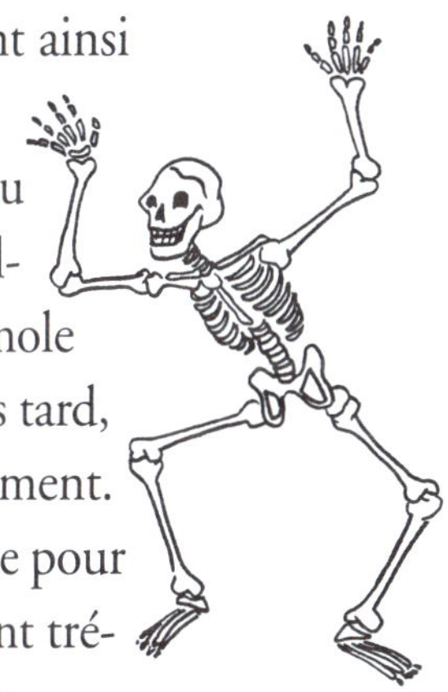

Ce scénario, logiquement construit, désoriente néanmoins les policiers. Une enquête pour homicide est ouverte. Elle permet de découvrir que Dominique Foy a non seulement trépassé à plusieurs reprises, mais qu'il a utilisé sa carte Bleue deux jours après sa mort.

La suite de l'histoire est moins mystérieuse. Un rapide interrogatoire de la gardienne de l'immeuble établit qu'avant de disparaître, Dominique s'était violemment querellé avec un certain Glenn Michaelson, son voisin de palier. Troublante coïncidence, la carte de crédit volée est retrouvée au domicile de ce dernier. Avant d'expédier l'assassin voleur pyromane sous les verrous, les policiers l'ont rapidement interrogé sur le déroulement du crime.

« Nous nous sommes battus, a expliqué Michaelson, et le cœur du vieux a lâché. Avant de mourir tout à fait, il m'a quand même donné le code de sa carte.

– Pourquoi avoir ensuite imaginé cette stupide mise en scène ? ont demandé les enquêteurs.

– Pour faire plus vrai ! » a répondu l'amateur d'un air entendu.

IL Y A 40 ANS, EN 1965 : Inhumation du général Weygand au cimetière Saint-Charles de Morlaix.

MERCREDI 20 AVRIL

Saint Théodore

Bélier 3ᵉ décan

Lorsque le cochon rêve, c'est d'eau de vaisselle (Pays-Bas).

Pour que vos roses en bouquets durent plus longtemps, brûlez l'extrémité de la tige à la flamme d'un briquet jusqu'à ce qu'elle soit bien rouge. Trempez-la aussitôt dans l'eau froide de façon à former du charbon de bois qui est un excellent engrais.

★★★ *POULE VERTE À LA VINAIGRETTE. Préparez un bouillon de légumes à pot-au-feu, bien épicé. Faites-y cuire une grosse poule 2 heures environ à petits bouillonnements. Faites cuire à la vapeur des pommes de terre rattes avec leur peau. Préparez une vinaigrette avec deux verres d'huile d'olive, six cuillerées de vinaigre de vin à l'ancienne à l'échalote et un hachis de ciboulette, persil, cerfeuil (une botte de chaque herbe), une cuillerée à café de tabasco, sel, poivre. Égouttez la poule, découpez-la, dressez les morceaux sur un plat et recouvrez-les encore tièdes de la moitié de la vinaigrette aux herbes ; elle doit être toute verte. Servez l'autre moitié de la vinaigrette dans une saucière pour que chacun assaisonne les rattes, elles aussi servies tièdes.*

Le mot de la fin

«Non, crénom !» (plusieurs fois).
Charles Baudelaire,
31 août 1867.

À TIRE-LARIGOT

En grande quantité.

Le larigot, mot d'origine obscur, est une flûte. Tirer signifie faire sortir un liquide de son contenant, en l'occurrence du vin de la bouteille, comparée à une flûte, intensément et en grande quantité. L'expression s'applique non seulement au verbe boire, mais à toutes sortes de verbes d'action et de démesure.

LES DRÔLES D'HISTOIRES DE PIERRE BELLEMARE

L'aspirant cambrioleur

Il ne s'agit pas, bien sûr, de se mettre du côté des malfaiteurs, mais c'est un vol tout à fait inventif qui a eu lieu à Kolding (Danemark). Remarquant qu'en raison de travaux sur un chantier, une bijouterie était en partie cachée par une palissade, un voleur s'est dissimulé derrière. Ensuite, il a percé un petit trou dans la vitrine et y a fait passer un tuyau d'aspirateur. Il a pu ainsi subtiliser une partie de la précieuse marchandise exposée à l'étalage, sans déclencher le signal d'alarme. L'aspirateur était tout simplement branché sur une prise électrique du chantier. Son coup fait, l'homme a disparu avec un peu plus de 13 000 euros de bijoux en poche.
Beau joueur, le bijoutier a salué l'ingéniosité de ce cambriolage sans violence, digne d'Arsène Lupin.

Le voleur de roues

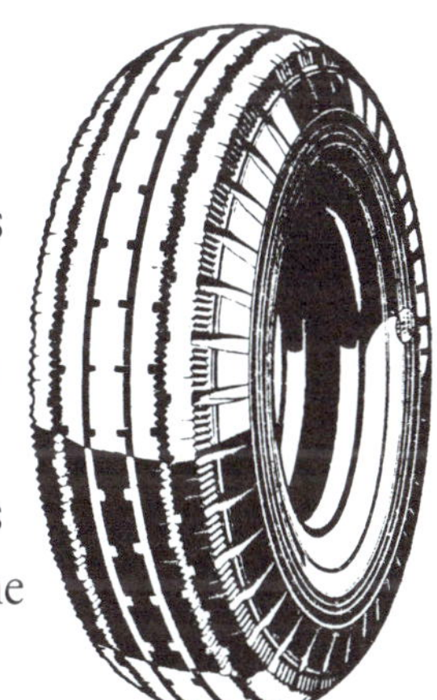

Au cours d'une patrouille de nuit dans les rues de Toulon, les policiers remarquent que l'aire de stockage des véhicules neufs d'un important garage de la ville est ouverte. Ils y pénètrent et découvrent un homme d'une vingtaine d'années gisant sans vie, au milieu d'une dizaine de roues démontées sur les voitures. Un peu plus loin, ils retrouvent trente autres roues chargées dans la camionnette du jeune homme. Celui-ci ne porte aucune blessure apparente.
Renseignement pris, il s'agit d'un petit délinquant déjà fiché pour divers larcins. Une enquête est ouverte, une autopsie a lieu et le légiste rend ses conclusions. C'est une mort naturelle. Malgré son jeune âge, la victime est décédée d'une crise cardiaque, consécutive à l'effort violent occasionné par le démontage accéléré de quarante roues et le chargement de trente d'entre elles. La peur d'être pris a dû, en outre, fragiliser son cœur. L'infortuné voleur de roues est mort de stress et d'épuisement.

IL Y A 40 ANS, EN 1965 : À la Conférence internationale des Arts chimiques, à Paris, l'arrivée de détergents qui ne pollueront plus les rivièresa été annoncée, et on a déclaré que la présence dans l'air d'hydrocarbures cancérigènes ne pouvait être mise sur le compte de la circulation automobile.

VENDREDI 22 AVRIL

Saint Alexandre

Taureau 1er décan

Le sage s'interroge lui-même, le sot interroge les autres (Chine).

★★TERRINE DE FOIES DE VOLAILLES. Hachez fin 500 grammes de foies de volailles et 200 grammes de lard gras. Mélangez avec un œuf, trois cuillerées à soupe de crème, un petit verre de cognac, une pincée de quatre-épices, sel et poivre. Placez cinq ou six feuilles de laurier au fond d'une terrine, ensuite la farce, et quelques feuilles de laurier par-dessus. Couvrez d'une crépine de porc et cuisez à four moyen pendant 1 heure. À la sortie du four, tassez la terrine à l'aide d'une planche et d'un poids. Mettez au frais.

LES PERLES DES PETITES ANNONCES. Pour personne fatiguée, cède vieux carillon sonnant les douze coups de minuit à 7 heures du soir.

***Le Canard enchaîné*, 30 mars 1977.**

BONSAÏ. Si le chevelu racinaire de votre jeune bonsaï d'un an est important, rempotez-le maintenant. Par la suite, le rempotage se fera seulement tous les deux ans. Utilisez de l'eau de pluie si celle de votre robinet est calcaire. Pour rendre cette dernière moins calcaire, stockez-la dans une jarre impérativement en grès. Jetez-y quelques poignées de tourbe. L'eau sera décalcairisée. Votre bonsaï d'intérieur doit être maintenu à une température minimale de 16-18°C le jour et de 10°C la nuit. Placez-le de préférence auprès d'une fenêtre exposée plein sud.

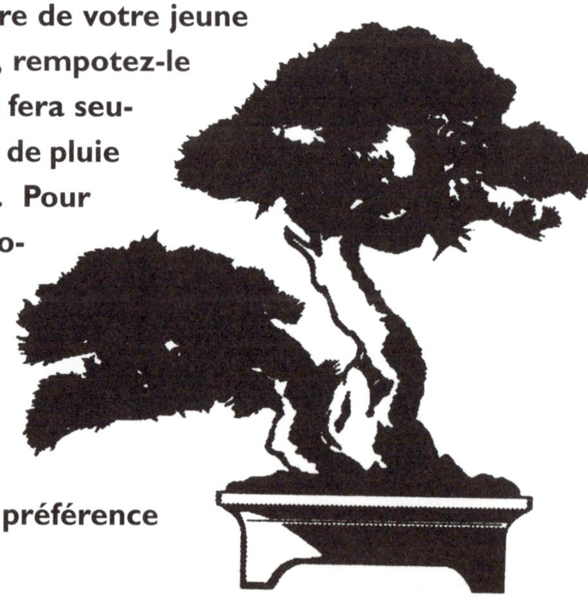

IL Y A 40 ANS, EN 1965 : La Maison Blanche décide l'envoi d'importants renforts US au Viêt-nam. Installation du chantier du futur parking de 2000 places sous le boulevard Haussmann, à Paris. Gilbert Bécaud, en tournée à Moscou, remporte un triomphe avec sa chanson « Nathalie ».

Sage est l'homme qui, ayant deux pains, en vend un pour acheter un lys (Chine).

Dans sa peau mourra le crapaud.

Saint Georges

Taureau Ier décan

SAMEDI 23 AVRIL

Saint Fidèle

Taureau Ier décan

DIMANCHE 24 AVRIL

Course d'orientation

Il s'agit d'un sport nature qui peut se pratiquer le dimanche matin en famille, de sept à soixante-dix-sept ans, car vous choisissez votre rythme et votre parcours. C'est une course qui a l'attrait d'un jeu de piste scout, avec un parfum d'aventure, mais complètement sécurisée. Il faut trouver des balises en un minimum de temps, et toujours dans un milieu naturel agréable, en forêt, en montagne… Les Espaces Sports Orientation existent partout en France et bénéficient de la surveillance des associations locales, des mairies, postes d'accueil des bases de loisirs. Il y a une structure d'accueil permanente qui diffuse et explique les parcours avec le nombre de kilomètres. Vous vous initierez, sur les différents circuits proposés, à la lecture des codes indiquant le relief, la nature du terrain, les constructions, les rivières… Quand votre choix sera fait, armez-vous de vos deux outils de base : carte d'orientation et boussole, et gagnez le point de départ. C'est le moment de vous lancer à la chasse aux balises… Alliant la réflexion à l'effort physique, ce sport nature se pratique en marchant, en courant, en vélo tout-terrain, à ski de fond, à cheval, dans des espaces et des parcours permanents installés dans les forêts de France. Ils peuvent durer de 30 minutes à 2 heures selon l'âge, l'expérience et la forme des participants.

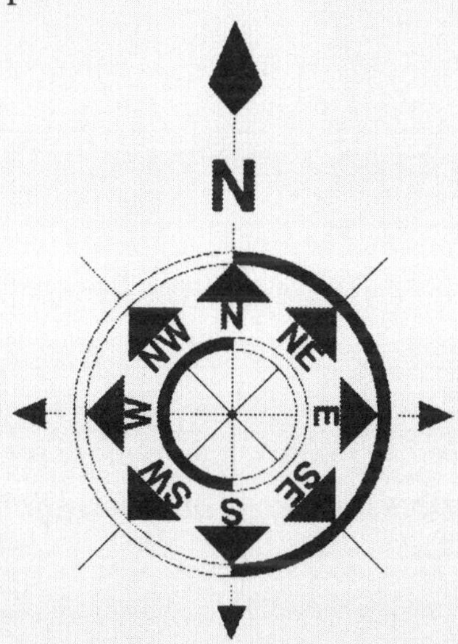

L'accès est libre aux espaces aménagés. Si la compétition vous tente, rien de tel que de participer à des courses départementales, organisées le dimanche par les ligues régionales, en devenant adhérent.

FFCO tél. 01 47 97 11 91 ou www.ffco.asso.fr.

IL Y A 40 ANS, EN 1965 : Arrivée à Paris de M. Gromyko, ministre soviétique des Affaires étrangères. La Junte au pouvoir à Saint-Domingue est renversée par un groupe d'officiers qui veulent ramener le président Juan Bosch, exilé depuis 1963.

LUNDI 25 AVRIL

Saint Marc

Taureau 1er décan

Si derrière toute barbe il y avait de la sagesse, les chèvres seraient toutes prophètes (Arménie).

METTRE LE COUVERT

Mettre la table.

Le Moyen Âge, hanté par la crainte du poison, avait imaginé la précaution de couvrir les mets de la table, jusqu'à ce que les hôtes eussent pris place. Tous les plats servis au cours du repas étaient également apportés couverts.

Vous avez beau serrer les nœuds de lacets de vos enfants, ils se défont et il faut les renouer sans cesse. Pour que vos nœuds tiennent la journée, mouillez les lacets avec une éponge avant de faire les boucles.

☆☆ *JOUES DE LOUP AU COULIS DE LAITUE. Faites cuire pendant 5 minutes au beurre et à feu doux des feuilles de laitues lavées et séchées, puis mixez-les en purée. Badigeonnez les joues de jaune d'œuf salé poivré et tournez-les dans des amandes effilées. Veillez à bien les faire adhérer. Faites dorer lentement les joues selon grosseur 2 à 4 minutes par face dans un beurre clarifié. Incorporez de la crème à votre coulis de laitue, laissez frémir. Disposez trois à quatre joues par assiette. Versez un filet de coulis et parsemez d'œufs de saumon ou de lumps. (Peut se faire avec des joues de lotte.)*

Le mot de la fin

«Ah! Quel talent je vais avoir demain.»

Hector Berlioz, 11 mars 1869

LES DRÔLES D'HISTOIRES DE PIERRE BELLEMARE

Un nom cher à porter

Pascal Weber, père de famille et gérant d'une entreprise de dépôt vente, serait un homme heureux s'il n'avait la mauvaise fortune de s'appeler… Pascal Weber. Car, depuis que l'administration le confond avec un autre, prénommé Pascal, nommé Weber, né comme lui en 1964, le même mois de mars, et le même jour, un 14, sa vie s'est littéralement transformée en enfer.

En 1996, la Caisse d'épargne de Terville en Moselle bloque ses comptes sur ordre de la trésorerie de Mulhouse qui lui réclame 18 325 euros et 15 centimes. Sans comprendre encore les raisons de la saisie-arrêt prononcée à son encontre, Pascal file à l'inspection du fisc de sa ville et exige des explications. Il découvre l'existence de son homonyme, mais fait néanmoins remarquer que leurs numéros de Sécurité sociale diffèrent. Le sien comporte un 99 puisqu'il est né au Luxembourg, et non le 68 du Haut-Rhin, où est né l'autre Weber, un chômeur qui ne paie pas ses impôts.
Le fisc de Mulhouse reconnaît son erreur sans pour autant la rectifier.
Ainsi, lorsque Pascal Weber veut ouvrir un compte au Crédit mutuel, le banquier refuse. Son homonyme possède déjà un compte négatif dans son agence et les impayés s'accumulent.

Pour obtenir de nouveaux papiers authentifiant son identité, Pascal alerte le ministère de la Justice et celui des Affaires étrangères du Luxembourg. Il interpelle Jacques Chirac, le Premier ministre, le procureur de la République et les médias. En vain. Une avalanche de factures salue chacune de ses démarches.

La vie du paisible père de famille tourne au cauchemar. Après dix-sept ans de vie commune et la naissance de deux enfants, sa compagne Marie-Rose aimerait se marier. Pascal hésite. Tant que son existence ne sera pas clairement dissociée de celle de son double maléfique, il ne veut pas prendre le risque de voir celle qu'il aime en épouser un autre !

IL Y A 40 ANS, EN 1965 : Violente manifestation à Tunis de 10 000 Tunisiens, devant les ambassades d'Égypte et d'Irak, à propos du conflit palestinien.

MERCREDI 27 AVRIL

Sainte Zita

Taureau 1er décan

Le premier degré de la folie est de se croire sage, et le second est de le proclamer (Italie).

LA SCIENCE AMUSANTE

ENCRES DE SYMPATHIE. Si vous avez le goût du secret, voici deux méthodes pour écrire à l'abri des regards indiscrets.

En trempant une plume d'écolier dans une dissolution de chlorure de cobalt, vous obtiendrez des caractères absolument invisibles, une fois l'écriture séchée.

Comme par magie, ils apparaîtront avec une couleur d'un beau bleu foncé, dès que vous approcherez votre lettre d'une source de chaleur.

L'encre de sympathie la plus simple est assurément le jus d'un oignon, qui, invisible quand on écrit, devient d'un beau brun, une fois chauffé.

PISSENLIT. La terre d'une allée suffit souvent pour semer quelques pissenlits, une bonne salade rustique et vivace qui durera plusieurs années dans votre jardin si vous prenez la précaution de supprimer les fleurs dès leur naissance. Semez en place, en lignes, en terre non ameublie à l'époque où les pissenlits sauvages, dans votre région, montent à graines. Pour les pissenlits déjà en place, utilisez un pot en terre pour les couvrir. Au bout de huit jours, vous aurez de belles feuilles tendres.

Pour épaissir rapidement une sauce trop liquide, délayez des flocons instantanés de purée dans une tasse avec de l'eau froide, versez dans la sauce et faites chauffer. Contrairement à la farine, les flocons de purée ne formeront pas de grumeaux. Vous pouvez procéder de la même manière pour épaissir une soupe trop liquide.

IL Y A 40 ANS, EN 1965 : Le Caire, en riposte, manifeste avec autant de violence devant l'ambassade tunisienne, contraignant le président Bourguiba conspué à rappeler son ambassadeur « en attendant des jours meilleurs ».

Ce n'est pas le champ qui nourrit, c'est la culture.

Sainte Valérie

Taureau 1er décan

LES DRÔLES D'HISTOIRES DE PIERRE BELLEMARE

Sang-froid

Le Pérou fait partie des régions régulièrement affectées par des tremblements de terre et le gouvernement est soucieux de l'information des populations, afin de réduire les risques en cas de catastrophe.

C'est ainsi que le professeur Raul Cortázar, éminent sismologue, a fait un exposé sur ce sujet, dans la ville de Tacna, située à la frontière chilienne, au cœur d'une zone particulièrement exposée aux risques tectoniques. La conférence avait lieu dans le préau de l'école, qui était plein, car les habitants, très sensibilisés à la question, s'étaient déplacés en nombre.

Après avoir parlé des mesures préventives, le professeur Cortázar en est venu au comportement à adopter en cas de séisme.

« La règle d'or, déclara-t-il, est le sang-froid. La parfaite maîtrise de soi peut sauver de nombreuses vies humaines… »

Il prononçait ces mots lorsque les murs se mirent à bouger et le sol à remuer. Il se mit alors à crier :

« Un tremblement de terre ! »

Et courut vers la porte. Affolée, l'assistance s'enfuit à son tour et il s'ensuivit une bousculade qui fit plusieurs blessés, heureusement sans gravité.

Le séisme en question était d'ailleurs très léger. Il n'a été mesuré qu'à 3,5 sur l'échelle de Richter et il n'a fait ni dégât ni blessé, à part dans le public de la conférence.

IL Y A 40 ANS, EN 1965 : Situation de plus en plus confuse à Saint-Domingue : les marines, venant de débarquer, ouvrent le feu sur les rebelles près de l'ambassade américaine. L'Assemblée a décidé que les locataires d'HLM pourront désormais acheter leur appartement, des facilités de paiement leur seront accordées.

VENDREDI 29 AVRIL

Sainte Catherine de Sienne

Taureau 1er décan

Si ma chaussure est étroite, que m'importe que le monde soit vaste ? (Turquie).

CHÈVREFEUILLE. Pour métamorphoser le mur le plus triste en peu de temps, plantez un chèvrefeuille du Japon (*lonicera japonica*), à feuillage semi-persistant. Il dépasse facilement 6 mètres. Installez-le là où il pourra se développer sans causer de dégâts dans les gouttières. La vigueur et la souplesse de ses lianes qui serpentent avec grâce s'enveloppent avec ses fleurs blanches puis jaunes, entre mai et septembre, d'un nuage de parfum. L'exposition lui est indifférente. Vous pouvez planter le chèvrefeuille pratiquement toute l'année, vendu en conteneur. Pas de taille à la plantation, contentez-vous de palisser les tiges en les étalant.

⋆ COUPES DE RÂPÉ DE LA MER. Mélangez le concombre épépiné et râpé puis épongé dans une serviette, à la même quantité de râpé de la mer (en grandes surfaces). Dans un bol, vous préparez votre sauce avec yaourt, crème allégée, citron pressé, menthe hachée en bonne quantité pour parfumer largement, sel, poivre. Réservez le tout au réfrigérateur jusqu'à l'heure du repas. Au moment de servir, préparez des coupelles individuelles avec le mélange que vous nappez copieusement de votre sauce. Coiffez d'une cuillerée à soupe d'œufs de lumps noirs.

LES PERLES À L'ÉCOLE. Le destin des langues est de mourir un jour, surtout les langues mortes.

IL Y A 40 ANS, EN 1965 : Un cessez-le-feu est obtenu à Saint-Domingue, par l'intermédiaire du nonce papal de l'île, mais la situation reste précaire. Les prix de vente en France de deux marques de cigarettes américaines sont sensiblement diminués, passant de 3,30 F à 2, 90 ou 2, 70 F.

Qui épouse un fou pour sa maison, perdra la maison et gardera le fou (Pays-Bas).

Les hommes sont comme les melons : Sur dix, il y en a un de bon.

Saint Robert

Taureau 1er décan

SAMEDI 30 AVRIL

Fête du travail

Taureau 2e décan

DIMANCHE 1 MAI

Donnez du cachet à une bordure d'allée rustique

Si vous aimez le bois, et que vous voulez faire peu de frais, alignez des troncs de bouleaux en les enfonçant légèrement. L'aspect en est très décoratif par leur écorce blanche. Les rondins de bois vendus en rouleaux ont l'avantage de préserver l'aspect net des massifs, mais sont onéreux et supportent mal l'humidité. De simples planches de 15 à 20 centimètres de large disposées horizontalement et maintenues par des piquets feront autant d'effet. Toutes ces bordures en bois doivent être traitées avant d'être installées, au goudron de Norvège pour la partie cachée et au produit fongicide pour le reste, mais ne seront pas éternelles… Solution plus coûteuse, les traverses de chemin de fer peuvent être utilisées, elles aussi, alignées, en donnant un aspect cossu par leur épaisseur et leur couleur. Elles sont faciles à poser et pratiquement indestructibles. Si votre massif est surélevé par rapport au chemin, sciez les traverses de chemin de fer en deux ou trois, creusez une tranchée et plantez les tronçons verticalement, en les enfonçant sur la moitié de leur longueur, bien serrés les uns contre les autres pour retenir la terre. Si vous aimez les briques pour border les allées, creusez légèrement, alignez et couchez les briques à plat, de sorte que leur surface ne dépasse pas le niveau du sol. Si votre allée est couverte de gazon rustique, cette délimitation discrète facilitera le passage de la tondeuse. Vous pouvez également creuser une tranchée un peu plus profonde pour placer chaque brique sur un angle en la calant sur la brique voisine, et tasser fortement la terre autour.

Dernière suggestion : un alignement de pots de fleurs que vous garnirez en fonction de l'exposition ne manquera pas de charme, à condition que vous respectiez l'unité de contenants.

À vous d'harmoniser les bordures à vos allées, engazonnées, couvertes de gravier, ou pavées.

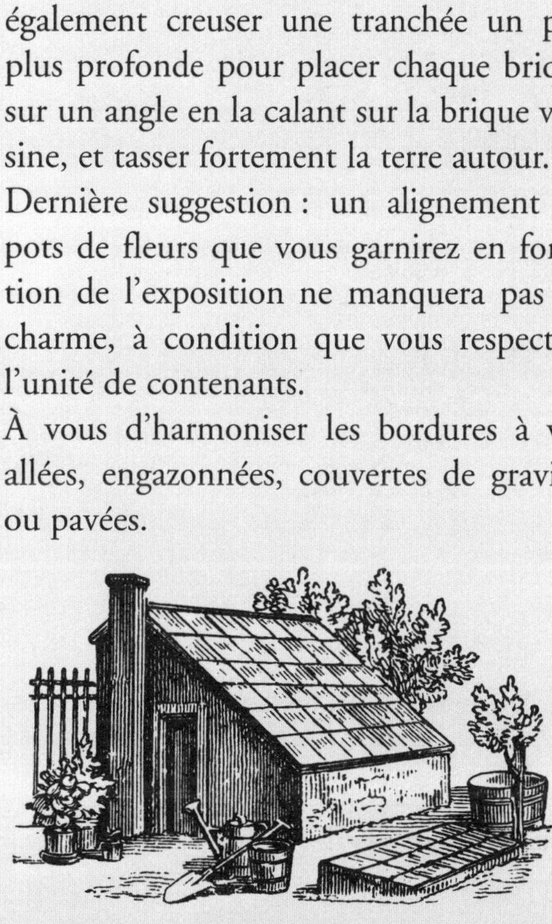

IL Y A 40 ANS, EN 1965 : Lady Churchill, veuve de l'ancien Premier ministre, a été nommée pairesse à vie. Succès éclatant de la première en mondovision : pendant une heure, les téléspectateurs européens et américains ont vu en même temps le même programme.

LUNDI 2 MAI

Saint Boris

Taureau 2ᵉ décan

Une femme serait un très beau livre, si elle était un almanach et que l'on pût en changer tous les ans (Angleterre).

ORTIES. Les orties se développent surtout dans les bonnes terres riches en azote. Pour vous en débarrasser, pratiquez un arrosage quotidien d'eau contenant 15 % de sulfate de fer. Mais laissez quelques touffes d'orties dans un coin reculé du jardin. Ce sont des plantes qui accueillent les coccinelles et certaines larves de papillons. Elles peuvent être utiles au jardinier. Une poignée d'orties dans un grand arrosoir d'eau, utilisée en décoction une semaine après vous servira à arroser les rosiers et diverses plantes pour les débarrasser de leurs pucerons.

CASSER SA PIPE.
Au début du XIXᵉ siècle, l'acteur Mercier, jouant le rôle de Jean Bart, avait comme il se doit une pipe à la bouche, vraisemblablement en terre. Un soir, elle lui tombe des lèvres : l'acteur est mort. Dès le lendemain, les titis parisiens annoncent : « Tu sais, Mercier, il a cassé sa pipe pour de bon ! »

Vous êtes incommodé par le goût de chlore de votre eau… Remplissez une carafe bien évasée et placez-la au réfrigérateur au moins deux heures avant de passer à table. Une fois l'eau « aérée », son goût de chlore aura disparu.

Jeux d'esprit

Guidé par son orgueil,
Trop souvent l'homme en vue,
Pour m'avoir au pluriel,
Ne craint pas
de me perdre au singulier.

Réponse :

Les Honneurs,
L'Honneur.

IL Y A 40 ANS, EN 1965 : Le Cambodge rompt brutalement ses relations avec les États-Unis, en raison de bombardements répétés de villages frontaliers du Viêt-nam par l'aviation américaine.

Le vieux rat aime le petit fromage frais (Allemagne).

Saints Philippe et Jacques

Taureau 2e décan

MARDI 3 MAI

LES DRÔLES D'HISTOIRES DE PIERRE BELLEMARE

Pilote en herbe

Amanda Weber, une Anglaise d'une trentaine d'années, sort du supermarché où elle vient de faire des emplettes. Elle installe Oscar, son fils âgé d'un an, sur le siège bébé de sa Ford, se glisse au volant et tourne la clé de contact. Rien. Le moteur refuse de démarrer. Après plusieurs essais infructueux, la jeune femme appelle de son portable son garagiste pour qu'il lui envoie un dépanneur. Keith Scott arrive rapidement et finit par découvrir l'origine de la panne : la puce électronique qui équipe la clé de contact de la voiture a disparu. Amanda vide son sac et fouille ses poches. Pas de puce. Elle se souvient alors que son petit Oscar jouait avec le trousseau de clés pendant qu'elle rangeait ses courses dans le coffre.

Oscar mâchouillait les clés. Aurait-il avalé la puce ?

Le dépanneur décide sur-le-champ de vérifier cette hypothèse. Il s'empare du bébé, l'approche du tableau de bord et donne un tour de clé. Miracle ! le moteur ronronne et se coupe dès qu'on éloigne l'enfant.

« Si vous voulez vous épargner les frais d'un remorquage, je ne vois qu'une solution, conseille Scott : maintenez votre fils le plus près possible de la clé et roulez lentement. »

On imagine la joie du bébé, installé, debout, sur les genoux de sa mère, ses petites mains posées sur le volant. On imagine aussi le regard courroucé et réprobateur des automobilistes qui assistent à la scène. On imagine enfin l'angoisse d'Amanda à l'idée de devoir justifier son infraction si un policier venait à l'arrêter.

De retour à la maison, Oscar aura-t-il fait le lien entre son exploit de pilote en herbe et l'étrange ferveur, mêlée d'appréhension, avec laquelle sa mère a inlassablement examiné le contenu de ses couches – jusqu'à ce que la puce et par conséquent l'usage de sa voiture lui soient enfin rendus ?

IL Y A 40 ANS, EN 1965 : À l'ONU, la France prend position contre les États-Unis dans l'affaire de Saint-Domingue. Début, à Bruxelles, du creusement du tunnel du « semi-métro ». Le sénateur américain J. William Fullbright a déclaré que « la réunification de l'Allemagne n'est pas pour un avenir proche ».

MERCREDI 4 MAI

Saint Sylvain

Taureau 2e décan

Être femme, cela ne consiste pas à avoir des mamelles, la chèvre aussi en a (Afrique).

★★ FARFALLE À LA TRÉVISE. Faites cuire 400 grammes de papillons (pâtes) 5 minutes à l'eau bouillante et pochez 100 grammes de petits pois frais écossés dans l'eau bouillante salée pendant 5 minutes. Dans une sauteuse, à feu vif, faites rissoler 250 grammes de trévise (ou à défaut de scarole) coupée en grosses lanières dans l'huile d'olive. Mouillez de 10 centilitres de vin rouge. Laissez réduire. Ajoutez 3 centilitres de jus de viande, les petits pois et les pâtes. Saupoudrez de parmesan râpé, assaisonnez et faites sauter l'ensemble.

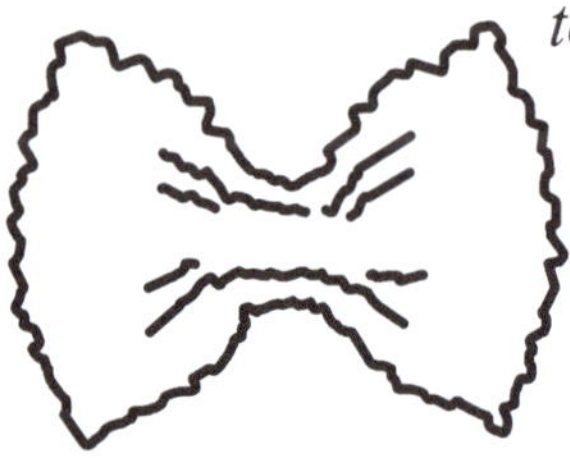

Le mot de la fin

«France, tête d'armée…»
Napoléon Ier, le 5 mai 1821, à Longwood, noté sur une carte à jouer par le fidèle Constant.

LES PERLES DANS NOS RAPPORTS AVEC L'ADMINISTRATION.
Il est aveugle et il ne peut plus fermer l'œil de la nuit.

RHODODENDRON. L'ombre d'un mur peut être salutaire aux rhododendrons. En revanche, la proximité d'un arbre comme le marronnier peut poser problème : ses racines pompent l'eau. Il est nécessaire, dans ce cas, de protéger les racines du rhododendron de l'assèchement, et de tapisser le fond de la fosse d'un film de matière plastique perforé : l'eau en excès s'évacue ; mais celle nécessaire aux rhododendrons reste disponible.

IL Y A 40 ANS, EN 1965 : La Journée de l'Europe est célébrée pour la première fois, jour anniversaire de la création du Conseil en 1949. Le cessez-le-feu est respecté à Saint-Domingue. Pour protester contre le « neutralisme » de Paris, le gouvernement vietnamien décide de supprimer les émissions culturelles françaises.

**L'italien se parle aux dames,
le français aux savants, l'espagnol à Dieu
(Espagne).**

Ascension

Taureau 2e décan

JEUDI 5 MAI

LES DRÔLES D'HISTOIRES DE PIERRE BELLEMARE

Fins limiers

Méthode et persévérance : ces deux mots pourraient être inscrits en lettres d'or au fronton de la gendarmerie de Vannes, dans le Morbihan, après la longue enquête qui a abouti à l'arrestation d'un escroc récidiviste.

Sous une multitude de fausses identités, obtenues grâce à des papiers volés, l'individu avait écumé hôtels et restaurants dans toute la région. Face à une avalanche de plaintes des commerçants pour des chèques sans provision, la brigade de recherche de la gendarmerie de Vannes a donc ouvert une enquête sans posséder le moindre indice sur l'identité de l'aigrefin.

En suivant patiemment la trace des chèques volés, les enquêteurs se sont rendus chez un marbrier de Saint-Cyr-sur-Mer, dans le département du Var, où le jeune homme recherché avait acheté une plaque funéraire, sur laquelle il avait fait graver « À mon grand-père ».

Les chèques volés suivants ayant été présentés à des commerçants de Vannes et de Lorient, les gendarmes ont passé au peigne fin tous les cimetières de ces deux villes. Après deux mois de prospection méthodique et l'inspection de plus de 35 000 tombes, ils en ont enfin trouvé une décorée d'une plaque neuve, ornée d'un cœur portant l'inscription qu'ils recherchaient. Le marbrier ayant authentifié la plaque, les gendarmes ont reconstitué l'arbre généalogique du défunt et sont ainsi parvenus à mettre un nom sur l'escroc insaisissable.

Après un nouveau mois de recherche en Bretagne et dans le Var, ils l'ont interpellé et inculpé de falsification de documents administratifs et de vol.

Écroué, le jeune filou a reconnu les faits. Avec néanmoins une pointe d'amertume : « Je suis trop sentimental. Si je n'avais pas honoré dignement la mémoire de mon grand-père, je n'aurai jamais été pris. »

L'histoire ne dit pas si le juge chargé de l'affaire a tenu compte de ce trait de caractère du prévenu avant de rendre son verdict.

IL Y A 40 ANS, EN 1965 : Inauguration, à Orléans, de la Maison de Jeanne d'Arc, bâtie à l'emplacement de celle dans laquelle elle logea, dans le style du XVe siècle. La compagnie aérienne britannique BEA fête la mise en service sur Paris-Londres du *Trident* qui relie ainsi les deux capitales en 39 minutes.

VENDREDI 6 MAI

Sainte Prudence

Taureau 2e décan

Le prix du chapeau n'est pas en rapport avec la cervelle qu'il coiffe (États-Unis).

TABOULÉ À LA FRANÇAISE. *Faites cuire du blé concassé ou du boulgour en lui gardant une certaine fermeté. Laissez refroidir. Mélangez avec céleri en branches en bâtonnets, concombres et oignons blancs râpés gros, sel, poivre, les feuilles d'une botte entière de cerfeuil haché, jus de citron et huile de noix. Ajoutez-y quelques cerneaux de noix grossièrement hachés.*

Si vos biscuits apéritifs ou vos chips sont ramollis, mettez-les au four à micro-ondes à puissance maximale pendant 50 secondes environ. Attendez 2 minutes avant de servir. Ils auront retrouvé leur craquant.

J'EN PASSE ET DES MEILLEURS

L'expression est tirée d'*Hernani*, de Victor Hugo, au moment où Dom Ruy Gomez, qui doit livrer Hernani à Charles Quint, se lance dans une interminable description des portraits de ses ancêtres. Au neuvième portrait, l'impatience exaspérée du roi, coïncidant à celle des spectateurs, Dom Ruy, lâchant la formule, démontrait l'habileté de Victor Hugo : on a dit que la « bataille d'Hernani » avait été gagnée à ce vers.

IL Y A 40 ANS, EN 1965 : Cérémonie grandiose aux Invalides, à Paris, pour célébrer le vingtième anniversaire de la victoire de 1945. Dans une lettre adressée à MM. Giscard d'Estaing et Pisani, le président de la FNSEA fait état de la grande inquiétude des agriculteurs devant l'institution possible d'une taxe de 8 % sur les fuels.

Trop gratter cuit,
Trop parler nuit.

Sainte Gisèle

Taureau 2e décan

SAMEDI 7 MAI

Un torchon trouve toujours sa guenille (Canada).

Victoire de 1945

Taureau 2e décan

DIMANCHE 8 MAI

Construisez un cerf-volant et jouez avec le vent

Construire un cerf-volant est plus complexe qu'il n'y paraît… Que cela ne vous empêche pas de vous lancer. Il faut le construire le plus léger possible sans nuire à sa résistance et veiller à sa stabilité qui dépendra de ses bonnes proportions.
Commencez par assembler deux pièces en bois – du type tuteur en bambou – de manière à former une croix latine (une branche est plus longue que les trois autres). Elles sont maintenues ensemble par de la ficelle ou des vis : c'est ce que l'on appelle la membrure. La voilure peut être en papier ou en tissu, vous pouvez même la fabriquer avec des sacs en plastique mis à plat en ôtant les poignées, et cousus ensemble à la machine. Elle se dessine en rejoignant par des lignes droites les quatre extrémités de la croix. C'est à chacune de ces extrémités également que vous l'attacherez solidement en faisant des nœuds avec de la ficelle. Pour perfectionner votre ouvrage, vous pouvez tendre des fils nylon entre les quatre extrémités, sur lesquels vous rabattez le bord de la voilure.
La queue joue un rôle très important de stabilisateur directionnel. En théorie, elle doit avoir une longueur d'environ sept fois celle du cerf-volant ; confectionnez-la avec une ficelle ornée de morceaux de papier ou de plastique bien noués. Tendez une ficelle entre les deux extrémités de la baguette la plus courte de la membrure. Vous y attacherez le « fil de retenue », une longue ficelle qui servira au pilote à diriger et tirer son engin volant.
Avant tout, il faut du vent, et de l'espace. Si ça ne marche pas bien, vérifiez les proportions et la symétrie. Si vous avez découvert la magie de faire évoluer un objet dans l'air en mouvement et que vous voulez en savoir plus, adressez-vous à la Fédération française de cerf-volant, 52 rue Galilée, 75008 Paris ou au Cerf-volant club de France, BP 186, 75623 Paris cedex.

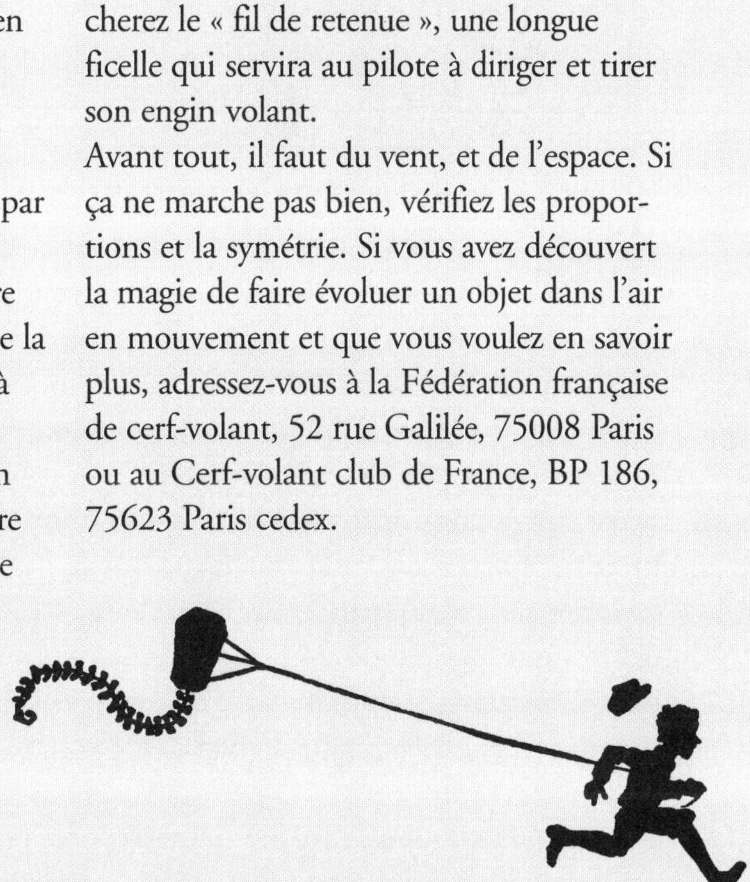

IL Y A 40 ANS, EN 1965 : Refus systématique de Pékin de se prêter à un règlement pacifique du conflit vietnamien. Antoine Coral, homme-grenouille catalan, a relié, en nageant sous l'eau, Canet-Plage-Port-Vendres, soit un peu plus de 25 kilomètres, en 11 heures 40 minutes.

LUNDI 9 MAI

Saint Pacôme

Taureau 2e décan

« Ici s'arrête le monde », dit l'aveugle ayant touché le mur (Grèce).

SALADE AUX DEUX CHOUX.

Prélevez le nombre de grandes feuilles de chou vert correspondant au nombre de convives, lavez-les et essuyez-les. Émincez finement du chou vert et du chou rouge, Faites sauter dans l'huile des rondelles de chorizo épicé que vous égouttez ensuite pour les mélanger aux choux émincés. Ajoutez du vinaigre de vin à l'huile chaude que vous avez conservée dans la poêle, salez modérément puis versez la vinaigrette chaude sur votre préparation. Mettez une portion de cette salade au milieu de chaque feuille de chou, entourée de croûtons aillés.

ROSIERS REMONTANTS.

Enlevez les fleurs fanées de vos rosiers remontants, pour ne pas retarder une nouvelle floraison. Taillez les rameaux qui frottent contre d'autres mieux placés. N'omettez jamais de ramasser les rameaux coupés et brûlez-les. Lorsqu'une fleur est passée ou fanée sur un rosier à grandes fleurs, supprimez-la, et coupez également une partie de la tige qui la porte. Sectionnez sous la deuxième feuille à partir de la fleur. Retirez les gourmands qui épuisent le rosier.

LES PERLES DANS LA PRESSE

[Elle] a tenté de mettre fin à ses jours en s'empoisonnant à coups de marteau.

L'Yonne républicaine

Les mots qu'on n'a pas prononcés sont les fleurs du silence (Japon).

Sainte Solange

Taureau 2e décan

MARDI 10 MAI

LES DRÔLES D'HISTOIRES DE PIERRE BELLEMARE

Voix d'outre-tombe

C'est à une terrible situation que doivent faire face les carabiniers de Corbino, un village des Pouilles, dans le Sud de l'Italie. Depuis plusieurs années, une implacable vendetta oppose les deux plus importantes familles du village, les Ascona et les Pieri. Les assassinats se multiplient et, bien qu'on connaisse parfaitement leurs auteurs, à cause de la loi du silence, la police reste impuissante.

Or, en ce jour de mai 2002, c'est un nouveau degré dans la violence qui vient d'être franchi : deux meurtres ont été commis chez les Ascona et les Pieri à quelques heures seulement de distance. Comme d'habitude, les interrogatoires n'ont rien donné, aucun témoin ne s'est manifesté et les membres des deux clans se sont fourni des alibis irréfutables. Mais les carabiniers décident que, cette fois, les choses n'en resteront pas là et ils imaginent un plan aussi original qu'ingénieux.

Les caveaux des familles où vont avoir lieu les enterrements sont des bâtiments imposants, presque des petites chapelles. Ils ont l'idée d'y dissimuler des micros et le résultat dépasse leurs espérances. Lors des cérémonies qui suivent, ils peuvent entendre enfin la vérité. Chacun des deux meurtriers se vante de son acte et, bien plus, l'une et l'autre familles évoquent en détail la future agression qu'elle prépare.

Grâce à ces renseignements, les policiers ont réussi sans mal à prendre les coupables sur le fait et, confondus par les enregistrements, ceux-ci ont passé des aveux complets. Il s'est ensuivi une série d'arrestations qui ont mis fin à la vendetta de Corbino. Grâce à ces voix d'outre-tombe, elle n'a plus envoyé personne au cimetière.

IL Y A 40 ANS, EN 1965 : Victoire des conservateurs aux élections municipales britanniques. Le crédit pour l'achat d'une automobile est porté de 21 à 24 mois. Selon un récent sondage, 2 % seulement de femmes fument plus de six paquets de cigarettes par semaine.

MERCREDI 11 MAI

Sainte Estelle

Taureau 3e décan

Il faut manger comme un homme en bonne santé et boire comme un malade (Allemagne).

LA SCIENCE AMUSANTE LE JOURNAL ET LA BOUTEILLE. Étalez bien à plat sur une table un journal tout grand ouvert. Mettez au milieu une bouteille vide et bien sèche pour éviter toute adhérence avec le papier. Elle est retournée et repose sur son goulot.

Malgré cet équilibre instable, il est possible, sans toucher à la bouteille, d'enlever le journal. Après quelques tentatives infructueuses et amusantes de vos amis, approchez-vous de la table, prenez le bord du journal de la main gauche, en le tenant bien tendu. Avec votre main droite, donnez sur la table une série de petits coups de poing. À chacun de ces coups, le journal glisse sous la bouteille, sans que celle-ci change de place. En quelques instants, seule la bouteille reste sur la table.

EXPLICATION : À chaque coup de poing, la bouteille fait un petit saut imperceptible à l'œil, mais suffisant pour que le journal avance.

★ ROULEAUX DE LAITUE. Mélangez dans un saladier des dés de chair de tomates et d'asperges cuites, des crevettes cuites décortiquées (ou langoustines), des germes de soja frais (ou en boîte au naturel), miettes de crabe, oignons nouveaux hachés, coriandre ciselée, le tout assaisonné de citron, huile de sésame, sauce de soja. Au moment de se mettre à table, vous répartissez cette préparation dans des grandes feuilles de laitue roulées en cigare, que vous parsemez de graines de sésame grillées.

IL Y A 40 ANS, EN 1965 : Un cyclone fait 12 722 morts et 1 300 disparus au Pakistan oriental. Le jury du Festival de Cannes décerne le grand prix au *Knack... et comment l'avoir*, réalisé par Richard Lester. Mort du célèbre écrivain Roger Vailland.

Le mariage et le macaroni ne sont bons que chauds (Italie).

Saint Achille

Taureau 3e décan

JEUDI 12 MAI

LES DRÔLES D'HISTOIRES DE PIERRE BELLEMARE

Une grand-mère prodigue

Irma Sonne, une charmante vieille dame âgée de quatre-vingt-cinq ans, coule des jours paisibles dans une maison de retraite des environs de Bonn, en Allemagne. Son humeur égale, son goût pour les arts et la musique lui valent sympathie et admiration. Mais c'est la prodigalité dont elle fait preuve à l'égard de ses co-pensionnaires qui fait d'elle la vedette incontestée de l'établissement. En effet, aucune semaine ne se déroule sans que Irma comble ses amies de douces et délicates attentions. Une boîte de chocolats pour une voisine gourmande. Un bouquet de fleurs fraîches pour embellir la chambre d'une autre. Une écharpe pour une frileuse. Des livres à chacune pour célébrer Noël.

« Je suis une mère et une grand-mère gâtée, explique la vieille dame pour justifier la manne de colis que lui apporte régulièrement le facteur. En dépit de mes protestations, mes cinq enfants et mes seize petits-enfants ne cessent pas de m'envoyer des cadeaux.

– Mais pourquoi ne gardez-vous rien pour vous ? » s'offusquent ses compagnes.

Irma baisse alors les yeux et répond coquettement :

« Les fleurs me font tourner la tête, mon diabète m'interdit les friandises, quant aux livres, ma chambre en est pleine. »

Un matin, le directeur de la maison de retraite présente une mise en demeure à la grand-mère prodigue. Une facture de 8 000 euros. Elle correspond aux innombrables cadeaux impayés que Irma commandait et s'adressait à elle-même depuis des mois.

« En vérité, je n'ai aucune famille et je n'ai pas d'argent. J'espère seulement que mes amies m'auront aimée aussi pour ce que je suis », a murmuré tristement la vieille dame avant de quitter le foyer pour fuir, honteuse, vers le sud du pays.

Le parquet a décidé de classer l'affaire contre la promesse que Irma dédommagera les commerçants plus tard grâce à son assurance décès.

IL Y A 40 ANS, EN 1965 : Établissement de relations diplomatiques entre la République fédérale d'Allemagne et Israël.

VENDREDI 13 MAI

Sainte Rolande

Taureau 3ᵉ décan

Quand un homme et une femme sont mariés, ils ne deviennent plus qu'un ; la première difficulté est de décider lequel (Angleterre).

★★ CHARLOTTES FARCIES. Faites cuire au four dans du papier aluminium de grosses pommes de terre. Décalottez-les dans le sens de la longueur, évidez-les et passez la chair au presse-purée. Mélangez cette purée au même volume de champignons de Paris poêlés et mixés avec un peu de crème fraîche pour rendre l'ensemble onctueux, quelques échalotes que vous avez fait revenir, et des dés de jambon cru. Refermez le papier aluminium et remettez au four 10 minutes. Servez avec une scarole bien aillée.

Une pile électrique prête à se décharger retrouvera soudain un regain d'énergie si vous la déposez 5 minutes sur une source de chaleur douce, un radiateur au gaz par exemple.

COLOQUINTES. Les coloquintes prospèrent en tous sols de jardin bien drainés et ensoleillés. Fin mai, mettez en place les plants achetés ou ceux que vous avez semés en avril et gardés sous châssis. Arrosez régulièrement. Après la levée de vos pieds, mieux vaudra n'en conserver qu'un tous les mètres. Dans un petit jardin, installez autour de chaque pied un faisceau de trois bambous sur lesquels elle pourra s'accrocher sans difficulté pour aller courir ensuite sur grillages ou clôtures. Les fleurs campanulées jaune orangé s'épanouissent de juin à septembre avant de produire de gros fruits colorés à récolter.

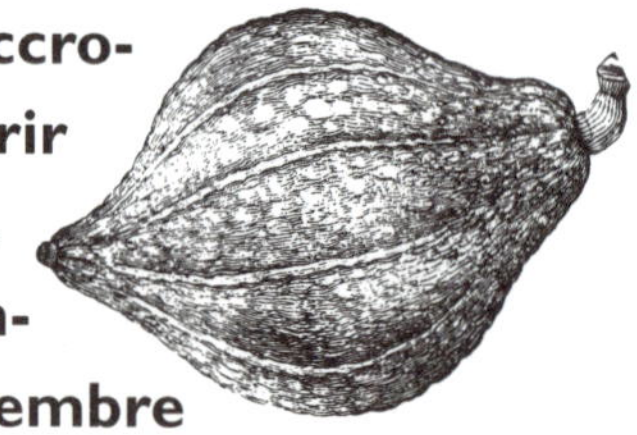

Jeux d'esprit

Demain, je fus hier,
Demain, je serai hier.
Réponse :

Aujourd'hui.

IL Y A 40 ANS, EN 1965 : Plusieurs pays arabes suspendent leurs relations avec la RFA, pour protester contre les nouvelles relations de ce pays avec Israël. Maria Callas triomphe dans *La Norma*, à l'Opéra de Paris. Explosion de la deuxième bombe atomique chinoise, « pour faire face au chantage et à la menace des États-Unis ».

Jeunesse est un défaut que chaque jour corrige (Allemagne).

Saint Matthias

Taureau 3e décan

SAMEDI 14 MAI

Gardez-vous de l'homme secret et du chien muet.

Sainte Denise

Taureau 3e décan

DIMANCHE 15 MAI

Animez un mur aveugle

Vous avez un mur extérieur aveugle : pourquoi nc pas essayer de créer une ouverture en trompe-l'œil ? Il n'est pas besoin d'être artiste peintre pour représenter une fenêtre. Les traits en sont simples et droits ! Le « plus » qu'il faut y apporter, c'est l'illusion d'être en trois dimensions. Exercez-vous sur le papier, pour bien calculer les proportions de votre fenêtre qu'il faudra reporter sur le mur, avec l'impression de profondeur. Avant d'étaler les différentes couleurs, assurez-vous de la bonne qualité du fond pour obtenir un résultat durable. Commencez par les nuances claires de fond, pour terminer avec les plus foncées. Une fois le tour et le châssis de la fenêtre bien en place, risquez-vous à représenter des rideaux… Un rosier grimpant ou une clématite plantés à côté pour souligner l'encadrement de la fenêtre donneront encore plus de vraisemblance à la scène. Si vous préférez créer des décors de végétaux, vous trouverez, dans le commerce, des pochoirs qui se présentent sous forme de planches de carton huilées. Il y a des feuillages, des fleurs, des papillons et des insectes. Pour créer des motifs de feuilles stylisées, vous appliquez le pochoir sur le mur avec un adhésif (scotch pour peintre). À l'aide d'une brosse ou d'une éponge, vous remplissez la surface découpée du pochoir avec de la peinture en tamponnant perpendiculairement au mur pour bien remplir les découpes. Pour résister aux intempéries, tous ces motifs doivent être réalisés à la peinture acrylique extérieure. Il est même possible de vernir l'ensemble avec un produit incolore pour une meilleure tenue dans le temps.

Autre possibilité d'habiller un mur aveugle un peu trop présent et qui donne la sensation étouffante d'arrêter le regard : un treillis. Prenez-le en forme de trois arches qui se succèdent en rapetissant vers le milieu. Il simule ainsi une perspective en trompe-l'œil et donne l'impression d'ouvrir la vue. Un treillis de ce type a beaucoup d'élégance et produit un effet spectaculaire. Posez à ses pieds une jardinière garnie de fleurs.

IL Y A 40 ANS, EN 1965 : La bataille fait rage à Saint-Domingue entre caamanistes du colonel Caamano et imbertistes du général Imbert Barreras, soutenus jusqu'alors par les Américains.

LUNDI 16 MAI

Saint Honoré

Taureau 3e décan

Le scorpion pique celui qui l'aide à sortir du feu (Inde).

☆☆☆ *BROCHET AU VINAIGRE DE FRAMBOISE. Glissez une branche de thym dans le poisson d'un bon kilogramme, vidé, écaillé, épongé. Beurrez le fond d'un plat. Éparpillez dans le fond d'un plat beurré seize gousses d'ail non pelées, couchez dessus le brochet sur le ventre. Étalez le reste du beurre et passez au four préchauffé pendant 30 minutes (thermostat 5). Arrosez le brochet toutes les 5 minutes avec le beurre de cuisson. Au bout de 15 minutes, ajoutez trois cuillerées à soupe de vinaigre de vin à la framboise et ainsi de suite toutes les 5 minutes (neuf cuillerées en tout jusqu'à la fin de la cuisson de 45 minutes). Le beurre et le vinaigre auront alors donné une belle couleur blonde brillante au brochet. Les gousses d'ail seront cuites : écrasez-les un peu dans le fond du plat avant de les retirer pour mélanger au jus qui devra être de la consistance d'un sirop, grâce au beurre qui n'aura pas cuit et au vinaigre qui se sera réduit. (On peut aussi utiliser pour cette recette de la lotte ou de la daurade.)*

Jeux d'esprit

Je suis au milieu du monde,
J'ai deux sœurs dans un tonneau,
On me trouve aussi dans l'onde,
Pourtant, je ne suis pas dans l'eau.

Réponse :

La lettre N.

Vous trouvez fastidieux d'avoir à ramasser tous les soirs les jouets de votre enfant éparpillés dans sa chambre. Découpez un tapis dans un grand morceau de toile. Fixez des passants tout autour, glissez un ruban et refermez le tapis comme un sac, avec son contenu.

IL Y A 40 ANS, EN 1965 : Renault et Peugeot veulent lancer sur le marché chinois la R16 et la 404, en profitant de l'exposition française à Pékin. Rue du Chevaleret, dans le 13e arrondissement de Paris, un immeuble de quatre étages est soufflé par l'explosion d'une nappe de gaz, faisant un mort et un blessé.

Il y a plus de menacés que de frappés.

Saint Pascal

Taureau 3e décan

LES DRÔLES D'HISTOIRES DE PIERRE BELLEMARE

Quand la croisière s'abuse

Pour célébrer le printemps, une association de caissières d'un grand magasin de New York a décidé de s'offrir une soirée dansante sur un petit bateau de croisière. La fête bat son plein lorsque Peter Bard, le mécanicien du bord, se rend aux toilettes pour les approvisionner en papier hygiénique. Son attention est attirée par le boîtier du produit déodorant. Il l'ouvre et découvre un objet métallique pourvu d'une courte antenne et relié à deux fils électriques. Son sang ne fait qu'un tour. N'écoutant que son courage, il s'empare de l'engin suspect et se rue à l'extérieur pour le jeter par-dessus bord. Mais le disc-jockey l'intercepte. Il lui arrache l'objet des mains, rebrousse chemin et va s'enfermer dans les toilettes. Le mécanicien va aussitôt rendre compte de l'incident au capitaine. Ce dernier inspecte les lieux à son tour. Il démonte la chasse d'eau, explore sans succès les moindres recoins de l'habitacle. L'objet a disparu. Alors, le capitaine regagne la passerelle et appelle la police.

Le plan antiterroriste est immédiatement déclenché. Un patrouilleur et un hélicoptère prennent en chasse la vedette et ordonnent au capitaine d'accoster. Une centaine de policiers puissamment armés, une brigade de démineurs, les forces spéciales du FBI et de la CIA se précipitent à bord. Ils neutralisent le bateau et mettent en joue les passagers. Les caissières hurlent. La confusion est totale. Le disc-jockey est appréhendé, jeté dans l'hélicoptère et conduit dans les locaux de la CIA pour y être interrogé.

Bousculé par les agents, le DJ finit par avouer son crime : l'engin suspect qu'il a dissimulé dans les toilettes était une caméra de surveillance destinée à lui permettre de reluquer les passagères, en direct depuis son pupitre. Verdict : trois ans de prison pour « atteinte à la vie privée et agression sexuelle préméditée ».

Dans la prude Amérique, encore meurtrie par les attaques terroristes, il ne fait pas bon jouer avec le sexe et la sécurité !

IL Y A 40 ANS, EN 1965 : Reprise des raids aériens sur le Nord Viêt-nam ; six bataillons de gouvernementaux tentent de réduire une base de ravitaillement vietcong, en bordure du 17e parallèle.

MERCREDI 18 MAI

Saint Éric

Taureau 3e décan

Avec un mensonge on va loin, mais sans espoir de retour (Monde juif).

★ GALETTES DE RIZ. Portez à ébullition un demi-litre de bouillon de volaille et un verre de vin blanc. Versez 200 grammes de riz, deux échalotes hachées, deux cuillerées à soupe de persil haché, et cuisez jusqu'à ce que le liquide soit absorbé. Incorporez quatre fonds d'artichauts (en boîte) hachés, trois œufs battus, quatre cuillerées à soupe de parmesan, formez des galettes et faites-les dorer dans le beurre 3 minutes de chaque côté.

MUGUET. Ne laissez pas se dessécher les pieds de muguet en pot qu'on vous a offerts si vous voulez les transplanter au jardin après la floraison. Lorsque le muguet est défleuri, coupez les brins fanés pour empêcher la formation de fruits qui épuiseraient inutilement la plante. Choisissez un coin frais et ombragé pour planter sans tarder les mottes dépotées dans une terre riche, tourbeuse et légèrement acide. À l'arrivée du printemps, l'année prochaine, vous apporterez une couche de terreau en ajoutant de l'engrais complet. Ne mettez pas les brins à la bouche, et méfiez-vous des baies, qui sont toxiques.

Vous pouvez couvrir la porte de la chambre de vos enfants de peinture spéciale tableau : accrochez à hauteur de leurs mains une petite boîte en carton pour leurs craies et un chiffon. Vous pouvez procéder de même dans votre cuisine comme pense-bête géant.

IL Y A 40 ANS, EN 1965 : Vers la disparition totale des taxis «à galerie» : les assurances ne veulent plus garantir ce qui est transporté sur leur toit.

De fortune et de santé il ne faut jamais se vanter.

LES DRÔLES D'HISTOIRES DE PIERRE BELLEMARE

Des canards très serviables

Les Chinois, c'est bien connu, possèdent un sens pratique que beaucoup leur envient. Ainsi, dans le Nord-Ouest du pays, le ministère de l'Agriculture a-t-il mobilisé une armée de 4 000 canards affamés pour lutter contre une invasion de sauterelles.

Après s'être repus des insectes pendant deux ou trois mois, les canards, dont la chair était devenue grasse et savoureuse, ont été capturés et vendus aux enchères aux restaurateurs à l'entour.

« Les canards ont été très coopératifs, s'est réjoui Xia Hongwei, un haut fonctionnaire. Non seulement ils nous ont débarrassé des sauterelles, mais ils ont entièrement financé l'opération ! »

Ne vous y trompez pas !

Une incroyable opération de sauvetage et d'entraide animale s'est déroulée dans une réserve du Kwazulu-Natal, dans l'Est de l'Afrique du Sud. Des antilopes enfermées dans un enclos ont été libérées par… des éléphants.

Ces antilopes avaient été capturées et parquées pour aller peupler une autre réserve. Alors que le crépuscule tombait sur la savane, un troupeau d'éléphants est apparu. Il s'est approché de l'enclos où étaient retenues les captives. La matriarche a tranquillement soulevé un à un les loquets de la porte avec sa trompe. Plutôt que de s'approprier le fourrage des antilopes, les éléphants ont rebroussé chemin aussi tranquillement qu'ils étaient venus, laissant la voie libre à leurs protégées. Les antilopes ont bondi vers l'extérieur et se sont évanouies dans l'obscurité.

Cette surprenante libération s'est déroulée sous le regard incrédule de toute l'équipe de la réserve, pour qui « ce comportement jamais vu ne peut vraiment pas être expliqué en termes scientifiques ».

IL Y A 40 ANS, EN 1965 : Un Boeing 720 pakistanais s'écrase aux environs du Caire, entraînant la mort de 121 personnes, alors qu'il effectuait un vol inaugural Karachi-Londres. La commission des sites a donné son accord pour le projet de détruire le théâtre de l'Ambigu, qui vit triompher Marie Dorval.

VENDREDI 20 MAI

Saint Bernardin

Taureau 3e décan

Le vin doux fait le plus âpre vinaigre (Italie).

★★ FRAISES MERINGUÉES. Écrasez quatre petits macarons afin de les réduire en miettes. Parsemez-en le fond d'un moule. Ajoutez 500 grammes de fraises équeutées et coupées en deux ou en quatre pour les plus grosses. Arrosez de gelée de groseille tiédie. Montez quatre blancs d'œufs en neige avec une pincée de sel, incorporez 100 grammes de sucre en poudre, et répartissez sur les fraises. Enfournez dans le four préchauffé thermostat 5 et laissez cuire 20 minutes. Servez les fraises meringuées refroidies accompagnées d'une crème anglaise bien froide (toute prête en grandes surfaces).

COURGETTES. La courgette est un légume généreux, facile à cultiver et à cuisiner. Elle est peu calorique. Semez en poquets de trois à cinq graines toutes les trois semaines, à 1 mètre de distance, à partir du 10 mai et jusqu'à la mi-juin. Ne conservez qu'un plant par touffe. Vous en ramasserez de juillet à la fin septembre-début octobre. Choisissez entre la courgette habituelle en touffe et la courgette coureuse à faire grimper. Vous récolterez 10 kilogrammes et plus par pied. Les courgettes aiment les sols légers. Arrosez copieusement en début de végétation.

LES PERLES DES PETITES ANNONCES

Monsieur et Madame X. remercient très sincèrement les nombreuses personnes qui leur ont témoigné leur sympathie à l'occasion des faux bruits annonçant leur mort.

Le Journal.

IL Y A 40 ANS, EN 1965 : Entrée en vigueur du cessez-le-feu à Saint-Domingue, obtenu par M. U Thant. Le fameux portrait du duc de Wellington, peint par Goya, dont le vol à la National Gallery, quatre ans auparavant, avait fait couler tant d'encre, vient d'être restitué.

**La faim va tout droit,
le désir d'amour tourne en rond
(Roumanie).**

Saint Constantin

Gémeaux 1er décan

SAMEDI 21 MAI

**Parole gracieuse est d'un grand prix
sans coûter grande dépense
(Italie).**

Trinité

Gémeaux 1er décan

DIMANCHE 22 MAI

Salle à manger d'été pratique à moindres frais

Dès que les beaux jours reviennent, le jardin est le nouvel espace de vie du petit déjeuner au dîner. Installez la salle à manger d'été près de la cuisine pour éviter les pas inutiles, et sur un sol bien nivelé. Les grandes dalles type evergreen sont bon marché et faciles à poser. Il suffit de les tapoter du pied pour bien les caler. En semant du gazon qui poussera par les trous des dalles, vous en embellirez l'aspect.

Les tables et les sièges en résine de synthèse, qui existent en différents coloris, sont les plus pratiques. Ils se nettoient d'un coup d'éponge et peuvent rester dehors en hiver. Un lessivage de printemps les rendra comme neufs. Vous pouvez les agrémenter de coussins et de sets de table, et réserver vos belles nappes pour les invitations. Un grand parasol rectangulaire de bonne qualité et orientable est indispensable pour se protéger du soleil : c'est l'investissement le plus important mais durable, avec les meubles en résine. Prévoyez une desserte à deux roues – elle aussi en résine de synthèse – pour poser bouteilles et nourriture, elle sera vite rentrée en cas d'intempéries. Choisissez un barbecue amovible – vous aurez la possibilité de toujours le placer perpendiculairement au vent pour éviter de rabattre les fumées et de disséminer des escarbilles –, de bonne taille, à tablettes latérales qui vous faciliteront le maniement des accessoires et de la nourriture, surtout quand vous serez nombreux. Il doit être à bonne distance de la table et des arbustes.

Conservez le tuyau d'arrosage à proximité pour réagir rapidement à tout départ de feu accidentel, et n'utilisez pas de bois de chantiers pour l'alimenter. Le charbon de bois est le mode de combustion le plus intéressant financièrement… et qui fait la cuisine la plus savoureuse ! Mais si vous voulez éviter tout souci, optez pour un barbecue au gaz ou électrique. Le soir, l'éclairage électrique est indispensable afin de voir clair au-dessus du barbecue, mais il doit être tamisé pour les convives afin de ne pas les éblouir. Les lumières d'ambiance aux bougies et les flambeaux feront le décor.

IL Y A 40 ANS, EN 1965 : Les dernières élections en Belgique ont fortement modifié la carte électorale du pays en désavouant le gouvernement de coalition formé par le PSC et le PSB de Paul Henri Spaak, au profit des libéraux. Agen devient champion de France de rugby, en battant Brive, 15 à 8.

LUNDI 23 MAI

Saint Didier

Gémeaux 1er décan

Quand l'enfant tombe, la mère pleure ; et quand la mère tombe, l'enfant rit (Afrique).

★★ *SARDINES À LA TAPENADE. Faites cuire 15 minutes au four thermostat 7 dans un plat huilé douze demi-tomates moyennes, partie coupée vers le haut et saupoudrée de chapelure, d'ail et de basilic. Poivrez, salez et huilez légèrement une douzaine de filets de sardines crues que vous roulez et maintenez à l'aide d'un bâtonnet en bois. Garnissez chaque demi- tomate cuite d'un filet de sardine. Enfournez encore 5 minutes à four très chaud. Servez chaque pièce nappée de purée d'olives vertes tiédie ou de tapenade.*

LA SCIENCE AMUSANTE

FAIRE TENIR UN ŒUF DEBOUT SUR SA POINTE. Avec un peu d'entraînement, il vous sera facile de faire tenir un œuf debout sur sa pointe sur une surface plane ou bombée sans briser le bout de sa coquille.
Secouez violemment un œuf bien frais, la poche flottant au milieu de l'albumine et retenant le jaune, sera ainsi crevée : celui-ci descendra vers la pointe inférieure.
EXPLICATION: La présence du jaune à la partie inférieure a abaissé le centre de gravité de manière à assurer la stabilité de l'équilibre.

Le mot de la fin

Sentant sa fin prochaine:
« C'est ici le combat du jour et de la nuit… »
Et, près avoir vu pour la dernière fois ses petits-enfants :
« Adieu, Jeanne… »
Victor Hugo, 22 mai 1885

LES DRÔLES D'HISTOIRES DE PIERRE BELLEMARE

La circulation des poids lourds

Saskri Pankhra et sa famille roulent dans leur pick-up, aux environs de Mangalore, dans le Sud de l'Inde, en ce mois de mai 2004. Ils sont allés faire des courses en ville et ils rentrent dans leur village. Saskri et sa femme sont à l'avant et leurs deux enfants, à l'arrière, sur le plateau, à côté de leurs emplettes.

La route est étroite et il fait presque nuit. Soudain une masse grise apparaît. Saskri, qui la voit au dernier moment, ne peut pas l'éviter et c'est le choc avec… un éléphant. Le véhicule n'est pas trop endommagé mais, sous l'effet de la surprise et de la douleur, le pachyderme donne un grand coup de patte et écrase le plateau du pick-up, dont, heureusement, les enfants ont été éjectés.

C'est cet accident, qui n'a fait que des blessés légers, qui a conduit le ministère indien des Transports à se pencher sur la circulation de ces poids lourds d'un genre particulier que sont les éléphants.

Renseignement pris, ils ne sont pas moins de 6 000 à circuler régulièrement en Inde, principalement le soir et les nuits où la lune est suffisamment brillante, ces animaux disposant d'une excellente vision nocturne. Comme il n'est pas question de leur interdire de se déplacer, car il s'agit d'une tradition ancestrale à laquelle on ne peut toucher, le ministère a décidé de prendre des mesures de sécurité. Dorénavant, les éléphants circulant en Inde devront porter deux réflecteurs : une sorte de collier à l'avant et une plaque à l'arrière, attachée à la queue. Mais les cornacs, profession très considérée dans le pays, ont protesté contre ces mesures vexatoires et l'arrêté n'est pas encore passé. Affaire à suivre, donc…

IL Y A 40 ANS, EN 1965 : Suite à une éruption sous-marine, une nouvelle île volcanique est en train de naître au large de l'Islande. Le douzième championnat du monde de boxe a été le plus court de toute son histoire : Cassius Clay, devenu Muhammad Ali, a battu Charles Liston en 60 secondes.

MERCREDI 25 MAI

Sainte Sophie

Gémeaux 1er décan

Nul n'est trop bon et peu le sont assez.

BRUYÈRES. C'est le moment de tailler les bruyères qui ont fleuri au printemps. Quelques coups de cisaille leur permettront généralement de redémarrer plus vigoureusement. En sol sableux et acide, ces plantes peuvent former de véritables tapis, fleuris en toutes saisons si vous choisissez plusieurs variétés ; souvent associées aux plantes de terre de bruyère, elles préfèrent cependant des lieux plus ensoleillés que les rhododendrons. En vieillissant, elles ont tendance à se dégarnir ; donnez-leur un coup de jeune en pratiquant le marcottage : creusez un trou, installez-y un mélange de tourbe, de terre de bruyère et de sable, puis enterrez une branche que vous avez plaquée au sol et recouvrez-la de terreau, maintenez-la au sol avec une brique, arrosez bien. Au bout d'un an, replantez la marcotte.

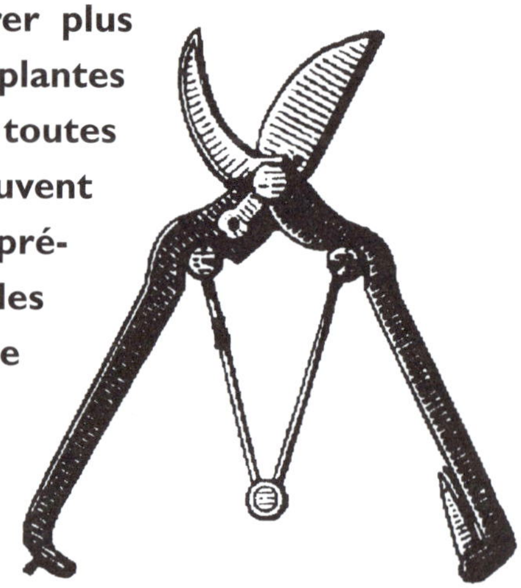

S'il arrive que votre marteau se démanche, faites-lui prendre un bain d'eau froide pendant vingt-quatre heures : l'eau fera regonfler le bois et soudera les deux parties. Faites-le tremper ensuite dans un bain de paraffine pour qu'il reste fixé définitivement.

QUAND LA MUSE DÉLIRE « J'y vois plus clair », dit la vieille aveugle.
Honoré de Balzac,
Scènes de la vie privée, Béatrix.

IL Y A 40 ANS, EN 1965 : L'Assemblée approuve le service militaire d'une durée de 16 mois, avec libération anticipée à 15 mois. Le Sénat américain adopte la loi sur le droit de vote des Noirs.

Ce que l'on garde pourrit,
Ce que l'on donne fleurit.

Saint Béranger

Gémeaux 1er décan

JEUDI 26 MAI

LES DRÔLES D'HISTOIRES DE PIERRE BELLEMARE

Avant le berceau

« Je regrette, madame, ce que vous demandez n'est pas possible. – Mais, monsieur le directeur, vous voyez bien qu'il s'agit d'un garçon ! » Et Pamela Christiansen, jeune femme de la meilleure société londonienne, enceinte de quatre mois, brandit sous le nez du Ian Beer, directeur de l'école de Harrow, l'échographie qu'elle vient de passer et qui prouve, effectivement, qu'elle est enceinte d'un garçon, qui a déjà été prénommé Norton. Mais son interlocuteur reste insensible à l'argument.

« Revenez après votre accouchement. À ce moment-là, nous verrons… »

Il faut dire que l'école de Harrow on the Hill, dans le Sud de l'Angleterre, fait partie des grandes traditions du pays. Fondée en 1572, elle accueille 750 pensionnaires de treize à dix-huit ans, venus du monde entier.

L'enseignement pratiqué concerne principalement les mathématiques, l'histoire et les beaux-arts, mais c'est surtout le cricket qui fait la fierté de l'établissement, ainsi que son prestigieux uniforme : blazer bleu marine et canotier. Malgré les tarifs prohibitifs pratiqués, on s'y bouscule pour y entrer, on s'y inscrit, en général, dès la naissance, jusqu'à ce que Pamela Christiansen ait voulu anticiper davantage encore.

À la suite de son initiative, le directeur de Harrow a, d'ailleurs, fait paraître un communiqué dans le *Daily Telegraph*, indiquant qu'outre le sexe, la date de naissance était indispensable pour qu'une demande soit prise en compte. On peut s'inscrire à Harrow au berceau, mais pas avant.

IL Y A 40 ANS, EN 1965 : Rennes, en battant Sedan 3 à 1, remporte la Coupe de France de football.

VENDREDI 27 MAI

Saint Augustin

Gémeaux 1er décan

**Plus le singe s'élève,
plus il montre son cul pelé.**

☆☆☆ *AGNEAU AUX ASPERGES. Faites cuire 1 kilogramme d'asperges. Dans une sauteuse, faites fondre le beurre et revenir 1 kilogramme d'agneau en morceaux (poitrine ou collier), assaisonné, et une petite botte d'oignons nouveaux épluchés. Lorsque les éléments sont colorés, mouillez avec un verre de vin blanc sec et le jus d'un demi-citron. Achevez la cuisson à petit feu jusqu'à ce que le jus de cuisson soit presque caramélisé. Coupez les pointes d'asperges à 5-6 centimètres et réservez au chaud. Incorporez à un roux blanc les tiges mixées en purée, deux verres du bouillon de cuisson et 1 décilitre de crème. Cuisez encore quelques minutes et rectifiez l'assaisonnement. Dressez sur le plat de service chauffé les morceaux d'agneau et les oignons et nappez avec la sauce. Entourez des pointes d'asperges.*

PAPILLONS. Si votre jardin est composé d'une grande variété de fleurs, votre site sera prisé des papillons attirés par les couleurs vives pour se nourrir du nectar. Privilégiez les plantes mellifères, c'est-à-dire celles qui procurent pollen et nectar aux abeilles et aux bourdons qui jouent un rôle essentiel dans la pollinisation, assurant la fécondation croisée de nombreuses espèces fruitières.

En l'absence d'un niveau pour régler l'horizontalité d'une étagère ou d'un appareil ménager, utilisez une bouteille en plastique ou en verre, remplie d'eau. Posez-la horizontalement sur le meuble que vous voulez mettre d'aplomb. Lorsque la bulle d'air est au centre de la bouteille, c'est que celle-ci est bien horizontale. Une ampoule de médicament peut faire le même usage.

IL Y A 40 ANS, EN 1965 : Des commandos israéliens attaquent trois postes en territoire jordanien, pour riposter aux sabotages « téléguidés » par les Syriens. L'athlète américain Ralph Boston devient champion du monde de saut en longueur avec un saut de 8,35 mètres.

Réduis tes désirs et tu augmenteras ta santé (Espagne).

Saint Germain

Gémeaux Ier décan

SAMEDI 28 MAI

Quand la jument est sortie, il n'est plus temps de fermer l'étable.

Fête des mères

Gémeaux Ier décan

DIMANCHE 29 MAI

Jolis cadeaux pour la Fête des mères

Il suffit d'être habile de ses mains et d'avoir un peu de patience pour réaliser un ravissant décor printanier sur une assiette en verre blanc.

Pour un motif représentant deux oiseaux sur une branche, munissez-vous d'un modèle à décalquer, d'une feuille de plastique transparent, d'un feutre, de ruban adhésif, d'un tube de cerne argent, et de pots de peinture vitrail rouge, vert et bleu. Commencez par décalquer le modèle sur le plastique transparent à l'aide du feutre. Découpez le plastique en laissant une large marge autour du dessin et collez-le à l'intérieur de l'assiette. Retournez ensuite l'assiette. Par transparence, vous allez pouvoir suivre les contours en les traçant avec le cerne argent. Puis peindre le plumage en vert et en rouge et derrière le rouge, sur le ventre de l'oiseau, mettre du bleu. Réalisez le feuillage en vert. Pour pouvoir passer votre assiette au lave-vaisselle, placez-la à l'envers sur la grille au milieu du four froid, mettez sur convection naturelle et 160°. Laissez 40 minutes, et ne sortez l'assiette que lorsque le four est à nouveau froid. Les peintures

sont fixées.

Mais il y a des cadeaux à faire même par les petits : un cœur dessiné sur le miroir de la salle de bains, un bouquet champêtre de pâquerettes, une carte de « promesse d'amour » ou une « promesse de ranger ses jouets » coloriée, un tee-shirt sur lequel on a imprimé ses menottes grâce à une peinture textile indélébile, un diplôme décoré de fleurs de « meilleure maman »…

IL Y A 40 ANS, EN 1965 : Les rebelles massacrent 70 Européens, au Congo-Léopolville. Jacques Anquetil gagne le Bordeaux-Paris. Graham Hill bat tous les records au Grand Prix automobile de Monaco. Une éclipse totale du soleil a pu être observée au nord-est de l'archipel de la Société.

LUNDI 30 MAI

Visitation

Gémeaux 1er décan

Une femme belle est le paradis des yeux, l'enfer de l'âme et le purgatoire de la bourse (Estonie).

★★ SOUPE VERTE DE PRINTEMPS. Épluchez une laitue, équeutez une botte d'oseille, 300 grammes d'épinards et une botte de cerfeuil. Lavez tous les légumes et faites-les blanchir séparément à l'eau bouillante puis rafraîchissez-les, égouttez-les et mixez-les ensemble. Ajoutez peu à peu 1 litre de bouillon de volaille (tablettes). Faites cuire dans une casserole à petit feu une dizaine de minutes avec deux grosses cuillerées de crème. Battez trois œufs dans un bol, que vous incorporez en longs filets, hors feu, dans la soupe. Remuez doucement pour que les parcelles d'œufs ne s'agglutinent pas.

NOUER LES DEUX BOUTS

Les difficultés rencontrées pour équilibrer son budget avec un maigre revenu, font référence à la quasi-impossibilité de nouer sa serviette autour du cou à l'époque où il était d'usage de porter une fraise.

Si vous ne supportez pas le goût désagréable de certains médicaments, sucez un glaçon avant la prise d'un cachet ou d'un sirop : le froid aura pour effet d'anesthésier vos papilles.

IL Y A 40 ANS, EN 1965 : Sévère défaite de l'armée sud-vietnamienne devant le Viêt-cong, à 100 kilomètres de la grande base américaine de Da Nang.

Le plus beau papillon n'est qu'une chenille habillée.

Visitation

Gémeaux 1er décan

MARDI **31** MAI

LES DRÔLES D'HISTOIRES DE PIERRE BELLEMARE

Grandeur américaine

Les États-Unis sont un grand pays, si grand même que ses habitants doivent trouver que les autres nations sont bien trop loin pour qu'on s'y intéresse. Un groupe de jeunes Allemands en a fait l'expérience. Voici le compte rendu stupéfiant paru dans le quotidien *Süddeutsche Zeitung*.

Greta, une jeune Munichoise, s'est vu poser cette question par un étudiant de l'Indiana :

« Hitler est-il encore votre président ? »

Et, sur sa réponse négative, elle a été gratifiée de ce commentaire :

« Alors, il n'y a plus de pancartes : "Interdit aux juifs" ? »

Dans le même genre d'amabilités, cette exclamation d'un Texan entendant Gunther s'exprimer en allemand avec ses compatriotes :

« Ah, bon ! Vous avez votre propre langue ? Je pensais que les Allemands parlaient anglais avec un accent. »

Mais le plus renversant, c'est Ingrid, une Berlinoise de dix-huit ans, qui l'a entendu. Une Californienne de son âge lui a demandé, l'air soucieux et intéressé à la fois :

« Y a-t-il des problèmes à propos du mur qui sépare votre ville de la Chine ? »

Christophe Colomb, découvrant l'Amérique, pensait débarquer aux Indes. Mais lui, il avait des excuses.

IL Y A 40 ANS, EN 1965 : Une explosion dans la mine de Yamano, dans l'île de Kiou-Siou, au Japon, fait 236 morts et des dizaines de blessés.

MERCREDI 1 JUIN

Saint Justin

Gémeaux 1er décan

Il faut prendre le temps comme il vient, les gens pour ce qu'ils sont et l'argent pour ce qu'il vaut.

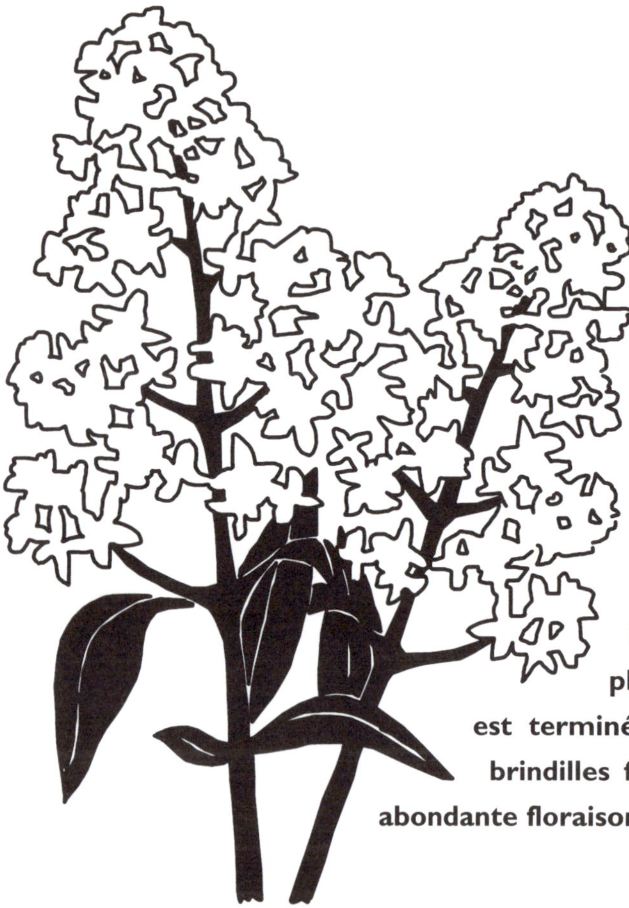

LILAS. Pour vos bouquets de lilas, choisissez les grappes de fleurs en début de floraison. Écrasez le bas des branches, enlevez la majorité des feuilles, et offrez-leur un grand volume d'eau. Les lilas blancs sont sensibles à la pluie, et des taches rousses les abîment. En même temps que vous prélevez les rameaux fleuris, réalisez une taille de l'arbuste en supprimant une partie des branches de l'année pour ne garder que les plus développées. En juin, lorsque la floraison est terminée, supprimez les inflorescences fanées, les brindilles faibles et les drageons. Vous favoriserez une abondante floraison l'année prochaine.

Pour ramasser un œuf cassé par terre, saupoudrez-le légèrement de sel et attendez 30 minutes. Il ne vous restera plus qu'à balayer la poussière ainsi obtenue. Et si, par la même occasion, vous avez fait une tache sur du tissu, nettoyez-la uniquement à l'eau froide savonneuse.

QUAND LA PRESSE S'EMBALLE

Un ouvrier tué à coups de hache : la police n'exclut pas la thèse du suicide.

France-Soir

Ce qu’on apprend au berceau dure jusqu’au tombeau.

Sainte Blandine

Gémeaux 2e décan

LES DRÔLES D’HISTOIRES DE PIERRE BELLEMARE

Profession: rescapé

C’est un dramatique accident qui a lieu, ce 2 juin 2004, près de Bord, en Croatie. Pour une raison inconnue, un autocar perd le contrôle en franchissant un pont sur la Bosna, il défonce le parapet et il tombe dans les eaux du fleuve. Le temps que les secours interviennent, il est trop tard : le chauffeur et ses passagers ont péri.

Enfin, les passagers sauf un, car on retrouve un peu plus loin Frane Selak, un retraité, qui, malgré ses soixante-treize ans, est parvenu à s’extraire du véhicule, en brisant une vitre. Après quoi, il a réussi à regagner la rive, malgré un courant très violent. Là, il a eu la chance d’échapper aux sables mouvants, particulièrement traîtres à cet endroit, en prenant pied sur l’une des rares parties stables de la berge. Et, comme les sauveteurs s’extasient sur son exploit, Frane Selak réplique, avec un haussement d’épaules presque indifférent :

« J’ai l’habitude… »

Oui, l’habitude, en effet, car Frane Selak ressemble à un rescapé professionnel ! Quarante plus tôt, un train dans lequel il se trouvait a déraillé et est tombé – déjà ! – dans une rivière de Bosnie-Herzégovine. L’accident a fait plus d’une centaine de morts, mais il s’en est sorti indemne. L’année suivante, plus fort encore, il a été l’unique survivant d’un terrible crash aérien. Tous les passagers ont péri, sauf lui, car, pendant la chute de l’avion, une portière s’est ouverte, il a été éjecté et il a atterri sur une meule de foin. Là encore, il n’a pas eu une égratignure… Il a aussi échappé à plusieurs accidents d’automobile, mais cela, c’est banal et peut arriver à tout le monde.

À la suite de ce nouvel exploit, Frane Selak a fait la une des journaux nationaux. Il a déclaré ne voir aucune raison spéciale à ces miracles à répétition et, quand on lui a dit qu’il avait de la chance, il a répliqué qu’il aurait bien voulu gagner au loto, mais qu’il n’a jamais empoché un centime.

IL Y A 40 ANS, EN 1965 : Le président Johnson décide le retrait de tous les marines de Saint-Domingue. L'astronaute américain Edward White effectue une sortie de 20 minutes dans l'espace, hors de la capsule *Gemini 4*, à 161 kilomètres de la Terre.

VENDREDI 3 JUIN

Saint Kevin

Gémeaux 2e décan

Le doute est la clef de toute connaissance ; qui ne doute de rien, ne sait rien (persan).

BROCOLIS. Ses pommes serrées ont un goût plus fin que celles du chou-fleur. Pourtant, il a rarement une place au potager. Semez-le maintenant pour une plantation vers la mi-juin, la récolte interviendra courant septembre. Une dizaine de pieds suffisent à la consommation d'une famille de trois personnes. Des rejets plus petits, mais tout aussi bons, apparaissent à la base des plantes, donnant jusqu'à trois récoltes.

Jeux d'esprit

Enlevez-moi une lettre,
Enlevez-moi deux, trois, quatre lettres,
Je suis toujours le même.

Réponse :

Un facteur.

★★ GOULASCH DE PORC AU CIDRE. *Découpez 1 kilogramme d'échine de porc désossé en gros cubes et faites-les rissoler à l'huile bien chaude. Égouttez, jetez le gras rendu et mettez le beurre dans la cocotte avec quatre gros oignons émincés. Faites revenir sans colorer. Salez. Saupoudrez le tout de deux cuillerées à soupe de paprika et de farine, remuez et laissez mousser 3 minutes. Mouillez avec 2 décilitres de cidre et 2 décilitres de bouillon de volaille, ajoutez la viande et un bouquet garni. Couvrez et laissez cuire pendant 50 minutes. Retirez le bouquet garni, rectifiez l'assaisonnement et servez bien chaud.*

IL Y A 40 ANS, EN 1965 : Louis Armstrong attire plus de 10 000 personnes pour son concert donné au palais des Sports. Sept pays européens n'ont pas encore adopté le principe de l'égalité des salaires masculins et féminins : les Pays-Bas, le Luxembourg, la Suisse, l'Espagne, le Portugal, la Grèce et l'Irlande.

Amour apprend aux ânes à danser.

Sainte Clotilde

Gémeaux 2e décan

SAMEDI 4 JUIN

Les pauvres ont la santé, les riches les remèdes.

Saint Igor

Gémeaux 2e décan

DIMANCHE 5 JUIN

Fabriquez un «rafraîchisseur» à peu de frais

Il vous faut une plaque de polystyrène de 3 centimètres d'épaisseur, un aérateur standard silencieux (relativement…) au débit de 98 m³/heure, consommation 15 watts, auquel il faudra fixer un fil électrique avec prise ; quatre bouteilles en plastique de 2 litres, et du papier adhésif pour emballage. Découpez deux panneaux de 37 x 27 centimètres, et deux panneaux de 37 x 21. Pour constituer un habitacle à section carrée intérieure de 21 x 21, vous assemblerez les panneaux en mettant les plus grands, l'un en haut et l'autre en bas, les deux plus petits sur les côtés ; faites un point de colle pour les maintenir en place, et consolidez par de larges et solides bandes adhésives pour emballage. Pour former le fond de l'habitacle, découpez une plaque de polystyrène de 27 x 27 centimètres, dans laquelle vous pratiquez un trou central correspondant au diamètre de l'aérateur (environ 10 centimètres) à mettre en place en le fixant par un cordon de joint. L'aérateur doit souffler vers l'intérieur de la boîte, les pales ne doivent pas dépasser l'aplomb de la paroi. Introduisez dans l'habitacle les 4 bouteilles préalablement remplies d'eau mise à geler au congélateur. Mettez en marche l'aérateur électrique. Renouvelez les bouteilles environ toutes les heures. Le format décrit convient à une

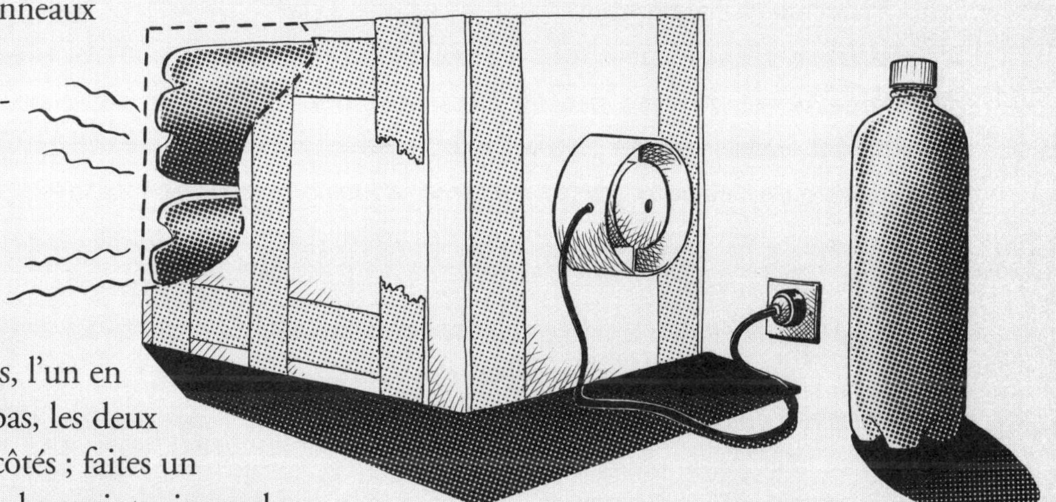

pièce d'un volume d'environ 30 m³, pour obtenir une baisse approximative de température d'ambiance de 3 à 4 degrés. À vous d'adapter les formats aux pièces que vous voulez rafraîchir et renouveler les bouteilles d'eau glacée plus souvent.

IL Y A 40 ANS, EN 1965 : L'Italien Vittorio Adorni remporte le Giro. Michel Jazy bat le record d'Europe du 5 000 mètres, en 13' 34" 4/10, à Lorient.

LUNDI 6 JUIN

Saint Norbert

Gémeaux 2e décan

Poivron vert doit piquer, vieil amour doit durer (Espagne).

Lorsque de la buée s'est formée à l'intérieur d'une montre, retournez votre bijou, le verre contre la peau. La chaleur naturelle de l'organisme suffit souvent à supprimer la condensation.

ARUM. L'arum est une plante vivace. Sa souche, composée de petits rhizomes noirâtres,, émet des racines blanchâtres, à installer à 10 centimètres de profondeur quand la terre s'est un peu réchauffée. Apportez-lui de l'eau régulièrement sans toutefois mouiller son beau feuillage précédant une floraison blanche, jaune ou rouge qui se succédera pendant une longue période à partir de juillet. Des apports d'engrais spécial fleurs sont nécessaires tous les dix jours entre mai et août. Si vous laissez vos arums en pleine terre en hiver, protégez-les avec une couche de paille ou de feuilles sèches. L'arum est également du plus bel effet, cultivé en potée, avec ses fleurs en forme de calice dotées d'un délicieux parfum. Il aime la lumière mais ne l'exposez pas directement au soleil.

PURÉE DE COURGETTES GLACÉE. Faites cuire dans le bouillon de volailles (en cube) 800 grammes de courgettes coupées en morceaux. Égouttez puis mixez. Salez et poivrez. Faites revenir deux oignons émincés dans l'huile d'olive, ajoutez la purée de courgettes et faites cuire doucement pendant 5 minutes. Écrasez 6 gousses d'ail et ajoutez-les à la purée ainsi qu'une cuillerée à soupe de menthe fraîche hachée et un jus de citron. Servez très frais.

IL Y A 40 ANS, EN 1965 : Le roi du Maroc Hassan II rétablit l'équivalent d'une monarchie absolue en proclamant l'état d'urgence et prenant tous les pouvoirs. Après avoir passé 97 heures et 56 minutes dans l'espace, la capsule *Gemini 4* est récupérée avec ses deux astronautes, au sud des Bahamas.

Tout ce qui branle ne tombe pas.

Saint Gilbert

Gémeaux 2e décan

MARDI 7 JUIN

LES DRÔLES D'HISTOIRES DE PIERRE BELLEMARE

Pas très discret

Cyrille, un jeune habitant de Montauban, se sent euphorique en cette nuit de juin 2003. Il vient de passer, avec quelques copains et copines, la soirée dans une boîte de nuit de la ville. Dans le groupe, il y avait notamment Nathalie, une camarade de classe dont il est épris depuis longtemps, mais qui ne lui témoignait jusque-là que de la froideur. Or, bien loin de se montrer distante, elle a été tout à fait charmante et même tendre, tant et si bien qu'il ne désespère pas de conclure avec elle cette nuit même. Il va lui demander de prendre un dernier verre et on verra bien…

Seulement, comme il ne s'attendait pas à cette bonne fortune, Cyrille n'a pas jugé bon de se munir de préservatifs et maintenant, il en a absolument besoin…

Nathalie et lui ont quitté la boîte de nuit à pied, en compagnie d'autres garçons et filles. Or, comme ils passent devant une pharmacie, il fait une découverte inespérée : un distributeur automatique ! Maintenant, il s'agit de faire preuve de discrétion. Il se laisse distancer et glisse sa pièce dans la machine. Ensuite, il regagnera le groupe sans se faire remarquer.

Malheureusement, lorsqu'il veut attraper son bien, ses doigts restent coincés et il a beau faire tous les efforts, la machine refuse obstinément de le lâcher. La mort dans l'âme, il est contraint d'appeler les autres à la rescousse. Ceux-ci reviennent et, tandis que Nathalie ne peut s'empêcher de sourire, ils joignent leurs efforts aux siens. Encore une fois c'est en pure perte, tant et si bien qu'ils doivent appeler les pompiers et c'est devant tout le quartier réveillé que le malheureux garçon est enfin libéré. Pour le préservatif, il a eu gain de cause : il le tient dans ses doigts meurtris ; pour la discrétion, c'est autre chose !

IL Y A 40 ANS, EN 1965 : Pour la première fois, la grande actrice Anna Magnani joue à Paris, au Théâtre des Nations, *La Louve* de Giovanni Vaga avec la compagnie de Franco Zeffirelli.

MERCREDI 8 JUIN

Saint Médard

Gémeaux 2e décan

Quand tu es né rond, tu ne meurs pas pointu (Martinique).

ALLER AU CHARBON

Travailler pour gagner sa vie. Il semble que l'expression soit née dans le milieu des machinistes de théâtre qui étaient recrutés dans la marine, mais aussi chez les cheminots. L'image du noir de charbon renforce l'idée de devoir se salir les mains, de se donner à fond pour accomplir sa tâche.

Pour décaper efficacement un parquet, mélangez en quantités égales de l'essence de térébenthine et de l'eau de Javel. Passez cette solution sur le bois à l'aide

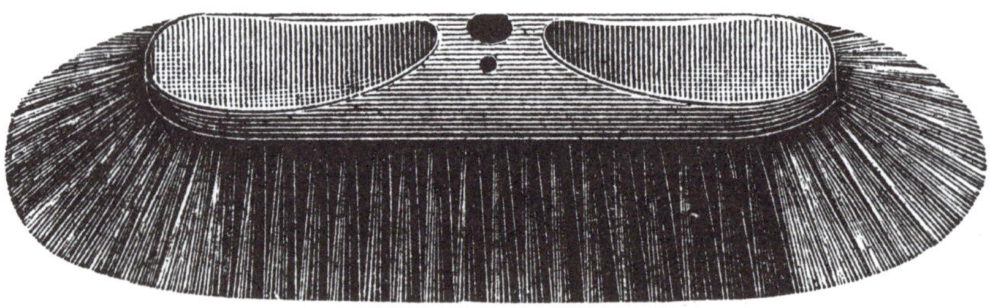

d'une brosse souple et laissez sécher à l'air libre. Vous pourrez ensuite teinter votre parquet ou l'encaustiquer.

★★ MARMITE SARTHOISE. Faites cuire 150 grammes de lardons à l'huile dans une sauteuse, puis 500 grammes d'aiguillettes de poulet et 500 grammes d'aiguillettes de lapin. Égouttez et faites sauter 250 grammes de champignons nettoyés et émincés avec une échalote.

Retirez-les, déglacez la sauteuse avec 2 décilitres de vin blanc sec, ajoutez le bouquet garni et 2 décilitres de bouillon. Laissez bouillir 10 minutes, ajoutez 200 grammes de crème allégée et, à l'ébullition, remettez lardons, champignons et aiguillettes. Assaisonnez, faites cuire 5 minutes et servez avec chou en chiffonnade et carottes en bâtonnets cuits à la vapeur.

LES DRÔLES D'HISTOIRES DE PIERRE BELLEMARE

Cent ans tout juste

Molly Barnes, une Américaine habitant l'Ohio, fête ses cent ans, ce jour de juin 2004, et la municipalité de son village a décidé d'organiser une réception en son honneur. Molly Barnes, qui est infirme, se fait conduire en fauteuil roulant par sa petite-fille à la salle des fêtes. Ce n'est pas loin, il n'y a que quelques rues à emprunter.

Hélas, la fatalité intervient. Il a beaucoup plu, les trottoirs sont boueux, la petite-fille glisse, lâche le fauteuil et celui-ci traverse la chaussée juste au moment où surgit une camionnette de livraison. Le choc est terrible. Lorsqu'on s'approche de la vieille dame, on ne peut que constater son décès. Elle est morte le jour de ses cent ans ! La camionnette était celle du pâtissier, qui venait livrer son gâteau d'anniversaire.

Écriture rapide

Le XIXe siècle a vu la vogue des romans-feuilletons, qui paraissaient dans les quotidiens populaires et connaissaient un immense succès. Les auteurs les écrivaient souvent à la va-vite, parfois la veille pour le lendemain et n'avaient guère le temps de se relire, d'où quelques bourdes mémorables.

Le fécond Xavier de Montépin, auteur de *La Porteuse de pain*, a laissé cette description d'un de ses personnages : « Le vicomte avait une veste courte et un pantalon de même couleur. Ses yeux magnifiques étaient strictement à la même distance l'un de l'autre. »

Mais notre Alexandre Dumas national, récemment entré au Panthéon, qui, lui aussi, a écrit des romans-feuilletons pour vivre, n'a pas été en reste. On trouve chez lui cette exclamation : « "Ah ! Ah !" dit don Manuel en portugais. » Et cette brillante entame de duel : « Il tira son épée de la main droite, s'écria de l'autre : "En garde, scélérat !" »

IL Y A 40 ANS, EN 1965 : Une foule de 300 000 fidèles accueille le pape Paul VI à Pise. Échec de l'expérience *Luna VI* ; déviée de sa trajectoire, la station soviétique passera à 160 000 kilomètres de la Lune.

VENDREDI 10 JUIN

Saint Landry

Gémeaux 2ᵉ décan

Mieux vaut labourer profond que large (Inde).

LA SCIENCE AMUSANTE

MNÉMOTECHNIE AMUSANTE. Rien de plus difficile, n'est-ce pas, que de se rappeler une série de chiffres dans un ordre voulu ? Voici un moyen pour écrire sans erreur les trente premières décimales du nombre π ! Apprenez ce quatrain :

« Que j'aime à faire apprendre un nombre utile aux sages!
Immortel Archimède, artiste ingénieur!
Qui de ton jugement peut briser la valeur ?
Pour moi, ton problème eut de pareils avantages. »

EXPLICATION : Chaque mot est composé d'un nombre de lettres qui, placé au-dessus de lui dans le quatrain vous indiquera, dans l'ordre, les trente décimales du nombre π :

3 1 4 1 5 9 2 6 5 3 5
«Que j'aime à faire apprendre un nombre utile aux sages !
8 9 7 9
Immortel Archimède, artiste ingénieur !
3 2 3 8 4 6 2 6
Qui de ton jugement peut briser la valeur ?
4 3 3 8 3 2 7 9
Pour moi, ton problème eut de pareils avantages. »

Soit π = 3, 141 592 653 589 793 238 462 643 383 279. Ouf !...

PLANTES D'INTÉRIEUR. Les plantes d'intérieur sont pour la plupart originaires des régions tropicales et ne dédaignent pas un peu de moiteur dans l'air. Elles ont souffert de la sécheresse dans les pièces chauffées, et la poussière de l'hiver a rendu leurs feuilles grisâtres, les empêchant de respirer et d'assimiler la lumière. Douchez-les au jet si vous en avez la possibilité. Vous pouvez le faire dans la baignoire, à l'eau tiède ; n'hésitez pas à savonner très légèrement, cela fera fuir les parasites. Puis rincez abondamment. Et reprenez des arrosages plus abondants avec une eau à température ambiante. Récupérez l'eau de cuisson des légumes (riches en éléments minéraux), les restes de thé et servez-vous-en .

IL Y A 40 ANS, EN 1965 : De Gaulle et Erhard, à Bonn, proposent une réunion à leurs partenaires du Marché commun. Les autorités civiles de Saigon remettent le pouvoir aux militaires. Huit tonnes de confetti et 15 kilomètres de guirlandes ont été utilisés lors de la traditionnelle fête du Petit Vin blanc, à Nogent-sur-Marne.

Quand on n'a pas ce que l'on aime, il faut aimer ce que l'on a.

Saint Barnabé

Gémeaux 3e décan

SAMEDI 11 JUIN

Même le lilas blanc a une ombre (Hongrie).

Saint Guy

Gémeaux 3e décan

DIMANCHE 12 JUIN

Jeux d'enfants dans le jardin

Vos enfants reçoivent leurs amis et le temps permet de jouer au jardin.

Courses, galipettes, escalade des arbres, les occupations ne manquent pas. Il vaut mieux toutefois prévoir quelques jeux pour canaliser leur énergie… Organisez par exemple un **jeu de colin-maillard.** Mais l'enfant qui a les yeux bandés et qu'on fait tourner sur lui-même pour lui faire perdre le sens de l'orientation devra attraper des friandises et des petits jouets accrochés aux arbres, en un temps défini. La **course à patins** se joue par deux. Prévoyez quatre patins en plastique souple de la taille d'une feuille de papier (ou une feuille dans un étui plastique). À l'entrée d'une allée, chacun des deux enfants pose un pied sur chaque patin. Lorsque le départ est donné, chaque enfant lève le pied gauche, saisit le patin et le place vers l'avant, puis il y repose le pied gauche ; il fait de même pour le pied droit, et ainsi de suite jusqu'au bout. Celui des deux qui tombe en route ou qui arrive le dernier a perdu. Cela se joue par paires jusqu'à ce qu'il n'en reste plus qu'un, le vainqueur. Fous rires garantis !

Pour un **jeu de massacre**, vous découpez des bandes de carton de 15 centimètres de large. Puis vous coupez des longueurs suffisantes pour en former des cylindres en collant les deux bouts. Vous marquez sur chaque cylindre le nombre de points qu'il vaut. Les cylindres alignés sur un mur doivent être renversés en lançant une balle. Celui qui a le plus de points a gagné. L'appétit ne manquera pas pour le goûter !

IL Y A 40 ANS, EN 1965 : Disparition de Martin Buber, philosophe israélien d'origine autrichienne, à Jérusalem, à l'âge de 87 ans. Selon les Nations unies, 3,160 milliards d'hommes peuplaient notre planète en 1963.

LUNDI 13 JUIN

Saint Antoine de Padoue

Gémeaux 3e décan

Attends le soir pour louer le beau jour, et la mort pour louer la vie.

LES PERLES À L'ÉCOLE. **Les congés annuels doivent être pris au moment des vacances.**

Pour limiter la consommation de mouchoirs en tissu de vos enfants qui les perdent ou les oublient, cousez l'extrémité d'un long ruban de satin à l'angle d'un mouchoir et fixez son autre extrémité avec une épingle de nourrice à l'intérieur de la poche d'un vêtement. Vous pourrez laver le mouchoir, facilement détachable, sans avoir à le découdre.

★★★ PLAISIR ÉCARLATE. Il vous faut 200 grammes de chacun de ces fruits : cerises dénoyautées, framboises, fraises, groseilles équeutées. Faites tremper dix feuilles de gélatine 5 minutes dans l'eau froide. Portez à ébullition 1 litre de vin rosé avec 100 grammes de sucre en poudre et ajoutez les feuilles de gélatine égouttées en tournant. Versez un peu de cette gelée dans un moule. Enduisez bien le fond et les parois. Mettez au froid 5 minutes. Puis disposez alternativement fruits et gelée mise au frais chaque fois 5 minutes, jusqu'à épuisement des ingrédients. Mettez le moule rempli une nuit au réfrigérateur. Démoulez sur un plat de service et garnissez de feuilles de menthe.

Le mot de la fin

« Dormir… Enfin je vais dormir. »

Alfred de Musset, 1857

IL Y A 40 ANS, EN 1965 : Le général Nguyên Van Thieu devient président du Conseil de la Direction nationale de l'État du Viêt-nam du Sud.

Un baiser donné à temps épargne bien des poignées de main (Italie).

Saint Élisée

Gémeaux 3e décan

MARDI 14 JUIN

LES DRÔLES D'HISTOIRES DE PIERRE BELLEMARE

Un mauvais gagnant

Il est bien connu que les gros lots qu'on peut gagner au loto ou à d'autres jeux, au lieu d'apporter le bonheur, déstabilisent parfois gravement leurs possesseurs. Les sociétés de jeux ont même prévu un service qui conseille les gagnants sur la manière de ne pas dépenser la totalité tout de suite, de faire des placements, etc.

Gérard Leuvère, un chauffeur routier de trente-cinq ans, ne s'est sans doute pas vu proposer ces conseils ou alors les a-t-il refusés, toujours est-il qu'il a fait exactement ce qu'il ne fallait pas. Ayant gagné près de 100 000 euros au Quinté Plus, il s'est empressé de tout dépenser en fêtes avec des amis. Tant et si bien qu'au bout de six mois seulement, il n'avait plus un sou en poche.

Étant revenu à la situation de départ, il n'avait plus qu'à continuer comme avant, peut-on penser, mais il avait goûté à la grande vie et il ne pouvait plus s'en passer. Alors, comme c'est déjà arrivé à certains gagnants, il a sombré dans la délinquance. Mais lui n'a pas fait comme tout le monde. Il est allé au plus simple. Il est retourné à l'agence du PMU qui lui avait versé sa petite fortune et, sous la menace de son arme, il s'est fait remettre 20 000 euros supplémentaires. C'est même précisément le même employé qui lui a donné la somme !

C'est d'ailleurs ce qui l'a perdu. Malgré la cagoule, l'homme, qui était doué du sens de l'observation, a reconnu sa voix, et Gérard Leuvère, arrêté, s'est vu condamner à quinze ans de prison. Pour le chauffeur routier, la roue avait définitivement tourné dans le mauvais sens.

IL Y A 40 ANS, EN 1965 : Violent incendie à la Halle aux Vins de Paris : 3 000 m² de bâtiments sont détruits.

MERCREDI 15 JUIN

Sainte Germaine

Gémeaux 3ᵉ décan

Quand le diable n'y peut rien, il délègue une femme (Russie).

CHOUQUETTES À LA PISTACHE. Pour quatre personnes, il faut seize chouquettes que vous ouvrez en deux pour les fourrer d'une noix de glace à la pistache. La veille, préparez un coulis en mixant 8 abricots frais. Ajoutez 80 grammes de sucre et 20 centilitres d'eau. Faites cuire ce sirop 2 minutes. Passez au chinois. Versez-le dans quatre assiettes, et dressez sur chacune vos quatre chouquettes fourrées. Vous pouvez y ajouter des pistaches nature pelées, grillées à sec dans une poêle.

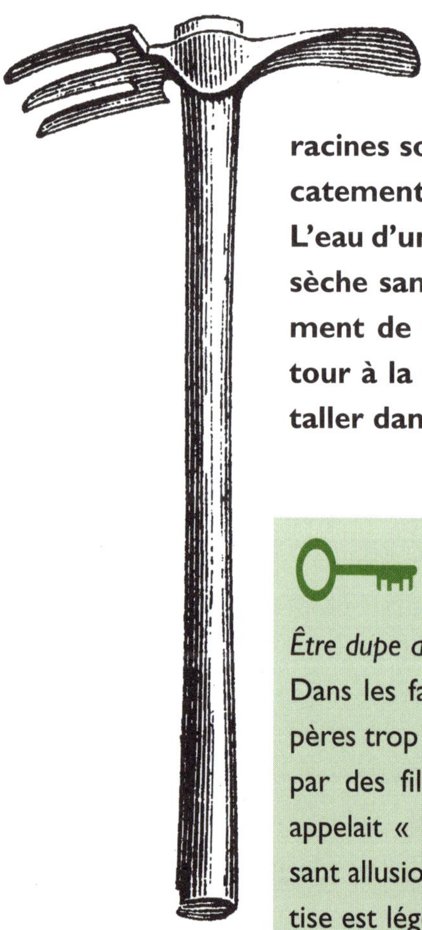

PLANTES EN CONTENEUR. Ne défaites pas la motte des plantes en conteneur que vous venez d'acheter. La saison est trop avancée, les racines sont en pleine croissance. Contentez-vous de la sortir délicatement du pot et de la tremper dans l'eau avant de la planter. L'eau d'un simple arrosage risquerait de ruisseler autour de la terre sèche sans pénétrer à l'intérieur, ce qui nuirait au bon développement de la plante. Vous pourrez éventuellement gratter le pourtour à la fourchette si les racines sont trop serrées avant de l'installer dans le trou de plantation.

ÊTRE LE DINDON DE LA FARCE

Être dupe d'une situation.

Dans les farces du Moyen Âge, les pères trop crédules étaient bafoués par des fils sans scrupule ; on les appelait « Pères Dindons », en faisant allusion au volatile dont la sottise est légendaire.

IL Y A 40 ANS, EN 1965 : Attaque d'un fourgon postal en plein cœur de Londres : 30 000 livres (450 000 F de l'époque) sont volées. Ron Clarke bat le nouveau record du 10 000 mètres en 28' 14", à Turku, en Finlande.

**Plus le corps est faible,
plus il commande ; Plus il est fort,
plus il obéit.**

Saint Régis

Gémeaux 3e décan

Un surdoué

En 2002, le ministère de l'Éducation nationale brésilien a décidé, pour simplifier les procédures d'examen, de faire remplir aux candidats des questionnaires à choix multiples. Ceux qui cocheraient suffisamment de bonnes réponses seraient directement admis, sans passer par les épreuves écrites. C'est ainsi que Severino da Silva, vingt-deux ans, se retrouve devant le responsable des inscriptions de la prestigieuse Université de droit économique, un peu l'équivalent de HEC chez nous. Le fonctionnaire a un large sourire.

« Monsieur, vous êtes le seul à avoir bien répondu aux vingt-sept questions. Non seulement, vous êtes dispensé de l'écrit, mais cela vous donne le droit de choisir votre section. Vers laquelle vont vos préférences ? »

Ce à quoi l'intéressé répond :

« Vers aucune. Je n'y connais rien et cela ne m'intéresse pas. »

Et il avoue qu'il est boulanger et totalement analphabète. Il a passé le test d'inscription à la suite d'un pari avec des amis. Ne sachant ni lire ni écrire, il s'est contenté de distribuer au hasard les croix dans les cases.

L'histoire, qui a été abondamment relatée par les médias brésiliens, a fait rire tout le pays et a conduit l'Éducation nationale à abandonner le nouveau système pour en revenir au bon vieil écrit. Beau joueur, le ministère a offert au boulanger des cours gratuits d'alphabétisation. Alors – qui sait ? – on le verra peut-être un jour, tout à fait normalement cette fois, sur les bancs de l'Université.

IL Y A 40 ANS, EN 1965 : Un concours organisé pour les secrétaires, par une grande marque de machines à écrire, a permis de désigner l'homme idéal : il a les yeux de Daniel Gélin, le nez de Jacques Charrier, le menton de Georges de Caunes, le front et la bouche de Sempé.

VENDREDI 17 JUIN

Saint Hervé

Gémeaux 3e décan

Ce n'est pas parce que le cabri fait des crottes comme des pilules qu'il est pharmacien (créole).

★★ PAIN DE SAUMON ET COURGETTES. Ébouillantez 1 kilogramme de courgettes épluchées (ou non) et coupées en lamelles (environ 2 minutes). Égouttez bien. Il vous faut 300 à 400 grammes de saumon fumé en tranches. Dans un moule à cake tapissé de papier sulfurisé, disposez successivement une couche de saumon fumé, une couche de courgettes, une couche de crème faite d'un mélange de deux cuillerées à soupe de farine, quatre œufs, une demi-cuillerée à café de curry, 25 centilitres de crème fraîche, sel, poivre et basilic haché. Et ainsi de suite jusqu'au bord du moule. Faites cuire au four thermostat 5-6 pendant 45 minutes. Servez tiède, accompagné d'un coulis de tomate froid.

Jeux d'esprit

Plus d'un voyageur a besoin d'elle.
Ils lui font une confiance absolue,
Puisqu'elle ne perd jamais la tête,
Excepté en deux points précis.
Pourtant, elle est fragile, elle tremble,
Finalement, elle se calme, elle a son idée fixe.
Réponse :

La boussole.

VIVACES D'AUTOMNE. C'est le moment de planter les vivaces qui prendront le relais des fleurs d'été cet automne. S'épanouissant en septembre, les asters, fleurs très robustes dont vous trouverez en jardinerie toutes sortes de variétés dans les rouge, bleu, blanc, réclament simplement du soleil, un sol moyen, et un arrosage copieux tous les quinze jours en été. Pour fleurir votre jardin en octobre, n'oubliez pas les marguerites d'automne, à planter dans un terrain sain au soleil. Leurs touffes se développent rapidement, mais protégez leurs racines en hiver par un lit de fougères ou de feuilles.

IL Y A 40 ANS, EN 1965 : Valéry Giscard d'Estaing, ministre des Finances, présente au gouvernement britannique son plan de réforme du Système monétaire international. Les Beatles finissent en apothéose, au Palais des sports, leur tournée triomphale en Europe.

Qui traite son fils délicatement, l'embarque sur un vaisseau fragile (Allemagne).

Saint Léonce

Gémeaux 3e décan

SAMEDI 18 JUIN

Le chien attaque toujours celui qui a les pantalons déchirés.

Saint Romuald

Gémeaux 3e décan

DIMANCHE 19 JUIN

Promenons-nous dans les bois

Pour fuir la canicule, goûtez à la fraîcheur des sous-bois… Si vous n'êtes pas encore un adepte de la promenade en forêt, laissez-vous surprendre par les bienfaits qu'elle vous apportera. En famille ou seul, à pied ou en VTT, les occupations n'y manquent pas : pique-nique, jeu de boules et sieste…

Mais, attention, n'oubliez pas que le feu est l'ennemi de la forêt et qu'on n'y abandonne pas ses détritus Si vous voulez « bouger », faites-le à l'ombre des grands arbres où vous ne serez pas exposé aux rayons UV, car les pratiques sportives en plein soleil sont néfastes pour la santé. Les enfants s'adonneront aux jeux de ballon, de cache-cache, ou grimperont sur les branches basses, sans risque d'insolation. Respectez toutefois les nouvelles plantations, les jeunes pousses sont fragiles ! Les personnes âgées apprécieront de se reposer et de respirer, car l'ombre protectrice du feuillage des arbres rafraîchit l'air en produisant de la vapeur d'eau. Il y a bien d'autres plaisirs à découvrir pour petits et grands.

Les tempêtes de décembre 1999 ont fait prendre conscience que la forêt n'est pas indestructible et pourrait disparaître. C'est pourquoi elle suscite plus d'attention. Elle attire de simples curieux de la nature : vous serez peut-être de ceux qui s'intéressent aux essences de la région, qui viendront tâter l'écorce d'un arbre. Avec les enfants, initiez-vous aux différentes espèces d'oiseaux. Au printemps la forêt résonne partout de leurs chants, plus perceptibles dans le silence et si vous n'avez pas de mouvements brusques. Faites des bouquets, mais de manière raisonnable, car les fleurs arrachées ne repoussent pas.

Quelle que soit la façon de passer votre dimanche en forêt, à la fin de la journée vous serez envahi par une sensation de calme et de bien-être que vous voudrez renouveler même les dimanches sans canicule…

Été

C'ÉTAIT EN JUIN, DANS LE JARDIN

C'était en juin, dans le jardin,
C'était notre heure et notre jour ;
Et nos yeux regardaient, avec un tel amour,
Les choses,
Qu'il nous semblait que doucement s'ouvraient
Et nous voyaient et nous aimaient
Les roses.

Le ciel était plus pur qu'il ne le fut jamais :
Les insectes et les oiseaux
Volaient dans l'or et dans la joie
D'un air frêle comme la soie ;
Et nos baisers étaient si beaux
Qu'ils exaltaient et la lumière et les oiseaux.

On eût dit un bonheur qui tout à coup s'azure
Et veut le ciel entier pour resplendir ;
Toute la vie entrait, par de douces brisures,
Dans notre être, pour le grandir.

Et ce n'étaient que cris invocatoires,
Et fous élans et prières et vœux,
Et le besoin, soudain, de recréer des dieux,
Afin de croire.

Émile Verhaeren

IL Y A 40 ANS, EN 1965 : À Alger, après l'arrestation de Ben Bella, Houari Boumediene prend le pouvoir. Clôture du Salon de l'aéronautique au Bourget, endeuillé par l'accident d'un avion de reconnaissance qui fait neuf morts. Les Ferrari remportent les trois premières places des 24 Heures du Mans.

LUNDI 20 JUIN

Saint Silvère

Gémeaux 3e décan

Célibataire, un paon ;
fiancé, un lion ;
marié, un âne (Espagne).

★★ CRUMBLE AUX AUBERGINES. Pour six personnes, faites revenir à la sauteuse, dans un peu d'huile d'olive, quatre oignons en tranches et trois aubergines en cubes assaisonnés de sel et de poivre. Laissez mijoter environ 45 minutes en veillant à réduire l'eau. Étalez le tout dans un plat à four, recouvrez d'un verre de sauce tomate au basilic toute prête. Malaxez à la main 150 grammes de farine, 100 grammes de beurre et 100 grammes de parmesan râpé. Répandez ce mélange sur votre préparation, et faites cuire à four moyen pendant une demi-heure.

Vous avez récolté boutures et greffons dans un jardin loin de chez vous. Ils supporteront le voyage si vous prenez la précaution de les piquer dans une pomme de terre ou une courgette et devront être plantés dans les deux jours.

HORTENSIAS BLEUS. La couleur bleue de certains hortensias n'est pas uniquement due à la variété. Plus le sol est acide, plus le bleu est vif. Paillez le sol avec de la tourbe et donnez un engrais pauvre en azote et en phosphore, mais riche en potasse. Transplanté dans un sol un peu calcaire, le même hortensia peut devenir rose vif. L'ardoise pilée au pied des plantes ne suffit pas à compenser le manque d'acidité du sol et donne une couleur intermédiaire très laide aux fleurs. Le seul moyen de garder la couleur bleue est de creuser une fosse et de la remplir avec de la terre de bruyère et de la tourbe, en essayant de surélever le massif pour limiter l'infiltration des eaux calcaires environnantes.

IL Y A 40 ANS, EN 1965 : Effervescence et manifestations contre Boumediene, à Alger. Début de l'expérience sur les comportements en milieu clos, dans une grotte du Lot : sept femmes ont pris possession de leur caverne, dont Jeannine Villa, héroïne du célèbre feuilleton TV « Janique Aimée ».

Pour la souris, le chat est un tigre ; pour le tigre, il n'est qu'une souris (Iran).

Saint Rodolphe

Cancer 1er décan

MARDI 21 JUIN

LES DRÔLES D'HISTOIRES DE PIERRE BELLEMARE

Poupées de cire, poupées de son

À la veille des vacances d'été, trois étudiantes américaines désargentées s'ennuient dans leur morne banlieue de Granite City, dans l'Illinois. Que faire pour concilier passe-temps et argent de poche ? Livreuses de pizzas, pompistes, employées de fast-food… ? Pas de quoi stimuler leur énergie.

Un matin, Kathy, l'une d'entre elles, rejoint ses amies dans un snack-bar. Elle sort de son sac une poupée désarticulée.

« Vous savez réparer ça, vous ? lance-t-elle aux autres. Ma petite sœur est désespérée depuis que mon père a écrasé sa poupée par inadvertance. »

Les filles font la moue. Jane, une petite brune espiègle, retourne l'objet brisé entre ses doigts, l'air songeur.

« J'ai une idée, nous allons faire une colonie de vacances pour poupées ! »

Aussitôt dit, aussitôt fait. C'est ainsi que naît avec succès, en 2002, le premier établissement spécialisé. Les trois partenaires créent un site Internet, « Dolly Star », à destination des jeunes « mamans » de trois à dix ans qui s'apprêtent à partir en vacances. Moyennant 50 dollars le séjour, les petites filles enverront par la poste leur chère progéniture en porcelaine ou en chiffon. En échange, les poupées bénéficieront du climat vivifiant de la campagne, d'une ambiance musicale dans le dortoir, d'une heure de lecture chaque soir et d'une visite en landau du parc municipal. De plus, sans avoir touché l'eau, chaque pensionnaire recevra un certificat de natation, signé par un authentique maître nageur. En outre, que les « parents » se rassurent, une assistance médicale à domicile veillera sur la santé des vacancières !

Au terme de l'expérience, les étudiantes, parfaitement reposées et leurs tirelires bien remplies, ont renvoyé aux « mamans » leurs poupées par colis recommandés.

Une petite fille ravie a même écrit aux directrices de la colonie :

« Quand je suis rentrée de vacances, j'ai retrouvé ma poupée en pleine forme. Je vous la renverrai l'année prochaine. »

IL Y A 40 ANS, EN 1965 : Première attaque aérienne américaine au nord de Hanoi. Mort du grand producteur américain de cinéma David Oliver Selznick.

MERCREDI 22 JUIN

Saint Alban

Cancer 1er décan

Homme sans femme, cheval sans bride, femme sans homme, barque sans gouvernail (Italie).

★★ GÂTEAU À LA RHUBARBE. Dans le fond d'un moule beurré et saupoudré de sucre, disposez les tiges de rhubarbe coupées en bâtonnets réguliers. Battez en mousse 125 grammes de beurre avec 125 grammes de sucre. Ajoutez un à un trois œufs et le zeste d'un citron. Incorporez 125 grammes de farine tamisée et une cuillerée à café de levure. Versez la pâte dans le moule en recouvrant la rhubarbe. Cuisez à four moyen (thermostat 4-5) pendant 40 minutes. Démoulez en retournant le moule. Décorez avec un peu de crème Chantilly.

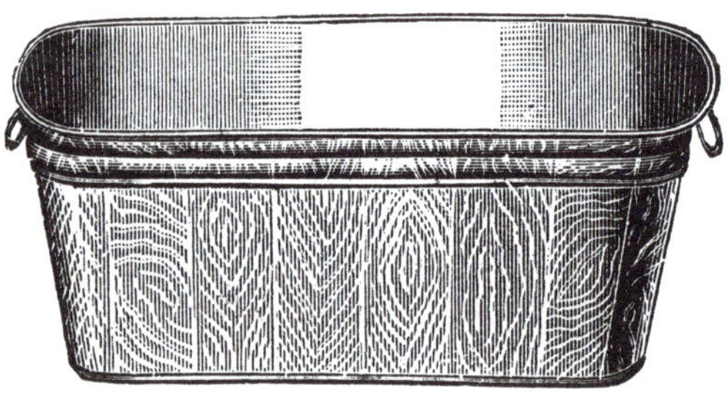

Pour que votre petit enfant ne confonde plus le pied droit et le pied gauche en enfilant ses chaussures, marquez au feutre le côté interne de chaque chaussure. Ainsi il saura qu'il doit « voir » les deux points entre ses pieds.

REVENONS À NOS MOUTONS

Au XVe siècle, *La Farce de Maître Pathelin* raconte les filouteries d'un avocat grugeant plusieurs victimes en les embrouillant dans des histoires de drap et de brebis ; un drapier se plaignant d'étoffe quand il est question d'animaux, se fait reprendre par le juge : « Sur ce, revenons à nos moutons, qu'en fut-il ? », pour dire : « Revenons à notre sujet. »

Le mot de la fin

«C'est bien, je meurs guéri.»

Forain, célèbre dessinateur humoriste, à son médecin qui lui certifiait qu'aucun organe ne semblait réellement touché.

IL Y A 40 ANS, EN 1965 : Michel Jazy, à Melun, bat un double record du monde : celui du 3 kilomètres, en 7'49", et celui du 2 miles, en 8'22"6/10.

Qui chante ses maux épouvante.

Sainte Audrey

Cancer 1er décan

LES DRÔLES D'HISTOIRES DE PIERRE BELLEMARE

Tricheries royales

Tout au long de la décennie 1950, les directeurs des casinos de la Côte d'Azur tremblaient de peur et d'excitation lorsque le roi Farouk jetait son dévolu sur leur établissement. En misant des sommes mirobolantes sur une simple carte ou un coup de dés, le souverain égyptien, joueur impénitent, pouvait tour à tour faire sauter la banque ou remplir les caisses.

En dépit des fortunes qu'il pouvait engloutir en quelques heures sans manifester la moindre émotion, le roi, d'un caractère ombrageux, ne pouvait s'empêcher de tricher lorsque la chance tournait à son désavantage. Pour ne pas créer d'incident, étiquette royale oblige, les croupiers avaient ordre de ne pas appliquer à Farouk les stricts règlements du casino. Ils se contentaient, généralement terrorisés, de supporter les caprices de leur prestigieux client. Ainsi, lorsque le monarque annonçait un point gagnant au baccara, refusait-il parfois de montrer ses cartes, se contentant de déclarer laconiquement : « Parole de roi ! »

Au poker, on le vit un jour ramasser un énorme pot après avoir annoncé : « Carré de rois ». Face à l'incrédulité des autres joueurs, le directeur de la table rassembla son courage et se risqua à bafouiller : « Majesté, serait-il désobligeant de vous demander… de voir votre jeu ? »

Farouk abattit ses cartes sans sourciller.

« Trois rois et moi, ça fait quatre », annonça-t-il en empochant la mise sous le regard médusé de l'assistance.

En 1992, un majordome italien, sans doute encouragé par un si bel exemple, tenta de réitérer l'exploit au casino de Venise, en annonçant : « Carré de valets : trois valets et moi, ça fait quatre ! » Ce trait d'humour royal valut au tricheur d'être expulsé sur-le-champ de la salle de jeu, de voir sa mise confisquée et d'être frappé d'une interdiction à vie de fréquenter le casino !

IL Y A 40 ANS, EN 1965 : Saigon rompt les relations diplomatiques avec Paris.

VENDREDI 24 JUIN

Saint Jean Baptiste

Cancer 1er décan

Le paysan naît philosophe, le seigneur apprend pour le devenir (Pologne).

TUTEURS. Si vous avez un parterre de vivaces, à tiges nombreuses et fines, et qui vont s'épanouir à tour de rôle durant l'été, il existe une solution simple pour les tuteurer. Plantez un piquet aux quatre coins du parterre, attachez-y des ficelles que vous ferez s'entrecroiser.

LES PERLES DANS NOS RAPPORTS AVEC L'ADMINISTRATION : Si je n'ai plus le droit de fumer, je vais mourir à petit feu.

★★ *MILLEFEUILLE AUX ASPERGES VERTES. Coupez net des bandes rectangulaires égales – trois par personne – dans une pâte feuillée étalée. Posez-les sur la plaque du four humectée d'eau froide. Badigeonnez-les d'un jaune d'œuf au pinceau. Piquez-les avec une fourchette. Enfournez et laissez cuire 20 minutes, puis mettez à refroidir. Faites cuire des asperges vertes très tendres que vous coupez de la longueur de vos rectangles de pâte. Mixez les queues restantes et mélangez-les à une sauce hollandaise toute prête. Relevez l'assaisonnement de poivre. Recouvrez chaque rectangle inférieur de feuilletage de trois ou quatre asperges et de sauce, faites de même pour la deuxième couche de pâte. Puis recouvrez du dernier rectangle de pâte. Passez au four très chaud 5 minutes. Éparpillez du cerfeuil haché sur la sauce qui se sera déversée autour des millefeuilles.*

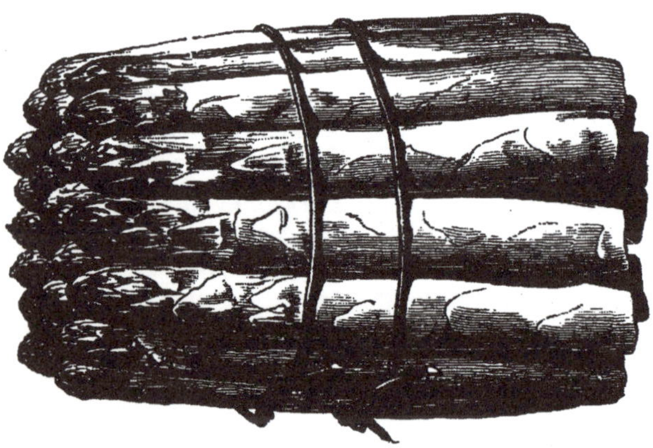

Avant de laver vos couteaux en argent anciens au lave-vaisselle, vérifiez qu'ils ont été emmanchés au plomb et non à la cire. Vous pouvez faire le test en plongeant un couteau dans de l'eau bouillante. Si de la cire s'en écoule, il faudra les laver à la main.

IL Y A 40 ANS, EN 1965 : Gaston Deferre renonce à sa candidature à l'Élysée. Sanglant attentat viet-cong dans un restaurant de Saigon. Projet voté à l'unanimité par l'Assemblée nationale sur les régimes matrimoniaux : le texte donne enfin à la femme le pouvoir de cogestionnaire de la communauté.

L'envie est un grain de sable dans l'œil (Chine).

Sainte Éléonore

Cancer 1er décan

SAMEDI 25 JUIN

La douceur du miel ne console pas de la piqûre de l'abeille.

Saint Anthelme

Cancer 1er décan

DIMANCHE 26 JUIN

Senteurs dans la maison

Rien n'est plus facile que d'éliminer les mauvaises odeurs dans la maison. Confectionnez un désodorisant naturel : mettez dans un vaporisateur 115 millilitres d'eau et dix gouttes d'huile essentielle de citron ou de cèdre, agitez bien avant l'emploi et pulvérisez. Pour ajouter une note personnelle, versez quelques gouttes de votre parfum préféré sur un diffuseur posé sur une ampoule électrique : en chauffant, celle-ci répandra dans la pièce une odeur qui persistera longtemps. Pour l'accrocher dans votre cuisine, confectionnez une couronne en tressant quelques branches de laurier souples ; vous y piquerez, au gré de votre fantaisie, des brins de romarin, de basilic, de persil, de sauge et de verveine que vous renouvellerez de temps en temps.

Juin est le mois des roses. Pour agrémenter salades de fruits et gâteaux, préparez une eau de rose maison. Remplissez un bocal de pétales de roses odorantes fraîchement effeuillées et versez de l'eau bouillante distillée, à laquelle vous ajoutez un peu d'alcool à 90°. Fermez et laissez macérer une semaine environ dans le noir. Filtrez et mettez en bouteille.

Fabriquez aussi des « pommes d'ambre » dont vous garnirez une corbeille ou que vous suspendrez par un joli ruban. C'est une occupation idéale pour un jour de pluie ou un dimanche qu'on désire passer au calme, installé sous un arbre. Oranges, citrons, ou pommes Granny sont piqués de clous de girofle jusqu'à en être entièrement recouverts. Armez-vous d'un dé à coudre pour ce travail ou, mieux, d'une grosse aiguille pour préparer les trous. Ne laissez aucun espace libre si vous voulez que le fruit soit momifié par les clous de girofle. Roulez ensuite le fruit dans un mélange d'épices moulues : gingembre, cannelle, muscade, girofle, quatre-épices, poivre. L'imprégnation est telle, au bout de quelques jours, que le parfum va durer de nombreux mois. C'est également un antimite puissant.

IL Y A 40 ANS, EN 1965 : On annonce une hausse de 5 à 10 % des loyers, à partir du 1er juillet prochain, pour les immeubles bâtis avant 1948. Reliance est vainqueur du Grand Prix de Paris à Longchamp.

LUNDI 27 JUIN

Saint Fernand

Cancer 1er décan

Le pis de la vache du voisin est toujours plus grand (Bosnie-Herzégovine).

LA SCIENCE AMUSANTE

FAIRE TENIR UN CRAYON SUR SA POINTE.

Notre dessin donne, sans qu'il soit besoin d'autre explication la solution du problème.

Il suffit d'enfoncer la lame d'un canif dans le crayon vers le côté de la pointe, et de replier cette lame légèrement en faisant varier son ouverture jusqu'à ce qu'on sente que l'équilibre est obtenu.

EXPLICATION : L'ensemble du crayon et du canif se tient en équilibre, conformément aux lois de la physique. Le centre de gravité du système est situé au-dessous du point d'appui, ici le doigt, ce qui donne un équilibre stable.

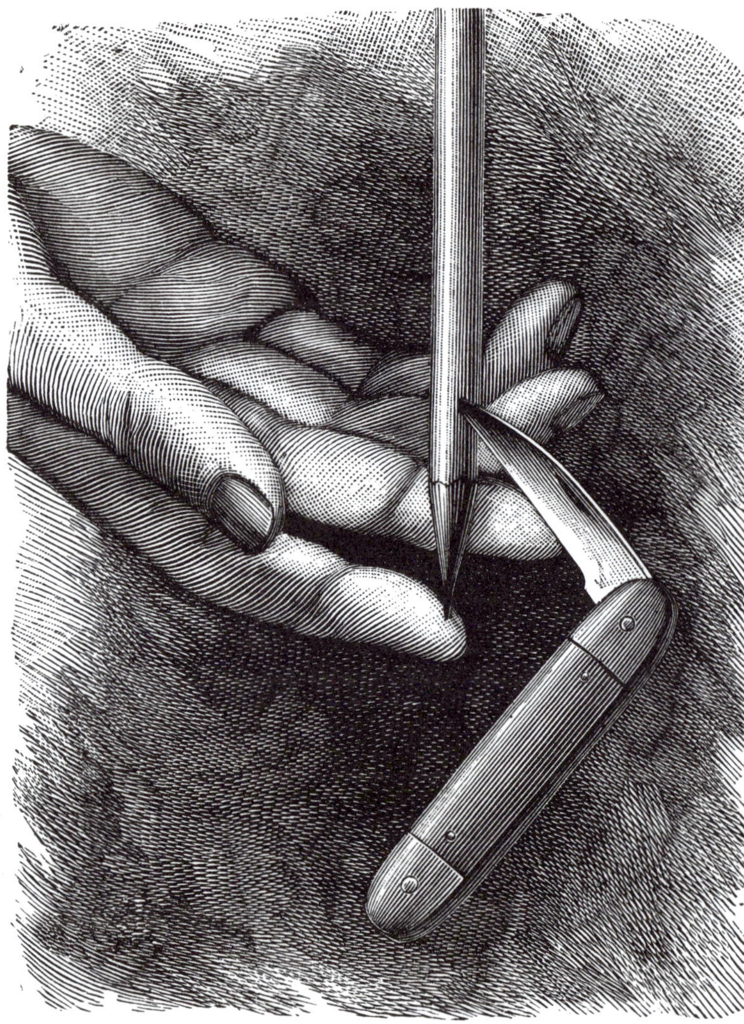

Si vous êtes dans une région ensoleillée et que le sol soit bien drainé, vous pouvez cultiver un figuier, mais plantez-le très loin d'un mur, à cause de ses racines destructrices.

Jeux d'esprit

Je suis tous les jours au contact de la science,
Et je dédaigne les écrits des plus grands philosophes.
Le meilleur argument n'a aucune prise sur moi,
Et pourtant je suis d'une grande ignorance.
Réponse :

Le ver qui ronge les livres.

IL Y A 40 ANS, EN 1965 : Premiers engagements de parachutistes américains dans des combats au Viêt-nam.

Les fous font les banquets, les sages en ont le plaisir.

Saint Irénée

Cancer 1er décan

MARDI 28 JUIN

LES DRÔLES D'HISTOIRES DE PIERRE BELLEMARE

Torts partagés

Carlo Mariani, représentant de commerce, habite un petit village des Abruzzes, en Italie, et il se flatte, malgré ses quarante ans, de plaire tout autant qu'à vingt-cinq. Son métier lui permet d'avoir des aventures et, tandis que sa femme Anna reste au foyer conjugal, il la trompe sans complexe.

Ce jour-là, rentrant au village après l'une de ses tournées, il est abordé par un ami d'enfance. Celui-ci lui déclare, sur le ton de la confidence :

- Tu devrais aller à Pescara. Il y a une nouvelle maison qui vient de s'ouvrir et une fille, Graziella, qui est sensationnelle ! Elle est un peu chère, mais elle a des spécialités, je ne te dis pas !

Carlo se fait donner l'adresse par son ami et, comme il n'a pas trop envie de rentrer chez lui, il décide de se rendre sans plus attendre à Pescara, la grande ville proche. Arrivé sur place, il demande Graziella à la tenancière. Celle-ci lui affirme, avec un sourire complice qu'il ne le regrettera pas et revient en compagnie de... sa propre femme !

Oui, tandis que Carlo allait faire le joli cœur en plaçant sa marchandise, Anna, qui trouvait le temps long et qui avait envie d'arrondir ses fins de mois, vendait ses charmes sous le nom de Graziella.

Après s'être remis de sa stupeur, Carlo Mariani est entré dans une colère noire et seule l'intervention des carabiniers a empêché qu'il ne casse tout, à commencer par la figure de sa femme. Par la suite, les deux époux ont demandé le divorce et le juge l'a prononcé aux torts partagés, ce qui semble, somme toute, équitable.

IL Y A 40 ANS, EN 1965 : Le Parlement vote la réforme de la fiscalité des sociétés françaises. Le sang-froid et l'adresse du pilote ont sauvé les cent cinquante-trois occupants du Boeing en feu, peu de temps après son décollage, au-dessus de San Francisco, en réussissant un atterrissage forcé.

MERCREDI 29 JUIN

Saints Pierre et Paul

Cancer 1er décan

Dans la maison de la fourmi, la rosée est un déluge (Iran).

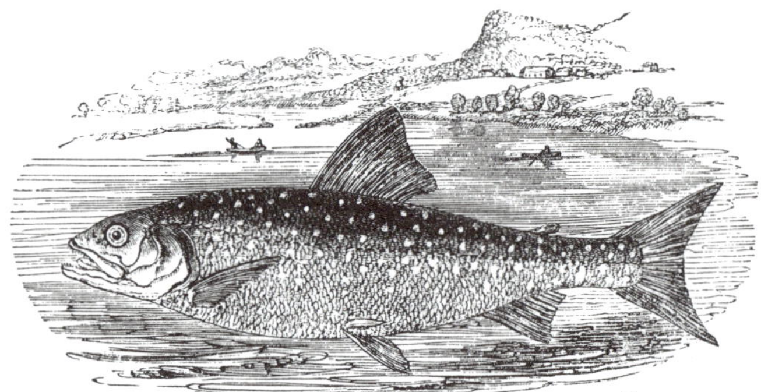

⁂ TRUITES CATALANES. Frottez les truites dont vous avez fait retirer l'arête avec du gros sel et du citron. Hachez oignon et champignons épluchés, olives noires, amandes mondées. Assaisonnez d'huile et de vinaigre, sel, poivre blanc et éventuellement piment rouge. Introduisez dans chaque truite une portion de cette farce, ficelez-la. Roulez chaque poisson dans la chapelure, puis enveloppez-les séparément dans des feuilles de papier sulfurisé bien beurrées. Cuisez sur le gril à feu doux, servez sur un plat dans le papier de cuisson.

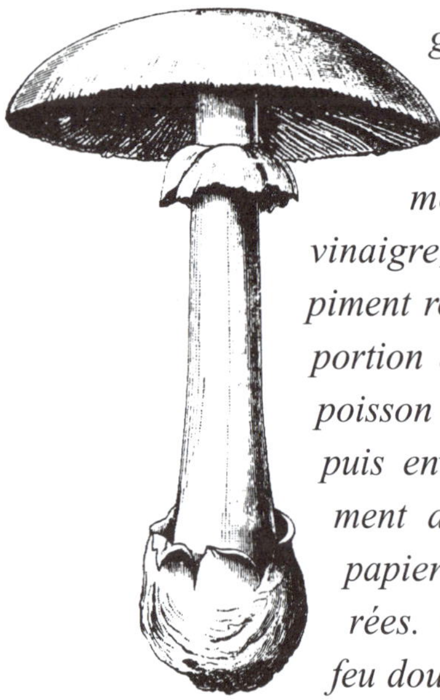

DÉCHETS DE TONTE. L'herbe pousse beaucoup et votre tondeuse vous assure une récolte hebdomadaire de plusieurs dizaines de litres d'herbe coupée. Laissez celle-ci sécher en couche de 5 à 10 centimètres d'épaisseur pendant deux jours puis épandez-la au pied de vos arbustes et vos fruitiers, dans un rayon d'un mètre autour du tronc. Vous éviterez ainsi les mauvaises herbes et maintiendrez une certaine humidité.

METTRE LES PIEDS DANS LE PLAT.

Se dit d'un personnage indiscret qui intervient sans qu'on le lui demande.

Le substantif « plat » s'emploie depuis le Moyen Âge pour désigner un espace plat dans un paysage, et en particulier l'endroit où les eaux d'une rivière sont basses. Quand on agite l'eau en mettant les pieds dans le plat de la rivière, on risque fort de remuer de la vase et de se trouver dans des eaux troubles où il ne fait pas bon trop patauger. Autrefois, le plateau d'une grande balance utilisée dans le commerce en gros, se nommait aussi « plat », et y mettre les pieds était une façon de fausser maladroitement ou malhonnêtement la mesure.

IL Y A 40 ANS, EN 1965 : Échec des négociations des Six, à Bruxelles, sur la politique agricole européenne. Michel Jazy remporte à Helsinki le 5 000 mètres, et bat deux records d'Europe, celui du 5 000 mètres (13'27"6) et celui du 3 miles (13'48").

Deux moineaux sur un même épi ne sont pas longtemps réunis.

Saint Martial

Cancer 1er décan

JEUDI 30 JUIN

LES DRÔLES D'HISTOIRES DE PIERRE BELLEMARE

Sur la Terre comme au Ciel !

Franz Kafka, l'écrivain de génie, nous a laissé des œuvres impérissables et un néologisme, bien utile pour qualifier les pratiques administratives : kafkaïen. Ce terme, passé dans le langage commun, désigne comme on le sait les situations absurdes et inextricables, les raisonnements aberrants qui empoisonnent la vie du citoyen. Démonstration…

Jean-Pierre Riboulet, cinquante-quatre ans, est affecté d'une grave insuffisance cardio-vasculaire. Alors qu'il roule au volant de sa voiture dans les rues de Paris, il est pris d'un malaise. Il repère un agent de la force publique et se dirige vers lui pour lui demander où se trouve l'hôpital le plus proche afin de s'y rendre d'urgence. Ce faisant, il dépasse un feu rouge de quelques mètres. Le fonctionnaire se précipite vers le contrevenant et, sans lui laisser le temps de s'expliquer, lui signifie que son délit va lui coûter le retrait de quatre points sur son permis de conduire et une amende de 200 euros.

« J'ai brûlé le feu rouge intentionnellement pour vous parler, bafouille le malade. J'ai besoin d'aide, appelez le SAMU, mon cœur lâche.

– Racontez ça à d'autres », réplique le policier revêche, qui relève déjà le numéro de la plaque minéralogique.

Le temps de remplir la contravention et de rouler quelques minutes, Jean-Pierre Riboulet bascule sur le volant, foudroyé par un arrêt cardiaque.

Quelques jours après les obsèques, le procès-verbal de l'infraction parvient au domicile du défunt. Mme Riboulet signale aux autorités, avec un brin de sarcasme, que là où il se trouve, son mari n'a que faire d'un retrait de points sur son permis. Elle reçoit une réponse adressée à « Mme veuve Riboulet », ce qui montre bien que l'administration a enregistré l'information : la sanction est levée en raison du décès du contrevenant. La logique triomphe.

Pas pour très longtemps… Quelques jours plus tard, arrive un second courrier émanant cette fois du service de recouvrement des amendes. Il stipule que la somme de 200 euros est exigible « au titre de la succession ». On appréciera la délicatesse de la démarche !

IL Y A 40 ANS, EN 1965 : Les finances extérieures étant prospères, la France rembourse par anticipation 178,5 millions de dollars aux États-Unis et au Canada, représentant une fraction de la dette contractée en 1945. Saigon demande aux États-Unis d'organiser un pont aérien pour dégager les localités isolées.

VENDREDI 1 JUILLET

Saint Thierry

Cancer 1er décan

Les corbeaux ne crèvent pas les yeux aux corbeaux.

Avant de partir un mois en vacances, coupez toutes les fleurs, qu'elles soient ouvertes ou en boutons. Ainsi, elles ne se seront pas épuisées à former des fruits et des graines, et c'est la garantie qu'elles refleuriront à votre retour. C'est une occasion d'offrir des bouquets à vos amis.

QUAND LA PRESSE S'EMBALLE. Enfin un film que l'on peut voir les yeux fermés !
La Nouvelle République

BRISE-VENT. Si vous disposez de belles pierres et que vous vouliez installer un brise-vent, montez un muret de pierres sèches d'environ 60 à 80 centimètres de hauteur, que vous disposerez en quinconce. Ce muret a ces avantages sur les haies de ne pas nécessiter de taille… et de ne pas grandir en hauteur, et ainsi de ne pas couper la vue. En revanche, vous pouvez l'agrémenter de plantes telles que les joubarbes qui, peu gourmandes, peuvent rester longtemps sans eau.

Jeux d'esprit

Je bois du vin, quand j'ai de l'eau,
Mais quand je n'ai pas d'eau, je bois de l'eau.

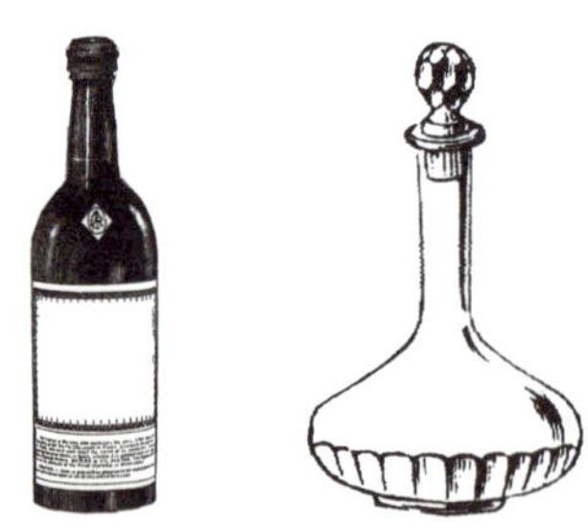

Réponse :

Le meunier.

IL Y A 40 ANS, EN 1965 : Moscou refuse une nouvelle conférence de Genève sur le Cambodge. Le Français Jean-Claude Magnan gagne le championnat du monde de fleuret. Rapport alarmant de l'administration pénitentiaire : les prisons sont vétustes et surpeuplées (31 000 détenus).

Chacun de nous porte un fou sous son manteau, mais certains le dissimulent mieux que d'autres (Suède).

Saint Martinien

Cancer 2e décan

SAMEDI 2 JUILLET

Quand le loup enseigne aux oies leurs prières, il les croque pour ses honoraires (Allemagne).

Saint Thomas, saint Anatole

Cancer 2e décan

DIMANCHE 3 JUILLET

Savons aux parfums

Fabriquez des savonnettes à la rose. Pour établir les justes proportions des composants, prenez pour base la mesure de 200 millilitres sur un gobelet doseur ou un biberon. Vous remplissez le gobelet, jusqu'au chiffre 200, de savon de Marseille blanc finement râpé que vous versez dans un récipient. Ajoutez la même dose de liquide composée de 190 millilitres d'eau de rose bouillante et de 10 millilitres d'huile d'amande douce. Mélangez avec une spatule en bois pour former une pâte épaisse et homogène que vous versez ensuite dans le bol du mixer avec 30 gouttes d'huile essentielle de géranium. Il est indispensable que l'huile parfumée soit intimement mêlée à la préparation. Épicée et odorante, cette huile, dont l'action est stimulante, est extraite d'une variété de pélargonium à feuilles aromatiques originaire de l'île de la Réunion, et rappelle le parfum de la rose. Vous trouvez dans les jardineries cette espèce de pélargonium à feuilles très ciselées et très odorantes. Aplatissez ensuite la pâte à une hauteur de 2 centimètres et découpez selon les formes que vous désirez façonner (pains, cœurs, boules, etc.). Pour obtenir la couleur rose, ajoutez un colorant alimentaire dans le mixeur. Vous pouvez également agrémenter les savonnettes de pétales de roses que vous incorporez à la pâte et qui agiront comme un exfoliant doux.
Pour les savonnettes à la lavande, la procédure est la même. Préparez une infusion d'un mélange de lavande et de verveine-citronnelle (en pharmacie) – ou à défaut de verveine – dans 190 parts d'eau minérale, et filtrez si les herbes sont en vrac. Ajoutez dix parts d'huile d'olive, brassez bien avec deux cents parts de savon de Marseille blanc râpé. Mixez le mélange avec trente gouttes d'huile essentielle de lavande apaisante et, si vous le désirez, incorporez des fleurs de lavande fraîche avant de faire vos découpes ou vos moulages.
Il faut laisser sécher les savonnettes au moins quatre semaines dans un endroit frais, ce qui les fera diminuer de volume… À vous de créer d'autres mélanges selon votre type de peau et les parfums que vous aimez.

IL Y A 40 ANS, EN 1965 : Gigantesque incendie sur la côte orientale de la Corse sur un front de 30 kilomètres. Le général Moshé Dayan se retire de la vie politique israélienne. Hanoi, en annonçant une recrudescence des attentats, provoque une véritable angoisse à Saigon, où le gouvernement a pris de nouvelles mesures de sécurité.

LUNDI 4 JUILLET

Saint Florent

Cancer 2e décan

Une tour se mesure à son ombre et l'homme de mérite au nombre de ses envieux.

SURFINIAS. Originaires du Japon, les surfinias ont un développement vraiment exceptionnel en volume et sont résistants aux intempéries. Vous les trouverez dans les coloris blancs, roses, et parme. Leurs tiges fleuries peuvent atteindre 2 mètres et durer jusqu'à la fin de l'été si vous supprimez régulièrement les fleurs fanées et maintenez la terre meuble par un griffage à la fourchette. Évitez de mouiller le feuillage lors des arrosages. Ils n'offrent pas une gamme aussi vaste de coloris que les pétunias, mais forment des cascades ou des tapis de couleur lumineux.

Le mot de la fin

« Voilà le seul jour heureux de ma vie. »
Marie-Thérèse d'Autriche, reine de France, 1683.

LES PERLES À L'ÉCOLE. L'adoption des 35 heures de travail va diminuer la durée de vie des salariés.

PAYER EN MONNAIE DE SINGE

Payer en fausse monnaie.

« Payer en gambades et en grimaces », comme les anciens bateleurs qui, au lieu de verser le péage, faisaient gambader leurs singes devant le péagiste.

Les collants filés peuvent avoir une deuxième vie. Ils peuvent servir à bourrer des poupées de chiffon ou des animaux bien moelleux pour les enfants. Pour filtrer les jus de légumes ou de fruits, un morceau de collant peut servir de tamis fin.

IL Y A 40 ANS, EN 1965 : Une tornade ravage l'Italie du Nord, causant la mort de dix-huit personnes. À Souillac, remontée au jour des sept recluses volontaires de Lacave, en pleine forme.

La fleur est produite par le fumier et le fumier est produit par la fleur (Turquie).

Saint Antoine

Cancer 2e décan

MARDI 5 JUILLET

LES DRÔLES D'HISTOIRES DE PIERRE BELLEMARE

La risible armada

Quand la nouvelle tombe en cette radieuse matinée de juillet 2003, elle fait l'effet d'une bombe. Des milliers de touristes, alanguis sur les plages britanniques, retiennent leur souffle. Imprimé en gros caractères sur la première page d'un tabloïd, un titre annonce en effet qu'une escadre vogue vers la Grande-Bretagne et s'approche dangereusement de ses côtes. Aussitôt de vieilles peurs se réveillent, des images de désastre envahissent le cerveau surchauffé des vacanciers. Après Philippe II et son invincible armada, Napoléon et Hitler, de quel nouvel ennemi s'agit-il ? Quelle force du mal s'attaque à la Couronne ? Bien vite, à la lecture de l'article, l'angoisse se dissipe. Le débarquement qui se prépare est sans danger. Il s'agit d'une gigantesque vague de canards en plastique. Vingt-neuf mille palmipèdes synthétiques dérivent sans cancaner dans les flots de l'Atlantique. Cette armée de naufragés, jouets survivants d'un cargo, a été inopinément jetée par-dessus bord à la défaveur d'une tempête, survenue un an plus tôt au large du Japon.

Ainsi détournés d'un destin casanier, qui les vouait à barboter dans une baignoire à côté d'un bambin, les faux canards, qu'un instinct grégaire a maintenus groupés, achèvent un prodigieux périple. Ils ont contourné les États-Unis, traversé l'océan Arctique et le Groenland et s'acheminent, portés par le Gulf Stream, vers les côtes anglaises.

C'est The First Years, la firme américaine qui les commercialise et les suit à la trace, qui donne l'alerte. Trop heureux de cette publicité, gratuite et inespérée, Clive Wooster, son porte-parole, vante la qualité des produits. « Nos canards ont résisté aux déferlantes et aux icebergs. Ils sont indestructibles. Même les enfants les plus cruels envers leurs jouets n'en viendront pas à bout », déclare-t-il à la presse, avant de lancer un concours offrant 100 dollars de récompense, sous forme de bons d'achat, à toute personne qui recueillera un spécimen.

Générosité bien ordonnée… l'offre n'est valable que pour la prise des palmipèdes échoués sur les côtes du Massachusetts, aux États-Unis. Les vacanciers britanniques n'auront droit, eux, qu'à un certificat signé de l'entreprise. Et encore, seuls les deux cent cinquante premiers chasseurs de primes bénéficieront-ils de cette faveur. Dindons de la farce, nos amis anglais se seraient-ils fait… royalement plumer ?

IL Y A 40 ANS, EN 1965 : Le gouvernement rappelle le représentant permanent français auprès de la CEE à Bruxelles, à la suite du désaccord du 30 juin, appliquant la politique de « la chaise vide » définie par le général de Gaulle. Raymond Poulidor remporte la 14e étape du Tour de France.

MERCREDI 6 JUILLET

Sainte Mariette

Cancer 2e décan

De son ennemi réconcilié il faut se garder.

COURGETTES. Cueillez tôt le matin, et à mesure de vos besoins, les courgettes en général encore petites en juillet, mais particulièrement tendres et agréables au goût. Elles se conservent dix jours au réfrigérateur. Récoltez les fleurs femelles (celles sur lesquelles la courgette commence à se former), elles se cuisinent en beignets, mais ne les cueillez pas toutes et préservez également quelques fleurs mâles – sans renflement à la base – indispensables à la pollinisation. C'est la garantie d'une récolte qui se poursuivra plusieurs semaines.

⋆ TARTINES CAMPAGNARDES. Faites griller d'un côté seulement de larges et fines tranches de pain de campagne. Étalez sur le côté grillé de la béchamel, des girolles poêlées, du jambon de pays préalablement coupé en morceaux, et nappez d'emmental râpé mélangé à de la crème. Passez au four 10 minutes. Servez les tartines garnies de fines rondelles d'oignons blancs et de persil que vous avez fait frire dans l'huile.

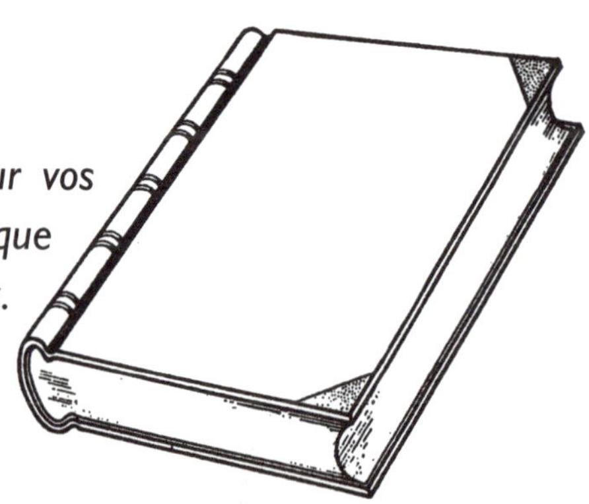

Si vous constatez des taches de moisissure sur vos livres, recouvrez-les avec de la farine de maïs que vous laisserez agir quelques jours, puis brossez. Vous pouvez ainsi éviter cet inconvénient en mettant quelques gouttes d'huile de lavande, d'eucalyptus ou de girofle sur les étagères de votre bibliothèque.

IL Y A 40 ANS, EN 1965 : Madrid : inquiet de l'évolution des prix à la hausse, Franco remanie son gouvernement. Paris : au Louvre, début des travaux de reconstruction des fossés de la colonnade de Perrault et construction du pont face à sa porte centrale.

Qui mange seul s'étrangle seul (Monde arabe).

Saint Raoul

Cancer 2e décan

JEUDI 7 JUILLET

LES DRÔLES D'HISTOIRES DE PIERRE BELLEMARE

Haute sécurité

La société allemande Securor, qui a son siège à Francfort, est spécialisée dans la sécurité des entreprises et se fait fort de leur fournir tous les matériels et les services dont elles peuvent avoir besoin dans ce domaine. Cela va des coffres et des portes blindées aux vigiles avec chiens, en passant par les systèmes d'alarme les plus variés.

Pour mieux faire connaître ses produits, elle a organisé l'année dernière, dans un luxueux hôtel de la ville, un séminaire auquel elle a convié les chefs d'entreprise de la région. Et ils ont été nombreux à répondre à l'invitation, preuve que ce sujet les préoccupe.

Avant d'aborder la gamme des produits, le P-DG de Securor a commencé par un brillant exposé sur les principes d'une bonne sécurité. Sous le titre : « Soyez vous-mêmes vos propres gardiens », il a démontré que c'était d'abord à l'entreprise de veiller sur elle.

« Cet esprit de vigilance qui est le nôtre, a-t-il lancé, vous devez essayer de le faire partager à vos employés. »

Après quoi, les participants sont passés au restaurant pour prendre le déjeuner qui leur était offert par Securor… C'est en reprenant leurs pardessus au vestiaire qu'ils se sont aperçus que leurs poches avaient été vidées. Leurs portefeuilles et leurs clés de voiture avaient disparu et leurs voitures elles-mêmes avaient été volées sur le parking. Faut-il préciser que Securor n'a enregistré aucun contrat à la suite de son séminaire ?

IL Y A 40 ANS, EN 1965 : Évasion réussie, avec trois autres détenus, de Ronald Biggs, condamné pour l'attaque du train postal Glasgow-Londres, grâce à une échelle de corde lancée du toit d'un camion de déménagement dans la cour de la prison. Premières installations des statues de Maillol dans le jardin des Tuileries, à Paris.

VENDREDI 8 JUILLET

Saint Thibaut

Cancer 2e décan

Homme sans ennemis, homme sans valeur (Bosnie-Herzégovine).

LA SCIENCE AMUSANTE

LE BOUCHON RÉCALCITRANT. Prenez un bouchon d'un diamètre plus petit que l'intérieur d'une bouteille ordinaire. Proposez à un ami de le faire entrer dans une bouteille vide et sèche en soufflant dessus. Cela paraît facile, en fait le bouchon s'échappera avec d'autant plus de vitesse qu'on aura soufflé plus fort. Mais en soufflant tout doucement, le résultat est encore négatif.

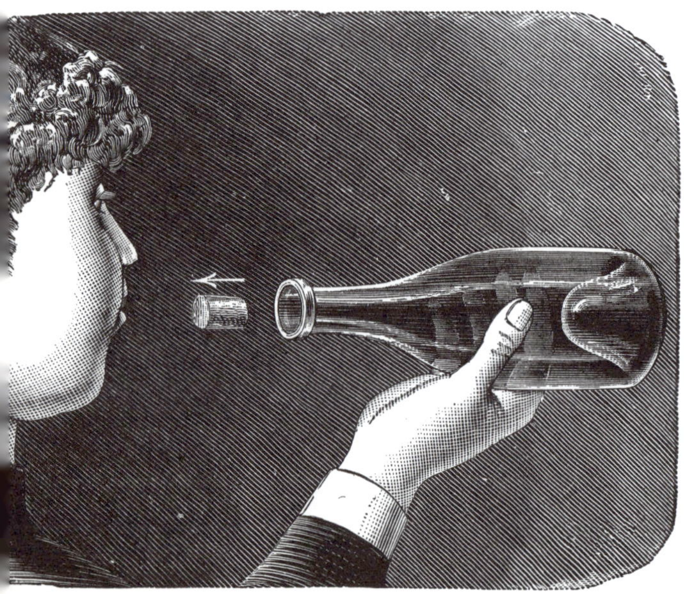

EXPLICATION : En soufflant sur le bouchon, une certaine quantité d'air pénètre en même temps dans la bouteille, et s'y comprime assez fortement pour faire ressort contre le bouchon. Mais, si vous chauffez la bouteille au-dessus d'une lampe ou auprès du feu, un vide partiel se produit, et le courant d'air froid sortant de votre bouche pourra faire pénétrer le bouchon.

QUAND LA MUSE DÉLIRE.
« Il est onze heures », répéta le personnage muet.
Honoré de Balzac, *Scènes de la vie privée, La Bourse.*

★★ *PRINTANIÈRE AUX FANES DE RADIS. Coupez, lavez et essorez les fanes de deux bottes de radis. Grattez, lavez et détaillez en fines rondelles quatre carottes. Pelez trois belles pommes de terre charlotte. Coupez-les en morceaux. Dans trois quarts de litre d'eau bouillante salée avec un bouquet garni, plongez tous les légumes et faites cuire 30 minutes à petits bouillons. Ôtez le bouquet garni, écrasez les pommes de terre à la fourchette dans une écumoire. Faites chauffer trois quarts de litre de lait et versez-le dans le potage. Battez deux œufs avec une cuillerée à soupe rase de farine, deux cuillerées de lait et du sel. Faites cuire le mélange en omelette que vous découpez en lamelles et ajoutez au potage.*

IL Y A 40 ANS, EN 1965 : U Thant demande une nouvelle conférence de Genève sur le Viêt-nam. Les treize savants américains que la NASA prépare au premier voyage sur la lune, vont s'entraîner en Irlande ; trois d'entre eux seront choisis. Christine Caron gagne le record d'Europe du 200 mètres dos, en 2'28"8/10.

On ne peut donner que deux choses à ses enfants : des racines et des ailes (Monde juif).

Mieux vaut être coq un an que poule pendant quarante (Grèce).

Sainte Amandine

Cancer 2e décan

SAMEDI 9 JUILLET

Saint Ulrich

Cancer 2e décan

DIMANCHE 10 JUILLET

Pour une fête bon enfant, venez déguisés !

L'été est la saison des fêtes… Étonnez vos amis en conviant petits et grands à une soirée costumée dont le thème sera… les animaux ! Déguisement tout en récup' obligatoire… Un maquillage efficace et quelques accessoires suffisent généralement à créer l'illusion. Imagination et fantaisie feront le reste ! Distribuez aux invités des enveloppes contenant chacune un nom d'animal différent – cela vous évitera une soirée tout-chien ou tout-chat ! Donnez quelques idées pratiques d'utilisation : parmi les accessoires qui seront d'un grand secours, les vieux vêtements démodés à découper, à transformer ; le carton, qu'il s'agisse de panneaux ou de boîtes, qui se découpe, se peint et se colle facilement, les cintres en fil de fer qui peuvent se tordre dans tous les sens… Les cintres, par exemple, seront utilisés pour dresser des antennes d'insectes sur votre tête, ou pour figurer des pattes d'araignée, en serrant les deux branches et en les enrobant d'un collant noir bourré de mousse pour les tentacules mous d'une pieuvre, gardez seulement les bas et la mousse ; en ouvrant bien le cintre, donnez lui la forme d'une aile de papillon ou de libellule, et collez dessus du papier crépon ou un vieux voilage, puis attachez les ailes sur le dos d'un soutien gorge. Peignez de vieux tee-shirts à la peinture à l'eau pour les rayures du zèbre, ou celles de la guêpe, mettez un caleçon marron au lion avec une queue en feutrine brune. Il suffira d'un simple maquillage pour figurer la tête de la plupart des animaux. Pour les autres, fabriquez entièrement une tête avec du carton. Pour celle de la girafe, n'oubliez pas de la placer sur un long cou : formez un tuyau en carton peint que vous placerez bas sur vos oreilles. Pour le cochon, attachez une petite boîte à fond rond par un élastique devant votre visage, en ménageant une découpe pour le nez, couvrez-vous la tête avec une grande serviette en tissu que vous tendez bien et nouez-la sur le haut de la tête, les deux bouts pendant à l'extérieur simulant les oreilles, la boîte formant le groin (n'oubliez pas de ménager des trous pour voir et pour respirer !). Une tête de mouche ? Un lampion rond en papier sur lequel vous dessinez une multitude d'yeux… et des antennes-cintres sur la tête.
Le plus bel animal sera récompensé !

IL Y A 40 ANS, EN 1965 : Helsinki : Ouverture du Congrès mondial pour la Paix qui réunira, pendant six jours, mille trois cents délégués de plus de quatre-vingt-dix pays

LUNDI 11 JUILLET

Saint Benoît

Cancer 2e décan

Un homme sans enfant est un roi sans souci (Iran).

ARROSAGE DES PLANTES D'INTÉRIEUR.

Si vous devez vous absenter une quinzaine de jours, ne donnez pas d'engrais à vos plantes d'intérieur avant le départ. Une des méthodes pour leur garder une certaine humidité, si elles sont en pot plastique à fond plat, est de les regrouper et de les poser sur un feutre horticole dont une extrémité trempe dans une bassine d'eau. Les plantes boivent l'eau par capillarité. Même principe pour vos plantes en pot de terre cuite de grande taille : placez-les dans un pot plus grand sans trou de drainage (à boucher). Remplissez l'espace de tourbe que vous mouillerez à saturation. Là encore, l'humidité sera progressivement restituée à la plante par capillarité.

C'est l'odeur qui met le chien en appétit, plus que le goût de l'aliment lui-même. Donc si vous chauffez la gamelle du chien avant de la lui offrir, vous aiguiserez son appétit, car la température plus élevée permet aux arômes de s'exprimer davantage.

LES PERLES DANS NOS RAPPORTS AVEC L'ADMINISTRATION :

Mon chien n'a attaqué le facteur qu'en cas de mauvaises nouvelles.

OURS MAL LÉCHÉ.

Désigne un personnage grossier. Au XVIIe siècle, signifiait aussi un enfant mal venu. C'est une allusion au mythe que « les ours façonnent leurs petits en les léchant à loisir » (Montaigne).

IL Y A 40 ANS, EN 1965 : À Bagdad, la faction pro-nassérienne reproche au gouvernement irakien de ne pas accélérer le processus de fusion de l'Irak avec la RAU (l'Égypte). Inauguration du chantier de la première centrale nucléaire espagnole près de Guadalajara.

Le plus grand amour est celui d'une mère, vient ensuite l'amour d'un chien, puis l'amour d'un amant (Pologne).

Saint Olivier

Cancer 2e décan

MARDI 12 JUILLET

LES DRÔLES D'HISTOIRES DE PIERRE BELLEMARE

Flagrants délires

Dire que les Américains sont de redoutables procéduriers est devenu un pléonasme. En effet, chaque année, des milliers de consommateurs sans scrupule harcèlent les tribunaux, exigeant des dédommagements phénoménaux pour des incidents les plus futiles. Ces quelques exemples donnent le vertige.

Ainsi Meredith Berckman réclame pas moins de 50 millions de dollars de dommages-intérêts au fabricant du Pirate's Booty, une barre chocolatée, pour « prise de poids et souffrance mentale ». Après analyse dans un laboratoire, sa friandise contenait 8,5 grammes de matière grasse, soit trois fois plus que ne l'indiquait l'étiquette. Jugement en attente.

Encore plus fort ! Kathleen Robertson vient de s'enrichir de 78 000 dollars en attaquant en justice le magasin de meubles dans lequel elle s'était brisé une cheville après avoir trébuché sur un gamin turbulent. Bobby, le garçon responsable de l'accident, n'était autre que son propre fils !

Mieux encore ! Amber Carson a obtenu pour sa part la coquette somme de 113 500 dollars d'un restaurant de Lancaster, en Pennsylvanie, pour s'être cassé le coccyx en glissant sur une flaque de soda. L'avocat du restaurateur avait pourtant plaidé que, si la boisson incriminée s'était répandue sur le sol, c'était parce que, quelques secondes plus tôt, Mlle Carson avait fracassé sa bouteille sur le dos de son petit ami !

Enfin on atteint les sommets de la mauvaise foi avec Stella Liebeck, qui a soutiré près de 3 millions de dollars à McDonald's après s'être ébouillantée avec le contenu de son propre gobelet de café ! Ce jugement aberrant a d'ailleurs valu à cette grand-mère de soixante-douze ans l'honneur de donner son nom à un prix, le Stella Award, qui récompense chaque année la poursuite judiciaire la plus extravagante. Et, outre-Atlantique, les compétiteurs sérieux sont légion !

IL Y A 40 ANS, EN 1965 : M. Ben Gourion et six de ses partisans, dont M. Shimon Pérès, ont formé un groupe parlementaire séparé du Mapai ; ils veulent être reconnus comme les représentants de la « fraction des travaillistes israéliens » indépendante.

MERCREDI 13 JUILLET

Saint Henri, saint Joël

Cancer 3e décan

L'expert, c'est celui qui en sait de plus en plus sur de moins en moins (États-Unis).

Certains jouets en peluche ne sont pas lavables. Vous pouvez les traiter avec de la pomme de terre cuite que vous écrasez et tartinez sur toute la surface du sujet, brossez énergiquement le lendemain et enlevez les traces de purée avec une éponge mouillée. Vous pouvez également les placer dans un sac en plastique avec du bicarbonate de soude et secouer puis brosser.

FAIRE LA GRÈVE.

Le mot « grève », qui désigne un terrain plat couvert de sable, évoque la place de Grève à Paris qui était située au bord de la Seine, sur l'emplacement actuel de l'Hôtel de Ville. Autrefois, s'y réunissaient les ouvriers en attente d'emploi. L'expression avait d'abord le sens d'être sans travail ou d'en chercher. Le sens moderne date du tout début du XIXe siècle.

★★ PRIMEURS SAUCE MÉRIDIONALE. Mixez un bouquet de persil plat équeuté avec douze anchois au sel, quatre gousses d'ail pelé et dégermé et quatre cuillerées à soupe d'huile d'olive. Répartissez la sauce sur quatre feuilles de papier aluminium pour faire des papillotes. Posez sur chacune des légumes coupés en rondelles : jeunes carottes, navets nouveaux, pommes de terre grenaille, et blancs de poireaux. Fermez chaque papillote et faites cuire au four thermostat 8 environ 20 minutes.

IL Y A 40 ANS, EN 1965 : La sonde Mariner IV, lancée le 28 novembre 1964, transmet vingt et une photos de la planète Mars, en employant la technique du Bélinogramme. Felice Gimondi gagne le Tour de France.

Le pays natal est doux, fût-il une tombe (Monde arabe).

Saint Camille

Cancer 3e décan

JEUDI 14 JUILLET

LES DRÔLES D'HISTOIRES DE PIERRE BELLEMARE

Mariage éclair

« Greta et Malcolm, je vous déclare unis pour la vie entière par les liens du mariage… »

Il est tout juste 10 h 30 lorsque la voix du pasteur résonne martialement dans la petite église Sloanhill, au nord de l'Angleterre, mettant un point final à la cérémonie. Pour un beau mariage, c'est un beau mariage ! Les nouveaux conjoints, Greta Jones et Malcom Shepard, ont un peu plus de la quarantaine, ils sont tous les deux cadres supérieurs, lui dans l'informatique, elle dans les assurances, et l'assistance qui a été conviée à leur union est aussi nombreuse que distinguée.
Le repas de noces, qui a lieu dans un restaurant chic des environs, est remarquable en tous points : la chère est délicieuse et les vins proviennent des meilleurs crus… Ce sont peut-être ces derniers qui sont la cause du comportement de Greta. Elle trouve un des garçons d'honneur si à son goût qu'elle adopte envers lui des attitudes franchement provocantes. Son mari lui en fait la remarque à plusieurs reprises jusqu'au moment où elle lui réplique par une paire de gifles. Il la lui rend, les deux familles interviennent et il s'ensuit une mêlée générale que la police, appelée d'urgence, maîtrise à grand-peine.
Au poste, les deux nouveaux mariés, l'une sa robe blanche, l'autre son habit de cérémonie en lambeaux, se sont précipités sur leur portable pour appeler leurs avocats et leur demander d'entamer une procédure de divorce. Il était juste 18 heures, leur union « pour la vie entière » n'avait pas duré plus de sept heures trente… « Il vaut mieux s'apercevoir rapidement qu'on a fait une bêtise », a déclaré Greta par la suite. Sans doute, mais une telle rapidité de jugement n'est pas commune !

IL Y A 40 ANS, EN 1965 : À Athènes, démission du cabinet Papandréou, entraînant une agitation générale dans la ville. Yvette Vaucher est la première femme alpiniste victorieuse du Cervin, par la paroi nord.

VENDREDI 15 JUILLET

Saint Donald

Cancer 3e décan

Un verre de vin tire souvent mieux que deux bœufs.

HERBE À CHATS. Si votre chat aime mordiller vos plantes d'intérieur, vous pourrez l'en empêcher en les aspergeant de jus de citron dilué. Pour satisfaire ses besoins de mastiquer des végétaux qui l'aident à régurgiter ce qu'il ne peut digérer, donnez-lui de la valériane (herbe à chat) que vous trouvez en barquette dans les jardineries, prête à consommer ou à faire pousser.

Lorsque vous faites le ménage, prenez l'habitude de fixer à votre tablier une grande épingle de sûreté. Vous y accrocherez vos bagues ou vos bracelets quand vous laverez le sol ou la vaisselle sans risquer de les égarer.

QUAND LA PRESSE S'EMBALLE.

Le quarté : un tiercé en quatre chevaux, comme son nom l'indique…

Paris-Normandie

★ ASPERGES À LA FAVORITE. Liez en bottes les asperges épluchées et posez-les debout, pointes en l'air, dans une marmite de bouillon de poule (en tablettes), un quart d'heure à 20 minutes (selon grosseur). Retirez les liens et rangez les asperges dans un plat de service maintenu au chaud. Versez deux verres de bouillon de cuisson dans une casserole, ajoutez successivement, en fouettant sur feu doux, un jus de citron, trois jaunes d'œufs, une cuillerée de fécule. Hors du feu, incorporez 100 grammes de beurre en petits morceaux, toujours en fouettant. Assaisonnez. Versez en saucière, poudrez de cerfeuil haché et servez tiède avec les asperges.

IL Y A 40 ANS, EN 1965 : Incident entre Paris et Washington après le survol de l'usine de Pierrelatte par un avion américain qui a pris des photos des installations atomiques. Inauguration par les présidents français et italien du tunnel routier du Mont-Blanc. 16°8 à 14 heures : depuis 92 ans, il n'avait pas fait aussi froid un 16 juillet à Paris.

Le devoir est facile à connaître, c'est ce que l'on désire le moins faire (Angleterre).

Dieu ne pouvait être partout, alors il a créé la mère (Monde juif).

Notre-Dame de Mont Carmel

Cancer 3e décan

SAMEDI 16 JUILLET

Sainte Charlotte

Cancer 3e décan

DIMANCHE 17 JUILLET

De l'humour avec les bouchons de champagne de vos fêtes…

Anatomie d'un bouchon de champagne : sur la partie semi-sphérique en liège est incrustée une **capsule** métallique, fixée à la bouteille par le **muselet**, cette armature de fil de fer dont est coiffée la bouteille et qui est serrée au goulot. La bouteille est revêtue de sa coiffe de papier métallique, l'**habillage**, que vous mettez en attente. Sectionnez et prélevez la partie circulaire basse du muselet… la capsule, retenue par ce qui en reste avec ses quatre branches, figure en quelque sorte un tabouret. Attachez-y votre bout de fil de fer récupéré du bas du muselet pour former un arrondi de manière à servir de partie postérieure verticale d'un siège. Prélevez quelques lanières de papier métallique dont vous entourez les différentes parties pour les maintenir en place, et laissez-vous aller à la fantaisie pour « habiller » le dossier : vous obtenez un fauteuil de roi !

Et du corps du bouchon en liège, que peut-on faire ? Debout, bouchon à l'endroit, il peut évoquer le corps d'une grosse paysanne ; nous plantons au sommet une boulette de liège, figurant la tête. Les jambes sont des allumettes piquées sous le bouchon, enfoncées dans des sabots en liège (d'un bouchon de champagne sacrifié « travaillé » à la râpe). Frottez le dessous de ces sabots sur du papier de verre pour assurer l'équilibre du personnage. Sur la tête, dessinez les cheveux et la figure, collez un bout d'allumette pour le nez en saillie. On colorie la robe, on colle un tablier en papier blanc, et sur la tête une coiffe également en papier blanc.

Mettez le bouchon de champagne à l'envers, et voilà un Breton avec ses culottes bouffantes ! Les bras sont en liège et articulés avec des épingles, les jambes en allumettes, le bord du chapeau en carton peint en noir. Un brave villageois perché sur son âne a le bouchon – pardon ! le corps – recouvert d'une blouse bleue qui cache les articulations des bras et des jambes, faites avec des épingles… « Loisir créatif » à réserver pour les vacances en bord de mer, après huit jours de pluies ininterrompues !…

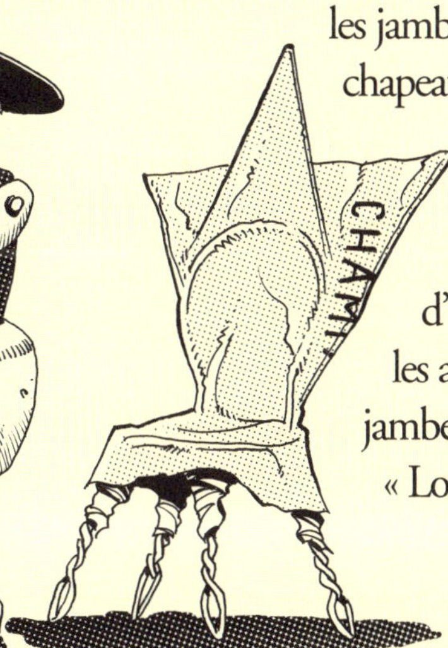

IL Y A 40 ANS, EN 1965 : Devant la menace de M. Papandréou de faire descendre ses partisans dans la rue, l'armée grecque, restée loyale, demeure prête à mater toute insurrection. Lord Mountbatten, oncle du prince Philip, prend sa retraite.

LUNDI 18 JUILLET

Saint Frédéric

Cancer 3e décan

L'endroit le plus sombre est juste sous la bougie (Corée).

Le mot de la fin

« Que diable venez-vous me chanter, monsieur le curé ! Vous avez la voix fausse. »
Jean-Philippe Rameau, compositeur, 1764, en recevant l'extrême-onction.

⭑ COROLLES DE CHAMPIGNONS. Préchauffez le four à thermostat 7. À l'aide d'un pinceau ; badigeonnez quatre feuilles de brick double épaisseur dans des ramequins pour qu'elles prennent la forme de corolles et mettez-les au four environ 5 minutes. Démoulez délicatement. Faites revenir échalotes et girolles à la poêle ; puis répartissez-les dans chaque corolle.

LA SCIENCE AMUSANTE

LE VERRE D'EAU À L'ENVERS PAR LA FORCE CENTRIFUGE. Le verre d'eau est posé devant vous sur la table. Saisissez-le avec la main renversée, la paume de la main tournée en dehors, comme l'indique notre dessin. Il s'agit de lui faire décrire un cercle complet dans l'air avec votre bras étendu et de le reposer sur la table sans qu'il ait perdu une seule goutte de liquide. Votre mouvement devra être ferme, sans vitesse excessive, sans secousse. Après sa révolution, le verre est replacé sur la table, tenu avec la main dans la position indiquée.

EXPLICATION : Ce phénomène est dû à l'action de la force centrifuge.

IL Y A 40 ANS, EN 1965 : Inauguration du nouveau port de Cannes. Le Viêt-cong attaque la grande base aérienne américaine de Bien Hoa. Mort de M. Syngman Rhee, fondateur de la République coréenne. En Grèce, la rue plébiscite M. Papandréou, follement acclamé par deux cent mille personnes.

Chère mère, qu'est-ce donc que le mariage ?
– Filer, enfanter, regretter
(Pays-Bas).

Saint Arsène

Cancer 3e décan

MARDI 19 JUILLET

LES DRÔLES D'HISTOIRES DE PIERRE BELLEMARE

Seize échecs pour un mariage

Jamil Butho, un infirmier pakistanais, fête tristement son trentième anniversaire en compagnie d'une poignée d'amis.

« Que souhaites-tu qu'il t'arrive cette année ? » lui demande ironiquement l'un d'entre eux.

Jamil tourne la paume de ses mains vers le ciel en signe d'imploration et murmure : « Me marier une bonne fois pour toutes, inch Allah ! »

Si l'assistance éclate de rire, c'est parce que Jamil Butho a déjà essayé par seize fois de convoler en justes noces et que chaque tentative s'est jusqu'à présent soldée par un fiasco.

Ainsi, au cours de l'une des cérémonies de mariage, le frère de celui que ses proches surnomment affectueusement « le marié maudit » tire des coups de feu en l'air pour manifester son allégresse, tuant maladroitement le père de la mariée. L'année suivante, c'est l'oncle de la mariée qui interrompt la cérémonie, braquant une Kalachnikov sur la poitrine du prétendant, exigeant que la jeune fille épouse son propre fils. Prenant la menace très au sérieux ou profitant de l'aubaine, la fiancée s'exécute au désespoir de son futur mari. Une autre fois, alors que l'imam s'apprête à unir le couple, un incendie se déclare sous le toit de la mosquée. Les convives prennent la fuite sans demander leur reste et la jeune fille renonce à son engagement, estimant qu'il serait dangereux de vouloir braver un si mauvais augure.

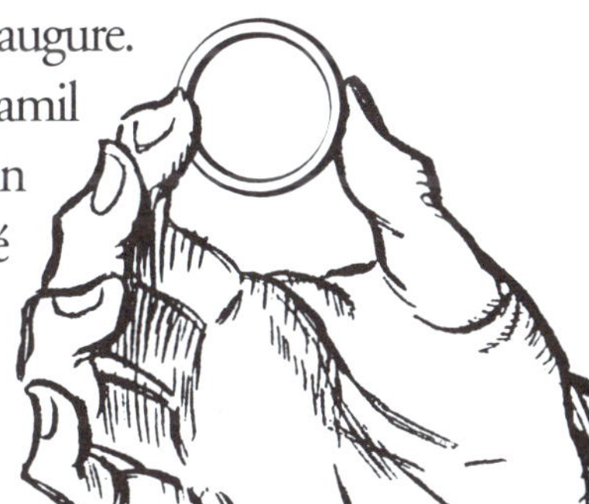

Accablé par ses échecs à répétition et précédé d'une détestable réputation, Jamil décide de se marier dans le plus grand secret. Il négocie avec un voisin la main de sa fille et promet en échange de lui donner sa sœur en mariage. Le marché conclu, la cérémonie se déroule pour une fois sans le moindre incident. Mais, alors que Jamil regagne son domicile au bras de sa dulcinée, sa sœur fait irruption pour lui dire, éplorée, qu'elle refuse d'épouser un homme vieux et malade, annulant du même coup la validité du mariage de son frère.

Selon l'imam consulté, une dix-septième tentative devant être la bonne, Jamil s'est mis sans tarder en quête de sa future compagne !

IL Y A 40 ANS, EN 1965 : Sévère défaite en Grèce pour M. Papandréou sur le plan parlementaire, son parti perdant la majorité absolue à la Chambre. Les pairs du royaume d'Angleterre viennent d'adopter le projet d'abolition de la peine de mort.

MERCREDI 20 JUILLET

Sainte Marina

Cancer 3e décan

La vie a, comme un feu, flamme, fumée et cendre (Monde arabe).

Pour empêcher les racines des plantes d'un jardin voisin d'envahir vos plates-bandes, creusez une tranchée de 30 centimètres de profondeur contre la clôture sous laquelle elles risquent de se faufiler. Couvrez avec du plastique épais puis remettez la terre.

ABUTILON. Considéré comme plante d'appartement, l'abutilon a besoin toutefois d'être sorti en été. Avec son aspect buissonnant, son feuillage découpé aux panachures très diversifiées et ses fleurs en clochettes roses, rouges, orange, jaunes, il donnera une touche exotique et somptueuse à votre terrasse, ou sera un point clé d'une allée de votre jardin. Vous trouverez en ce moment dans les jardineries de jeunes plants qui se développeront rapidement avec un bon arrosage. Pendant leur période de croissance, vous pourrez même les former en tige. En hiver, il leur faut une température de 12 à 14°.

★★ ROULÉS D'AUBERGINE. Hachez les restes d'un gigot cuit ou de l'agneau cru. Faites revenir dans une poêle un oignon émincé et 300 grammes de ce hachis. Mélangez avec des raisins secs, feuilles de menthe hachées, sel, poivre. Tartinez dix tranches d'aubergine grillées surgelées décongelées de cette préparation et formez un rouleau avec chacune. Placez-les dans un plat à four huilé. Mixez un concassé de tomates en boîte avec deux gousses d'ail dont vous nappez les roulés avec du gruyère râpé. Faites cuire au four 15 minutes thermostat 7.

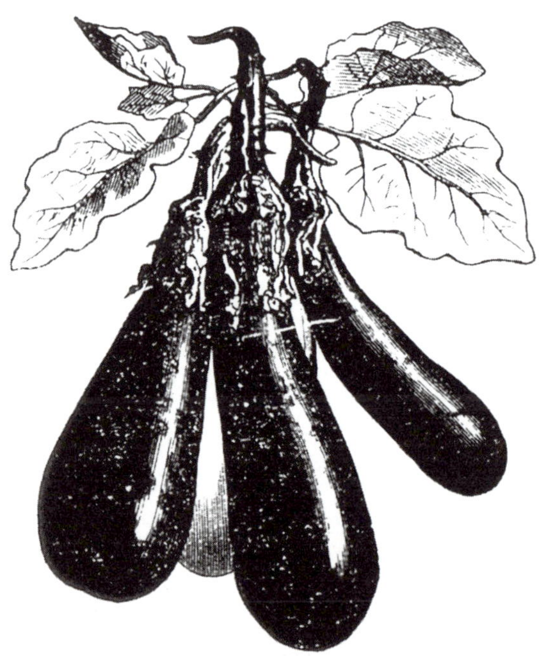

LES DRÔLES D'HISTOIRES DE PIERRE BELLEMARE

Pique-nique belge

Gisèle et Maria, deux charmantes touristes belges, ont choisi, l'été dernier, de passer leurs vacances dans le Sud de la France. Ce jour de juillet, elles décident de faire un pique-nique au cœur des Alpes de Haute-Provence. L'endroit, une garrigue isolée, est charmant et elles sont ravies de leur initiative. Comme elles sont très respectueuses de l'environnement, elles veillent, en partant, à ne rien laisser derrière elles, notamment la nappe en papier, qu'elles décident de brûler.

Résultat : il a fallu l'intervention de trois brigades de sapeurs-pompiers et de deux Canadair pour venir à bout du sinistre, qui a ravagé des dizaines d'hectares de broussailles… Après leur interrogatoire à la gendarmerie, Gisèle et Maria sont ressorties libres. Elles avaient donné l'alerte tout de suite et il était évident qu'elles n'étaient pas des incendiaires. Elles ont toutefois écopé d'une amende et leur petit pique-nique leur est revenu plus cher qu'un repas dans un trois-étoiles.

Une perruche en or

Une perruche répondant au nom de Nepomuk a fait gagner à ses propriétaires, habitant Hanovre, en Basse-Saxe, un million d'euros au Loto allemand. L'homme et la femme avaient fait choisir leur billet par l'oiseau. Ils avaient disposé devant lui les divers numéros et Nepomuk les avait désignés les uns après les autres, d'un petit coup de son bec jaune.

L'identité des heureux gagnants n'a pas été révélée. La seule chose qu'on sait – et on s'en réjouit –, c'est qu'ils sont tous les deux au chômage. Au moment d'empocher leur gain, ils ont déclaré aux responsables du Loto :

« Nous allons faire construire une petite maison avec une grande volière. »

IL Y A 40 ANS, EN 1965 : Situation explosive à Athènes, après une nuit d'émeutes sanglantes. Tension politique en Égypte : le président Nasser tient un violent discours anti-américain, après l'arrestation du rédacteur en chef d'*Al Akhbar* au moment où il remettait des documents confidentiels à un diplomate américain.

VENDREDI 22 JUILLET

Sainte Marie-Madeleine

Cancer 3e décan

Quand un chien vous aide à passer le fleuve, vous ne demandez pas s'il a la gale (Monde arabe).

CUEILLETTE DES FLEURS. La cueillette doit toujours se pratiquer le matin, après disparition des dernières gouttes de rosée. Aussitôt après, plongez les plantes dans un seau rempli aux trois quarts d'eau avant de former vos bouquets, et retirez les feuilles superflues. Aplatissez au marteau la base des plantes à tige ligneuse et dure qui ont du mal à absorber l'eau. Les fleurs composées comme les dahlias et les pois de senteur se cueillent au moment de leur plein épanouissement. Les œillets se cueillent en bouton à peine ouvert, les pivoines et les roses un peu plus ouvert. Œillets, chrysanthèmes et hortensias ont une tenue en vase de longue durée.

Pour accélérer la cuisson des pommes de terre en robe des champs au four, transpercez-les de brochettes métalliques qui conduiront la chaleur vers l'intérieur. Ou bien enfoncez un clou propre en fer galvanisé dans chaque pomme de terre. Le temps de cuisson sera réduit d'un tiers.

Le mot de la fin

«Le public… Faisons un rêve… La Fontaine… Allons, mes enfants, en voiture !…»
Sacha Guitry, le 24 juillet 1957, quelques jours avant d'entrer en agonie.

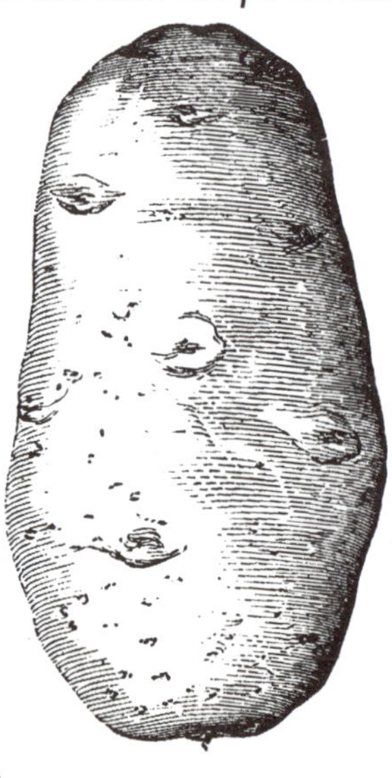

DE FIL EN AIGUILLE

Deviser, en passant progressivement d'un sujet au suivant. L'expression remonte à la fin du XIIIe siècle. Tout en évoquant le mouvement de la couturière, elle a subi l'influence du sens de « fil », courant d'eau, que l'on retrouve au Moyen Âge, dans des locutions comme « couler fil à fil », en filet continu.

IL Y A 40 ANS, EN 1965 : Lancement d'un nouveau satellite soviétique, Cosmos 76. C'est une jeune Thaïlandaise, Apsara Hongsakula, qui a été élue Miss Univers, à Miami. Aux championnats de France d'athlétisme, Roger Bambuck gagne le 100 mètres et 200 mètres, et Guy Texereau, le 3 000 mètres steeple et le 5 000 mètres.

Nourrir l'ambition dans son cœur, c'est porter un tigre dans ses bras (Chine).

Une haie entre deux amis garde l'amitié verte (Angleterre).

Sainte Brigitte

Cancer 3e décan

SAMEDI 23 JUILLET

Sainte Christine

Lion 1er décan

DIMANCHE 24 JUILLET

Quelle aventure vous attend près de chez vous ?

Elle est peut-être à votre porte… mais différente selon ce que vous recherchez et la région que vous habitez… Opterez-vous pour les sensations fortes et la griserie de l'escalade… ou une envie de changer d'air et de rythme de vie ?
Dépaysement garanti, avec cette randonnée en famille au rythme de 3-4 kilomètres-heure, sur les petits chemins de campagne ou de montagne, avec un compagnon doté de grandes oreilles, de quatre pieds sûrs et d'un dos solide pour porter bagages et enfants… Il s'agit de l'âne, cet animal vaillant, rassurant et câlin qui parcourt entre 13 et 20 kilomètres par jour et porte jusqu'à 40 kilogrammes sur son dos : un enfant âgé de quatre à sept ans peut monter dessus, et le pique-nique est installé dans des sacoches grâce au bât en bois placé sur son dos… Son rythme vous permet d'apprécier le paysage et de faire des rencontres, car l'âne suscite la convivialité. Carte IGN en main pour vous assurer de l'itinéraire, partez bien chaussés, ne dépassez pas 5 à 6 heures de marche par jour pour les enfants de sept à dix ans. Si vous avez aimé cette journée, prévoyez un week-end entier et bivouaquez avec votre âne ! Les âniers sont répartis sur l'ensemble de la France. (Fédération nationale ânes et randonnées, Le Pré du Meinge – 26560 Eourres, tél. : 04 92 65 09 07 et www.ane-et-rando.com.)

Avant de connaître la griserie de l'escalade vers les sommets d'une falaise, il est indispensable de suivre un stage de deux heures d'initiation, bien encadré sur des « structures artificielles d'escalade » en salle où le matériel vous est fourni. Ce sport n'est pas réservé qu'aux enfants, il se pratique de six à soixante-dix-sept ans, avec des niveaux de difficulté adaptés. Par beau temps, quel plaisir de s'élancer sur les parois, de tester son équilibre, de renforcer la confiance en soi ! Les moniteurs sont là pour sécuriser les débutants. Les sites sont de plus en plus nombreux, le nombre de falaises ne cesse de croître. (Fédération française de montagne et d'escalade, tél. : 01 40 18 75 50 et www.ffme.fr.)

IL Y A 40 ANS, EN 1965 : L'amiral Americo Thomas est réélu président de la République portugaise. Un chasseur américain aurait été abattu par un missile soviétique à l'ouest d'Hanoi. Dans la baie de Monte-Carlo, le plongeur Jacky Boissy est tué dans l'explosion du sous-marin de poche qu'il essayait.

LUNDI 25 JUILLET

Saint Jacques

Lion Ier décan

Maint amoureux d'un grain de beauté commet l'erreur d'épouser la fille entière (États-Unis).

On a toujours besoin de gagner de la place dans son coin bricolage. Rangez vos vis, boulons, clous, écrous dans des bocaux, ce qui vous permet de les identifier au premier coup d'œil. Vissez leur couvercle sous vos rayons sans oublier de placer une rondelle de blocage sous la tête de chaque vis. Elle permet au couvercle de rester immobile à chaque fois que vous ouvrez le bocal.

Jeux d'esprit

En un seul mot j'offre une fleur, une île, une arme, un fruit, un royaume, une ville.

Réponse :

Grenade.

LIEU JAUNE SAUCE COLLIOURE.

Sur la grille perforée du cuisine-vapeur, posez un lit de laurier, thym, persil et un citron coupé en rondelles. Placez dessus des tronçons de 150 grammes de lieu jaune. Faites-les cuire 8 minutes à la vapeur couvercle fermé et 5 minutes couvercle entrouvert. Faites fondre 100 grammes de beurre dans une casserole, ajoutez deux cuillerées à soupe d'huile d'olive, sel et poivre, puis un hachis de ciboulette, persil, câpres et anchois. Tournez bien avec une cuillère de bois pour lier le beurre et l'huile. Ajoutez une cuillerée à soupe de vinaigre de Xérès pour terminer la sauce dont vous napperez les tronçons de lieu jaune.

IL Y A 40 ANS, EN 1965 : Déclaration de l'indépendance des îles Maldives. Le Panchen Lama, déjà démis de ses fonctions de président du Comité préparatoire pour la région autonome du Tibet par les Chinois, aurait été déporté pour une destination inconnue.

Les tailleurs font bien des grands seigneurs (Allemagne).

Sainte Anne

Lion Ier décan

MARDI **26** JUILLET

LES DRÔLES D'HISTOIRES DE PIERRE BELLEMARE

Le voleur porte plainte

Terence Dickson vient de cambrioler une villa isolée à Bristol, en Pennsylvanie. Par souci de discrétion, le voleur décide de s'éclipser avec son butin par le garage. Il dévale les escaliers et tire une porte, qui se verrouille derrière lui. Une fois dans le garage, il braque sa lampe torche sur les murs, à la recherche du boîtier qui commande l'ouverture automatique du portique. Il actionne une manette, tripote des boutons, s'acharne en vain sur les interrupteurs. Toujours rien. L'inquiétude s'empare de lui lorsqu'il se rend à l'évidence : le mécanisme est hors d'usage ou il a été neutralisé. Dans l'impossibilité de quitter la villa, Dickson recense à la hâte les objets qui l'entourent. Des cannes à pêche usagées, un train de pneus, une caisse de boissons gazeuses et un sac de croquettes pour chien. Rien qui puisse lui permettre de fracturer l'une des deux portes. Prisonnier du garage, le voleur n'a plus qu'à attendre le retour des propriétaires. Si la chance lui sourit, il réussira à prendre la fuite. Dans le cas contraire, son aventure se terminera derrière les barreaux d'une cellule.

La nuit et une journée interminables s'achèvent sans que les occupants des lieux se manifestent. Pour se désaltérer, Dickson puise dans la caisse de boissons gazeuses. Après deux jours de réclusion, lorsque la faim lui devient insupportable, le captif s'attaque avec dégoût aux croquettes pour chien. Il survit ainsi huit jours. Jusqu'au retour de vacances des propriétaires.

Arrêté et condamné à purger une peine de cinq ans de prison, Terence Dickson stupéfie le juge en portant plainte contre ses victimes « pour cruauté mentale. »

« J'ai vécu une situation traumatisante et j'ai mangé de la nourriture pour chien pendant une semaine », a plaidé le voleur.

Sensible à cet argument, la cour a maintenu sa sentence, mais a ordonné à la compagnie d'assurance des occupants de la villa de verser au voleur 500 000 dollars de dommages et intérêts. Le crime paie et paie bien !

IL Y A 40 ANS, EN 1965 : En Belgique, Pierre Harmel forme un gouvernement bipartite avec les socialistes, après soixante-cinq jours de crise. Edward Heath devient le successeur de sir Alec à la tête du Parti conservateur en Grande-Bretagne. Mort de l'écrivain français Daniel-Rops.

MERCREDI 27 JUILLET

Sainte Nathalie

Lion 1er décan

Chose acquise à suée est plus chérie qu'héritée.

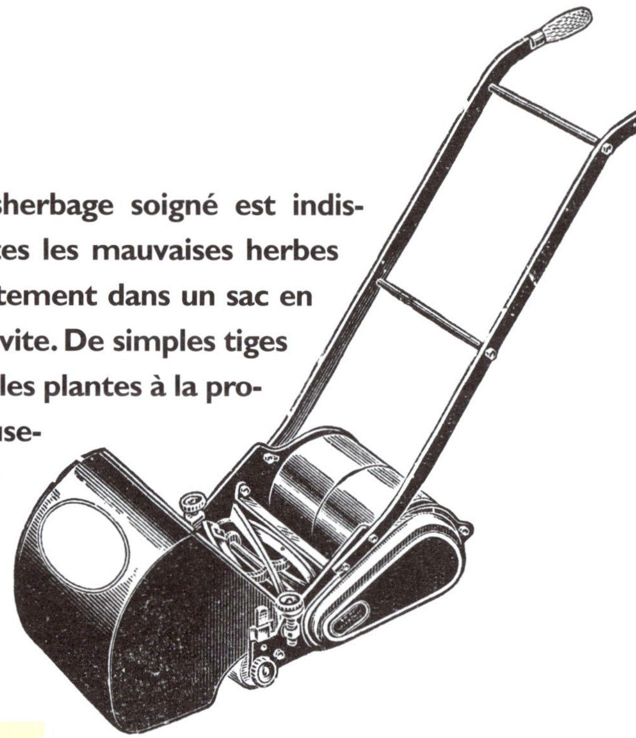

DÉSHERBAGE. Un désherbage soigné est indispensable : arrachez toutes les mauvaises herbes et déposez-les immédiatement dans un sac en plastique afin de les détruire au plus vite. De simples tiges sont capables de redonner de nouvelles plantes à la prochaine averse. Passez consciencieusement la tondeuse sous les arbres ; aspirez ensuite toutes les feuilles mortes pour les brûler et éviter au maximum les maladies.

FRAPPER DE PLEIN FOUET

L'expression provient du vocabulaire de l'artillerie, « le tir de plein fouet » étant un tir direct, horizontal, sur un objectif visible.

Le mot de la fin

« Le premier pas vers la philosophie, c'est l'incrédulité. »

Denis Diderot, philosophe, 1784.

★★ *SOUPE GLACÉE AUX CERISES. Mettez à cuire 1 kilogramme de cerises dénoyautées, dans 3/4 à 1 litre d'eau bouillante avec dix morceaux de sucre, un morceau de gingembre, un jus de citron et un jus d'orange pendant 40 minutes. Retirez le gingembre et laissez la soupe refroidir complètement. Incorporez 200 grammes de crème fraîche et placez au réfrigérateur. Au moment de servir parsemez de biscuits de Reims roses râpés.*

IL Y A 40 ANS, EN 1965 : Le gouvernement français adopte le Ve Plan approuvé au Conseil des ministres. Le président Johnson annonce une augmentation massive des effectifs américains au Viêt-nam. En France, le nombre de jeunes chômeurs de moins de dix-huit ans a doublé en un an.

C'est un sort royal que de faire le bien et d'être dénigré (Turquie).

Saint Samson

Lion 1er décan

JEUDI 28 JUILLET

LES DRÔLES D'HISTOIRES DE PIERRE BELLEMARE

Priorité

En mer, c'est le plus petit navire qui doit céder la place au plus gros. Le jour, pas de problème, la différence de taille est visible, mais la nuit, lorsqu'il n'y a que des feux de position, cela peut donner lieu à des contestations. Témoin cet échange radio enregistré en 1995, à proximité des côtes canadiennes, entre un interlocuteur américain et un canadien.

L'AMÉRICAIN : Veuillez vous dérouter de 15 degrés nord, pour éviter une collision. À vous.

LE CANADIEN : Veuillez plutôt vous dérouter de 15 degrés sud, pour éviter une collision. À vous.

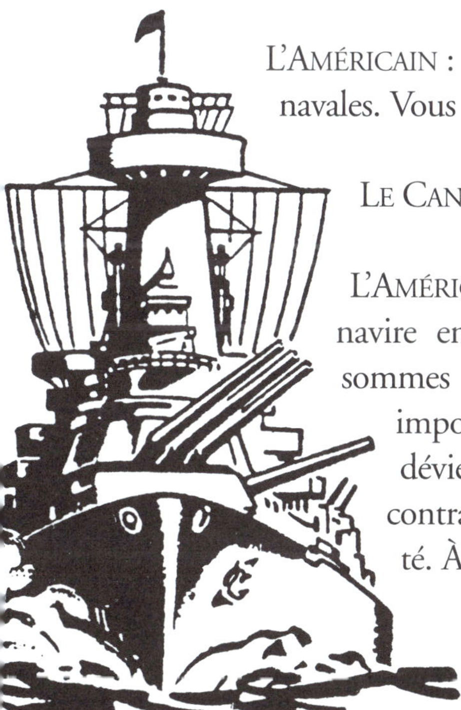

L'AMÉRICAIN : Ici le capitaine d'un navire des forces navales. Vous devez modifier votre cap. À vous.

LE CANADIEN : C'est vous qui devez vous dérouter. À vous.

L'AMÉRICAIN : Ici le porte-avions US Lincoln, le second navire en importance des États-Unis d'Amérique. Nous sommes accompagnés par trois destroyers et un nombre important de navires d'escorte. Je vous demande de dévier votre route de 15 degrés nord ou des mesures contraignantes vont être prises pour assurer notre sécurité. À vous.

LE CANADIEN : Ici, c'est un phare. À vous.

IL Y A 40 ANS, EN 1965 : Première, à Londres, de *Help*, de Richard Lester, le deuxième film des Beatles. Signature, à Alger, d'un accord industriel entre l'Algérie et la France. Louis de Condé, l'un des conjurés de l'attentat du Petit-Clamart contre le général de Gaulle, est condamné à 15 ans de réclusion criminelle.

VENDREDI 29 JUILLET

Sainte Marthe

Lion 1er décan

Plus le bouc est laid, plus la chèvre le trouve à son goût.

TOMATES. Pincez les derniers plants de tomates au-dessus de trois feuilles. Attachez solidement les branches avec du raphia et vérifiez le tuteurage. Ménagez à leur pied des cuvettes d'arrosage et n'arrosez qu'au goulot, car les feuilles et les fruits mouillés sont sensibles au mildiou. Continuez au mois d'août à ébourgeonner les pieds de tomates pour que la sève profite aux fruits. Ils bénéficieront d'un ensoleillement maximum si vous supprimez quelques feuilles, vous hâterez ainsi leur maturité.

LA SCIENCE AMUSANTE

ILLUSION D'OPTIQUE. Regardez la bande de papier représentée en 1, sur notre dessin, en ayant soin de vous placer à 3 mètres de distance.

Bien que les deux côtés les plus longs soient rigoureusement parallèles, l'illusion d'optique vous la fera apparaître plus large dans la partie blanche et plus étroite à l'extrémité noire. La bande vous semblera avoir la forme d'un trapèze.

Pour rectifier cette erreur de vision, placez cette bande sur une bande plus large (figure 2), teintée comme elle, mais posée tête-bêche. L'illusion d'optique sera détruite immédiatement : la véritable forme rectangulaire de la petite bande vous apparaît à nouveau.

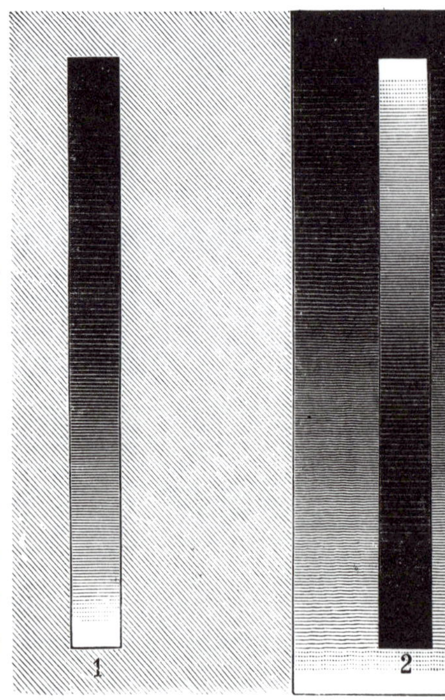

Pour éliminer les mauvaises odeurs dont votre réfrigérateur est imprégné, placez à l'intérieur un morceau de pain rassis ou un bol de marc de café. Dans le cas d'odeurs tenaces, un caramel bouillant (cinq sucres pour une cuillerée à café d'eau) ou un bol de vinaigre d'alcool chaud vous permettra de les éliminer. Pour éviter ce désagrément, suspendez un morceau de charbon de bois enfermé dans un filet et attaché à une clayette du réfrigérateur.

IL Y A 40 ANS, EN 1965 : État de siège au Honduras. Arrestation de Jo Attia, l'ancien lieutenant de Pierrot le Fou, à Paris, où il était interdit de séjour. Record de France pour Jean Pommat, au 100 mètres papillon en 59"8, aux championnats de France de natation. La troupe de l'Opéra de Paris a joué *La Damnation de Faust*, mise en scène par Maurice Béjart.

Pour voir la lumière de Dieu, éteignez votre petite chandelle.

Sainte Juliette

Lion 1er décan

SAMEDI 30 JUILLET

Les mouches n'entrent pas dans une bouche fermée.

Saint Ignace de Loyola

Lion 1er décan

DIMANCHE 31 JUILLET

Carillons éoliens

Un carillon est une sonnerie de cloches vive et gaie… C'est le cas de ces carillons éoliens – actionnés par le vent – dont les tubes métalliques s'entrechoquent et vibrent en produisant des sons incomparablement mélodieux… Il vous est possible de créer des sortes de carillons éoliens plus rustiques avec différents objets que vous avez sous la main – mais ils produiront sans doute des sons moins harmonieux !

Prenez une boîte de conserve vide, ouverture vers le bas, percez le fond pour passer une longue ficelle. Faites un nœud de chaque côté du trou pour la bloquer. Dans la partie qui pend, mais à l'intérieur de la boîte, suspendez des tubes métalliques, ou autres objets : clous, vieilles clés, etc., destinés à se cogner entre eux ou contre les parois. Au bout de la ficelle qui dépasse vers le bas, attachez une plaque métallique carrée ou rectangulaire découpée dans le couvercle de la boîte : elle donnera une impulsion aux objets sous la poussée du vent pour les faire bouger et résonner. Si le vent augmente, c'est la boîte qui se balancera… alors si vous suspendez côte à côte cinq ou six boîtes, imaginez la musique ! Le même principe peut être adapté à des pots de terre cuite, formant cloche, que vous accrochez dans votre jardin à un support amusant, fait de piquets et de branches. Vous pouvez utiliser comme « battant » une belle pierre possédant un trou pour la suspendre. Objet plus actuel, un CD usagé percé à une dizaine de reprises sur son pourtour servira de support à dix tubes en aluminium (rayon électricité des magasins de bricolage) accrochés, percés eux aussi à une extrémité afin d'y passer le fil qui les reliera entre eux et au CD. Le vent étant l'acteur principal de cette musique, au bord de la mer, vous obtiendrez un bruissement agréable avec toutes sortes de coquillages que vous percerez (ou choisissez ceux qui ont déjà un trou) et que vous suspendrez par des ficelles à une grande branche plantée dans le sable… Rapportez des coquillages chez vous pour reproduire cette musique du vent en les accrochant à des fils de raphia de différentes couleurs, sous une marquise ou un auvent. Et si vous n'êtes pas allé à la mer, des coquilles de moules, que vous peignez ou que vous nacrez, feront l'affaire !

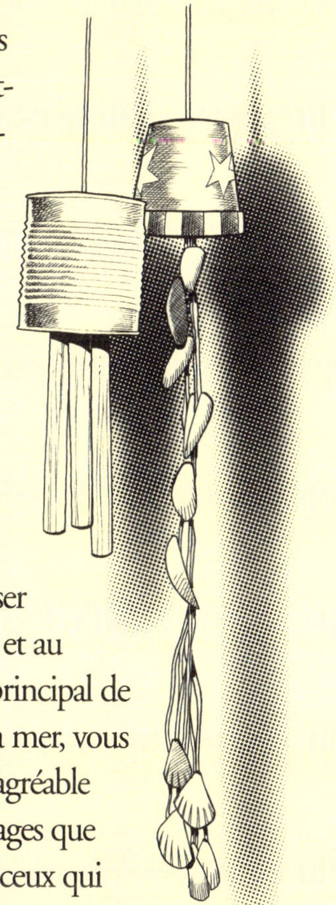

IL Y A 40 ANS, EN 1965 : Une offensive du Viêt-cong isole la base américaine de Da Nang. Le feu ravage à nouveau la Provence et la Corse.

LUNDI 1 AOÛT

Saint Alphonse

Lion 1er décan

Un jour en vaut trois pour qui fait chaque chose en son temps (Chine).

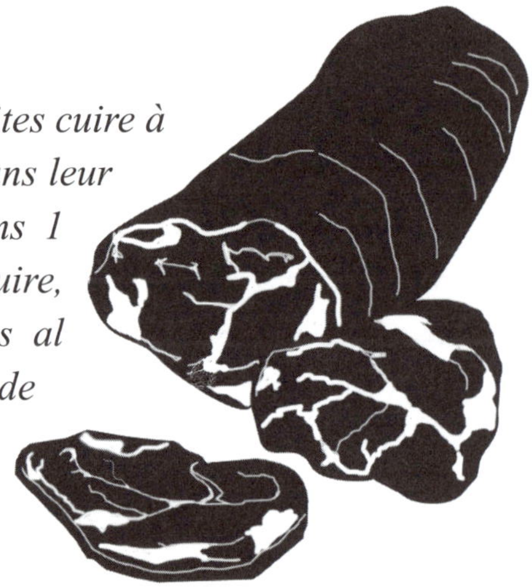

☆ TAGLIATELLES À LA COPPA. Faites cuire à l'eau 2 blancs de poireaux coupés dans leur longueur et réduire 3 échalotes dans 1 verre de vin blanc jusqu'à évaporation. Faites cuire, pour 2 personnes, 250 grammes de tagliatelles al dente. Préparez la sauce en mélangeant un peu de beurre à 1 petit pot de crème fraîche, 4 tranches de coppa coupées en lamelles, échalotes et poireaux. Incorporez aux tagliatelles.

Si vous n'avez pas de bougie anti-tabac ou de lampe berger et que vos hôtes sont de gros fumeurs, disposez sur les meubles de petites coupelles contenant du coton imbibé de vinaigre qui absorbera les odeurs de tabac

LES PERLES DANS NOS RAPPORTS AVEC L'ADMINISTRATION :

Je buvais tranquillement mon café au lait quand tout à coup le bol a explosé en plein vol.

Le mot de la fin

« Alexandre, dis-moi franchement… Est-ce qu'il restera quelques pages de moi ?
– Sois tranquille, il en restera beaucoup.
– Tu me le jures ?
– Je te le jure. »

Alors fermant les yeux :

« Il est temps de quitter ce monde : je commence à croire aux serments ! »

Alexandre Dumas père, 1870, à son fils.

IL Y A 40 ANS, EN 1965 : Terrible bilan de l'incendie du Cap-Bénat, près du Lavandou : deux morts, dix blessés, dix mille hectares de pinèdes et de maquis dévastés. Conférence à Honolulu des chefs militaires américains. La 7e flotte américaine intervient pour secourir la base de Da Nang.

Qui a beaucoup reçu en a les oreilles bouchées (Afrique).

Saint Julien

Lion 1er décan

MARDI 2 AOÛT

LES DRÔLES D'HISTOIRES DE PIERRE BELLEMARE

Un abordage bestial

En 1998, quatre hommes pêchent paisiblement au large des côtes japonaises. La mer est calme et les prises s'accumulent bientôt dans le fond du petit bateau. Soudain, alors qu'aucun phénomène météorologique extraordinaire ne survient, la barque est violemment soulevée hors des flots et se disloque en retombant. Par miracle, aucun pêcheur n'est blessé. Ils barbotent tous les quatre auprès de l'épave pendant des heures, s'accrochant à tout ce qui flotte, jusqu'à ce qu'un chalutier les repère et donne l'alerte. Une vedette des gardes-côtes se rend rapidement sur le lieu du naufrage et repêche les malheureux.

« Que vous est-il arrivé ? s'enquiert l'officier.

– Une vache est tombée du ciel et a coulé le bateau », répond le plus âgé des pêcheurs.

Pensant que l'homme a perdu la raison suite à l'accident, l'officier interroge les trois autres et obtient d'eux la même réponse extravagante.

Le commandant regagne le port, furieux, et fait jeter les pêcheurs en prison pour « insolence envers un officier et entrave à l'enquête ».

Or, tandis que les quatre hommes croupissent dans une geôle, un message officiel parvient de Russie à l'état-major de la Marine japonaise. Les autorités de Vladivostok s'excusent pour « la conduite inqualifiable de quelques-uns de leurs soldats ». Dans le but d'améliorer leur ordinaire, des militaires ont en effet kidnappé une vache dans une ferme proche de l'aéroport et l'ont hissée de force dans l'avion qui devait les ramener à leur base. L'animal, appréciant modérément son baptême de l'air, n'a cessé de meugler et de se débattre. Tant et si bien que les soldats se sont résignés à s'en débarrasser au-dessus du Pacifique. La malchance a fait qu'elle a atterri droit sur une barque de pêcheurs.

Sitôt la vérité connue, ces derniers ont été remis en liberté avec force courbettes d'excuse et de politesse. Ils ont ensuite demandé réparation à l'aéronavale russe pour « destruction de matériel de pêche par largage d'un projectile d'origine animale » !

IL IL Y A 40 ANS, EN 1965 : À Athènes, sa chute paraissant certaine, M. Athanasiadis Novas a placé à tous les postes clés des officiers dévoués à la Couronne.

MERCREDI 3 AOÛT

Sainte Lydie

Lion Ier décan

L'amour donne de l'esprit aux femmes et le retire aux hommes (Italie).

ARBRES FRUITIERS. Vérifiez et renouvelez si nécessaire les bandes adhésives placées sur les troncs. Elles sont efficaces contre les fourmis, perce-oreilles et autres insectes. Un piège tout simple pour les guêpes et les frelons : une bouteille d'eau en plastique que vous remplissez d'eau sucrée. Plantez à proximité des fruitiers et des vignes quelques pieds d'anis vert fleurissant en août-septembre. Les guêpes s'y précipitent, épargnant ainsi les fruits proches de leur maturité. L'anis vert se sème en avril-mai et vient rapidement dans toutes les terres saines et bien travaillées.

☆ GRATIN D'AGNEAU AUX COURGETTES. Faites revenir dans une poêle huilée 1 livre de courgettes et 1 gros oignon émincé, puis posez dans un saladier. Faites revenir 500 grammes d'agneau haché. Ajoutez aux courgettes et laissez refroidir. Battez six œufs. Mélangez à la préparation et assaisonnez à la coriandre. Dans un plat à gratin, mettez de l'huile et une copieuse couche de chapelure. Étalez votre mélange et recouvrez d'une autre couche de chapelure. Faites cuire à four moyen 35 minutes.

Deux moyens de piéger un ver venu se loger dans le pot de votre plante qui fait grise mine. Versez du vin rouge sur la terre, le ver montera à la surface. Mieux encore, posez sur la terre du pot une pomme coupée en deux : là encore, le ver remontera à la surface pour goûter au fruit…

IL Y A 40 ANS, EN 1965 : L'aviation américaine s'approche à cinquante kilomètres de la frontière chinoise pour son millième raid contre le Nord Viêt-nam. Promenade en bateau-mouche pour Micheline Presle et Daniel Gélin, pour fêter la fin du tournage du nouveau feuilleton TV, *Les Saintes Chéries*.

Offrir l'amitié à qui veut l'amour, c'est donner du pain à qui meurt de soif (Espagne).

Saint Jean-Marie Vianney

Lion 2e décan

JEUDI **4** AOÛT

LES DRÔLES D'HISTOIRES DE PIERRE BELLEMARE

Un grand classique

L'histoire du voleur volé est toujours réjouissante, tant parce qu'elle comporte un rebondissement inattendu que parce qu'elle est conforme à la morale. Franck Germain, un petit voyou de la région parisienne, vient d'illustrer brillamment ce grand classique du rire.

Jusque-là, ce jeune délinquant de vingt ans n'avait à son actif que des délits mineurs mais, ce jour-là, il franchit le pas : il va commettre un véritable braquage. Au guidon de son scooter, il se rend dans une bijouterie de Colombes. Il gare son engin sur le trottoir, juste devant le magasin, et se précipite à l'intérieur. Là, il sort son arme, un revolver jouet, et réclame l'argent et les bijoux.

Son ton et son aspect doivent être particulièrement impressionnants, car le propriétaire et la vendeuse s'exécutent sans résistance et, l'instant d'après, il ressort de la boutique avec un joli butin. C'est en arrivant sur le trottoir qu'il voit une scène stupéfiante. Un jeune de son âge a sauté sur son scooter et, tranquillement, sous ses yeux, force le démarreur et s'en va. C'est tellement révoltant qu'il ne peut pas se retenir. Dans un réflexe, il se met à hurler :

« Au voleur ! »

Mais les passants, qui se sont arrêtés en l'entendant, ne lui prêtent nullement secours. Au contraire, ils considèrent d'un air inquiet l'arme qu'il tient dans sa main droite. Au contraire, c'est un policier qui se précipite, alerté par ses cris et qui l'arrête aussitôt. Frank Germain aura tout le temps de sa détention pour méditer sur la nouvelle version qu'il vient de donner à l'histoire du voleur volé.

IL Y A 40 ANS, EN 1965 : À Athènes, M. Novas remet sa démission au roi, M. Papandréou exige de former le nouveau gouvernement. Nouveau coup de main viêtcong : 6 000 mètres cubes d'essence ont brûlé à Da Nang.

VENDREDI 5 AOÛT

Saint Abel

Lion 2e décan

Ce que les yeux ne voient pas ne fait pas mal au cœur.

ARROSAGES. Organisez votre arrosage pour que les plantes en profitent au mieux. Par aspersion il convient parfaitement pour le gazon, mais risque de causer la brûlure des feuilles et des fleurs sous l'effet des rayons du soleil, ainsi que l'apparition de maladies. Aménagez des cuvettes autour de vos sujets importants pour les arroser au pied. Les persistants, eux, apprécieront l'arrosage de leur ramure. L'arrosage automatique vous permet l'installation du goutte-à-goutte et de la micro-aspersion, procédés garantissant une alimentation lente et régulière en eau de tous vos végétaux en évitant le gaspillage.

Vous aimez la viande grillée au barbecue mais vous craignez que les parcelles brûlées soient cancérigènes. Faites mariner vos morceaux de viande dans l'huile d'olive avec des herbes, l'enrobage forme une barrière chimique entre la viande et la flamme.

Jeux d'esprit

Un moment me voit naître et périr,
Je brille en naissant.
Ma mort brille de même.
Réponse :

Une étincelle.

Le mot de la fin

« Soldats, faites votre devoir, tirez au cœur ! Mais épargnez le visage. »

Joachim Murat, maréchal de France, roi de Naples, 1815, avant d'être fusillé.

IL Y A 40 ANS, EN 1965 : À Washington, dans la « Chambre du président », où Lincoln signa la première loi sur l'abolition de l'esclavage, le président Johnson, en présence du pasteur Martin Luther King, signe la loi interdisant toutes les limitations du droit de vote au niveau des États. Le Marché Commun compte 180 135 000 habitants.

Ce que vous avez perdu dans le feu, vous le retrouverez dans la cendre (Martinique).

On peut nouer un fil rompu, mais il y aura un nœud au milieu (Perse).

Transfiguration
Lion 2e décan

SAMEDI 6 AOÛT

Saint Gaétan
Lion 2e décan

DIMANCHE 7 AOÛT

Nuit blanche dans un transat, la tête dans les étoiles

Rien qu'avec des jumelles, voire à l'œil nu, le spectacle promet d'être grandiose au mois d'août pour les couche-tard. L'astronomie est devenue typiquement une activité familiale, l'occasion de se familiariser avec les constellations, la voie lactée, les nébuleuses ou les astéroïdes. Il faut espérer une météo favorable, pour que le ciel ne soit pas voilé ou carrément bouché, et que la lune ne soit pas trop éblouissante, éclairée de manière à dévoiler ses reliefs. Munissez-vous d'un journal qui publie la carte du ciel du mois d'août. Pour des conditions idéales d'observation, éloignez-vous au maximum des sources lumineuses et laissez vos yeux s'habituer un moment à l'obscurité. Installez-vous dans un transat, levez le nez… et vous aurez des étoiles plein les yeux. Tenez le journal au-dessus de vous en regardant vers le sud. Pour éclairer cette carte de nuit sans être ébloui, utilisez de préférence une lampe rouge. Vous voici prêt pour admirer les merveilles de la voûte céleste… La bande blanchâtre qui barre presque tout le ciel est la Voie lactée. C'est notre galaxie (un disque de 100 000 années lumière, 250 à 400 milliards d'étoiles) que nous voyons car la Terre tourne autour du Soleil dans un sens différent… Zébrant le ciel d'août comme chaque année, une myriade d'étoiles filantes… Proche du zénith, trois belles étoiles, Véga, Deneb et Altaï forment le triangle de l'été… Vous verrez, au fil de la nuit, les astres se décaler vers l'ouest, vous faisant participer au mouvement de l'univers.

La nuit s'achève… et vous voulez en savoir plus. De nombreux sites organisent des nuits d'observation et d'animation. Dans certains observatoires le télescope est énorme, offrant des images gigantesques et étonnantes. Si vous attrapez le virus de l'astronomie, vous pouvez adhérer à un club, et acquérir un télescope : il y en a pour tous les niveaux et toutes les bourses. Pour vous informer et connaître les soirées d'animation « Nuit des étoiles » dans votre région : Association française d'astronomie (AFA) au 01 45 89 81 44 ; site internet : www.cieletespace.fr.

IL Y A 40 ANS, EN 1965 : New Delhi signale l'infiltration d'éléments armés pakistanais au Cachemire. Le chancelier Erhard ouvre la campagne électorale en Allemagne fédérale.

LUNDI **8** AOÛT

Saint Dominique

Lion 2e décan

Nos parents nous ont appris à parler et le monde à nous taire (Tchécoslovaquie).

FAIRE CHANTER.

Extorquer de l'argent en menaçant de faire des révélations scandaleuses.

Cette définition donnera, au début du XIXe siècle, le mot « chantage ». Mais, au XVIIe siècle, l' expression signifiait : « faire obéir, faire agir quelqu'un, comme on le veut, faire parler contre son gré ».

LA SCIENCE AMUSANTE

L'ŒUF DEBOUT SUR LA BOUTEILLE.

Plantez dans un bouchon de liège, deux fourchettes de poids égal, de part et d'autre, après en avoir évidé légèrement l'extrémité inférieure, de manière qu'elle s'applique exactement sur l'un des bouts d'un œuf. Posez l'ensemble sur le bord du goulot d'une bouteille, en maintenant l'œuf verticalement.

EXPLICATION : Après quelques tâtonnements, vous constaterez, que le tout se tient en équilibre, par suite de l'abaissement du centre de gravité.

AIL. Arrachez les bulbes d'ail avec la fourche-bêche et laissez-les ressuyer sur place pendant plusieurs jours si le temps le permet. Pour conserver l'ail longtemps, confectionnez une tresse en démarrant avec les tiges sèches de trois bulbes débarrassés de terre. Après quatre ou cinq maillons complets, introduisez la tige suivante qui prendra la place d'une des trois précédentes que vous couperez. Ainsi de suite jusqu'à ce que tous les bulbes soient intégrés à la tresse. Terminez par un brin de raphia que vous nouez, ou du fil de fer.

IL Y A 40 ANS, EN 1965 : Explosion à Searcy (Arkansas) dans un silo contenant des fusées à tête nucléaire cinquante-trois morts. Nouvelle crise dans le Sud-Est asiatique : Singapour devient un État libre et indépendant. Écrasante victoire du parti gouvernemental social-démocrate aux élections législatives à Madagascar.

Qui ne sait pas dissimuler ne sait pas régner (Italie).

Saint Amour

Lion 2e décan

MARDI 9 AOÛT

LES DRÔLES D'HISTOIRES DE PIERRE BELLEMARE

Le héros en prison

On croirait l'histoire inventée pour le cinéma et pourtant, elle est vraie et elle a ému une bonne partie de l'Amérique… Elle se passe à Abilene, au Texas. Un incendie est en train de ravager un immeuble ; il a pris si soudainement que les pompiers n'ont pas encore eu le temps d'arriver. Les flammes empêchent les témoins d'intervenir et ils en sont réduits à assister, impuissants, au drame. C'est le cas de cette femme, qui implore, entre deux sanglots :

« Faites quelque chose, mes enfants sont à l'intérieur ! »

Ces cris déchirants, Kevin Lewis, un jeune homme de vingt-cinq ans qui passait par-là, les entend et, n'écoutant que son courage et même son inconscience, il se lance dans le brasier. Un temps interminable s'écoule et il ressort avec deux bambins dans les bras. On n'a pas le temps de le remercier, il retourne dans les flammes, pour revenir peu après avec deux nouveaux rescapés… Plus tard, lorsque les pompiers viennent à bout du sinistre, ils découvrent que, grâce à lui, il n'y a eu aucune victime. Et, devant la télévision locale qui s'est déplacée, Kevin Lewis déclare modestement qu'il n'a fait que son devoir, avant de disparaître.

Il ne disparaît pas longtemps, car le shérif d'Abilene était devant son poste. Or, Kevin Lewis, incarcéré pour vol, a oublié de rentrer après avoir bénéficié d'une permission. C'est ainsi que les policiers lancés à sa poursuite le retrouvent rapidement et le remettent en prison.

Heureusement pour le jeune héros, l'affaire suscite une grande émotion, d'abord sur le plan local, puis national. Non seulement il est libéré, mais il bénéficie peu après d'une mesure de grâce exceptionnelle. Ce n'était que justice, on en conviendra.

IL Y A 40 ANS, EN 1965 : Tension accrue au Cachemire entre Indiens et Pakistanais, près de Srinagar.

MERCREDI 10 AOÛT

Saint Laurent

Lion 2e décan

Cinquante brebis sans un berger ne font pas un troupeau (Russie).

MAQUEREAUX À L'OSEILLE.

Pour deux personnes, il faut quatre petits maquereaux. Équeutez, lavez et essuyez une grosse botte de feuilles d'oseille sans les abîmer. Gardez-en quelques-unes pour la sauce. Salez et poivrez l'intérieur des maquereaux vidés et lavés. Beurrez-les et entourez-les avec les feuilles d'oseille. Ficelez chaque maquereau avec du fil blanc de cuisine. Faites-les griller au gril du four 5 minutes de chaque côté. Incorporez à 80 grammes de beurre, en le travaillant, sel, poivre et les feuilles d'oseille restantes hachées. Servez les maquereaux grillés avec la saucière de beurre à l'oseille.

C'est en été, quand le temps est sec, qu'il faut enduire votre carrelage d'extérieur avec un hydrofuge, pour empêcher que les premières gelées d'hiver ne le cassent.

SE METTRE EN RANG D'OIGNONS.

Sur une seule ligne.

C'est une allusion à la manière dont les gens de la campagne assemblent les oignons avec des liens de paille, en plaçant les plus gros les premiers, et ensuite les autres. Au début du XVIIe siècle, signifiait : « prendre place dans une réunion où l'on n'est pas invité, où l'on n'a pas sa place ».

LES DRÔLES D'HISTOIRES DE PIERRE BELLEMARE

Les malheurs de Stuffy

C'est à un sauvetage très particulier que s'est livrée récemment la SPA des Pays-Bas. Ses maîtres ayant été emprisonnés pour trafic de drogue, elle a récupéré leur chat Stuffy, âgé de sept ans. Or le couple, qui était héroïnomane, lui administrait régulièrement depuis plusieurs années une dose quotidienne d'héroïne.
Il a donc fallu désintoxiquer la pauvre bête, qui, brutalement sevrée, risquait la mort. Pour cela, la SPA a procédé comme on le fait avec les humains : elle lui a fait prendre des produits de substitution, en diminuant progressivement les doses. Au début, Stuffy, que le manque rendait fou, a dû être enfermé dans une cage, mais le traitement a marché, il en est sorti et il ne gardera de son aventure qu'un eczéma chronique. Il a aussi trouvé un bon maître qui ne lui propose plus pour drogue qu'un bol de lait de temps en temps.

Chien maladroit

Les chasseurs qui tuent ou blessent leur chien par mégarde ne se comptent pas, mais ce qui est arrivé à Lazlo Premek, un habitant de Cestava, en République tchèque, n'est assurément pas banal : il s'est fait tirer dessus par son chien !
La chose s'est produite de la manière suivante. Vers le milieu de la journée, Lazlo s'est arrêté pour se restaurer. Il a posé son fusil sur le sol, il s'est assis dans l'herbe et il a sorti son casse-croûte. Son compagnon à quatre pattes s'est sagement installé à ses côtés, mais un lapin est apparu à ce moment et, l'instinct reprenant le dessus, il s'est précipité à sa poursuite. Malheureusement, il s'est empêtré dans la courroie de l'arme, sa patte s'est prise dans la gâchette et il a fait partir le coup, blessant son maître à l'épaule. Celui-ci, secouru par d'autres chasseurs, s'en est sorti sans trop de mal, mais on n'a pas fini d'en parler à Cestava et dans la région.

IL Y A 40 ANS, EN 1965 : Les quartiers noirs de Chicago s'enflamment. À Los Angeles, huit prix Nobel de la Paix demandent le cessez-le-feu au Viêt-nam. À l'entrée d'Aix-en-Provence, un très grave accident de voiture coûte la vie à Claude Macias, frère du chanteur, à Liliane Bertelli, pianiste ; Serge Lama est grièvement blessé.

VENDREDI 12 AOÛT

Sainte Clarisse

Lion 3e décan

On n'envoie pas une poule chercher un renard (Irlande).

ENSACHAGE. La technique de l'ensachage sur la vigne permet d'avoir des fruits de très belle qualité et de les protéger contre les oiseaux et les guêpes. Elle se pratique au stade de la véraison, c'est-à-dire lorsque les grains ont commencé à grossir et à changer de teinte pour les raisins noirs. Vous ensachez les grappes de raisins dans des petits sacs en papier kraft ou manchons en plastique avec quelques trous pour l'aération. Lorsque les guêpes et les oiseaux commencent à s'attaquer aux grappes, c'est que le grain est déjà sucré.

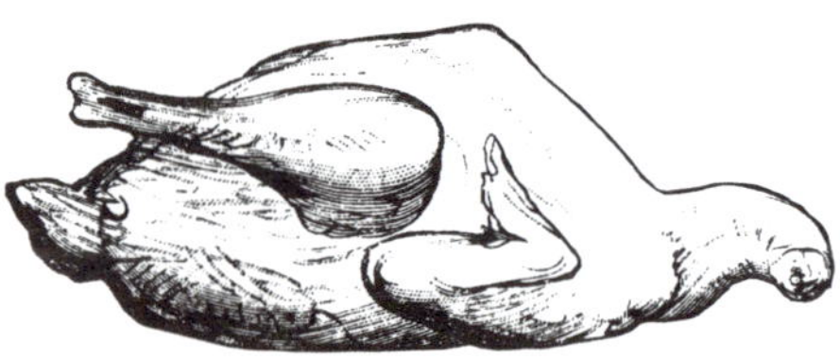

Pour congeler une volaille entière, placez-la dans le sac de congélation, serrez l'ouverture d'une main en laissant au milieu un espace pour y glisser une paille. Serrez bien le sac autour de la paille. Aspirez le maximum d'air avant de nouer un lien.

DEUX SAUCES POUR LES CRUDITÉS. Épluchez six gousses d'ail. Hachez-les finement. Écrasez deux cuillerées à soupe de mie de pain rassis. Salez et poivrez. Travaillez l'ensemble au pilon pour réduire l'élément le plus fin possible. Incorporez ensuite dix cuillerées à soupe de vinaigre de vin.

Écrasez à la fourchette dans un saladier 100 grammes d'œufs de cabillaud fumé et incorporez un jus de citron puis deux cuillerées d'huile d'olive, 100 grammes de crème fraîche. Ajoutez 300 grammes de fromage blanc et une cuillerée à café de paprika. Se sert avec un assortiment de crudités : artichauts, choux-fleurs, tomates, côtes de céleri, radis, carottes.

IL Y A 40 ANS, EN 1965 : La Barbade, île la plus importante des Petites Antilles, demande à Londres son indépendance. Pour la troisième journée consécutive de violentes émeutes raciales ont eu lieu à Los Angeles. Réussite pour le satellite soviétique Sonde III qui a photographié la face cachée de la lune à moins de 12 000 kilomètres.

Que chacun balaie devant sa porte et les rues seront nettes.

Saint Hippolyte

Lion 3e décan

SAMEDI 13 AOÛT

Qui vole une pièce d'argent se voit condamné, qui vole un État se voit couronné (Chine).

Saint Évrard

Lion 3e décan

DIMANCHE 14 AOÛT

Créez des jouets avec écorces et rameaux

Les arbres offrent mille possibilités de créer des objets avec leurs branches, leurs feuilles, leurs fruits, leur bois… Engrangez quelques-uns de ces trésors et imaginez… Ramassez des écorces de pins et de bouleaux pour fabriquer un voilier. L'écorce de pin est épaisse et facile à travailler car elle est tendre. Elle vous servira de coque, si vous la taillez avec une scie fine et que vous lui donnez sa forme grâce à une simple râpe. Percez ensuite des petites cavités au centre pour y loger verticalement des bâtons que vous collez pour servir de mâts, et dont vous effilez l'extrémité supérieure. Prélevez des écorces de bouleaux. Vous en ferez différentes formes de voiles que vous fixerez aux mâts à la colle ou à l'aide de ficelles fines ou de fil métallique. Si vous êtes patient et habile de vos mains, vous perfectionnerez l'embarcation en creusant l'intérieur de la coque à l'aide d'une gouge. Vous essaierez de la faire voguer… ou vous la mettrez sur une étagère.

Pour faire un sifflet, il suffit d'un rameau dont le centre soit assez tendre pour être évidé à l'aide d'une vrille ou d'une perceuse électrique. L'olivier convient parfaitement, ou un rameau d'un autre bois souple (par exemple le seringat). Vous prélevez une section sans nœud de 10 à 15 centimètres de long. Après avoir évidé votre rameau, entaillez le bois perpendiculairement à 2 centimètres du haut du rameau et jusqu'au centre évidé ; pratiquez une autre entaille, 1 centimètre plus loin, en biais, pour vous permettre de retirer cette parcelle de bois. Avec la matière prélevée à l'intérieur du rameau, vous formez un petit bouchon de 1 centimètre de long que vous glissez dans le haut du sifflet. C'est l'ajustement de ce « bouchon » qui donnera le son. À l'autre bout du rameau, vous introduisez également un petit bouchon de 1 centimètre. Et 4 centimètres plus loin, vous percez un orifice qui rejoint le passage d'air du milieu. En soufflant dans votre sifflet, vous pourrez moduler le son grâce à ce petit trou, selon que vous le boucherez de votre index ou non.

Tous les trésors des arbres que vous aurez engrangés vous inspireront certainement bien d'autres idées à réaliser…

IL Y A 40 ANS, EN 1965 : À Toledo, Christine Caron bat Cathy Ferguson au 100 mètres dos. Nouvelle législation de la presse adoptée par le gouvernement de Madrid, qui va sur la voie de la liberté d'expression en Espagne. Dissolution des milices populaires créées par le régime Ben Bella, à Alger.

LUNDI 15 AOÛT

Sainte Marie

Lion 3e décan

On gagne toujours à taire ce que l'on n'est pas obligé de dire (Chine).

SEMIS DES FLEURS DE PRINTEMPS.

Semez les plantes qui fleuriront au printemps de l'année prochaine : giroflée bisannuelle, gypsophile vivace, muflier, rose trémière. Mais n'oubliez pas les pensées, elles trouveront de nombreuses places dans votre jardin. Vos graines lèveront à merveille dans un endroit ombragé et maintenu frais. C'est en automne qu'il vous faudra transplanter vos pensées, en les espaçant de 20 centimètres. En novembre pourront apparaître les premières fleurs. Elles résistent ensuite très bien au froid. En jardinières ou en bacs sur un balcon, en association avec les tulipes et les narcisses dans le jardin, elles ont leur place partout et peuvent constituer de véritables tapis floraux. Leur florais abondante aux couleurs variées et nuancées se renouvelle sans cesse de mars à fin ju

Servez-vous de l'eau de cuisson des œufs durs pour arroser la terre de vos plantes vertes qui bénéficieront ainsi de tous les sels minéraux contenus dans les coquilles.

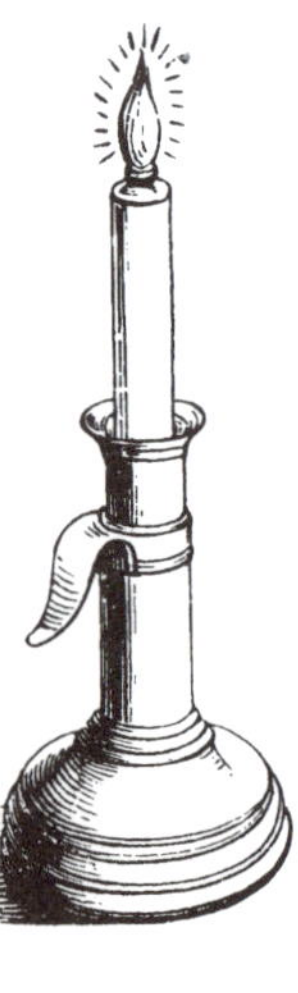

LE JEU N'EN VAUT PAS LA CHANDELLE

Cela n'en vaut pas la peine.

L'expression date du XVIe siècle. Le « jeu » en question est à l'origine toute activité où l'on a besoin de s'éclairer, comme au jeu de cartes par exemple, avec allusion implicite à l'« enjeu ».

IL Y A 40 ANS, EN 1965 : Les Indiens franchissent la ligne de cessez-le-feu et attaquent des positions pakistanaises au Cachemire. Encore des actions dispersées de « commandos » à Los Angeles : des cocktails Molotov sont lancés dans plusieurs quartiers de la ville.

Tout plaisir porte une peine sur son dos (Allemagne).

Saint Armel

Lion 3e décan

LES DRÔLES D'HISTOIRES DE PIERRE BELLEMARE

Un trou de mémoire de dix-sept ans

Un sans domicile fixe de cinquante et un ans erre de ville en ville en auto-stop à travers les États-Unis, mendie sa nourriture et passe ses nuits dans les foyers pour indigents. Son mutisme et son singulier comportement lui valent un jour d'être admis à l'hôpital psychiatrique de Norfok, en Virginie. (À intervalles réguliers, l'inconnu bat des bras et sautille d'un pied sur l'autre en faisant claquer sauvagement ses mâchoires.)

Après avoir vainement fouillé les poches de son patient, à la recherche d'une pièce d'identité, un médecin le fait s'étendre sur un divan et commence sa consultation.

« Comment vous appelez-vous ? D'où venez-vous ? »

L'homme réfléchit intensément et secoue ses avant-bras frénétiquement.

« Une poule ? »

L'amnésique fait la moue.

« Un oiseau ? »

Il hoche la tête et un sourire s'épanouit sur son visage.

« Un pigeon ? »

L'homme fronce les sourcils.

« Une mouette, alors ? »

Le malade se redresse d'un bond et hurle à travers la pièce :

« Newport. Je viens du port de Newport, là où il y a des mouettes, et je m'appelle Frank Caswell. »

Muni de ces informations capitales, le nom du malade et celui de sa ville d'origine, le psychiatre ne tarde pas à contacter un membre de sa famille.

« Quand on m'a demandé si Franck était mon frère, j'ai retenu ma respiration car j'ai cru qu'on avait retrouvé son corps, a déclaré Patricia Brewer. Mais lorsqu'on m'a dit qu'il était vivant et en bonne santé, j'ai tout simplement craqué. »

Franck Caswell avait quitté Newport dix-sept ans plus tôt, sans avertir personne et sans papier d'identité. Son état de santé nécessite un suivi psychiatrique, mais les médecins ne désespèrent pas de le voir un jour reprendre une vie normale.

IL Y A 40 ANS, EN 1965 : Premiers essais, à Cherbourg, du sous-marin expérimental *Gymnote*. Accueil délirant pour le navigateur solitaire Robert Manry qui a touché l'Angleterre après 78 jours de traversée à bord d'un bateau de moins de cinq mètres. Le démontage du temple d'Abou-Simbel entre dans une phase active.

MERCREDI 17 AOÛT

Saint Hyacinthe

Lion 3e décan

Dis la vérité à Dieu, mais donne de l'argent au juge (Russie)

★★ SARDINES AU SUPRÊME DE POIVRONS. Réduisez en purée des poivrons rouges à l'huile (en boîte) avec des échalotes préalablement suées dans une poêle. Ajoutez une cuillerée à soupe de grains d'anis. Videz, coupez tête et arête centrale de douze sardines sans détacher les filets. Étendez-en six, ouvertes, sur le plat à four, recouvrez du suprême de poivrons, puis posez sur chacune une deuxième sardine ouverte, dos en l'air cette fois-ci, pour former ainsi un seul poisson. Huilez légèrement, et passez au four préchauffé thermostat 8 pendant 8 minutes. Servez avec un filet de citron.

Pour limiter l'utilisation de produits chimiques dans le jardin, préservez les insectes bénéfiques qui se nourrissent d'autres espèces nuisibles. La coccinelle se nourrit de pucerons, le mille-pattes d'insectes du sol, l'araignée de jardin en attrape dans ses toiles.

Jeux d'esprit

Pour existe, il doit vivre caché,
Au grand jour,
il n'a plus de raison d'être.
Il meurt, dès qu'il est percé.
Réponse :

Un secret.

IL Y A 40 ANS, EN 1965 : Mariage à Londres, de Catherine Deneuve et du photographe David Bailey. M. Tsirimokos est chargé par le roi de former le nouveau gouvernement grec. Deux mille Viêtcongs sont encerclés au cours d'une vaste opération aéroportée et amphibie des marines au sud de Chou Lai.

Les présents font la femme complaisante, le prêtre indulgent et la loi souple.

Sainte Hélène

Lion 3e décan

JEUDI 18 AOÛT

LES DRÔLES D'HISTOIRES DE PIERRE BELLEMARE

Napoléon transsexuel ?

La défaite de Waterloo, la chute du trône impérial, en 1815, et la relégation sur l'île de Sainte-Hélène ont, bien involontairement, sauvé Napoléon Ier d'une déchéance physique annoncée. Telle est la thèse stupéfiante soutenue par le Dr Robert Greenblatt et citée par le journal londonien *The Guardian*. Selon elle, l'Empereur était atteint du « syndrome de Zollinger-Ellison », qui déréglait son fonctionnement glandulaire et modifiait lentement son sexe. Grâce aux travaux de cet éminent médecin américain, on apprend en effet que, si Napoléon n'avait pas été déporté à l'abri des regards à l'autre bout du monde, il aurait été dans l'impossibilité de dissimuler très longtemps à son peuple les métamorphoses physiologiques qu'entraînait sa maladie.

Pour étayer son étude, le Dr Greenblatt a établi que divers symptômes étaient apparus douze ans avant le décès de l'Empereur, reléguant ainsi aux oubliettes les hypothèses selon lesquelles il aurait succombé à un cancer, un empoisonnement à l'arsenic ou à une maladie hormonale.

Premier indice : l'étonnante léthargie de l'Empereur, ses difficultés à uriner lors du siège de Moscou et ses jambes enflées avant la bataille de la Moskova. Seconde indication : ses violents maux d'estomac à Dresde, sa fatigue et les douleurs qu'il avait ressenties à Leipzig. Enfin, comment expliquer son manque d'initiative et son indolence à Waterloo ? Autant de signes tangibles de l'évolution de la maladie, affirme le médecin. Napoléon était bel et bien en train de changer de sexe. Il n'avait d'ailleurs pas cessé de prendre du poids, sa silhouette s'étant peu à peu arrondie en courbes féminines. Enfin, dernier détail révélateur, ses testicules avaient commencé à s'atrophier vers l'âge de quarante ans.

Fort de cette révélation, il est plaisant d'imaginer aujourd'hui que, si Napoléon avait prolongé de quelques années son impériale carrière, l'Europe aurait pu être gouvernée par une femme pour la première fois de son histoire. Ou, à défaut, du moins par un transsexuel !

IL Y A 40 ANS, EN 1965 : L'ambassadeur de RFA, Rolf Pauls, est hué par des manifestants hostiles aux nouvelles relations entre l'Allemagne et Israël, pendant que se déroule la cérémonie de remise de lettres de créance. Mort de la veuve de Maurice Utrillo, Lucie Valore, à l'âge de quatre-vingt-sept ans.

VENDREDI 19 AOÛT

Saint Jean Eudes

Lion 3e décan

Nourris le corbeau, il te crèvera les yeux.

DIFFUSION DE L'EAU DANS LES POTÉES.

Ne laissez pas se dessécher les mottes de vos potées. Souvent à base de tourbe, elles se réhydratent mal. Procédez en deux fois pour les arroser, à quelques minutes d'intervalle ; veillez à ce que l'eau ne glisse pas sur la terre et qu'elle pénètre bien dans le substrat. Il est préférable d'arroser le soir, avec de l'eau à température ambiante. Pour cela, quand vous avez fini d'arroser, remplissez une fois encore un arrosoir en prévision du lendemain. En installant des récipients autour de votre maison près des gouttières, vous recueillerez l'eau de pluie, la meilleure pour les arrosages délicats.

☆ *DÉS DE POULET AU SÉSAME.*

Versez 50 grammes de beurre fondu dans un plat creux. Mélangez-y quatre cuillerées à soupe de sauce de soja, 10 centilitres de vin blanc, une cuillerée à café de moutarde, coriandre hachée. Poivrez. Coupez quatre blancs de poulet en gros dés. Tournez-les dans cette marinade. Couvrez. Laissez macérer 2 heures au frais. Égouttez bien et faites cuire les dés de poulet dans une poêle 10 à 12 minutes. À mi-cuisson, arrosez-les de la marinade. En même temps, faites revenir les graines de sésame pour les griller. Tournez les bouchées de poulet dans les graines et servez.

Pour ne pas trouver votre poubelle posée la veille devant la porte, éventrée par les chiens pendant la nuit, versez dans votre poubelle une cuillerée à soupe d'ammoniaque avant de la fermer. Cette odeur dissuadera les chiens d'y venir frotter leur truffe.

IL Y A 40 ANS, EN 1965 : Graves inondations au Maroc et en Algérie. Ouverture des Jeux universitaires à Budapest. Lancement de Gemini V, depuis Cap Kennedy, avec à son bord Charles Conrad et Gordon Cooper, avec quarante-huit heures de retard.

Siffle à table, chante au lit, vis sans souci !

Saint Bernard

Lion 3e décan

SAMEDI 20 AOÛT

Les tonneaux vides sont ceux qui font le plus de bruit.

Saint Christophe

Lion 3e décan

DIMANCHE 21 AOÛT

Gourmandises maison

Pâte de coing. Essuyez les coings pour enlever le duvet, ôtez la queue et l'œil, faites cuire à grande eau, sur un feu vif. Lorsqu'ils sont bien tendres, retirez-les du feu. Égouttez les fruits de leur jus de cuisson (il peut servir à faire une gelée). Pelez, coupez-les en deux, retirez le cœur et les pépins. Écrasez la pulpe, ajoutez un poids égal de sucre cristallisé et un jus de citron. Mettez la pâte sur le feu dans une casserole à fond épais et tournez constamment jusqu'à ce que la pâte de fruits épaississe et se détache de la casserole. Versez cette préparation sur un marbre huilé en lui donnant environ 2 centimètres d'épaisseur. Laissez sécher au sec et au frais dans un endroit bien ventilé. Découpez en cubes et roulez dans du sucre cristallisé. Mise en boîte hermétiquement fermée, entre des feuilles de papier blanc, cette friandise peut se conserver longtemps.

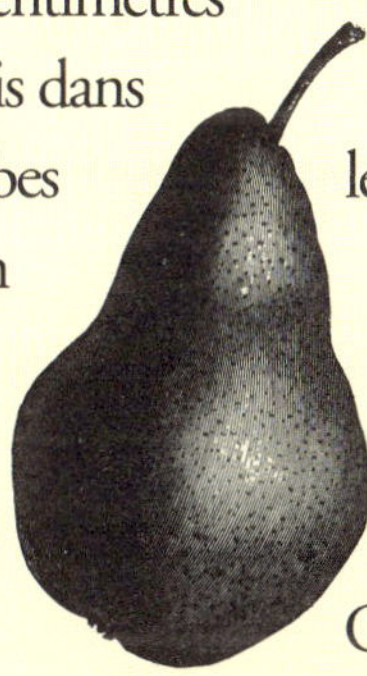

Poires confites au gingembre. Pelez et coupez 2 kilogrammes de poires en deux en ôtant le cœur et les pépins. Pochez-les 10 minutes dans l'eau bouillante citronnée. Égouttez. Versez 750 millilitres de vinaigre de vin rouge dans la casserole avec 1 kilogramme de sucre, un rhizome de gingembre moyen coupé en lamelles, trois cuillerées à café de grains de poivre noir écrasé, et quelques lanières d'écorce d'orange. Amenez à ébullition en remuant pour dissoudre le sucre. Ajoutez les poires et faites-les cuire 10 minutes en les retournant. Égouttez les fruits pour les ranger dans des bocaux ébouillantés et couvrez-les avec le vinaigre filtré. Ajoutez l'écorce d'orange, tassez délicatement. Fermez hermétiquement et laissez macérer deux semaines. Ces poires se conservent plusieurs semaines au frais, à l'abri de la lumière, et se servent par exemple avec des volailles froides.

Capucines candies. Chauffez de l'eau de fleur d'oranger dans une casserole. Incorporez 65 grammes de gomme arabique alimentaire au fouet. Laissez refroidir. À l'aide d'une pince fine, plongez chaque fleur dans l'eau de fleur d'oranger. Égouttez légèrement puis trempez les fleurs dans le sucre en poudre. Mettez-les sur de l'essuie-tout et laissez sécher sur une grille. Rangez-les dans une boîte métallique hermétiquement fermée, garnie de papier absorbant, si vous voulez les conserver.

Cristallisez les roses en plongeant les fleurs entières dans du blanc d'œuf battu avant de les saupoudrer de sucre.

Sucres parfumés aux fleurs. Les sucres parfumés aux fleurs donnent un goût subtil à vos pâtisseries. Moulez finement des pétales comestibles séchés et mélangez-les à raison d'un cinquième de fleurs pour quatre cinquièmes de sucre en poudre. Versez dans un récipient fermé et laissez reposer un mois avant utilisation.

IL Y A 40 ANS, EN 1965 : Le Parlement récuse M. Tsirimokos, désigné par le roi Constantin pour former un nouveau gouvernement. Trois professeurs sont exclus à vie de l'université de Madrid pour « avoir incité les étudiants à l'action violente ». À Budapest, médaille d'or de natation pour Françoise Borie, au 100 mètres dos.

LUNDI 22 AOÛT

Saint Fabrice

Lion 3e décan

Le naufragé s'attache aux cordes du vent (Perse).

CROQUETTES DE MAÏS. Mélangez 30 grammes de farine à 30 grammes de beurre fondu, et délayez avec 20 centilitres de lait. Faites cuire jusqu'à épaississement. Incorporez trois jaunes d'œuf, puis 250 grammes de maïs égoutté. Assaisonnez, réservez 3 heures au réfrigérateur. Façonnez des croquettes et dorez-les à la friture. Égouttez-les sur du papier absorbant. Servez-les avec un émincé de poulet poêlé au beurre, des rondelles de citron et une cuillerée de crème fraîche. (Vous pouvez utiliser des restes de poulet cuit.)

Pour nettoyer une thermos qui n'a pas servi depuis longtemps, remplissez-la d'eau bouillante et jetez-y une poignée de grains de riz blanc. Secouez-la énergiquement avant de la rincer à l'eau claire. Elle retrouvera toute sa netteté.

AVOCAT. Choisissez un avocat bien mûr qui n'a pas séjourné à l'étalage. Dégagez le noyau et mettez à tremper la partie arrondie dans un pot de yaourt rempli d'eau tiède. Complétez, toujours avec de l'eau tiède, au fur et à mesure de l'évaporation. Il va se fendre au bout d'un mois ou deux faisant apparaître une racine blanche, puis deux petites feuilles pointeront. Dès qu'il y en a quatre ou cinq dépliées, placez la plante dans un bon terreau sablonneux. Lorsque la tige atteint 12 à 15 centimètres, coupez-la à quelques centimètres du bas pour la renforcer et obtenir un arbuste robuste et décoratif.

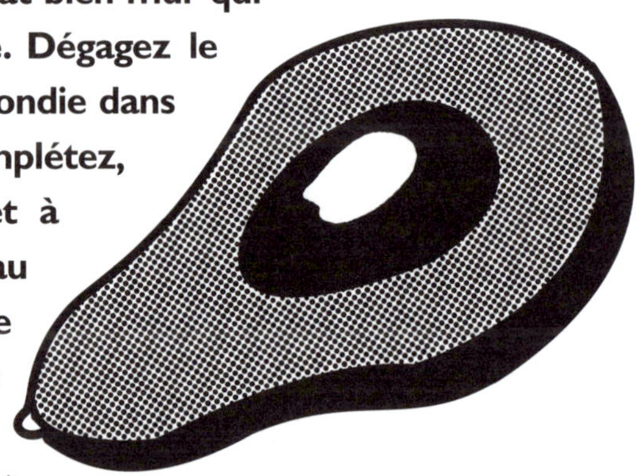

IL Y A 40 ANS, EN 1965 : Record pour le paquebot *France* : il a transporté 4 076 passagers sur Le Havre-New York et retour, au cours de la traversée du 12 au 23 août. Record du monde pour Air France : le Boeing 707 B *Santos-Dumont* a relié Paris-Rio de Janeiro, 9 155 kilomètres, d'un seul coup d'aile.

Les gourmands font leur fosse avec leurs dents.

Sainte Rose de Lima

Vierge 1er décan

MARDI 23 AOÛT

LES DRÔLES D'HISTOIRES DE PIERRE BELLEMARE

Métro, solo, dodo

En sortant à la hâte de chez des amis, Sabine est à la fois heureuse et fatiguée. Elle n'a qu'une idée en tête : rentrer chez elle et se mettre au lit. Elle s'engouffre dans la station Balard, qui dessert la ligne 8 du métro, dévale les escaliers et saute dans la rame qui est à quai. D'un regard circulaire, la jeune fille constate avec une pointe d'inquiétude que la voiture est vide. Elle se tasse sur un strapontin, près de la porte, et vérifie l'heure machinalement : minuit passé de quelques minutes. Dans moins d'une demi-heure, elle aura regagné son studio. Ensuite ? Une douche tiède et une tisane très sucrée pour s'endormir…

Le train roule une centaine de mètres puis s'immobilise dans un crissement de ferraille. « Incident technique », pense l'étudiante en tirant un roman policier de son sac. Elle se plonge dans sa lecture et quelques minutes s'écoulent. Le temps passe et l'inquiétude grandit. Sabine quitte son siège et scrute l'obscurité à travers les vitres : de toute évidence, la rame est sur une voie de garage. « Pas de panique, se dit-elle, attendons… » Par chance, un néon éclaire son wagon. Que faire ? Elle s'empare de son téléphone portable et appelle Police secours. Pas de tonalité. Pas de réseau. Résignée, elle actionne ensuite le système de déverrouillage d'une porte et constate avec étonnement que le mécanisme fonctionne. Elle hésite face à l'enchevêtrement des rails. « Danger d'électrocution. » Reste un ultime recours : tirer le signal d'alarme. Croyant qu'on ne peut l'activer qu'une fois, Sabine préfère ne pas griller cette cartouche trop tôt. À 1 h 30, elle s'endort sur une banquette et se réveille trois heures plus tard, les reins endoloris et la bouche pâteuse. Elle termine son roman. À 5 h 30 du matin, l'étudiante entend du bruit : des coups sourds frappés sur les voies. Elle saute sur ses pieds et se penche à l'extérieur du wagon en hurlant. C'est la délivrance. Le conducteur qui vient prendre son service n'en revient pas.

« C'est un concours de circonstances qui n'arrive jamais, explique-t-on à la RATP. Quand la voyageuse est montée à bord, le conducteur avait déjà vérifié son train avant de le quitter. Comme la rame avait été mise en service dans la soirée, il n'y avait pas d'équipe de nettoyage prévue cette nuit-là. »

Abasourdie, épuisée mais pas rancunière, Sabine a enfin pu rentrer chez elle… en métro !

IL Y A 40 ANS, EN 1965 : Accord complet à Djedda, entre le roi Fayçal et le président Nasser pour faciliter le règlement de la guerre civile au Yémen. Débuts de la construction du prototype en demi-grandeur du train sur « coussin d'air » : les premiers essais se feront sur un tronçon aménagé de l'ancienne voie ferrée Paris-Chartres.

MERCREDI 24 AOÛT

Saint Barthélemy

Vierge 1er décan

La main qui fait osciller le berceau gouverne le monde (États-Unis).

Votre tuyau d'arrosage se faufile entre vos massifs, et quand vous le tirez il risque de passer sur vos plantes et de les écraser. Vous pouvez l'éviter en enfonçant des petits piquets de bois aux coins des massifs.

TOMBER DE CHARYBDE EN SCYLLA. Employée, dès le début du XVIIe siècle, avec le sens d'« échapper à un danger pour tomber dans un autre plus grave », l'expression remonte à la légende grecque de l'*Odyssée* : le gouffre de Charybde et ses violents remous sont voisins des roches de Scylla, dans le détroit de Messine. Pour éviter le gouffre, les navires risquent de s'échouer sur les roches. La forme « tomber de… en… » est contraire à l'interprétation originelle, mais les mots savants « Charybde » et « Scylla » rendaient nécessaire un verbe véhiculant le sens général de la locution.

LA SCIENCE AMUSANTE

LE VERRE PATRIOTIQUE. Nous vous proposons de placer du vin au fond d'un verre, de verser de l'eau pardessus, sans que les deux liquides se mélangent.
Pour cela, dans un verre supportant les ruptures de température, placez de l'eau bouillante ; puis, à l'aide d'un entonnoir plongeant jusqu'au fond, versez-y du vin glacé, délicatement. Vous verrez le vin former au fond du verre une couche rouge bien distincte. Retirez doucement l'entonnoir et versez à la surface un liquide plus léger que l'eau comme de l'alcool coloré avec de l'encre bleue. Vous obtenez ainsi les couleurs du drapeau national !
Si vous posez ce verre dans une coupe d'eau froide, vous verrez le vin monter dans l'eau du verre en minces filets rouges se mélangeant aux colonnes bleues descendantes, les liquides se mêlant.

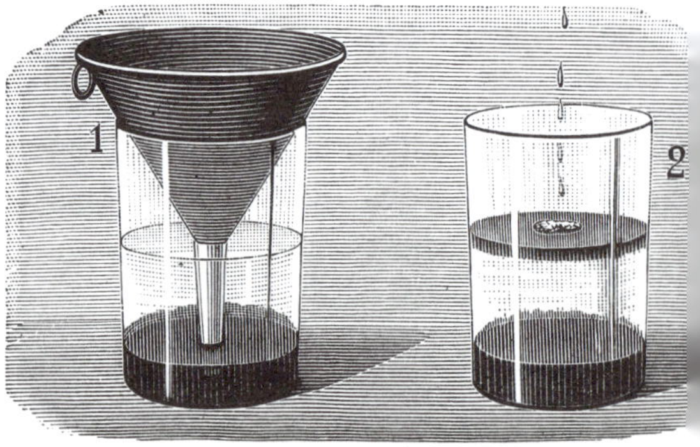

IL Y A 40 ANS, EN 1965 : Explosion en chaîne dans une usine de caoutchouc synthétique à Louisville (Kentucky), faisant 10 morts et 30 blessés. En Corée du Sud, l'agitation estudiantine se développe pour protester contre le traité normalisant les relations nippo-coréennes. Offensive des troupes indiennes au Cachemire.

Un cheveu de femme est assez fort pour tenir en laisse un éléphant (Japon).

Saint Louis

Vierge 1er décan

LES DRÔLES D'HISTOIRES DE PIERRE BELLEMARE

Bienvenue à Rien !

Les habitants de Nothing (Rien), dans le Nevada, ne sont que huit en tout et leur bourgade porte bien son nom : ce sont trois baraques en préfabriqué au bord de la route nationale, au milieu du désert, sur une étendue caillouteuse sans la moindre trace de vie végétale ou animale.

Pourtant, ils viennent de faire une demande auprès des services compétents pour que Nothing, qui n'est qu'un lieu-dit, devienne une commune, ce qui lui permettrait de figurer sur les cartes. Si c'était le cas, ils construiraient une station-service, qui aurait la particularité d'accepter le troc. La route, en effet, est celle de Las Vegas, la capitale du jeu, et nombreux sont ceux qui en reviennent sans le moindre cent en poche. Contre le pneu de secours, le cric de la voiture ou une pièce d'habillement non indispensable, les joueurs malheureux auraient droit à quelques litres d'essence, une bouteille d'eau minérale ou un Coca. Une initiative ingénieuse à défaut d'être désintéressée.

Un voleur obligeant

Si on organisait le concours du voleur le plus nul, Otto Schmidt serait bien placé pour remporter la palme… L'histoire se passe à Francfort et remonte à quelques années. Otto Schmidt, un petit délinquant de banlieue, décide de cambrioler un magasin de photo, qui fait aussi galerie de portraits. Il se présente à la boutique et, pour endormir la méfiance du commerçant, lui demande des photos d'identité. Celui-ci s'exécute, après quoi Otto Schmidt sort une matraque, l'assomme et fait main basse sur plusieurs appareils de prix. Ensuite, il prend la fuite… en laissant ses photos d'identité derrière lui.

Comme il s'agit d'un récidiviste, il est fiché à la police et immédiatement identifié par comparaison des deux clichés. Son adresse figure également dans son dossier, ce qui permet de l'appréhender le jour même à son domicile où il s'est rendu avec son butin. Comme l'ont dit les policiers après l'arrestation : « Il est difficile d'être plus obligeant ! »

IL Y A 40 ANS, EN 1965 : La reconstruction du canal de la mer Baltique, à partir de Leningrad, à la mer Blanche, au port de Soroka, est commencée. À Copenhague, avant d'intervenir sur le cerveau d'un malade, un chirurgien japonais coupe les veines et artères du patient afin d'éviter tout risque d'hémorragie.

VENDREDI 26 AOÛT

Sainte Natacha

Vierge 1er décan

Qui crie à la naissance, en mourant comprend pourquoi (Bulgarie).

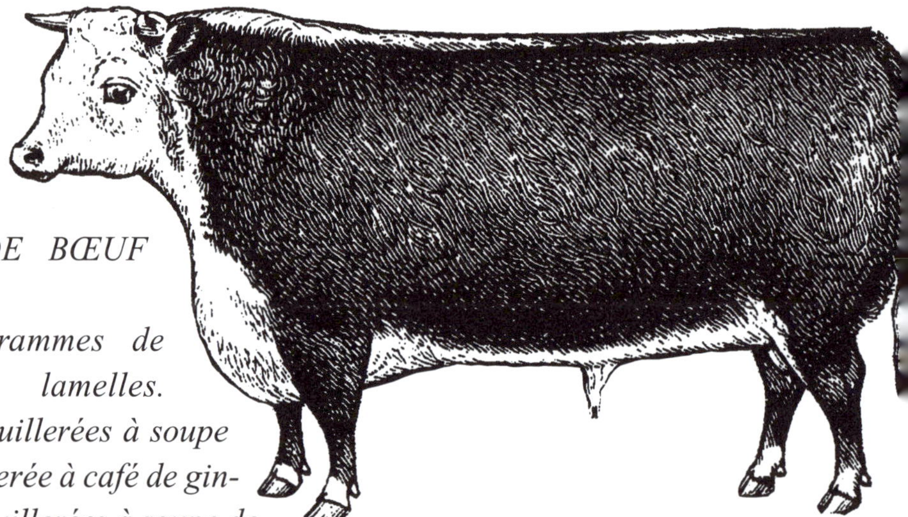

ÉMINCÉ DE BŒUF AUX ÉPICES. *Coupez 800 grammes de faux-filet en lamelles. Mélangez deux cuillerées à soupe de soja, une cuillerée à café de gingembre, quatre cuillerées à soupe de Noilly Prat, 1 cuillerée à café de quatre-épices. Mélangez pour imprégner la viande de la sauce. Faites revenir à la poêle dans l'huile 2 minutes à feu très vif, en remuant pour que les lamelles de viande se colorent. Ajoutez ensuite des légumes chop suey (en bocal). Laissez mijoter 5 minutes et servez accompagné de riz.*

ROSIERS. Il faut dépalisser entièrement les rosiers sarmenteux ou grimpants défleuris pour tailler les vieux bois en ne conservant que les jeunes pousses de l'année. Cette opération de rajeunissement s'accompagne d'apports d'engrais jusqu'à l'automne. Les rosiers pleureurs sur tiges sont en réalité des rosiers grimpants. Ils doivent être taillés comme tels. Quant aux rosiers sarmenteux remontants, palissez les pousses au fur et à mesure de leur croissance, et supprimez les fleurs fanées et les fruits pour aider la remontance.

QUAND LA PRESSE S'EMBALLE. Craignant une fracture à la mâchoire, le docteur dut lui recoudre la paupière de l'œil droit.
Ouest-France

Le mot de la fin

« Je fais encore des progrès… »
Auguste Renoir, 1919, songeant sans doute à la toile qu'il laissait inachevée.

IL Y A 40 ANS, EN 1965 : Décès du grand architecte Le Corbusier, victime d'une crise cardiaque, alors qu'il se baignait à Roquebrune-Cap-Martin. À Göttingen, deux Allemands de l'Est réussissent à passer à l'Ouest. Le Lombardie express Paris-Milan est heurté à Pont-d'Héry (Jura) par un train de marchandises : 12 morts et 31 blessés.

Le loup apprivoisé rêve toujours de la forêt (Russie).

Qui pardonne aisément invite à l'offense.

Sainte Monique

Vierge 1er décan

SAMEDI 27 AOÛT

Saint Augustin

Vierge 1er décan

DIMANCHE 28 AOÛT

Ne jetez pas vos bouteilles en plastique !

De multiples utilisations sont possibles.

Rayon jardinage. Pour effectuer des arrosages fins sur des semis, pratiquez des petits trous tout autour du goulot, remplissez d'eau, vissez le bouchon, retournez la bouteille et arrosez. Pour protéger des jeunes plants et les semis en poquets de cobées, pois de senteur, soucis, tournesols, découpez une bouteille et n'en gardez que les deux tiers supérieurs. Maintenez-la en terre par un bâton fin que vous plantez par le goulot. Cette mini-serre accélère la germination et protège semences et germes des oiseaux et des chats.

Rayon enfants. Faites un jeu de quilles avec les bouteilles de lait à goulot large, auxquelles vous donnez un coup de peinture vive. Elles représenteront le corps de petits bonshommes. Pour la tête, vous prendrez des boules de polystyrène de 5 centimètres de diamètre dont vous tremperez la moitié dans de la colle puis dans de la semoule pour figurer les cheveux, et sur l'autre moitié desquelles vous dessinerez un visage. Mettez un fond de sable dans la quille pour lui assurer une certaine stabilité en cas de vent, et fixez la tête du personnage à l'aide de colle sur le goulot.

Rayon décor de la maison. On n'a jamais la taille de vase qui convient au bouquet qu'on vient de recevoir. Palliez cet inconvénient en vous servant de bouteilles en plastique coupées à la hauteur voulue. Pour masquer ces récipients peu décoratifs, fabriquez des « manchons » de différentes hauteurs avec des restes de tissu. Préférez les unis, les rayés ou les dessins géométriques et évitez les tissus fleuris : une couture pour former le manchon, et deux ourlets... Si les tissus sont trop mous, rigidifiez-les à l'amidon (ou l'eau de cuisson du riz) ou drapez-les. Vous aurez désormais toujours le vase qu'il vous faut sous la main et, lorsque les fleurs sont fanées, jetez le vase en plastique et rangez votre manchon !

IL Y A 40 ANS, EN 1965 : Retour de la capsule Gemini V avec à bord Gordon Cooper et Charles Conrad dans une forme étonnante : la preuve est faite que l'homme est capable de supporter un voyage Terre-Lune et retour. La future base des sous-marins atomiques français sera installée dans la presqu'île de Crozon, dans l'île Longue.

LUNDI 29 AOÛT

Sainte Sabine

Vierge 1er décan

Prends une femme, ni si belle qu'elle tue, ni si laide qu'elle épouvante.

⋆⋆ GÂTEAU AU PAIN.

Cassez six œufs, séparez les blancs des jaunes. Mélangez 150 grammes de sucre semoule aux jaunes avec une cuiller en bois, de façon à former une mousse blanche. Incorporez 180 grammes de chapelure blonde (vous pouvez la faire vous-même en râpant du pain séché au four), ainsi que 130 grammes de raisins de Corinthe et quelques fruits confits coupés en petits dés (angélique, cédrat, écorce d'orange et de citron). Beurrez un moule, saupoudrez-le de chapelure, versez la préparation et faites cuire à four doux. Une fois démoulé, vous pouvez arroser le gâteau avec du rhum sucré, flamber, et accompagner d'une crème vanille toute prête.

Pendant les nuits d'été, les insectes viennent s'éclater sur vos phares de voiture. Collez contre le verre du phare une feuille de papier adhésif transparent que vous n'aurez qu'à décoller à l'arrivée et à jeter.

Jeux d'esprit

J'ai deux pieds avec une tête,
Je ne suis ni homme, ni bête,
Je traverse aisément l'onde,
Et peux parcourir le monde,
Je vais tantôt à grands pas,
Je vais tantôt à petits pas.
Réponse :

Un compas.

IL Y A 40 ANS, EN 1965 : Près de Saas-Fee, en Suisse, des milliers de mètres cubes de roche et de glace ensevelissent les chantiers du barrage de Mattmark, une centaine d'ouvriers disparaissent. Début d'une campagne en faveur du raisin de table injustement délaissé : « Du raisin plein… plein… plein. » Présentation de la DS 21 Citroën.

Celui qui n'a jamais vu de château admire une porcherie (Bosnie-Herzégovine).

Saint Fiacre

Vierge Ier décan

MARDI 30 AOÛT

LES DRÔLES D'HISTOIRES DE PIERRE BELLEMARE

Une tête bien pleine…

Isabelle, dix-sept ans, se réveille en sursaut. Une aiguille de perfusion est plantée dans son bras. Où se trouve-t-elle ? Dans la chambre d'un hôpital probablement, mais pourquoi ? La jeune fille panique et hurle son angoisse jusqu'à l'arrivée d'une infirmière.

« Calmez-vous. Vous avez été hospitalisée hier soir. Vous étiez dans le coma, lui répond la soignante. Vous n'auriez pas fait une bêtise par hasard ?

– Mais de quoi voulez-vous parler ? De suicide ? Bien sûr que non ! »

Si l'infirmière avait assisté au repas qui réunissait Isabelle et ses parents douze heures plus tôt, elle n'aurait pas posé la question. Car Isabelle est une collégienne équilibrée et pleine de vie. À table, elle plaisante avec son père, quand, brusquement, sa vue se trouble. Elle vacille et s'écroule lourdement. Ses parents, affolés, appellent le SAMU. La réaction est immédiate : l'ambulance, le transport en hélicoptère, l'arrivée au CHU de Limoges vers 23 heures, la prise de sang, les radiographies…

En fin de matinée, un neurologue entre dans la chambre et s'adresse à la malade, entourée de ses parents.

« J'ai le résultat du scanner que vous avez passé. »

Dans l'attente du verdict, une angoisse palpable s'empare de la famille.

« Vous avez une balle dans la tête ! Une balle de 22 long rifle, logée au-dessus de votre œil gauche, probablement depuis longtemps. »

Cette nouvelle stupéfiante plonge la mère d'Isabelle dans un abîme de réflexion. Elle fouille sa mémoire à la recherche d'une improbable explication. À force de passer en revue les moindres incidents qui ont émaillé l'enfance de sa fille, un événement mineur lui revient à l'esprit.

« Isabelle devait avoir quatre ans et elle jouait dans le jardin. Je l'avais laissée seule quelques minutes. À mon retour, elle était en larmes et saignait de la tête. Le médecin, que j'avais immédiatement consulté, m'avait dit que la blessure était sans gravité, qu'un oiseau avait dû lui donner un coup de bec. Je ne m'en suis pas plus inquiétée.

– L'explication la plus probable est que la balle perdue d'un chasseur a traversé la haie du jardin et touché l'enfant à la tête. Aujourd'hui, toute intervention chirurgicale est exclue car trop dangereuse : en déplaçant la balle de quelques millimètres, le risque est grand de léser le cerveau et de provoquer une paralysie irréparable. Voire pire encore ! »

La jeune fille a écouté en silence l'explication du neurologue. Insouciance de son âge ou bonne dose d'optimisme, elle ne s'est pas alarmée de cette épée de Damoclès suspendue au-dessus de sa tête. Suspendue à l'intérieur de son crâne, devrait-on dire plutôt !

IL Y A 40 ANS, EN 1965 : Ouverture du Salon allemand de la Radio et de la Télévision, à Stuttgart : l'Allemagne de l'Ouest compte près de 11 millions de téléviseurs, soit près du double des récepteurs français, et trois chaînes alors que la France n'en possède que deux

MERCREDI 31 AOÛT

Saint Aristide

Vierge 1er décan

Qui rit le premier de ses bons mots dispense les autres d'en rire (Grande-Bretagne).

CATALOGUES. Les catalogues des pépinières et des jardineries commencent à paraître. Prenez votre temps pour penser à vos massifs d'automne qui fleuriront au printemps. Faites vos choix de couleurs en associant arbustes à fleurs, plantes à massif, bulbes et annuelles. Pensez aux temps de floraison des différents végétaux : l'épanouissement des fleurs printanières va s'étaler sur une courte période. Il faudra en tenir compte dans vos achats pour ne pas avoir une période de vide floral entre deux saisons. Dans la composition d'un massif, veillez également à la hauteur des végétaux pour ne pas masquer ceux qui sont bas.

★★ HADDOCK À LA FONDUE DE POIREAUX. Pour six personnes, cuire environ 20 minutes 2 kilogrammes de poireaux en rondelles dans un peu de beurre. Plongez le haddock (130 grammes par personne) dans l'eau en ébullition. Arrêtez la cuisson et laissez pocher 10 minutes. Préparez une sauce avec trois échalotes émincées dorées dans une noix de beurre, puis ajoutez un verre de vin rouge et faites réduire. Mélangez dans un bol trois jaunes d'œuf et un pot de 20 centilitres de crème fraîche épaisse. Au moment de servir, mélangez le bol avec la réduction d'échalotes hors feu et remettez à feu doux en fouettant pour épaissir. Présentez le haddock sur un lit de poireaux et nappez de la sauce.

Si vous ne pouvez pas servir votre purée juste après l'avoir préparée, maintenez-la chaude en la plaçant au bain-marie. Ajoutez un mince filet de lait à la surface pour éviter qu'elle ne se dessèche et couvrez-la avec un torchon propre qui absorbera petit à petit l'excédent d'humidité.

LES DRÔLES D'HISTOIRES DE PIERRE BELLEMARE

Portable accusateur

Arnaldo, petit délinquant de la banlieue de Lisbonne, a pas mal d'exploits contestables à son actif, malgré ses dix-sept ans et seul son jeune âge lui a permis de s'en sortir jusque-là sans de trop lourdes sanctions.

Cet après-midi-là, il s'est fait prendre pour vol dans un magasin de sport et il se retrouve au commissariat le plus proche. Cette nouvelle récidive risque d'avoir des conséquences graves et l'inspecteur le lui dit sur le ton le plus sévère, tout en prenant sa déposition.

Mais Arnaldo est décidément incorrigible. Il a remarqué, sur le bureau du policier, un superbe portable du dernier modèle. Son vis-à-vis est alors appelé par un de ses collègues et quitte la pièce… Arnaldo n'hésite pas un instant. Il se précipite sur l'objet de sa convoitise et, comme il craint d'être fouillé, il l'enfouit prestement dans sa chaussette.

Il était temps. L'inspecteur revient et pousse un juron :

« Mon portable ! C'est toi ?

– Je vous jure que non. Vous pouvez me fouiller… »

Mais l'inspecteur ne le fouille pas. Il va vers le téléphone fixe, compose le numéro de son portable et il fait un bond quand il entend la sonnerie retentir dans la chaussette de l'adolescent… Condamné pour la première fois à de la prison ferme, Arnaldo aura tout le temps de méditer sur la manière peu banale dont force est restée à la loi.

IL Y A 40 ANS, EN 1965 : Mort du vice-amiral Muselier. Un ouragan dévaste l'Italie centrale : cinquante et un morts, quarante-cinq disparus, des centaines de sans-abri. La France ne construit que 18,6 % de logements de cinq pièces et plus, et a le triste privilège de n'être sur ce plan qu'en dix-septième position en Europe.

VENDREDI 2 SEPTEMBRE

Sainte Ingrid

Vierge Ier décan

Choisis ta femme avec un gant de velours et garde-la avec une main de fer (Tchécoslovaquie).

RETOUR DE VACANCES. Il va falloir éliminer tout ce qui est desséché ou abîmé, que ce soit dans le jardin ou parmi vos plantes d'appartement. Mais n'arrachez et ne jetez rien. La plupart de vos végétaux, même très desséchés, peuvent émettre de nouveaux bourgeons. Apportez de l'eau à vos massifs en les arrosant longuement et baignez vos pots. Binez vos cultures avant de leur apporter un peu d'aliment. Si vous traitez vos plantes d'intérieur attaquées par toutes sortes d'insectes et de maladies, prenez la précaution d'ouvrir les fenêtres et ne le faites pas en présence de personnes ayant des problèmes respiratoires ou d'enfants.

CHARBONNIER EST MAÎTRE CHEZ SOI.

Même le plus humble a le droit de commander chez lui.

On a inventé, au XVIIe siècle, une anecdote où François Ier, fort mal accueilli par un charbonnier qui ignorait à qui il avait affaire, lui pardonnait au nom du droit à l'inhospitalité lié à la propriété privée, même pour les plus humbles.

★★ GÂTEAU À L'ORANGE. Cassez quatre œufs, séparez les blancs des jaunes, tournez les jaunes avec 250 grammes de sucre en poudre, toujours dans le même sens ; ajoutez 200 grammes d'amandes en poudre, le jus de deux oranges et un zeste râpé, puis très doucement les quatre blancs d'œufs battus en neige ferme. Versez dans une tourtière garnie d'un papier de cuisson qui facilitera le démoulage. Faites cuire à four doux 25 minutes environ.

IL Y A 40 ANS, EN 1965 : Nikita Khrouchtchev, hospitalisé, a subi plusieurs examens. Devant l'aggravation du conflit indo-pakistanais, les offres de médiation et contacts diplomatiques se multiplient pour faire cesser les combats au Cachemire. Le célèbre docteur Albert Schweitzer s'est éteint à quatre-vingt-dix ans.

Visage doux, cœur de fiel.

Saint Grégoire

Vierge 2e décan

SAMEDI 3 SEPTEMBRE

Être homme est facile, être un homme est difficile (Chine).

Sainte Rosalie

Vierge 2e décan

DIMANCHE 4 SEPTEMBRE

Essayez l'accrobranche

Voulez-vous connaître le grand frisson ? Vous hisser au sommet d'un immense chêne centenaire, à plus de 25 mètres du sol ? Alors essayez cette activité de plein air, vivifiante, en plein essor, où il faut évoluer de tronc en tronc, de branche en branche. Rassurez-vous, les parcs où l'on pratique l'« accrobranche » répondent à des critères rigoureux, en termes de sécurité et de respect de l'environnement. Côté Tarzan, il est obligatoire d'effectuer un passage sur le parcours d'initiation. Côté arbres, tout est mis en œuvre pour éviter de les abîmer par la pose de rondins de protection et de gaines. Les parcours sont balisés comme pour le ski, de couleur différente suivant l'âge : dès quatre ans, les petits peuvent s'amuser sur un mini-parcours. Matériel indispensable : baudrier, mousquetons, longes, harnais, casque et gants. Soyez rassuré, chênes et hêtres sont sélectionnés pour leur robustesse et leurs grosses branches sur lesquelles on ne risque rien d'autre qu'une sensation de vertige. Alors, lancez-vous ! Les parcours des promenades suspendues font appel à l'imagination. Pour y accéder, vous montez vers les plates-formes par des échelles de bois fixées par des câbles. Différents types de ponts vous permettent de passer d'arbre en arbre. La tyrolienne – une corde tendue entre deux arbres, le départ étant placé plus haut que l'arrivée ! – vous envoie à toute allure d'un arbre à l'autre : vous accrochez votre poulie à un filin, et vous vous laissez glisser, pendu par votre baudrier… Vous avancez sur des rondins de bois mouvants, des échelles… vous faites des bonds sur le trampoline élastique. C'est un perpétuel défi à l'équilibre. Progressivement, vous dominez votre peur du vide. Avec le vent qui fouette le visage, c'est une sensation de grande liberté. Voulez-vous décupler les sensations ? Alors grimpez pieds nus, les yeux bandés… finalement, cela permet de moins ressentir l'angoisse du vide… Et pour terminer votre aventure, passez la nuit dans un hamac solidement accroché aux branches ! Émotions inoubliables… (www.aventure-parc.com.)

IL Y A 40 ANS, EN 1965 : Tom Simpson est champion du monde de cyclisme sur route à Saint-Sébastien. Un diamant de 732 carats, d'une coloration rose, vient d'être découvert dans l'État brésilien du Minas Gerais.

LUNDI 5 SEPTEMBRE

Sainte Raïssa

Vierge 2e décan

L'homme vulgaire parle de ce qu'il a mangé et bu ; l'homme supérieur de ce qu'il a vu et entendu (Mongolie).

PAMPLEMOUSSE GARNI. Séparez les pamplemousses en deux. Évidez avec un couteau spécial incurvé. Coupez la pulpe en petits morceaux. Ouvrez un avocat en deux. À l'aide d'une petite cuiller, prélevez des coquilles de chair. Hachez des carottes à la grosse grille. Mélangez délicatement les trois éléments à proportions égales dans un saladier avec huile de noisette, citron vert, sel et poivre. Mettez à rafraîchir au réfrigérateur. Servez dans les demi-pamplemousses évidés et ajoutez sur chaque salade quelques noisettes entières émondées.

Pour parfumer un plat sans pour autant y voir flotter des herbes, enfermez celles-ci dans une boule à thé en métal et ajoutez-la dans le plat vers la fin de la cuisson.

QUAND LA PRESSE S'EMBALLE.

La truite est célèbre pour ses sauts de carpe.

Marie Claire

Jeux d'esprit

Pour m'exprimer,
il me faut de l'espace,
Ce que l'on me dit,
c'est moi qui vous le dis,
Vous dites ce que je dis,
Dites-moi donc qui je suis.

Réponse :

L'Écho.

IL Y A 40 ANS, EN 1965 : Entre l'Inde et le Pakistan, c'est la guerre. À la Mostra de Venise, Luchino Visconti remporte le Lion d'or pour son film *Vagues étoiles de la Grande Ourse* ; Annie Girardot reçoit un prix d'interprétation pour son rôle dans *Trois chambres à Manhattan* de Marcel Carné.

Ne mangez point de cerises avec les grands, de crainte qu'ils ne vous jettent les noyaux au nez (Danemark).

LES DRÔLES D'HISTOIRES DE PIERRE BELLEMARE

Un train pas comme les autres

Un wagon-prison a été inauguré en Inde pour incarcérer sur-le-champ les voyageurs qui ne paient pas leurs titres de transport. La prison roulante, qui comporte quatre compartiments transformés en cellules, visite chaque jour les stations d'une grande ligne menant de l'Assam à Calcutta.

Les passagers qui resquillent sont ainsi directement emprisonnés et conduits jusqu'au terminus, la gare centrale de Calcutta. Dès le lendemain, ils passent devant le tribunal. Selon la distance parcourue frauduleusement, les coupables sont mis à l'amende ou parfois même emprisonnés.

Depuis le lancement de ces wagons-prisons, la compagnie indienne des chemins de fer a vendu, pour une période équivalente, 40 millions de billets supplémentaires.

Le porte-parole de la SNCF n'a pas commenté cette expérience, capable pourtant d'alléger de 200 millions d'euros le déficit chronique de l'entreprise.

Un très vieil indice

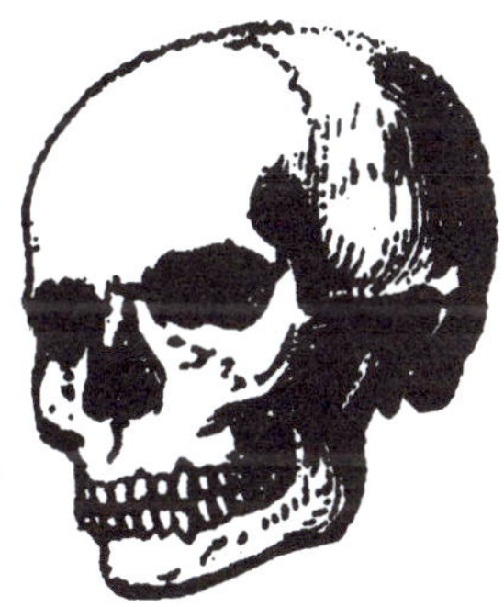

C'est une histoire policière peut-être unique qui s'est passée récemment en Angleterre. Joseph Barnes, un steward de trente-cinq ans, était soupçonné par la police d'avoir assassiné sa femme, mais il niait farouchement depuis des années. Les enquêteurs étaient tenaces, ils ont fait des fouilles près de son pavillon et ils ont exhumé un crâne humain. Devant cet indice accablant, Joseph Barnes a enfin avoué : il avait étranglé son épouse, puis avait dépecé et enfoui son corps.

Mais peu après, des examens plus poussés sur le crâne, notamment la datation au carbone 14, ont révélé qu'il s'agissait, en fait, d'une femme morte il y a mille six cents ans, au début du Ve siècle, à la fin de l'Empire romain !

Cela n'a pas empêché la justice de suivre son cours et Joseph Barnes d'être condamné à la prison à vie, sur la seule base de ses aveux, car le véritable corps de sa femme n'a jamais été retrouvé.

IL Y A 40 ANS, EN 1965 : Appel du Conseil de Sécurité pour un cessez-le-feu au Cachemire. Une nouvelle réglementation est prise par le ministère des Armées : sauf exception, les Mirages IV et les Crusaders ne pourront passer le mur du son entre 22 heures et 7 heures.

MERCREDI 7 SEPTEMBRE

Sainte Reine

Vierge 2e décan

Il faut déshabiller un maïs pour voir sa bonté.

PAPYRUS. Bouturez clématites, saintpaulias et lauriers-roses en plaçant dans l'eau un tronçon de rameau terminal ou une feuille rattachée à une portion de tige. Pour le papyrus, coupez une belle tige adulte de 10 à 15 centimètres, ferme et bien verte, avec un couteau. Supprimez la moitié de la longueur des feuilles, et plongez la bouture, tête en bas, dans un verre d'eau. Veillez à maintenir le niveau du liquide. Au bout de deux à trois semaines, les premières racines apparaîtront. Lorsqu'elles atteindront la longueur des feuilles, et que de jeunes feuilles apparaîtront, mettez votre papyrus en terre. Placez une soucoupe sous le pot et remplissez-la d'eau, cette plante ne craint pas l'asphyxie des racines, par contre un coup de sécheresse lui est fatal.

LA SCIENCE AMUSANTE

UN SINGULIER BOUGEOIR. Lestez un bout de bougie avec un clou, de façon à ce que la bougie plonge tout entière dans un verre d'eau, et que le liquide vienne affleurer son bord supérieur, sans toutefois mouiller la base de la mèche.

Allumez alors la mèche, et pariez que, malgré le milieu peu favorable, votre bougie va brûler jusqu'au bout.

EXPLICATION : La combustion raccourcit la bougie, mais son poids diminue à mesure et elle remonte petit à petit. De plus, son pourtour, refroidi par le liquide, fond beaucoup plus lentement, ainsi la flamme se creusera une sorte de petit puits. Cet évidement contribue à l'allègement de la bougie, et la mèche brûlera jusqu'au bout.

QUAND LA MUSE DÉLIRE.
« La main de cet homme était froide comme celle d'un serpent. »
Ponson du Terrail, *Rocambole*.

IL Y A 40 ANS, EN 1965 : U Thant entame à Delhi et Rawalpindi une mission de conciliation. Annonce du budget 1966 : dépenses en augmentation pour les autoroutes, la recherche scientifique, les télécommunications. Mort subite à Hollywood de l'actrice américaine Dorothy Dandridge, à l'âge de quarante et un ans.

Il n'y a pas deux crabes mâles dans un même trou (Guadeloupe).

Nativité

Vierge 2e décan

JEUDI 8 SEPTEMBRE

LES DRÔLES D'HISTOIRES DE PIERRE BELLEMARE

Gros lot à répétition

Susan Macarthy, une New-Yorkaise de quarante ans, employée de bureau dans une compagnie d'assurances, habite un immeuble tout proche de celui des Nations unies. Cette circonstance, dont elle ne tire pas une fierté particulière, va pourtant avoir des conséquences déterminantes dans cette histoire. Ou, plus précisément, l'important est qu'elle ait la même banque et que son compte soit à un numéro près celui de l'organisation internationale…

Tout commence, début janvier 2000, par un chèque de 100 000 dollars qu'elle découvre à son crédit, en prenant connaissance de son relevé bancaire. Pour commencer le nouveau millénaire, on ne fait pas mieux ! Susan Macarthy dira plus tard avoir pensé qu'une loterie internationale à laquelle elle avait joué lui avait versé cette petite fortune et s'empresse de s'acheter ce dont elle rêvait depuis longtemps : une voiture, un manteau de fourrure, etc. Le mois suivant, nouveau chèque de 100 000 dollars et ainsi de suite jusqu'en juillet 2000, toujours sans provoquer d'étonnement excessif de sa part. Sans doute pensait-elle que la loterie internationale lui versait un gros lot à répétition.

En tout, Susan Macarthy perçoit 700 000 dollars, avec lesquels elle fait différents placements, en particulier une laverie automatique, jusqu'au moment où elle apprend que l'ONU, à qui étaient destinées les sommes, a fait bloquer son compte et a porté plainte contre elle.

Aux États-Unis, les procédures judiciaires sont particulièrement longues et, aux dernières nouvelles, à la suite d'une homérique bataille d'avocats, le litige n'est toujours pas tranché. Par défenseurs interposés, Susan Macarthy jure de sa bonne foi. Il n'empêche que, s'il y avait eu une erreur, ne serait-ce que de quelques dollars en sa défaveur, on peut parier qu'elle se serait montrée beaucoup plus curieuse.

IL Y A 40 ANS, EN 1965 : Le général de Gaulle affirme, au cours de sa conférence de presse, que l'idée de grouper les États de l'Europe occidentale est devenue la sienne et annonce que la France se retirera de l'OTAN en 1969. François Mitterrand annonce sa candidature à la présidence de la République.

VENDREDI 9 SEPTEMBRE

Saint Alain

Vierge 2e décan

Il faut se méfier du devant d'une femme, du derrière d'une mule et d'un curé de tous côtés.

⋆⋆ *CLAFOUTIS DE LÉGUMES.*

Faites revenir rapidement dans une poêle quatre ou cinq légumes détaillés en petits morceaux : blanc de céleri en branche, oignons nouveaux, courgettes, poivrons rouges, en les gardant encore fermes. Laissez refroidir. Vous pouvez y ajouter, par exemple, quelques petits pois et des morceaux d'artichaut en boîte. Préparez la pâte : mettez dans une terrine trois cuillerées à soupe de farine, une pincée de sel. Incorporez trois œufs un par un en battant au fouet, puis 3,5 décilitres de lait en continuant de battre pour obtenir une pâte légère et lisse. Ajoutez une cuillerée à soupe d'huile. Versez la pâte dans un moule beurré à rebord de 4 à 5 centimètres. Incrustez dedans les légumes et mettez au four préchauffé à 175°C pour une cuisson de 40 à 45 minutes. Diminuez la chaleur à mi-cuisson.

Pour émonder les noisettes, faites-les légèrement griller sous le gril jusqu'à ce qu'elles soient dorées, puis versez-les sur un torchon propre. Repliez le torchon sur les noisettes et frottez-les vigoureusement pour faire tomber leur peau.

LES PERLES DES PETITES ANNONCES.

Metteur en scène cherche nain pour petit rôle dans court-métrage.

Libération

Les marbres et les grands sont froids, durs et polis (Chine).

Ne sois pas trop doux, on t'avalerait ; ne sois pas trop amer, on te cracherait.

Sainte Inès
Vierge 2e décan
SAMEDI 10 SEPTEMBRE

Saint Adelphe
Vierge 2e décan
DIMANCHE 11 SEPTEMBRE

Faites votre cave à liqueurs de fruits

En ce moment, jardins et marchés offrent généreusement les parfums et les saveurs des fruits de l'été, qu'il vous suffira de mettre en bouteille pour vous en délecter tout au long de l'hiver avec vos amis. Le plaisir en sera d'autant plus grand que vous aurez fabriqué vous-même vos liqueurs… Ce n'est pas difficile du tout !

Liqueur de cassis. Pour faire macérer le cassis, choisissez des bocaux ou des bouteilles en verre clair. Ces dernières ont l'avantage de se boucher plus facilement mais les grains en sont plus difficiles à retirer. Égrenez le cassis, mettez-le dans les bocaux – environ 500 grammes de cassis par litre d'eau-de-vie. Ajoutez, pour chaque litre, 60 grammes de framboises épluchées, quelques feuilles de cassissier et un petit morceau de cannelle. Emplissez ensuite les bocaux avec une bonne eau-de-vie d'Armagnac, ou bien avec de l'eau-de-vie blanche à 45 ou 50°. Bouchez hermétiquement et placez les bocaux à la lumière. Laissez macérer au moins un mois. Filtrez et ajoutez 500 grammes de sucre par litre de jus.

Ratafia de framboises. Faites fondre 250 grammes de sucre dans le jus de 200 grammes de framboises et de 40 grammes de cerises au tamis fin, ajoutez un litre d'eau-de-vie, puis filtrez et mettez en bouteille.

Abricotine. Faites cuire une livre d'abricots épluchés et écrasés dans un demi-litre d'eau. Tamisez et faites macérer la pulpe dans un demi-litre d'alcool à 90°. Au bout d'une semaine, filtrez dans un linge. Mélangez alors avec un demi-litre de vin blanc cuit et 2 kilogrammes de sucre.

Liqueur de noisettes. Remplissez la moitié d'un bocal de noisettes dont vous avez enlevé la peau. Complétez avec de l'eau-de-vie à 50° et laissez reposer une bonne semaine. Faites un sirop avec 500 grammes de sucre pour 1 litre d'eau. Filtrez et mettez en bouteille.

IL Y A 40 ANS, EN 1965 : Delhi est prêt à accorder un cessez-le-feu sous certaines conditions. L'URSS gagne à Stuttgart la Coupe d'Europe des nations en athlétisme. Le cyclone Betsy, en Louisiane, a fait cinquante morts et 500 millions de francs de dégâts, et le cyclone Shirley vient de frapper le Japon.

LUNDI 12 SEPTEMBRE

Saint Apollinaire

Vierge 2e décan

La jeunesse est une ivresse sans vin et la vieillesse un vin sans ivresse (Allemagne).

BOUTURAGE DES PERSISTANTS. C'est le meilleur moment pour multiplier par bouturage les arbustes à feuilles persistantes : aucuba, laurier-cerise, houx, fusain du Japon, cotonéaster. Coupez, à quelques millimètres en dessous d'une feuille, des rameaux de 10 centimètres un peu durcis. Éliminez le feuillage, hormis le bouquet terminal. La taille des feuilles vous guidera pour en déterminer le nombre à garder : six feuilles pour les arbustes à petites feuilles comme le buis, quatre pour le fusain, deux seulement pour l'aucuba ou le laurier-cerise, espèces à grandes feuilles sur lesquelles il faut recouper le limbe pour éviter que la bouture ne perde trop d'eau par évaporation. Sectionnez la base des tiges en biseau et trempez-les sur 2 millimètres dans la poudre d'hormones d'enracinement avant de les planter dans des caissettes à mi-ombre, à protéger en hiver.

Pour savoir si un tissu est grand teint, appliquez à l'envers du vêtement une pattemouille et passez un fer chaud par-dessus. Si la pattemouille se colore, c'est que le tissu n'est pas grand teint et risque de se détendre au lavage.

★★ COURGETTES RONDES À LA MAROCAINE. Pour chaque courgette, coupez un chapeau, côté pédoncule. Évidez-les aux deux tiers. Faites-les blanchir 3 minutes dans l'eau bouillante salée et égouttez. Pour six à huit courgettes (selon grosseur), faites étuver 500 grammes de carottes et 1 oignon émincés dans l'huile d'olive sans les colorer. Passez-les au mixer pour obtenir une purée à laquelle vous ajoutez 2 jaunes d'œufs, et 2 cuillerées à soupe de crème. Assaisonnez avec sel, poivre, et une demi-cuillerée à soupe de cumin vert. (Vous pouvez ajouter une pincée de piment.) Farcissez les courgettes avec la purée de carottes. Chapeautez-les, disposez-les dans un plat légèrement huilé. Faites-les cuire 20 minutes dans le four préchauffé à 180 degrés (thermostat 6).

IL Y A 40 ANS, EN 1965 : Ouverture du sommet arabe à Casablanca, en l'absence du président Bourguiba qui a adressé à la Ligue arabe une véritable déclaration de guerre sous la forme d'un réquisitoire contre le président Nasser. Ouverture à Athènes du 16e Congrès spatial international, en présence de 1 500 spécialistes de différents pays.

Dieu nous aide des mains, mais il ne bâtit pas les ponts (Angleterre).

Saint Aimé

Vierge 2e décan

MARDI 13 SEPTEMBRE

LES DRÔLES D'HISTOIRES DE PIERRE BELLEMARE

Bras d'honneur

Brian Forbes, un petit délinquant récidiviste, est jugé pour vol à l'étalage par un tribunal de Californie. Ce n'est pas grand-chose, ce n'est pas loin d'être une broutille, mais étant donné que Forbes a déjà été condamné avec sursis, cette fois-ci, il n'y coupe pas de la prison ferme. C'est compter sans son avocat, qui imagine un stratagème inattendu pour le tirer d'affaire.

« Mon client, déclare-t-il dans une belle envolée, n'est pas coupable, il est distrait. Il pensait à autre chose, pendant que son bras traînait sur les étalages du marché. Ce n'est pas lui, c'est son bras qu'il faut punir. »

Au lieu d'ignorer la boutade, le juge décide de se montrer aussi malin que la défense.

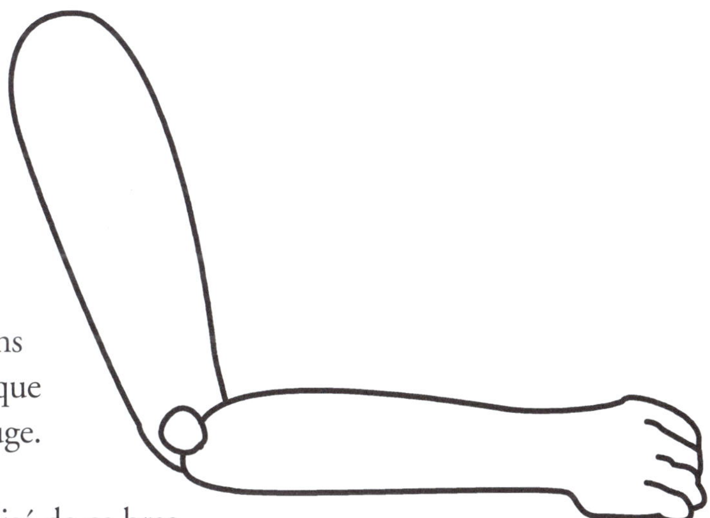

« À votre aise, maître. Dans ce cas, je condamne le bras à six mois de prison. L'accusé est libre de le suivre ou de rester dehors ! »

L'avocat arbore alors un large sourire et, sans un mot… va décrocher le bras artificiel que porte Brian Forbes et le dépose devant le juge.

Ce dernier, beau joueur, ne s'est pas formalisé de ce bras d'honneur fait à la justice. Il a admis sa défaite et, considérant que les faits n'étaient pas si graves, a révisé son jugement. Il a prononcé le sursis pour la prothèse comme pour son propriétaire.

IL Y A 40 ANS, EN 1965 : Le pape Paul VI ouvre la dernière session du Concile de Vatican II. Delhi aurait donné son accord de principe au plan de paix de M. U. Thant.

MERCREDI 14 SEPTEMBRE

Sainte Croix

Vierge 3e décan

La jeunesse a une belle face et la vieillesse une belle âme (Suède).

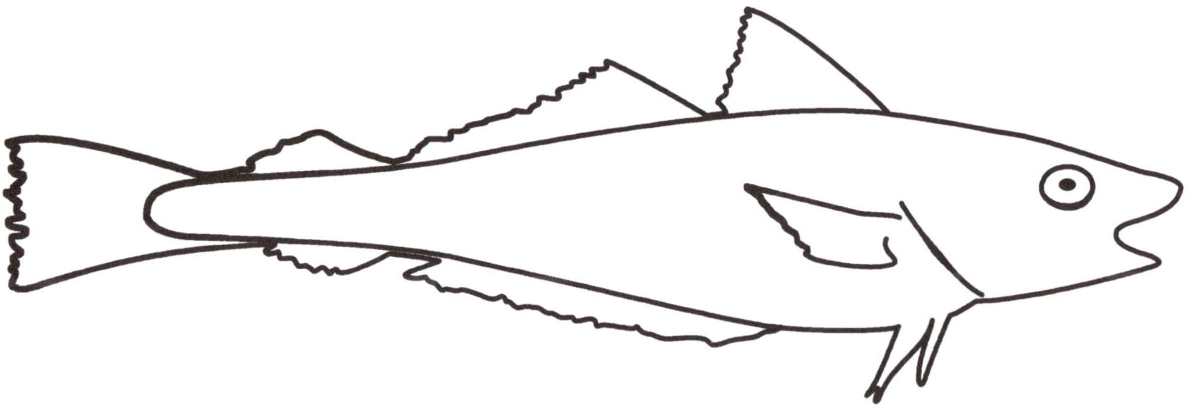

★ *MERLANS À LA CHALUTIÈRE. Plongez dans une casserole d'eau frémissante 150 grammes de laitances de poisson et pochez 3 minutes. Mixez les laitances bien égouttées avec deux échalotes et deux cuillerées à soupe de moutarde. Assaisonnez et ajoutez un verre d'huile d'olive à la préparation comme pour une mayonnaise. Faites pocher les filets de quatre merlans 6 à 8 minutes dans l'eau frémissante. Dressez les filets sur un plat avec des cœurs d'artichauts en boîte bien égouttés et coupés en deux. Nappez l'ensemble avec la sauce. Ce plat peut se manger chaud ou froid.*

Jeux d'esprit

Quelle est, de toutes les choses du monde,
La plus longue et la plus courte,
La plus prompte et la plus lente,
La plus divisible et la plus étendue,
La plus négligée et la plus regrettée,
Sans laquelle rien ne se peut faire ?
Réponse :

Le Temps.
(Voltaire, Deuxième énigme de Zadig.)

Pilules et gélules sont des médicaments difficiles à avaler pour les enfants. Vous pouvez y remédier en les glissant dans une rondelle de banane.

QUAND LA MUSE DÉLIRE.
« Je m'amusais à voir voler les pingouins. »
François-René de Chateaubriand, ***Le Génie du christianisme.***

IL Y A 40 ANS, EN 1965 : Débuts du nouveau spectacle à Bobino de Guy Bedos et Barbara. U Thant n'a pas pu obtenir l'arrêt des hostilités au Cachemire. En France, le pouvoir d'achat du salarié horaire ouvrier progresse de 3, 5 % par an.

On connaît le cheval en chemin, et le cavalier à l'auberge (Chine).

Saint Roland

Vierge 3e décan

JEUDI 15 SEPTEMBRE

LES DRÔLES D'HISTOIRES DE PIERRE BELLEMARE

Des arguments tranchants

Généralement pleines d'attention et de délicatesse à l'égard de leurs amants, les femmes asiatiques peuvent à l'occasion faire montre d'une déterminatio hors du commun, si elles s'estiment bafouées.

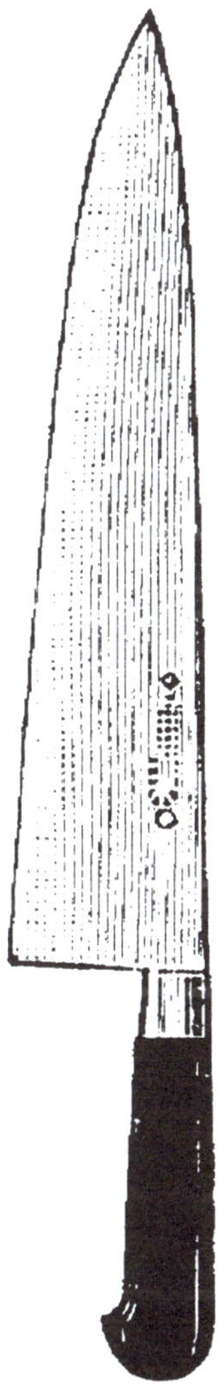

Ainsi, le *Bangkok Post* vient de révéler la punition infligée par Sirilok, une coiffeuse de vingt-sept ans, à Kim, son compagnon volage. Un soir, sans rien laisser entrevoir de ses intentions, Sirilok accueille l'infidèle avec effusion. La jeune femme s'est glissée dans une robe en soie, largement fendue sur la cuisse, et elle a préparé une table de fête, agrémentée de bouquets parfumés. Kim se délecte du festin, se grise d'alcool de riz, et, sitôt la dernière bouchée engloutie, entraîne prestement sa maîtresse vers la chambre à coucher. Au terme d'ébats débridés bien que thaïlandais, Kim s'endort, repu d'amour. Sirilok s'empare alors d'un couteau effilé dissimulé sous le matelas, et sectionne sans hésiter le pénis du félon. Elle s'en saisit, se rue dans la cuisine, s'y enferme, jette l'objet coupable dans le broyeur domestique et le transforme en farce. L'homme décède après d'atroces souffrances tandis que la belle jalouse est conduite en prison.

Si, pour assouvir pleinement sa vengeance, Sirilok avait pris le soin de réduire en charpie le membre coupable, c'est qu'elle n'ignorait pas que le docteur Surasak était capable de contrarier son plan. En effet, ce spécialiste mondial du « rattachement du pénis » avait depuis peu fêté son trente-quatrième « raccommodage », ce qui avait donné prétexte à publication de statistiques. Sachez donc que, dans 75 % des cas, l'amputation se pratique à la lame de rasoir. Que presque toujours la femme fait l'amour le soir même avec sa future victime, obtenant ainsi la satisfaction d'être la dernière à jouir du membre viril incriminé. Sachez encore que l'opération de remise en état dure entre six et neuf heures et que le pénis met entre six et douze mois pour assurer la quasi-totalité de ses fonctions initiales. Sachez enfin que, très souvent, le pénis tranché est jeté aux toilettes et disparaît à tout jamais avec les eaux usées !

IL Y A 40 ANS, EN 1965 : Une enquête de l'Institut français d'opinion publique révèle qu'un peu plus de la moitié des Français déclarent avoir des économies et préfèrent pour la plupart les déposer dans les caisses d'épargne. Début des fêtes pour le vingt-cinquième anniversaire de l'accession au trône du Shah d'Iran.

VENDREDI 16 SEPTEMBRE

Sainte Édith

Vierge 3e décan

Les mains noires font manger le pain blanc.

DÉSENSACHAGE DES FRUITS. Pratiquez le désensachage par temps couvert pour réhabituer les fruits à la lumière et leur permettre d'acquérir de belles couleurs au moment de leur maturité. Commencez par déchirer le sac par en dessous, puis retroussez-le quelques jours plus tard. Disposez les premières récoltes de fruits en attente sur une clayette. Cela vous permettra d'éliminer en quelques jours les fruits malades. Pour conserver les grappes de raisin saines durant l'hiver, placez-les au frais dans de la sciure de bois ou cueillez-les avec un bout de sarment que vous trempez dans une bouteille d'eau.

MENER UNE VIE DE BÂTON DE CHAISE.

Mener une vie désordonnée.

Cette métaphore a son origine dans les bâtons de chaises à porteurs qui menaient une vie itinérante et secouée, étant soulevés, posés, tirés, pour dégager la porte de la chaise, remis en place, etc.

☆ ŒUFS À LA FONDUE DE POIREAUX. Foncez quatre moules à tartelettes de pâte brisée et faites cuire à vide au four thermostat 6 pendant 15 minutes. Faites fondre doucement dans une sauteuse avec un peu de beurre, deux poireaux épluchés, lavés et émincés. Ajoutez un demi-verre d'eau. Laissez mijoter 15 minutes. Réservez quelques effilochées de poireau pour la présentation et mixez le reste en purée que vous mélangez à 80 grammes de béchamel toute prête. Faites pocher quatre œufs dans l'eau vinaigrée. Garnissez chaque tartelette de fondue de poireaux, d'un œuf poché et saupoudrez de gruyère râpé. Enfournez 5 minutes dans le four très chaud, juste pour faire fondre le fromage, et servez.

IL Y A 40 ANS, EN 1965 : Grève de la presse à New York. L'avion Caravelle d'Air France vient de transporter son douze millionnième passager. Création à Paris du *Goûter de généraux* de Boris Vian. Deuxième catastrophe pour les pêcheurs bretons et vendéens : après celle du thon, la campagne de la sardine se solde par un lourd déficit.

En voulant sauter jusqu'à la Lune, vous pourriez tomber dans la boue (États-Unis).

Qui tient la poêle par la queue, la tourne par où il lui plaît.

Saint Renaud

Vierge 3e décan

SAMEDI 17 SEPTEMBRE

Sainte Nadège

Vierge 3e décan

DIMANCHE 18 SEPTEMBRE

Attention : journée sport

Vous êtes peut-être de ceux qui, tous les dimanches, pratiquent leur sport favori. Quel qu'il soit, il est indispensable de le faire dans les meilleures conditions et de se prémunir contre les risques de coups de pompe, baisse de régime, douleurs et bobos. N'oubliez pas de glisser dans votre sac de sport, avec vos baskets, l'indispensable bouteille d'eau. Ajoutez-y vitamines, magnésium et calcium que vous aurez perdus dans l'effort. Vous les trouverez en « sticks » très pratiques et agréables au goût dans les grandes surfaces. Vous êtes fatigué de votre semaine de travail. Il faut donc préparer vos muscles à l'effort, en les massant délicatement avec un baume spécial chauffant, qui vous procurera une sensation très agréable. Renforcez vos points faibles grâce à une bande ; choisissez la plus pratique, sécable à la main, collant sur elle-même et non sur la peau ! Vous éviterez luxations, entorses, tendinites qui empoisonneraient vos séances sportives. Si vous êtes sujet aux douleurs articulaires, emportez un anti-inflammatoire en compresse qui soit à diffusion rapide et dont l'action antalgique dure plusieurs heures. Dès les premiers signes de fatigue, croquez un comprimé à base de sucre rapidement assimilé par l'organisme (dextrose) et de vitamine B1. Il en existe à composition naturelle aux germes de blé.

Prenez-en en prévention si vous devez fournir un effort intense. Quand on pratique une activité physique, on n'est jamais à l'abri de bobos divers : contre les coups, bleus et autres contusions, appliquez une crème ou un gel qui allie aux vertus de l'arnica une sensation bienfaisante de froid calmant la douleur. Vaporisez sur la zone douloureuse deux à trois fois par jour ; peut-être avez-vous aussi dans une poche de votre sac ces fameux petits granules homéopathiques d'arnica 5 ou 7 CH… En rentrant à la maison après votre séance de sport, rien de tel pour vous relaxer qu'un bon bain tiède prolongé. Agrémentez-le d'huiles essentielles d'orange, de muscade, de bouleau, de lavandin, et de basilic ; pour un effet optimal, évitez de vous rincer. Et surtout, prenez votre temps… Le travail, c'est pour demain.

IL Y A 40 ANS, EN 1965 : Aux élections législatives en RFA, les chrétiens-démocrates, parti du chancelier Erhard, l'emportent. Jacques Anquetil est vainqueur, au Parc des Princes, du Grand prix cycliste des Nations. Madeleine Renaud joue à New York *Oh ! les beaux jours !*, de Samuel Beckett.

LUNDI 19 SEPTEMBRE

Sainte Émilie

Vierge 3e décan

Celui qui regarde au-dessus de soi a mal au cou (Monde arabe).

LA SCIENCE AMUSANTE

LA PIÈCE ÉCHAPPÉE. Choisissez un verre à liqueur de forme conique. Placez au fond, une pièce de 2 centimes d'euros, et au-dessus la pièce de 2 euros, qui doit ne descendre que très peu dans le verre, se plaçant comme une sorte de couvercle.

Le pari : sans toucher au verre, ni à la pièce de 2 euros, il faut faire sortir la pièce de 2 centimes.

EXPLICATION : Il suffit pour cela de souffler violemment sur le bord de la pièce de 2 euros ; celle-ci oscille autour de son diamètre pour se placer verticalement, et, en même temps l'air que votre souffle a comprimé sous la pièce de 2 centimes la fait sauter hors du verre, puis comme par magie, la pièce de 2 euros, revient à sa position horizontale.

Si des timbres gagnés par l'humidité se sont collés les uns aux autres, placez-les au congélateur un moment. Le froid les détachera.

☆ *TOMATES AU YAOURT. Débitez en dés quatre grosses tomates bien fermes épépinées et pelées. Mélangez à trois yaourts nature mixés avec des feuilles de menthe fraîche, à doser selon votre goût, sel et poivre. Laissez au réfrigérateur 1 heure. Servez avec des œufs durs coupés en deux.*

IL Y A 40 ANS, EN 1965 : Des diamants d'une valeur de1 400 000 francs suisses ont disparu entre Tel-Aviv et Chiasso, en Suisse. Il n'y a plus de droit de douane pour les petits colis en provenance du Marché commun. Les industriels de l'alimentation animale affirment qu'il n'y a pas d'hormones dans les poulets français.

Le savon est gris, mais il lave blanc (Russie).

Saint Davy

Vierge 3e décan

MARDI 20 SEPTEMBRE

LES DRÔLES D'HISTOIRES DE PIERRE BELLEMARE

Un sacré distrait

Il arrive, dit-on, aux grands savants d'être distraits et ce n'est certes pas Albert Einstein qui a fait mentir cette réputation. Un jour, le téléphone sonne dans son bureau, situé non loin de la villa qu'il habite à Princeton, dans l'État du New Jersey. Sa secrétaire décroche. Au bout du fil, quelqu'un demande :
« Pourriez-vous me dire où habite le professeur Einstein ? »
La secrétaire, qui a reçu des consignes en ce sens, refuse de répondre, mais la voix du correspondant se fait suppliante.
« Écoutez, ne le répétez pas, je suis Albert Einstein, je voudrais rentrer chez moi et j'ai oublié mon adresse… »
Une autre fois, rencontrant un ami au sortir d'une conférence à l'université, il s'adresse à lui chaleureusement :
« Venez dîner demain à la maison. Il y aura le professeur Smithson. C'est un homme très brillant, vous verrez.
– Mais je suis le professeur Smithson », répond l'intéressé.
Alors, Einstein enchaîne, sans se démonter :
« Cela ne fait rien, venez quand même ! »

Boxe au concert

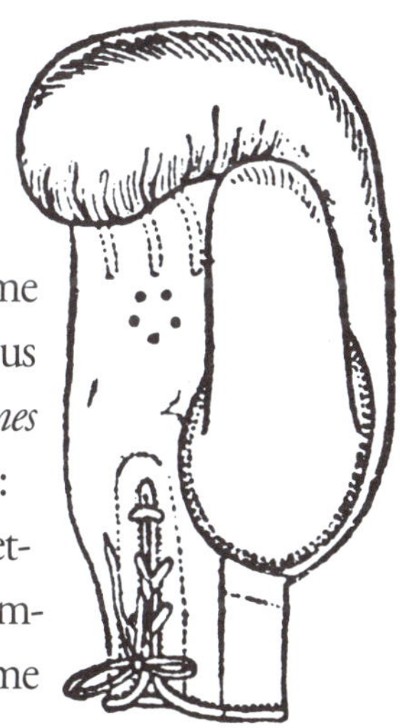

Dans le courant des années 1950, un pianiste sans talent interpréta les Valses de Chopin sans y mettre le moindre sentiment et en frappant comme un sourd sur les notes. Ce fut à un tel point que le concert se termina sous les sifflets. La chose se passait à Londres et, le lendemain, le critique musical du *Times* présenta ce petit événement avec un humour qui n'appartient qu'aux Britanniques :
« Hier soir, le Covent Garden fut le théâtre d'une rencontre musclée opposant le regretté Frédéric Chopin au pianiste Gregory Almageddon. L'interprète s'est attaqué d'emblée au compositeur, qui a résisté vaillamment, mais s'est effondré K.O. à la douzième et dernière reprise. »

Automne

L'AUTOMNE

Voici venu le froid radieux de septembre :
Le vent voudrait entrer et jouer dans les chambres ;
Mais la maison a l'air sévère, ce matin,
Et le laisse dehors qui sanglote au jardin.

Comme toutes les voix de l'été se sont tues !
Pourquoi ne met-on pas de mantes aux statues ?
Tout est transi, tout tremble et tout a peur ; je crois
Que la bise grelotte et que l'eau même a froid.

Les feuilles dans le vent courent comme des folles ;
Elles voudraient aller où les oiseaux s'envolent,
Mais le vent les reprend et barre leur chemin
Elles iront mourir sur les étangs demain.

Le silence est léger et calme ; par minute
Le vent passe au travers comme un joueur de flûte,
Et puis tout redevient encor silencieux,
Et l'Amour qui jouait sous la bonté des cieux

S'en revient pour chauffer devant le feu qui flambe
Ses mains pleines de froid et ses frileuses jambes,
Et la vieille maison qu'il va transfigurer
Tressaille et s'attendrit de le sentir entrer...

Anna de Noailles

IL Y A 40 ANS, EN 1965 : Diffusion à la télévision d'*Ubu Roi*, d'Alfred Jarry, réalisé par Jean-Christophe Averty. État de siège en Bolivie à la suite de nouveaux désordres dans les régions minières. À Léopoldville, attentat manqué contre Moïse Tschombé, Premier ministre congolais.

MERCREDI 21 SEPTEMBRE

Saint Matthieu

Vierge 3e décan

Petit présent trop attendu
N'est point donné mais bien vendu.

PLANTES D'INTÉRIEUR POUR ENTRÉE PEU ÉCLAIRÉE. **Choisissez l'aspidistra, appelée aussi « plante de belle-mère », qui vient des forêts profondes des montagnes japonaises où règne une ombre froide. Les feuilles dressées, de couleur vert sombre, émergent d'un rhizome charnu et épais. Cette plante supporte l'absence de lumière et une atmosphère sèche, mais ne tolère pas le soleil et l'eau stagnante. La *Pteris umbrosa*, sorte de fougère, résiste à l'ombre la plus dense. Ses frondes, vert foncé et brillantes, dépassent 60 centimètres de long sur des pétioles de 50 centimètres brun rougeâtre. Cette plante craint l'eau calcaire. Elle n'a pas de parasite.**

Jeux d'esprit

Je possède un chapeau et n'ai point de tête,
J'ai un pied, mais pas de soulier.

Réponse :

Un champignon.

★ *SALADE TIÈDE DE PÂTES. Faites cuire des mini-macaroni. Préparez une vinaigrette à l'huile de noix et au vinaigre balsamique, sel et poivre. Égouttez les pâtes et versez sur la vinaigrette. Mélangez. Sur une plaque ou une lèchefrite, faites fondre dans le four thermostat 6/7 un crottin de Chavignol par personne, 8 minutes environ. Ajoutez à la salade de pâtes des tomates cocktail coupées en deux, de la roquette et dressez sur chaque assiette votre salade coiffée d'un Chavignol chaud.*

Vous avez acheté ou cueilli des cèpes. Vous constatez qu'ils sont truffés de vers. Il vaut mieux éviter de faire tremper les cèpes dans de l'eau vinaigrée, ce qui les ramollit. La méthode la plus adaptée est de les étouffer en plaçant les champignons bien brossés dans un plat recouvert d'un film alimentaire bien tendu, pour éviter tout passage de l'air. Ils sortiront pour essayer de respirer.

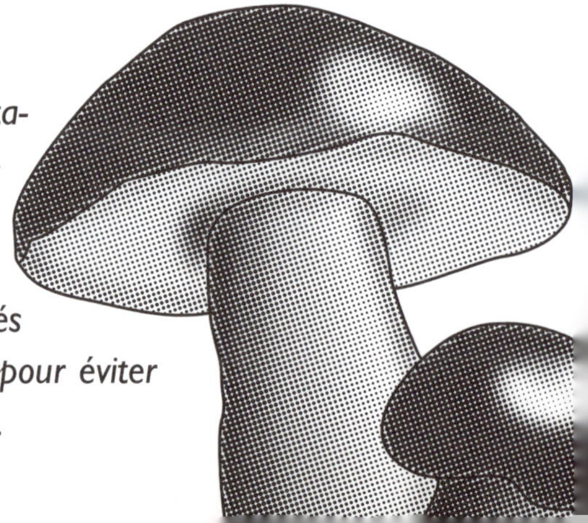

LES DRÔLES D'HISTOIRES DE PIERRE BELLEMARE

Remboursés mais pas satisfaits

Les arnaques peuvent être de petits chefs-d'œuvre. Le summum est atteint lorsqu'elles se déroulent en toute légalité et quand, de surcroît, elles ridiculisent leurs victimes. Et, dans ce domaine, celle réalisée récemment par un Australien resté anonyme mériterait de remporter la palme.

En 1997, paraissent dans des revues pour hommes des annonces publicitaires pour «le Club du Hard». Le principe de cet organisme est simple. Moyennant une inscription de cent dollars australiens (environ autant d'euros), il propose à ses adhérents de leur expédier n'importe quelle cassette porno en provenance de n'importe quel pays du monde et cela, sur tous les sujets, même les plus extrêmes, que l'annonce décrit de la manière la plus alléchante.

Le résultat ne tarde pas : des milliers de lecteurs envoient leur inscription accompagnée de leur chèque. Après quoi, ils attendent plusieurs semaines. Ont-ils été victimes d'une escroquerie, comme c'est fréquent dans ce milieu ? Pas du tout. Ils reçoivent une lettre ainsi rédigée : « Après vérification, il s'avère que la loi australienne interdit l'importation de matériel pornographique. Nous vous présentons nos excuses et vous adressons le remboursement de la somme versée. » Et un chèque de cent dollars est joint à la lettre. Oui, mais voilà ! Le nom de la société propriétaire du club, inscrit en bas du chèque en lettres majuscules, est : SODOMIE, FÉTICHISME ET PERVERSIONS SA. Seulement la moitié des victimes environ oseront porter à la banque le si compromettant document. Parmi les autres, quelques-uns iront (discrètement) porter plainte. Et les policiers leur répondront en dissimulant un sourire que, rien n'étant contraire à la loi, ils sont impuissants.

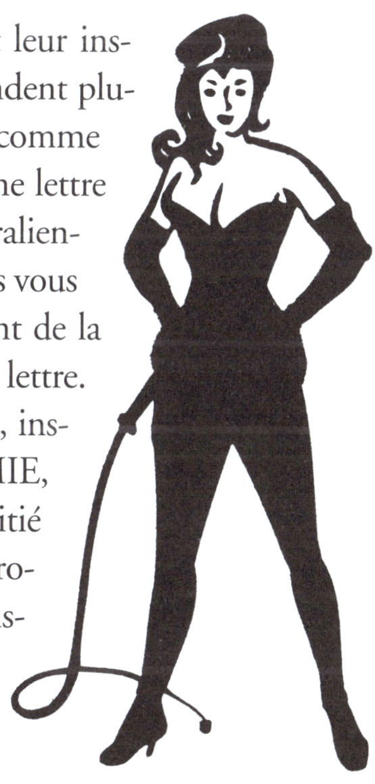

IL Y A 40 ANS, EN 1965 : Le PCF annonce son soutien à la candidature unique de la gauche représentée par François Mitterrand. Sortie à Paris du film des Beatles *Help*. Réouverture, à Paris, du théâtre Marigny, rénové par sa nouvelle directrice Elvire Popesco.

VENDREDI 23 SEPTEMBRE

Saint Constant

Vierge 3e décan

Chacun sait où son soulier le blesse.

POIRES. Obtenez de plus grosses poires en les soutenant par des raphias sur les branches. Si vous les cueillez trop tôt, elles resteront vertes et manqueront de parfum, trop tard, elles blettiront rapidement. Le moment est venu lorsqu'elles se détacheront facilement en opérant un léger mouvement de bascule de la main et qu'elles répandront leur parfum. Coupez une poire en deux : si les pépins sont marron, elle est à point. Ne jetez pas les fruits véreux tombés sous les arbres sur le compost familial, mais détruisez-les par le feu.

ÊTRE DANS LE 36e DESSOUS.

Être dans la misère, dans une situation inférieure.

Au XIXe siècle, « être dans le troisième dessous » signifiait pour une pièce qu'elle connaissait un échec cuisant. L'expression faisait référence aux étages de sous-sol de la scène d'un théâtre à l'italienne, nécessaires à la manœuvre des décors, souvent au nombre de trois. Au 36e dessous, on est tombé dans la misère ; le chiffre 36, amplifiant la situation de désastre, est cependant aussi lié au théâtre : il existe les« 36 raisons d'Arlequin » et Georges Polti a dénombré « 36 situations dramatiques ».

Pour assurer une bonne stabilité aux bibelots sur un meuble ou une étagère, fixez-les sur leur support avec un adhésif double face qui se décolle facilement en cas de besoin. Un meuble verni ou laqué risque toutefois d'être endommagé par la colle du ruban adhésif. Il existe une pâte spéciale qui fait le même usage, mais marque moins le bois ciré. On le trouve généralement au rayon matériel de bureau dans les grandes surfaces.

★ CROQUETTES DE RIZ AU THON. Faites cuire 150 grammes de riz, égouttez et laissez refroidir. Incorporez 2 œufs battus, puis du thon naturel en boîte bien égoutté, assaisonnez. Cassez un œuf, ajoutez le jaune à la préparation, battez le blanc et passez dedans les croquettes que vous faites dorer dans l'huile bien chaude.

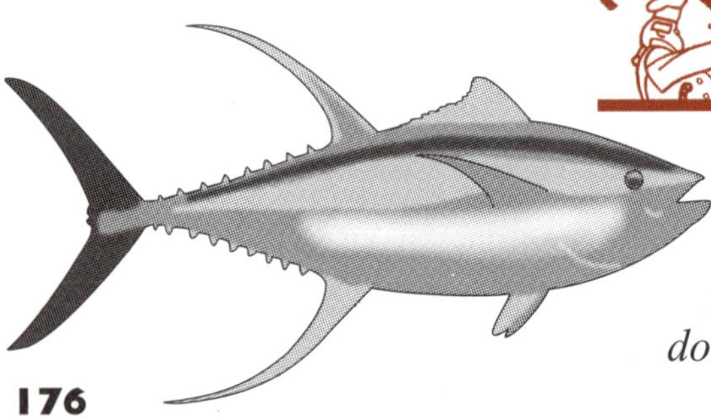

IL Y A 40 ANS, EN 1965 : Pluies diluviennes sur le Maroc. Inauguration au Louvre d'une exposition des peintres français provenant des collections des musées de Moscou et de Leningrad. Des caméras de surveillance sont installées pour améliorer la circulation à Paris, place de la Concorde.

Même le lilas blanc a une ombre.

Saint Thècle

Balance 1er décan

SAMEDI 24 SEPTEMBRE

Des soupes et des amours
Les premières sont les meilleures.

Saint Hermann

Balance 1er décan

DIMANCHE 25 SEPTEMBRE

Conservation des fleurs séchées

Le séchage à l'air est simple, facile, économique. Les fleurs entrant dans la constitution de bouquets secs doivent être cueillies après évaporation de la rosée, mais avant que le soleil ne les dessèche. Choisissez les plus belles, car le séchage soulignera des imperfections. Les fleurs bleues, orange et roses sont celles qui conserveront le mieux leur couleur. Parmi les végétaux supportant le mieux ce procédé : astible, clématite, delphinium, digitale, gaillarde, géranium, gypsophile, hémérocalle, hortensia, immortelle, lis, muguet, myosotis, pivoine, primevère, rose rouge, sauge, statice. Dépouillez les tiges de leurs feuilles qui sèchent plus lentement. Placez les queues de vos fleurs dans l'eau, pendant quelques heures, avant de les plonger dans un verre rempli de deux tiers d'eau et un tiers de glycérine. Lorsque l'eau et la glycérine seront assez absorbées, vous pourrez les suspendre (tête en bas) par groupe de six à dix tiges retenues par une bande élastique. Serrez bien vos liens car, pendant le séchage, les tiges rétrécissent. Les différents groupes de fleurs ne doivent pas se toucher. L'opération peut prendre une à trois semaines et parfois plus. Si vous portez votre choix sur des grosses fleurs, suspendez-les séparément. Il serait dommage de les abîmer en essayant de les démêler. Choisissez un endroit sec et frais – les fleurs sont sensibles aux rayons du soleil, l'obscurité doit donc être totale afin qu'elles puissent conserver le plus possible leurs couleurs. Certaines plantes préfèrent sécher la tête en haut : les gypsophiles, les capsules de pavots, les lanternes chinoises, les chardons décoratifs (échinops) et les graminées, ce qui leur donne une courbe gracieuse. Il faut simplement les placer dans un vase sans eau. Cueillez les immortelles avant leur plein épanouissement ; leurs tiges sont fragiles, enfilez-y une broche que vous pliez en crochet. Attendez la parfaite plénitude pour traiter chardons, monnaie-du-pape et physalis (en octobre). Après le séchage, protégez les fleurs du vieillissement, en les vaporisant avec une sorte de laque de qualité provenant de boutiques artisanales.

IL Y A 40 ANS, EN 1965 : La reine d'Angleterre Élisabeth II a nommé les Beatles membres de l'ordre de l'Empire britannique. Ouverture de la nouvelle gare Montparnasse, place Bienvenue. En raison du nombre croissant d'attentats, le gouvernement britannique suspend la constitution d'Aden.

LUNDI 26 SEPTEMBRE

Saint Côme, saint Damien

Balance 1er décan

Le vin est innocent, l'ivrogne seul est coupable (Russie).

TRANSPLANTATION DES CONIFÈRES. La plantation des conifères doit débuter maintenant et être achevée le 15 octobre. Ils ont besoin de refaire leurs racines avant l'hiver. Sinon, attendez le printemps. Pour que la motte soit assez compacte, arrosez copieusement autour de l'arbuste ou de l'arbre la veille. Faites une tranchée de 40 centimètres de profondeur à l'aplomb des branches les plus larges. Creusez ensuite à l'horizontale pour arriver à soulever la motte. Basculez le sujet et coupez net au sécateur les racines ayant plus de 1 centimètre d'épaisseur. Empaquetez et ficelez la motte dans une bâche plastique pour la déplacer en toute sécurité.

LES PERLES DANS NOS RAPPORTS AVEC L'ADMINISTRATION.

Après le passage de ma belle-mère, tous les arbres du jardin sont morts…

Avec des tuteurs en bambou de bonne dimension, vous pourrez vous fabriquer des « rallonges » pour vos plantes. Coupez des tronçons de 30 centimètres en taillant l'une de leurs extrémités en biseau. Au fur et à mesure de l'évolution en hauteur de votre végétal, vous pourrez ajouter à la canne fichée en terre successivement plusieurs tronçons en les insérant les uns dans les autres.

★ JAMBONNEAUX. Faites cuire les jambonneaux frais 2 heures 30 dans une eau bien salée avec laurier, clous de girofles, poivre en grain, oignons. Ils s'accommodent de différentes manières. Servez-les avec un céleri rémoulade relevé par du raifort râpé ou tout simplement avec une salade de pommes de terre tiède aux oignons et aux fines herbes, avec une vinaigrette bien relevée. Ces jambonneaux étant généralement bon marché, mais demandant une cuisson longue, faites-en cuire quelques supplémentaires que vous congèlerez. Leur chair cuite peut également servir de base à des tourtes savoureuses.

LES DRÔLES D'HISTOIRES DE PIERRE BELLEMARE

Insatiable don juan

À soixante-quatorze ans, Glynn Wolfe, Scotty pour les intimes, chirurgien-dentiste à la retraite, figure dans la dernière édition du Livre des records comme le détenteur mondial du nombre de mariages et de… divorces ! En un demi-siècle, il a en effet passé la bague au doigt à vingt-cinq femmes. L'union la plus longue a duré cinq ans, la plus courte ayant capoté au bout de trente-huit jours seulement de vie commune.

« Aujourd'hui, les mœurs sont dissolues, les gens ont des relations intimes à tort et à travers. Moi, je déteste vivre dans le péché, explique le séducteur. Quand une femme me plaît, je divorce et je me remarie. En compagnie de Jennifer, ma dernière épouse, de cinquante et un ans ma cadette, j'étudie l'économie à l'université du Nebraska. J'apprends ainsi à mieux gérer mon budget. Les vingt-quatre pensions alimentaires que je verse chaque mois à mes ex-femmes exigent un réel savoir-faire. »

Courte lune de miel ! Une procédure de divorce est déjà en cours depuis que Jennifer a fait la connaissance, sur les bancs de l'université, de Peter, l'un de ses quarante beaux-fils, un jeunot d'une trentaine d'années. Qu'importe ! Scotty a déjà des vues sur une jeune actrice de vingt-quatre ans, dont il espère bien faire sa vingt-sixième épouse.

« Danny, ma nouvelle fiancée, s'est rendue chez moi en tout bien tout honneur, a révélé le don juan. Je lui ai ouvert mes placards afin qu'elle choisisse sa tenue de cérémonie. J'ai toujours en stock cinq ou six robes de mariage de toutes tailles et de tous styles, au cas où… »

IL Y A 40 ANS, EN 1965 : Le Pakistan demande à l'ONU l'envoi de Casques bleus au Cachemire. De nouveaux autobus rouges et gris ont fait leur apparition à Paris. Inauguration, à Strasbourg, du palais des Droits de l'Homme du Conseil de l'Europe.

MERCREDI 28 SEPTEMBRE

Saint Wenceslas

Balance 1er décan

Le sage parle des idées, l'intelligent des faits, le vulgaire de ce qu'il mange (Chine).

★★ *TOURTE AUX DEUX VIANDES. Faites réduire 1 verre de vin blanc avec 2 échalotes, puis ajoutez 350 grammes de veau haché que vous cuisez rapidement 5 minutes dans une poêle en le tournant sans cesse. Laissez refroidir et mélangez à 350 grammes de bœuf haché cru, 1 œuf, 1 cuillerée de crème fraîche, et un hachis de 2 oignons, 3 gousses d'ail, et 1 botte de persil ; assaisonnez. Étendez une pâte brisée sur une tourtière, garnissez de la préparation, et couvrez d'une pâte brisée dont vous humectez les bords pour la souder à celle du dessous en pressant avec les doigts. Badigeonnez au jaune d'œuf avec un peu d'eau. Mettez 45 minutes au four thermostat 7. Servez avec une salade.*

Jardiner en sabots de bois par temps de pluie est agréable mais pas sans danger. Pour vous éviter de glisser et de tomber, fixez des capsules de bière (crans vers le bas), sous les semelles avec un clou.

LA SCIENCE AMUSANTE

LA PIÈCE POMPÉE. Au fond d'une coupe remplie d'eau, mettez une pièce de monnaie et priez un enfant de se baisser jusqu'à ce que son œil, le bord de la coupe et le point du contour de la pièce qui est situé de son côté se trouvent sur la même ligne. À ce moment, ce n'est plus la pièce elle-même qu'il aperçoit, mais son image créée par la réfraction.

L'enfant ne bougeant plus, annoncez-lui que vous allez faire disparaître la pièce en la pompant.

Pour cela, il suffit d'extraire le liquide en l'aspirant à l'aide d'un tube ou d'une seringue. À ce moment-là, l'enfant, qui n'aura pas bougé, ne voit plus la pièce cachée par la paroi. Remettez le liquide, et la pièce réapparaît aussitôt !

LES DRÔLES D'HISTOIRES DE PIERRE BELLEMARE

Messager d'amour

John Ellsworth a deux passions : la colombophilie et Samantha, sa fiancée. Ce jeune Texan de vingt-cinq ans a installé un pigeonnier dans le ranch de ses parents et il a pris l'habitude de correspondre grâce à ses messagers ailés avec plusieurs de ses amis.

Aussi décide-t-il de réunir ses deux passions. Lorsque le moment est venu de demander officiellement Samantha en mariage, il le fait avec un pigeon voyageur. Le message est bref, mais explicite : « Samantha, veux-tu m'épouser ? John. » Et, pour la réponse de la belle, il inscrit en dessous son numéro de téléphone.

Les heures suivantes, il attend fébrilement son coup de fil, mais l'appareil reste muet. Ce n'est que le lendemain qu'il sonne. C'est une voix féminine, mais ce n'est pas celle de Samantha.

« Votre pigeon est arrivé chez moi par erreur. Voulez-vous venir le reprendre ? »

Confus, John Ellsworth se présente à l'adresse qu'on lui a indiquée. C'est une jeune fille de l'âge de Samantha, tout à fait charmante et qui lui dit s'appeler Cynthia. Elle a un sourire.

« Une demande en mariage par pigeon voyageur, c'est très romantique ! »

Elle l'invite à prendre un café. Ils sympathisent, ils se revoient et ils se plaisent tant qu'ils décident de se marier. Mais, sa nouvelle demande, John Ellsworth l'a faite de vive voix. Quant à sa lettre de rupture à Samantha, pour être sûr que, cette fois, elle lui parvienne, il la lui a envoyée par la poste.

IL Y A 40 ANS, EN 1965 : L'Inde exige le retrait des troupes pakistanaises dans les vingt-quatre heures. Le Ve Plan est approuvé par le Conseil économique et social, mais avec des critiques sévères. Les châteaux de Monte-Cristo et d'If d'Alexandre Dumas à Marly-le-Roi sont à vendre.

VENDREDI 30 SEPTEMBRE

Saint Jérôme

Balance Ier décan

Belle-mère, fût-elle de sucre, est amère (Espagne).

☆☆ QUENELLES AU FROMAGE. Battez 4 œufs avec 500 grammes de fromage blanc bien égoutté et incorporez 200 grammes de farine. Assaisonnez et ajoutez fines herbes et muscade. Formez des quenelles à la cuiller et glissez-les dans un bouillon de volaille (en cube). Laissez cuire environ 10 à 15 minutes. Les quenelles sont cuites lorsqu'elles remontent à la surface. Roulez-les dans un mélange de chapelure et de noix hachées avec très peu d'huile. Passez-les au four très chaud 5 à 6 minutes. Servez avec des radis roses émincés ou râpés à la vinaigrette.

La nuit, en voiture, pour ne pas être ébloui par les phares des véhicules qui vous suivent, découpez le pied d'un collant de nylon usagé, enfilez-le sur le rétroviseur extérieur et maintenez-le à son extrémité avec un élastique. Vous verrez les véhicules vous suivre sans toutefois être aveuglé.

Le mot de la fin

« Oh, mon Dieu ! Venez à mon aide, hâtez-vous de venir me secourir. »
Louis XIV.

UN JARDIN TROP RÉGULIER.

Votre jardin a une forme rectangulaire ou carrée, bordée par des murs ou des haies très linéaires, et vous aimeriez en adoucir les lignes. Placez un groupe de plantes buissonnantes à l'écart du centre du jardin, très simples de base, à la portée du plus paresseux des jardiniers, pour apporter un nouvel intérêt à un jardin trop régulier.

IL Y A 40 ANS, EN 1965 : Violents combats dans le delta du Mékong. Sur les écrans, sortie du film *La Métamorphose des cloportes* de Pierre Granier-Deferre, avec des dialogues de Michel Audiard. La population mondiale est à ce jour de 3 200 millions d'habitants.

On voit plus de vieux ivrognes que de vieux médecins.

Sainte Thérèse de l'Enfant Jésus

Balance 1er décan

SAMEDI 1 OCTOBRE

Il ne faut pas puiser au ruisseau quand on peut puiser à la source.

Saint Léger

Balance 1er décan

DIMANCHE 2 OCTOBRE

Automne dans les sous-bois

C'est à cette période de l'année que les arbres sont à leur apogée, somptueux par le volume de leur ramure et la couleur de leurs feuilles. La nature généreuse vous incite à cueillir quelques branches… Faites-le de manière raisonnable. Des règles de bon sens sont à observer. Il existe une charte du promeneur en forêt. Que vous soyez en voiture ou à pied, il faut respecter les routes forestières fermées et les chemins balisés, faire attention à son chien, et laisser les animaux en paix, ils sont chez eux. Le VTT est le bienvenu, à condition de respecter à la fois la nature et les autres promeneurs. L'automne fait rêver aux feux de bois, et vous avez l'intention de ramener quelques branches et bûchettes à brûler dans votre cheminée. Pour le ramassage de bois mort, comme pour la plupart des ramassages et cueillettes de toutes sortes, il est conseillé de demander une autorisation à l'ONF de votre département, à même de vous donner toutes informations utiles, car certaines forêts appartiennent à des particuliers. On trouve des châtaigniers un peu partout en France, dans les sols acides (où ils peuvent vivre mille ans). Mais ne confondez pas les châtaignes avec les marrons d'Inde, non comestibles ! Dans la pratique, sur les terrains de l'ONF, les récoltes familiales sont tolérées. Il existe toutefois des régions en France plus draconiennes qui imposent des dates. De même pour les champignons : il faut suivre la réglementation. Les amateurs savent que c'est par temps doux et humide, quand le soleil a succédé à la pluie, dans les forêts de chênes, de pins, de châtaigniers, de bouleaux qu'ils se récoltent. Il faut avoir la prudence de mettre les spécimens dont on n'est pas sûr dans un panier différent. N'arrachez pas les champignons, mais coupez la queue au ras du sol avec un couteau en en laissant toujours un, le plus vieux, pour qu'il assure la pérennité de l'emplacement en offrant ses spores au sol. Ne mettez jamais vos champignons dans des poches en matière plastique : ils fermentent, s'écrasent et se détériorent. C'est à l'automne aussi que tous les jours, de la fin de l'après-midi au crépuscule, vous pouvez entendre – en vous tenant à bonne distance pour ne pas déranger ! – le brame du cerf, ce cri rauque et fort qui appelle les biches à la saison des amours…

IL Y A 40 ANS, EN 1965 : En Indonésie, les forces loyalistes semblent avoir la situation en main. À Moscou, entrée de M. Brejnev au Præsidium du Soviet suprême. Disparu depuis le 13 mars, Che Guevara est officiellement exclu de la hiérarchie du Parti cubain uni de la Révolution socialiste.

LUNDI 3 OCTOBRE

Saint Gérard

Balance 1er décan

La vie est une ivresse continuelle : le plaisir passe, le mal de tête reste (Perse).

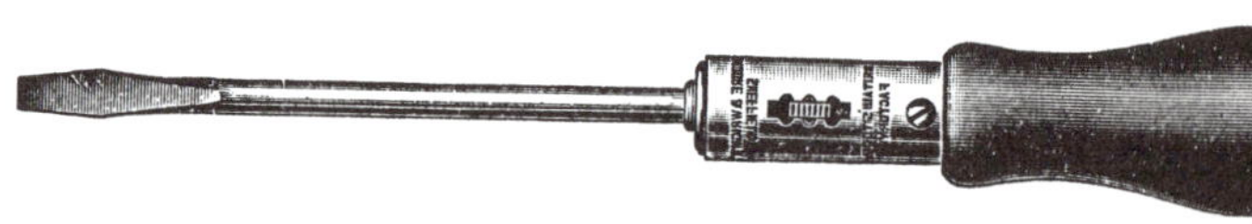

La serrure de votre abri de jardin est bloquée. Démontez-la à l'aide d'un tournevis. Vous constatez que la rouille a envahi son mécanisme intérieur. Faites tourner la clé et voyez si elle fait bien fonctionner toutes ses pièces ; pour enlever la rouille, plongez votre serrure durant plusieurs heures dans un bac rempli de pétrole. Séchez-la avec un chiffon et passez de l'huile sur l'ensemble.

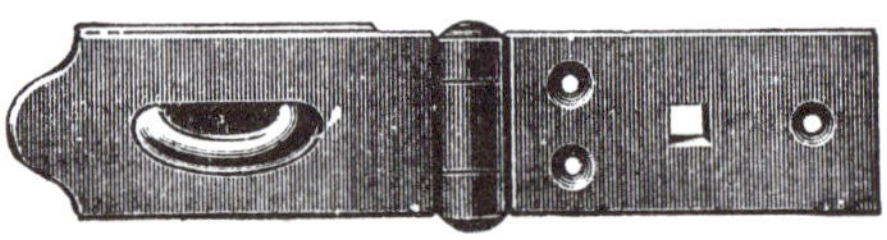

HEUCHÈRES. Les heuchères sont des vivaces faciles à cultiver qui se plantent au soleil ou à mi-ombre. Il en existe de nombreuses variétés, intéressantes par leur floraison et la diversité de leurs feuillages persistants en hiver, dont certains ont des reflets cuivrés. Les fleurs sont pourpres, rose vif ou carmin. Leurs inflorescences vaporeuses s'utilisent aussi en bouquets séchés. En octobre, déterrez les touffes, divisez-les pour prélever de jeunes éclats à replanter dans des trous enrichis de terreau.

QUAND LA PRESSE S'EMBALLE. Condamné à un an d'emprisonnement dont douze mois avec sursis.
Le Monde

COUPER L'HERBE SOUS LE PIED.
Frustrer quelqu'un d'un avantage escompté en le devançant.
Cette locution, qui date du XVIe siècle, se retrouve chez Brantôme. Le verbe « couper » donne l'idée de rupture, et le mot « herbe » avait la valeur de « moyen de subsistance ».

IL Y A 40 ANS, EN 1965 : Le pape Paul VI lance un appel solennel à la paix. L'Indonésie est au bord de la guerre civile. Nouvelles rames de métro à six voitures sur la ligne n° 4, Porte d'Orléans-Porte de Clignancourt, qui augmenteront la capacité de transport de plus de 20 %.

**La jeune fille chaste,
c'est celle à qui on n'a rien demandé
(États-Unis).**

Saint François d'Assise

Balance 2e décan

LES DRÔLES D'HISTOIRES DE PIERRE BELLEMARE

Les poux

C'est un curieux problème que se posent les autorités scolaires de Sofia, capitale de la Bulgarie, en ce mois d'octobre 2000. Alors que des mesures ont été prises pour lutter contre une épidémie de poux dans les écoles, la situation, loin de s'être améliorée, n'a fait que se détériorer.

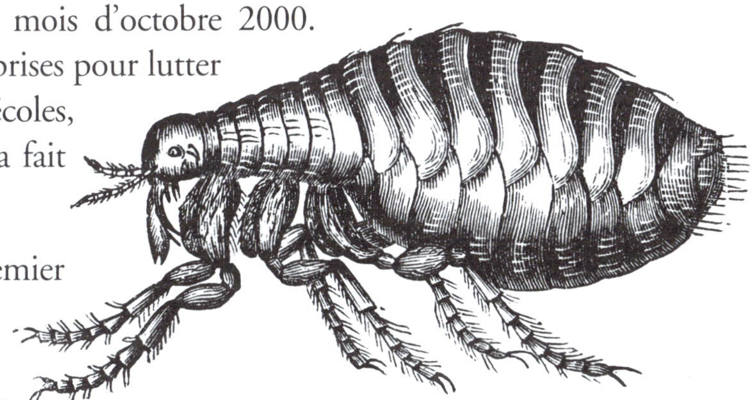

Un enquêteur est nommé. Dans un premier temps, il n'obtient aucun résultat. Les mesures édictées consistent à renvoyer les élèves contaminés trois jours chez eux pour qu'ils subissent un traitement approprié. Le nécessaire a bien été fait, mais, semble-t-il, sans le moindre résultat…

C'est en allant interroger les élèves eux-mêmes, que l'enquêteur de l'Éducation nationale finit par découvrir le pot aux roses. Il surprend un jeune garçon qui cache une boîte d'allumettes et tente de s'en débarrasser, mais l'inspecteur s'en saisit, l'ouvre et découvre à l'intérieur… une dizaine de poux !

Le coupable est bien obligé d'avouer. Depuis les mesures obligeant les porteurs de poux à quitter l'école pour trois jours, il s'est développé un véritable trafic de ces bestioles dans tout Sofia. Pour échapper aux cours, les élèves achètent des poux aux élèves contaminés. Une fois rentrés chez eux, avant de subir leur traitement, ils les mettent précieusement de côté, pour les revendre à leur tour. La cote de ces petits animaux atteint des sommets au moment des examens.

À la suite de cela, l'administration scolaire a supprimé les mesures de renvoi sanitaire à la maison et la situation a fini par redevenir normale.

IL Y A 40 ANS, EN 1965 : Le XVIe anniversaire de la Fête nationale chinoise a occasionné à Pékin de nombreuses manifestations en présence de Mao Tsé-toung. À Rio de Janeiro, retour de l'ancien président Kubitschek et victoire complète des partis nationalistes de l'opposition.

MERCREDI 5 OCTOBRE

Sainte Fleur

Balance 2e décan

Tant qu'on vit, on s'instruit et pourtant on meurt bête (Lituanie).

BULBES DE PRINTEMPS. Décorez le bas de vos haies avec des crocus, narcisses ou jonquilles, scilles. Pour faire durer la floraison des crocus, explorez la catégorie des espèces botaniques, qui fleurissent précocement. Les crocus à grandes fleurs leur succéderont, en mars et avril. Dans les terres lourdes, enterrez les bulbes un peu moins profondément (deux fois leur hauteur au lieu de trois fois).

★★ ŒUFS DURS AU SAUMON. Pour six personnes, il vous faut neuf œufs, 1 boîte de saumon (200 grammes), et une brique de béchamel. Faites cuire les œufs durs et coupez-les en deux. Retirez les jaunes que vous mélangez au saumon bien égoutté, avec un hachis de persil, 50 grammes de beurre ramolli et 1 centilitre de cognac. Prélevez 3 grosses cuillerées de béchamel que vous ajoutez à la préparation. Remplissez les demi-blancs d'œufs de la farce et posez les œufs dans un plat beurré et nappez de la sauce béchamel additionnée de crevettes ou de champignons à votre gré. Saupoudrez de gruyère râpé. Faites cuire au four environ 20 minutes.

Le mot de la fin

« Je crois bien que ce sera cette nuit la fin. À boire ! À boire ! »
Jacques Offenbach, 5 octobre 1880.

Il y a des précautions élémentaires à prendre pour « détacher » quelle que soit la nature de la tache : ne frottez jamais avec de l'eau chaude ou du sel, qui fixent les taches ; imbibez la tache par tamponnement circulaire ; absorbez une tache liquide sans la frotter ; faites toujours un essai de produit sur une zone non visible et ne vous attaquez qu'aux taches que vous avez identifiées ; rincez toujours.

IL Y A 40 ANS, EN 1965 : À Madrid : nomination de M. Iturmendi à la tête des Cortes : ce sera une des meilleures garanties pour les « continuistes » du régime franquiste. Mary Pickford, pionnière du Septième Art, est à Paris pour faire don à la Cinémathèque française de plusieurs de ses films.

La vérité est comme l'huile : elle monte toujours à la surface.

Saint Bruno

Balance 2e décan

JEUDI 6 OCTOBRE

LES DRÔLES D'HISTOIRES DE PIERRE BELLEMARE

Cambrioleur ambulancier

Igor et Vladimir, deux petits malfrats habitant la banlieue de Moscou, décident de réaliser le premier cambriolage de leur jeune carrière. Pour cela, ils choisissent le pavillon d'une de leurs voisines. Celle-ci, qui vit seule, est enceinte. L'ambulance est venue la chercher pour l'emmener à la maternité : ils peuvent donc opérer en toute tranquillité.

La nuit suivante, ils sont sur les lieux. Bien que ce ne soit pas très loin, ils ont pris leur voiture, afin d'emporter discrètement leur butin. Ils s'introduisent dans l'habitation en cassant un carreau et se mettent à la recherche de tout ce qui peut avoir une valeur, sans s'inquiéter du bruit, puisqu'il n'y a personne. C'est alors qu'ils entendent des cris, en provenance de la chambre :

« À l'aide ! Venez vite ! »

C'est leur voisine : elle leur explique qu'elle est rentrée de la clinique parce que l'accouchement n'était pas pour tout de suite, mais qu'en entendant des cambrioleurs, elle a été prise de panique au point que, maintenant, c'est bel et bien commencé.

Pour être des malfrats, les deux jeunes gens ne manquent pas de conscience, et ils décident de se partager la tâche. Igor emmène la jeune femme à la clinique, tandis que Vladimir continue tranquillement son fric-frac. Une fois sa bonne action accomplie, son complice vient le rejoindre et ils s'enfuient avec leur butin.

Par la suite, tous deux ont été rapidement confondus et arrêtés. Ils sont en instance de jugement, et espèrent que les circonstances si particulières de leur vol leur vaudront l'indulgence du tribunal. En attendant, Igor a demandé d'être le parrain de l'enfant, ce qui lui a été volontiers accordé.

IL Y A 40 ANS, EN 1965 : Ouverture à Paris, à la porte de Versailles, du Salon de l'Automobile. Échec soviétique de la tentative de prise de contact avec le sol lunaire par Lunik VII. Problèmes entre la Grèce et la Turquie, à propos du patriarcat de Constantinople et de Chypre.

VENDREDI 7 OCTOBRE

Saint Serge

Balance 2e décan

Peinture et bataille ne sont belles qu'à distance (Espagne).

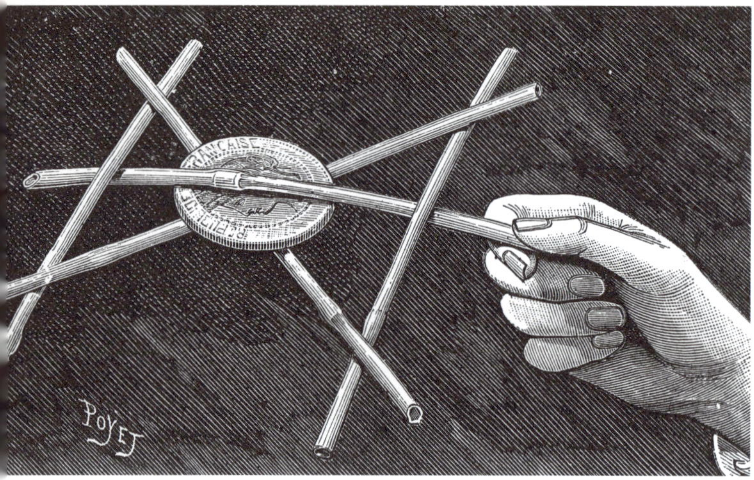

LA SCIENCE AMUSANTE

LES BRINS DE PAILLE. Comment soulever cinq brins de paille de même longueur (10 centimètres environ), en tenant à la main l'extrémité d'un seul d'entre eux ?

Vous serez surpris du temps passé par une personne non prévenue pour trouver la solution.

EXPLICATION : le dessin vous donne la réponse et vous montre comment agencer ces brins de paille, avec une pièce de monnaie légère. Celle-ci empêche le glissement des pailles lors de la construction du système ; mais sa présence n'est pas indispensable.

★★ TOMATES À LA MOUSSELINE DE VOLAILLE. Réduisez en purée au hachoir grille fine 500 grammes de chair de dinde crue. Ajoutez deux blancs d'œufs. Mélangez et assaisonnez. Versez dans un saladier que vous posez dans un récipient plein de glace pilée et que vous mettez au réfrigérateur 2 heures. Incorporez ensuite, sans sortir la préparation de la glace, 7 décilitres de crème épaisse très fraîche par petites quantités à la fois. Coupez le haut de grosses tomates pour les évider en partie, salez, poivrez, remplissez avec la farce, chapeautez et faites cuire à four moyen 25 minutes dans un plat huilé.

Jeux d'esprit

Tout paraît renversé chez moi :
Le laquais précède le maître,
Le manant passe avant le roi,
Le milieu se trouve après la fin,
Le printemps suit l'été,
Noël vient avant la Trinité…
C'en est assez pour me connaître ?

Réponse :

Le dictionnaire.

IL Y A 40 ANS, EN 1965 : Sortie du film *Mary Poppins*, de Robert Stevenson, avec Julie Andrews. Le salaire des femmes est inférieur de 12 % en moyenne aux salaires masculins : le ministre du Travail annonce des mesures antidiscriminatoires. Pluies diluviennes sur le Roussillon.

L'amour sans folie ne vaut pas une sardine (Espagne).

Sainte Pélagie

Balance 2e décan

SAMEDI 8 OCTOBRE

Celui qui pille avec un petit vaisseau est nommé pirate ; celui qui pille avec un grand navire s'appelle conquérant (Grèce).

Saint Denis

Balance 2e décan

DIMANCHE 9 OCTOBRE

Pratiquez-vous le « SEL » ?

Monsieur B., vous êtes un bricoleur du dimanche, vous avez hérité d'un meuble ancien de famille un peu abîmé et vous rêvez de le restaurer vous-même… Mais qui pourrait vous initier à ce savoir-faire ? La réponse est peut-être dans le « système d'échanges local » (SEL) de votre ville ou de votre quartier, dont l'immense réseau s'étend bien au-delà de la France qui en compte déjà plus de trois cent cinquante… (associations loi 1901). Il s'agit d'échanges de biens, de services, de savoirs, au sein d'un groupe de personnes d'une même ville ou d'un même quartier. Les coups de main ponctuels, non répétitifs et de courte durée s'évaluent en unités de mesures considérées comme une monnaie virtuelle et locale propre à chaque SEL. Par exemple, à Paris, ce sont des « panames », à Bordeaux, des « bouchons », ailleurs encore des « grains ». Différent du troc où deux personnes échangent au même moment deux choses qui ont à peu près la même valeur, le SEL permet de transférer, à différentes personnes et différents moments, des services, des savoirs ou des biens qui ont des valeurs différentes. M. A. vous offre à vous, monsieur B., une initiation à la restauration de votre meuble ancien. Vous, monsieur B., gardez les enfants de M. C. qui donnera quelques cours d'informatique au fils de M. A. Pour adhérer, vous signez une charte très rigoureuse. Tout échange donne lieu à un crédit ou à un débit d'unités sur le compte d'adhérent qui vous est attribué en entrant. Les réunions se font dans une ambiance très conviviale destinée à mettre en relation les offreurs et les demandeurs de tous horizons professionnels et de tous âges. Les secteurs d'échanges sont des plus variés. Vous avez l'impression de n'avoir rien à proposer ? Chacun possède une richesse à donner aux autres, même si on l'ignore. Il s'agit d'un acte de solidarité où chacun met en valeur ses compétences. Pour connaître le SEL près de chez vous : http://www.selidaire.org/

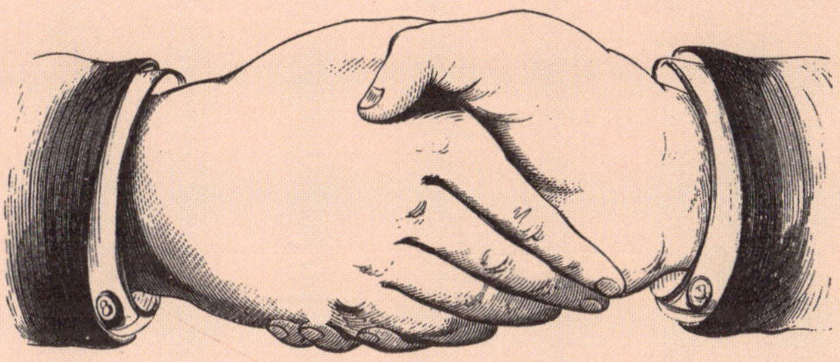

IL Y A 40 ANS, EN 1965 : Le mouvement anticommuniste s'amplifie en Indonésie. Selon une enquête des PTT, les Français choisissent comme équipements indispensables, dans l'ordre : la cuisinière, le réfrigérateur, la machine à laver, l'automobile, le téléphone, la télévision et l'électrophone.

LUNDI 10 OCTOBRE

Saint Ghislain

Balance 2e décan

Une veuve potelée doit être remariée, ou enterrée, ou cloîtrée (Espagne).

THUYAS. N'oubliez pas de tailler les thuyas si vous ne l'avez pas fait cet été. Sinon ils vont prendre une importance trop grande, et plus vous attendez, plus ce sera difficile de réduire leur encombrement. Mais ne taillez pas vos cotonéasters et vos pyracanthas. C'est en hiver qu'ils sont les plus beaux avec leurs baies multicolores.

QUAND LA MUSE DÉLIRE.
« Ah ! Ah ! » dit Don Manoël en portugais.
Alexandre Dumas, *Le Collier de la reine.*

★★ POIRES EN PANIER. Épluchez et épépinez des poires encore fermes (type Conférence) en les creusant avec un vide-pomme. Faites-les cuire dans un plat à four moyen pendant 15 minutes avec un peu d'eau. Laissez refroidir. Découpez des rubans de pâte feuilletée sucrée toute prête que vous disposez en croix pour chacune des poires. Placez chaque poire au centre d'une croix, badigeonnez le fruit au pinceau d'un peu de beurre fondu, ramenez les quatre bouts de pâte vers le haut, mouillez et serrez avec les doigts pour entourer le sommet de la poire en laissant libre l'ouverture produite par le vide-pomme. Badigeonnez la pâte avec un jaune d'œuf battu avec du lait. Avec la pâte restante, vous pouvez figurer des feuilles que vous faites adhérer au sommet de la poire. Faites cuire vos préparations 20 minutes à feu moyen. Servez-les tièdes, et faites couler dans l'orifice, selon votre goût, du chocolat chaud fondu ou de la crème fraîche sucrée.

Pour masquer les têtes de clous des éléments en bois que vous venez d'assembler (étagère, placard, etc.), enfoncez-les à 1 millimètre en dessous de la surface. Puis poncez le bois et récupérez la sciure. Mélangez-la à quelques gouttes de colle à bois : vous obtiendrez une pâte de la même couleur que votre élément. Appliquez-la sur les têtes de clou, laissez sécher puis poncez.

LES DRÔLES D'HISTOIRES DE PIERRE BELLEMARE

Super-Hélicoptère

La police d'Ipswich, en Angleterre, n'est pas peu fière, en ce mois d'octobre 2000 ! Elle vient de recevoir un équipement qui fait pâlir de jalousie tous ses collègues du royaume : un super-hélicoptère, grâce auquel les malfaiteurs en fuite seront immanquablement pris. L'appareil peut même évoluer la nuit grâce à un système infrarouge sophistiqué. Il reste maintenant à le rentabiliser, car l'engin a coûté deux millions de livres sterling aux contribuables de la commune.

Mais, dès sa première sortie, il fait preuve de son efficacité : il repère un individu qui s'est réfugié sur le toit d'une maison. Il donne l'alerte et, comme il ne faut à aucun prix rater cette entrée en matière, ce sont plusieurs dizaines de policiers et de nombreux véhicules qui sont envoyés pour cerner le bâtiment.

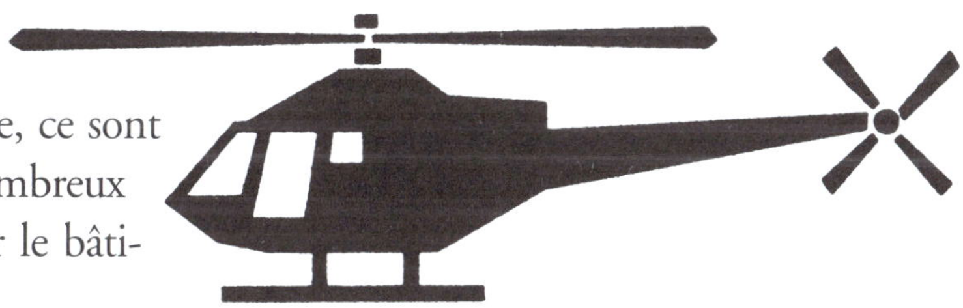

L'homme, totalement terrorisé par ce déploiement de force, se rend immédiatement. Mais, au lieu du redoutable bandit qu'ils s'attendaient à trouver, les agents découvrent qu'il s'agit du propriétaire de la maison. Comme ils lui demandent ce qu'il faisait sur son toit, celui-ci leur répond que c'était précisément pour voir le fameux hélicoptère dont la presse locale avait tant parlé.

Un coup pour rien, donc, et d'autant plus fâcheux qu'exactement au même moment, un véritable braquage a eu lieu dans un autre endroit de la ville. Une banque a été attaquée par trois hommes armés, qui se sont enfuis en voiture. De l'avis général, leur coup était risqué et ils se seraient vraisemblablement fait prendre, si le super-hélicoptère n'avait mobilisé ailleurs une bonne partie des forces de police.

IL Y A 40 ANS, EN 1965 : Arrestation à Java du colonel Untung, organisateur d'un coup d'État le 1er octobre. Fermeture de l'université de Brasilia, en raison de tensions entre étudiants et gouvernement. Quinze mille lignes de téléphone supplémentaires sont installées à Paris.

MERCREDI 12 OCTOBRE

Saint Wilfried

Balance 2e décan

Travaille comme un esclave et mange comme un seigneur (Albanie).

★★ PORC AUX TOMATES CONFITES. *Inciser au milieu d'un filet de porc de 500 grammes avec un couteau pointu – sans toutefois le couper complètement. Réduisez en purée un pot de tomates confites et égouttées (rayon frais), écrasez 100 grammes de gorgonzola, hachez grossièrement 50 grammes de pignons de pin et mélangez le tout. Ouvrez le filet et garnissez de la préparation. Refermez avec du fil de cuisine et assaisonnez. Faites revenir le filet de tous côtés dans l'huile dans une marmite et laissez cuire à fou doux 50 minutes à 1 heure selon l'épaisseur du rôti. Servez froid avec une salade de poivrons.*

Le lave-vaisselle convient à l'argenterie à condition de séparer couverts en argent et couverts en inox et d'utiliser la même marque pour tous les produits : poudre à laver, liquide de rinçage et sel régénérant

VERSER DES LARMES DE CROCODILE.

Ces larmes hypocrites pour émouvoir et tromper viennent d'une légende de l'Antiquité selon laquelle les crocodiles du Nil gémissaient pour attirer leurs victimes.

IL Y A 40 ANS, EN 1965 : Au Congo-Léopoldville, Moïse Tschombé est « démissionné » par le président Kasavubu. Le FC Nantes est éliminé de la Coupe d'Europe de football à la suite de son match nul contre Belgrade (2 -2).

Qui mange seul sa côtelette sera seul à seller sa bête (Espagne).

LES DRÔLES D'HISTOIRES DE PIERRE BELLEMARE

Le Landru de Munich

Carlotta Schmidt, une vieille dame qui habite la banlieue de Munich et se présente, ce jour d'octobre 2003, au commissariat de son quartier, a l'air toute retournée. Il y a de quoi, car c'est une déposition dramatique qu'elle fait au fonctionnaire qui la reçoit.

Elle habite un pavillon et, depuis longtemps, elle trouve des allures louches à son voisin, Karl Werner, un célibataire de quarante ans. Elle le voit rentrer chaque fois avec une femme différente qui ne réapparaît jamais. Elle a souvent pensé au pire, mais la nuit dernière elle en a eu confirmation… Il était aux environs de minuit lorsque le bruit de sa voiture l'a réveillée. Elle s'est postée à sa fenêtre et l'a surpris ouvrant son coffre et en retirant le corps d'une femme !

Et Carlotta Schmidt conclut, avec un frisson :

« Il a été l'enterrer dans son jardin ou il l'a fait brûler dans la cheminée. Cet homme-là, c'est Landru ! »

Les vieilles dames mythomanes, c'est courant, mais les accusations sont suffisamment précises et graves pour que les policiers se présentent, le jour même, au pavillon de Karl Werner. Quand ils lui rapportent le récit de Mme Schmidt, celui-ci éclate de rire. Il les conduit dans la pièce voisine et leur montre… une poupée gonflable. C'est elle qu'il a sortie de son coffre la nuit dernière. Les autres femmes prétendument disparues étaient des maîtresses avec lesquelles il avait rompu. Et c'était justement pour mettre fin à ces complications sentimentales qu'il s'était acheté la fameuse poupée.

IL Y A 40 ANS, EN 1965 : Le prix Nobel de médecine est décerné à trois Français, pour leurs travaux sur la biologie cellulaire, les professeurs André Lwoff, Jacques Monod et François Jacob. L'Assemblée nationale ratifie l'accord franco-algérien sur le pétrole et le gaz sahariens.

VENDREDI 14 OCTOBRE

Saint Juste

Balance 3e décan

Trois coupes de vin font saisir une doctrine profonde (Chine).

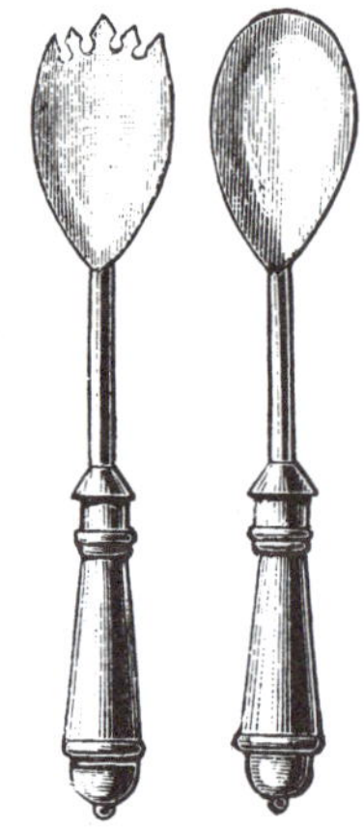

☆ SALADE TIÈDE AUX PLEUROTES. Essuyez les pleurotes, coupez les plus grosses, poêlez 5 à 8 minutes à feu vif dans un filet d'huile. Faites cuire 3 minutes à l'eau bouillante salée des poids gourmands équeutés, ajoutez des cœurs d'artichauts à l'huile, et assaisonnez à l'huile de noisette et au citron, sel poivre. Parsemez une pâte feuilletée de noisettes concassées, découpez la en allumettes et que vous faites cuire au four 15 minutes. Vous en entourez la salade.

CAMÉLIAS D'AUTOMNE. Selon les espèces, les camélias fleurissent de septembre à avril. En ce moment, dans votre jardin, profitez, de la floraison automnale d'un *Camelia sasanqua* (tel que Maiden's Blush ou Vicomte de Noailles). Sa fleur simple, parfumée, rappelle la clématite. C'est une plante très vigoureuse s'accommodant du plein soleil. Les camélias à fleurs simples résistent le mieux au gel. Pour fleurir novembre et décembre, plantez une variété dite « très hâtive » (Madame Picouline et Gloire de Nantes).

Les boîtes de pellicules photo sont idéales pour ranger les doses quotidiennes de pilules, gélules et comprimés que vous avez à prendre lors d'un traitement. Vous les préparez une fois par semaine, en indiquant le jour sur chaque couvercle de pellicule.

Le mot de la fin

« Monsieur, je vous demande excuse, je ne l'ai pas fait exprès. »

Marie-Antoinette, le 16 octobre 1793 : arrivée sur la plate-forme de l'échafaud, elle a fait un faux pas et marché sur le pied du bourreau.

IL Y A 40 ANS, EN 1965 : Le prix Nobel de littérature est attribué à Mikhaïl Cholokhov, auteur du *Don paisible*. À Paris, l'avenue des Champs-Élysées devient une zone à stationnement interdit. Ouverture au Palais de la Découverte de l'exposition « L'informatique ou l'ère des ordinateurs ».

Être libre, c'est avoir de multiples dépendances.

Sainte Thérèse d'Avila

Balance 3e décan

SAMEDI 15 OCTOBRE

On attrape les lièvres avec des chiens, les femmes avec de l'argent et les sots avec des louanges (Allemagne).

Sainte Edwige

Balance 3e décan

DIMANCHE 16 OCTOBRE

Culture insolite, essayez le semis d'arbres intérieur

Semez glands et pignons, et vous verrez pousser des arbres ! Les végétaux que vous obtiendrez ainsi à partir de graines sont plus robustes, mais n'ont pas les mêmes qualités que ceux des pépiniéristes. C'est en automne qu'on recueille les graines parvenues à maturité du pin, du chêne, du marronnier et de beaucoup d'autres arbres…

Si vous n'arrivez pas à récupérer le petit aileron contenu sous chaque écaille et appelé pignon, conservez les pommes de pin dans un sac de papier à la température de la pièce jusqu'à ce que les graines tombent. Enfoncez dans un même petit pot plusieurs graines dans du terreau humide, à 2 centimètres de profondeur. Recouvrez le pot et mettez-le au réfrigérateur pendant un mois en vous assurant que la terre reste humide. Après cette période d'hibernation, la germination sera rapide. Placez les pots près d'une fenêtre ensoleillée afin que les semis aient assez de clarté pour se développer.

Pour le chêne, procédez de la même manière que pour le pin, mais ne mettez qu'une partie des glands en hibernation, et faites germer aussitôt les autres. Cela vous permettra de comparer les résultats de développement dans des conditions différentes…

Le marronnier est de culture aussi facile que celle du chêne. Il faudra laisser croître la plante à l'ombre. Les jeunes arbres placés à l'extérieur dès le printemps pousseront ensuite sans problème particulier. Après un an, il conviendra de les tailler en supprimant les bourgeons terminaux pour favoriser le développement des yeux latéraux. Mettez-les dans des pots un peu plus grands et donnez-leur de l'engrais. Si vous poursuivez la culture en pot une année encore, les résultats seront moins hasardeux que le repiquage immédiat dans le sol. La motte sera mieux formée. Vous ferez passer l'hiver prochain à vos jeunes plants sous abri, en arrosant modérément et quand il ne gèle pas. L'année suivante, la mise en terre définitive pourra se faire sans problème.

IL Y A 40 ANS, EN 1965 : Il n'y aura pas d'intervention de l'ONU en Rhodésie. Une « Capsule du Temps », renfermant des témoignages de notre civilisation, et qui ne devra être ouverte qu'en l'an 7000, a été enfouie sur l'emplacement de l'Exposition universelle de New York.

LUNDI 17 OCTOBRE

Saint Baudouin

Balance 3e décan

Tel se crève les deux yeux pour rendre son ennemi borgne (Espagne).

★★ SAUTÉ DE PORC AUX CÂPRES.

Faites dorer dans une sauteuse avec du beurre, 1 livre de gros dés d'échine de porc. Ajoutez 1 verre de vin blanc et laissez mijoter 45 minutes. Battez 3 jaunes d'œufs avec 1 cuillerée à soupe d'eau froide dans un récipient placé au bain-marie. Versez 20 centilitres de crème épaisse allégée. Salez, poivrez. Faites épaissir sans cesser de remuer. Ajoutez des câpres rincées, égouttées et des cornichons hachés. Nappez le porc de cette sauce et servez avec des pennes.

Les bougies sont parfois trop grosses pour s'emboîter dans les bougeoirs. Il vous suffit de ramollir la cire en plongeant leur base dans l'eau bouillante pour qu'elles s'adaptent parfaitement au bougeoir.

Le mot de la fin

Au médecin, lui demandant s'il souffrait :
« Plus »...
Frédéric Chopin, 17 octobre 1849

SABLER LE CHAMPAGNE.

Boire du champagne en bonne compagnie pour fêter un événement heureux.

Le verbe « sabler » est un terme de fondeur qui signifie mouler une monnaie ou une médaille dans un moule fait de sable fin. Sabler le champagne signifiait au XVIIe siècle, le boire très vite et d'un trait. Aujourd'hui la notion de rapidité a disparu.

IL Y A 40 ANS, EN 1965 : Les relations se gâtent entre Djakarta et Pékin. Violentes bagarres à Buenos Aires, entre manifestants péronistes et policiers. Lancement de l'emprunt acier 1965 : émission faite par le groupement des industries sidérurgiques.

Si tu veux être apprécié, meurs ou voyage (Perse).

Saint Luc

Balance 3e décan

MARDI 18 OCTOBRE

LES DRÔLES D'HISTOIRES DE PIERRE BELLEMARE

Mille précautions valent mieux qu'une

Dave Lowdermilk, un agriculteur du Middle West, aux États-Unis, est devenu un obsédé de la sécurité. À ses yeux, la planète, ses habitants et tout ce qu'elle supporte sont source de dangers. Pour ne pas perdre de vue ce qui est pour lui une évidence et la faire partager aux visiteurs, il a tapissé les murs de son salon de coupures de presse. UNE PETITE FILLE SE TUE AVEC UN OURS EN PELUCHE, peut-on lire sur l'une d'entre elles, tandis qu'une autre affirme : UNE SERVEUSE SE TRANCHE UN DOIGT EN PELANT UNE ORANGE. D'après Dave, « une bouteille vide, c'est un cocktail Molotov qui n'est pas encore plein… ».

Après avoir bardé sa ferme de détecteurs d'eau et d'incendie, proscrit l'usage de tout objet tranchant, enterré les prises électriques et matelassé de mousse la chambre des enfants, Dave Lowdermilk a décidé de faire bénéficier les autres de ses pratiques sécuritaires. Il a créé à cet effet une association, « Not safe », qui regroupe déjà sept cents adhérents. Par crainte des maladies contagieuses, les réunions sont interdites. Les membres communiquent uniquement par lettre, en veillant à ne pas se couper la langue en léchant les enveloppes ! Pour les déplacements en voiture, s'ils sont indispensables, Lowdermilk recommande de ne jamais dépasser les vingt kilomètres-heure !

Aux détracteurs, que ces précautions maniaques peuvent agacer ou faire sourire, Dave oppose un argument de poids : son expérience des catastrophes. Pour la seule année 1995, une inondation a détruit ses cultures et un automobiliste a percuté sa voiture à l'arrêt. À peine réparée, sa voiture a pris feu sans raison, puis lui a été volée quatre fois et retrouvée, chaque fois avec des dégâts considérables. Pour finir, la foudre s'est abattue sur son étable, un incendie s'est déclaré, qui a exterminé le quart de son bétail.

« Vous comprendrez que je parle en connaissance de cause, a-t-il coutume de répéter. Depuis que je suis devenu prudent, finis les ennuis ! »

IL Y A 40 ANS, EN 1965 : EDF annonce un seul tarif applicable dans toute la France dès 1966. Les vingt ans de la Sécurité sociale sont marqués par l'inquiétude d'un déficit galopant. Tentative de coup d'État au Burundi : les mutins sont des Hutus, hostiles à la classe dirigeante des Tutsis.

MERCREDI 19 OCTOBRE

Saint René

Balance 3e décan

En toute affaire, reculez d'un pas et vous aurez l'avantage.

SEMIS SPONTANÉS. Soyez vigilant en sarclant ou en binant : vous pouvez récupérer des semis spontanés de fenouil, de lavande (qui pousse même entre les graviers de l'allée). Installez-les dans des pots individuels. Inutile de récupérer les semis de glycine ou de magnolia, les plantes obtenues ne donnent pratiquement jamais de fleurs ou alors dix ans plus tard. En revanche, arrachez les capucines et faites sécher les graines un jour ou deux dans un coin de la cuisine, puis stockez-les dans une enveloppe étiquetée. Elles vous serviront au printemps prochain.

Pour conserver des grappes de raisin pendant un mois, placez-les dans une boîte en bois en les enfouissant sous une épaisse couche de sciure. Prenez soin de fermer hermétiquement la boîte. Une autre méthode consiste à couper les grappes en gardant un petit bout de sarment. Enlevez les grains douteux ; tendez une ficelle ou un fil de fer dans un endroit aéré et sec, et suspendez-y les grappes en veillant à ce qu'elles ne se touchent pas entre elles.

FÈVES FRAÎCHES À LA CHARENTAISE. Écossez 2,5 kilogrammes de fèves. Enlevez la peau dure, sinon ôtez seulement la petite capsule qui donnerait de l'amertume. Coupez une laitue nettoyée en deux. Mettez dans une casserole 100 grammes de lard maigre fumé en lamelles avec du beurre, un oignon émincé. Faites dorer. Au bout de 5 minutes, ajoutez la laitue puis les fèves. Versez un verre d'eau bouillante. Assaisonnez. Couvrez, laissez cuire 20 minutes. Ajoutez quelques noisettes de beurre frais et servez.

LES DRÔLES D'HISTOIRES DE PIERRE BELLEMARE

Histoires de foot

Le football, sport si populaire et si pratiqué dans le monde, ne pouvait qu'avoir son lot d'anecdotes insolites et cocasses. Ces deux histoires, qui se sont passées toutes deux en Angleterre en témoignent.

Cette équipe de troisième division a fait non seulement un parcours catastrophique pendant la saison, perdant tous ses matchs sans exception, mais encore pour la dernière rencontre de l'année, elle s'est fait étriller à domicile 10 buts à 0. Pour se réconcilier avec son public, l'entraîneur a la malencontreuse idée d'organiser un match amical entre ses joueurs et les supporters (ou, du moins, ce qu'il en reste). Résultat : 3 à 0 en faveur des supporters. À la suite de cela, le sponsor, qui n'accordait son aide que du bout des lèvres, a rompu son contrat et l'équipe a dû déposer son bilan. Elle a purement et simplement disparu…

Cette autre équipe anglaise se défend, elle, plus qu'honorablement. Elle est même en train de mener le match, quand l'incident se produit. À vrai dire, il n'a rien d'exceptionnel, étant donné le pays où nous sommes : le brouillard tombe d'un coup. Le malheureux gardien n'en mène pas large. Il y voit à peine plus loin que son point de penalty. Si un joueur adverse déboule, est-ce qu'il ne sera pas trop tard ? Stoïquement, pourtant, il monte la garde à son poste. Le temps passe et, ne voyant arriver personne, il se rassure : l'absence d'attaques adverses est bon signe.

Enfin, une silhouette troue la brume, mais au lieu d'un fringant avant balle au pied, il reconnaît le physique rondouillard et les cheveux gris de l'employé du stade. Celui-ci lui apprend que l'arbitre a arrêté le match depuis un quart d'heure. On l'a simplement oublié !

IL Y A 40 ANS, EN 1965 : La queue de la comète Ikeya-Seki s'étend sur la moitié du ciel visible. Première au théâtre Marigny du film *Les Grandes Gueules* de Robert Enrico avec Lino Ventura et Bourvil. En raison d'une grève à l'ORTF, les programmes sont perturbés.

VENDREDI 21 OCTOBRE

Sainte Céline

Balance 3e décan

**La flatterie est comme l'ombre ;
elle ne vous rend ni plus grand ni plus petit.
(Danemark)**

NETTOYAGE DES TOUFFES DE VIVACES. Si vous avez été absent cet été, continuez les désherbages. Nettoyez un peu les touffes de vivaces en les débarrassant de tout ce qui est abîmé. Il n'est pas vraiment recommandé de couper tout très ras, car les tiges et les feuilles mortes protègent le cœur de la souche en hiver. Laissez le froid agir : en mars, vous nettoierez vos plates-bandes en quelques instants car les tiges desséchées céderont au premier geste. C'est encore plus vrai pour les graminées, n'en coupez pas les touffes, elles sont aussi belles en hiver qu'en été, quand le givre redessine les épis.

LA SCIENCE AMUSANTE

PASSER À TRAVERS UNE CARTE À JOUER. Si vous disposez d'un jeu de cartes usagé, proposez à l'un de vos amis de passer tout entier à travers une carte à jouer. Impossible, vous répondra-t-on !

Vous prenez alors une carte, dans laquelle vous faites, à l'aide d'un cutter, une fente longitudinale s'arrêtant près des bords, comme l'indique la figure 1 de notre dessin.

Vous repliez la carte en deux suivant cette fente, et, à l'aide de ciseaux, vous y faites des entailles comme indiquées sur la figure 2.

En ouvrant alors la carte, et en tirant sur ses extrémités, vous la voyez alors se transformer en une longue bande extensible, telle une ceinture, comme vous le montre la figure 3.

Il ne vous reste plus qu'à vous y glisser délicatement.

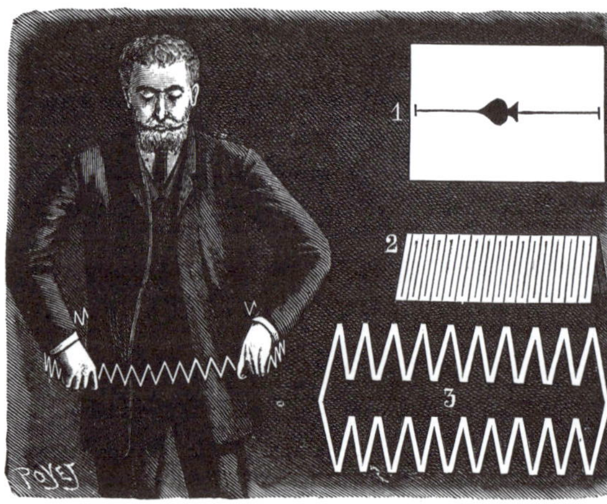

Jeux d'esprit

**Elle vient de la terre,
Elle pénètre en tous lieux,
Partout on lui fait la guerre,
Elle se venge dans nos yeux,
En sachant nous attendre.**

Réponse :

La poussière.

IL Y A 40 ANS, EN 1965 : Conférence du Dalaï Lama : pour lui, les Chinois cherchent à exterminer purement et simplement le peuple tibétain. Mise en pratique du « constat amiable » chez tous les assureurs : il permet de régler plus rapidement les accidents matériels de la circulation.

Sur un cou ridé, les perles pleurent (Allemagne).

Sainte Élodie

Balance 3e décan

SAMEDI 22 OCTOBRE

Un amant, c'est de l'amour ; deux amants, c'est du tempérament ; trois amants, c'est du commerce.

Saint Jean de C

Balance 3e décan

DIMANCHE 23 OCTOBRE

La philatélie a le vent en poupe

Ce n'est pas une passion vieux jeu, les collectionneurs se recrutent à tous les âges et dans toutes les classes sociales, et les plus mordus utilisent Internet pour dialoguer entre eux à travers l'Europe et à travers le monde. Fête du timbre, salon d'automne, multiplicité des émissions postales témoignent de l'engouement pour ce loisir où se mêlent art et culture. Ce goût pour le timbre-poste est d'abord né de la beauté et de la finesse de cette miniature révélant de véritables talents d'artistes. Le timbre-poste est apparu en Angleterre en 1840 et en France le 1er janvier 1849. C'est dire qu'un album de timbres peut devenir une véritable encyclopédie vivante jamais achevée. Tout ce qui intéresse le passé, le présent et l'avenir de notre planète y est consigné à travers les thèmes abordés : les gloires de tous les pays, de tous les peuples et de toutes les époques, les sports, la littérature, les sciences, les moyens de locomotion, les arts, la faune ou la flore… Il s'agit d'une véritable chasse au trésor pour les amateurs de timbres anciens et rares qui sont prêts à tous les sacrifices. Mais il y a aussi les amoureux de voyages à qui ils donnent un avant-goût des endroits à visiter, ceux qui estiment en apprendre beaucoup plus sur l'histoire avec les timbres que dans les livres, il y a les amateurs d'art qui, à travers ces petites vignettes, se constituent une collection de reproductions des plus beaux chefs-d'œuvre du monde ; les enfants, eux, se laissent séduire par les animaux et les héros de BD. Il y a aussi les émissions « premier jour », ces timbres vendus en avant-première par la poste. Et il arrive qu'à l'occasion d'un salon ou de la fête du timbre, des artistes et graveurs viennent dédicacer ceux qu'ils ont réalisés… L'amateur n'a que l'embarras du choix pour décider du thème de sa collection et pour constituer un album. Petit clin d'œil : quelques clics sur le site Internet (www.laposte.fr/tpp) suffisent pour confectionner une vignette avec votre photo et donner ainsi une touche personnelle à votre courrier. Le timbre-poste personnalisé coûte 1 euro l'unité.

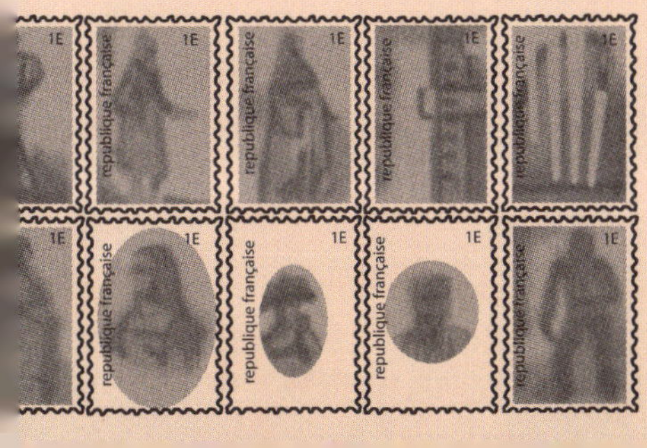

IL Y A 40 ANS, EN 1965 : L'Allemagne de l'Est pose sa candidature à l'ONU. Le président Johnson décide que deux sommets du mont McKinley, en Alaska, s'appelleront désormais « Sommets Churchill ». Victoire de Jacques Anquetil au Grand Prix de Lugano.

LUNDI 24 OCTOBRE

Saint Florentin

Scorpion 1er décan

Même la gloire du fleuve s'achève à la mer (Russie).

COLOQUINTES. Les fleurs campanulées jaune orangé sont suivies à l'automne de gros fruits colorés qu'il faut récolter dès qu'ils sont durs et que le feuillage commence à jaunir. Cette maturité est indispensable à leur bonne conservation. Faites-les sécher dans un endroit frais et sec (cave, garage, atelier) durant 3 à 4 semaines. Frottez-les alors avec un chiffon doux pour les rendre plus brillants. Vernissez-les éventuellement au pinceau pour conserver la vivacité de leurs teintes. Ils feront de jolies décorations hivernales et d'originales boules de Noël dans le sapin.

LIMANDE AU VELOUTÉ D'OSEILLE. Émincez et faites blondir deux oignons avec du beurre dans une sauteuse. Ajoutez une botte d'oseille équeutée et lavée et cuisez 5 minutes. Incorporez une cuillerée à soupe de farine, puis un demi-litre de bouillon de volaille chaud (en tablettes). Assaisonnez et faites cuire quelques minutes en remuant. Mélangez dans un bol un jaune d'œuf avec une grosse cuillerée de crème fraîche et verser dans le velouté en fouettant. Pochez les filets de limande 3 minutes dans l'eau frémissante salée (ou 5 à 6 minutes s'ils sont surgelés).

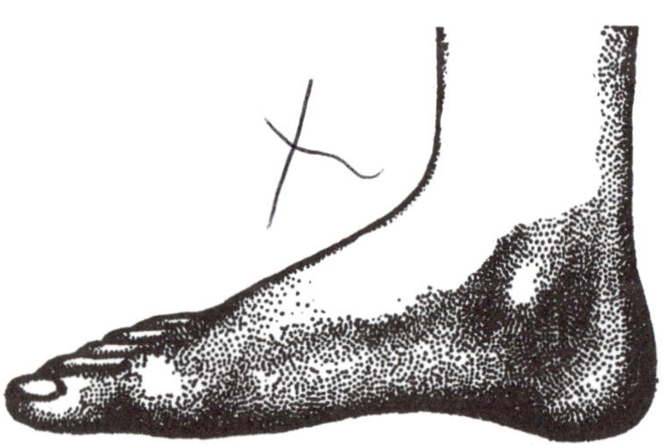

Jeux d'esprit

À ma naissance, on me frappe, on me bat,
Pourtant la coquette envie ma destinée,
Puisque plus je vieillis, plus je plais à mes amants.

Réponse :

La médaille.

Pour que vos talons ne soient plus rugueux, frictionnez-les chaque soir au coucher avec une lotion composée d'une cuillerée à soupe de glycérine, deux cuillerées à soupe d'eau de rose et du jus d'un quartier de citron. Votre peau redeviendra souple et douce.

LES DRÔLES D'HISTOIRES DE PIERRE BELLEMARE

Voitures fantômes au cœur de Londres

En poste à Londres depuis trois ans, Marcos Losekann, distingué correspondan d'une chaîne de télévision brésilienne, n'est pas homme à transgresser les lois de son pays d'acueil. Quand une contravention de cent soixante livres tombe dans son courrier, il s'en acquitte rubis sur l'ongle. Mais, une semaine plus tard, une nouvelle amende d'un montant équivalent lui parvient. Cette fois, Marcos s'inquiète. Quelle infraction à répétition a-t-il commis à son insu ? Il règle la facture et, par prudence, il abandonne son automobile dans un garage et ne se déplace plus qu'en taxi.

Malgré ces précautions, une pluie de pénalités engorge bientôt sa boîte aux lettres.

Furieux, Losekann se rend au poste de police et exige des explications.

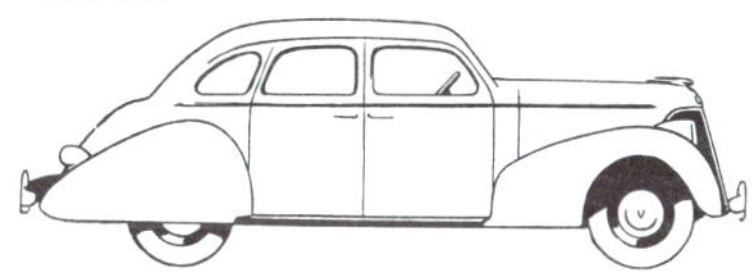

« Vous n'avez pas payé la taxe anti-encombrement », rétorque le fonctionnaire, en exhibant des photographies de Piccadilly Circus où roule sa voiture. (Cette taxe s'applique depuis 2003 aux propriétaires de tous les véhicules qui circulent dans le centre de Londres aux heures d'affluence.)

Losekann constate avec effarement qu'en effet son véhicule figure bel et bien sur les photographies. Même modèle, même couleur, même plaque d'immatriculation.

« C'est une machination ! Ma voiture dort dans un garage depuis un mois », se défend le Brésilien.

Il s'empare d'une loupe et scrute les photos qui l'incriminent.

« Cette voiture n'est pas la mienne ! Regardez, celle-ci ne possède pas d'antenne radio et la vignette est collée ailleurs sur le pare-brise. »

Mais le fonctionnaire l'éconduit. Losekann mène alors sa propre enquête et parvient à localiser la voiture suspecte. Il alerte alors ses confrères de la presse britannique et le scandale éclate : depuis l'entrée en vigueur de la taxe anti-encombrement, trois mille plaintes pour « clonage » de voiture sont enregistrées chaque jour dans les commissariats. Pour éviter l'effet de contagion, la police londonienne a fait le choix de rejeter en bloc toutes les réclamations. Jusqu'à ce qu'un reporter brésilien en décide autrement !

IL Y A 40 ANS, EN 1965 : Les Cinq du Marché Commun, pour que la France reprenne sa place à Bruxelles, l'invitent à une réunion extraordinaire du Conseil des ministres. Abolition de la peine de mort définitivement votée en Grande-Bretagne, par la Chambre des Lords.

MERCREDI 26 OCTOBRE

Saint Dimitri

Scorpion 1er décan

Le plus sûr moyen de vaincre la tentation, c'est d'y succomber.

☆ *ROUELLE DE PORC FLAMANDE. Dans une cocotte, mettez 1 demi-litre de bière, deux cuillerées à soupe de moutarde, laurier, sel, poivre et une cuillerée à soupe de paprika doux. Faites chauffer 15 minutes à feu vif. Placez la rouelle de 1,200 kilogramme dans le liquide et couvrez. Faites mijoter 50 minutes. Liez une partie du jus avec une cuillerée à café de maïzena et 20 centilitres de crème fraîche. Servez avec des fèves fraîches.*

METTRE LA MAIN À LA PÂTE.

Aider et participer au travail de quelqu'un.

L'emploi ancien d'« avoir la main à la pâte » est dit de quelqu'un qui a un bon emploi dont il peut faire son profit. Plus tard, de « pâte », « pâté », « pâtée », aliment savoureux, on passe à la matière difficile à travailler, par allusion probable au dur travail de pétrissage du boulanger.

QUAND LA MUSE DÉLIRE.

« C'est ce que je demande », s'écria-t-elle en se levant debout. Stendhal, *Le Rouge et le Noir*.

Pour garder vos fruits en hiver, il vous faut une pièce sombre où la température se maintient aux environs de 10° C. Pour assainir l'air ambiant, posez un seau rempli de chaux dans la pièce en octobre. Alignés sur des rayonnages à claire-voie, vos fruits doivent être inspectés régulièrement pour éliminer ceux qui pourrissent.

IL Y A 40 ANS, EN 1965 : Le gouvernement brésilien du maréchal Castelo Branco s'accorde les pleins pouvoirs pendant deux ans. Un Vanguard de la BEA s'écrase sur la piste de l'aéroport de Londres, faisant trente-six morts.

La femme porte son mari sur son visage ; le mari reflète sa femme sur sa chemise (Bosnie-Herzégovine).

Sainte Émeline

Scorpion 1er décan

JEUDI 27 OCTOBRE

LES DRÔLES D'HISTOIRES DE PIERRE BELLEMARE

Des maux et des couleurs

Une équipe de chercheurs néo-zélandais a étudié pendant deux ans les causes et les effets de mille accidents de la circulation survenus dans les environs de l'université d'Auckland.

Outre le rappel des principales causes de sinistre – conduite en état d'ivresse, vitesse excessive, défaut de ceinture de sécurité –, les scientifiques, ne négligeant aucun paramètre, ont également pris en compte... la couleur des véhicules impliqués dans les collisions. Résultat : évitez de prendre le volant d'une automobile dont la carrosserie est noire, marron ou vert foncé. Ce sont statistiquement les plus mortifères. À l'inverse, une voiture jaune serin réduit le risque d'accident de 50 %. Les véhicules aux teintes sombres et discrètes se fondraient-ils dans le décor, se dissimuleraient-ils dans le flux du trafic, se transformant ainsi en cibles potentielles ? En revanche, les couleurs vives, attirant l'attention des automobilistes, éviteraient-elles les collisions ? Difficile à dire. Les scientifiques constatent le phénomène sans l'expliquer.

Si la couleur des carrosseries immunise dans certains cas contre les accidents, l'irresponsabilité des conducteurs est, à n'en pas douter, la cause première des catastrophes. À preuve la mésaventure survenue à Alexandra Noll, une Munichoise de trente-quatre ans. Pressée de quitter le dernier étage d'un parc de stationnement pour aller rejoindre son amant, Alexandra s'installe au volant de son Audi, passe la marche arrière et écrase brutalement la pédale de l'accélérateur. L'effet est immédiat : l'Audi percute de plein fouet une Nissan qui, elle-même, emboutit une Mitsubishi. Alexandra repart vers l'avant. Elle érafle au passage une Honda et deux Mercedes, franchit le muret et atterrit six mètres plus bas où elle détruit une Renault et une Citroën. Résultat : cent vingt mille euros de dégâts. L'intéressée a été hospitalisée pour des blessures légères. Son taux d'alcoolémie étant négatif, les policiers se sont interrogés sur son étrange comportement. Agacée, la jeune femme s'en est tenue à une brève explication : « Vous n'avez pas remarqué que les voitures sont entassées dans les parkings et qu'il est impossible d'y circuler à l'aise. J'étais pressée, je n'ai pas eu la patience de manœuvrer ! »

IL Y A 40 ANS, EN 1965 : Attaques de commandos viêt-congs contre les bases américaines de Chu Lai et de Da Nang. Conséquences de la mousson : des milliers de maisons détruites, plus de cent morts dans le centre de la Birmanie. La loi martiale est décrétée à Java.

VENDREDI 28 OCTOBRE

Saint Simon et saint Jude

Scorpion 1er décan

Le saule est faible et pourtant il lie d'autres bois.

★★ GALETTES DE LENTILLES AU FOIE.
Hachez grossièrement 5 ou 6 oignons nouveaux, tiges comprises, et faites blondir dans un peu d'huile. Ajoutez 400 grammes de lentilles, 1 carotte en rondelles, 20 centilitres de vin blanc, 1 litre d'eau et le bouquet garni. Cuisez 40 minutes à feu moyen à couvert. Salez et poivrez à mi-cuisson. Égouttez les lentilles, et mixez, incorporez une noix de beurre. Réservez au chaud. Faites cuire 4 petites escalopes de foie de veau dans le beurre. Salez poivrez. Sur chacune des 4 assiettes, dressez une portion de purée de lentilles en forme de galette, posez dessus une escalope, déglacez la poêle avec du vinaigre de Xérès et arrosez les préparations.

QUAND LA PRESSE S'EMBALLE.
À l'entrée des témoins, un CRS fronce les sourcils pour mieux entendre.
Le Monde

POTÉES D'ÉTÉ. Procédez à un nettoyage minutieux de vos potées d'été avant de les mettre à l'abri, pour rentrer le moins possible de parasites. Vous pouvez enlever deux tiers du feuillage. Mais ne continuez pas à arroser vos géraniums à la même cadence, ils se mettraient à pourrir. Pour combler le vide ornemental sur la terrasse ou le balcon, pensez aux choux d'ornement, aux chrysanthèmes à petites fleurs, et aux pensées.

Enduisez votre rideau de douche d'une fine couche d'encaustique à l'aide d'un chiffon bien sec. Cela évitera qu'il ne s'encrasse sans cesse au contact de l'eau savonneuse.

IL Y A 40 ANS, EN 1965 : Le chef de l'opposition marocaine en exil Mehdi Ben Barka est enlevé à Paris, près de la brasserie Lipp. Le ministère des Finances donne le feu vert pour l'usage de la carte de crédit française comme moyen de paiement pour les hôtels et restaurants.

Parmi les faibles, le plus fort est celui qui n'oublie pas sa faiblesse (Monde arabe).

Saint Narcisse

Scorpion 1er décan

SAMEDI 29 OCTOBRE

Il est bon d'avoir un fils parce que l'on meurt ; il est bon d'avoir une fille parce que l'on vit (Monde juif).

Saint Bienvenu

Scorpion 1er décan

DIMANCHE 30 OCTOBRE

Halloween... un moment sympa pour les enfants

Halloween est devenue comme Carnaval, une occasion pour les enfants de se déguiser, se défouler, exorciser leurs peurs... et d'occuper un jour de vacances en une période souvent pluvieuse. Citrouilles, déguisements, maquillages, voilà un bon thème pour une invitation. Pour le repas, achetez trois potirons qui feront office de récipients quand vous les aurez évidés de leur contenu pour en faire de la soupe. Affichez au menu : « Élixir de la Momie ». Il s'agit du potage. Pour six enfants, placez le potiron en morceaux dans un faitout avec 750 centilitres de bouillon de légumes, 150 grammes de pommes de terre, et faites cuire. Mixez le tout, ajoutez de la crème fleurette et faites cuire à nouveau. Au bouillon suivant, ajoutez le fromage râpé et servez avec des croûtons dans la première citrouille. Dans la deuxième, mettez la sauce bolonaise bien tomatée, sous le nom de « Sang du vampire » et servez-la avec des spaghettis et du ketchup ! Au dessert, la troisième citrouille contient la « Bave du crapaud », crème anglaise qui accompagne une île flottante en forme de fantôme. Vous pouvez y ajouter des « Yeux de sorcières » : entrouvrez des chouquettes, mettez-y une boule de glace bien ronde – vanille ou citron – dans laquelle vous enfoncez un bonbon rond de chocolat... C'est délicieusement horrible ! Côté déguisement, il suffit d'un drap blanc pour faire un fantôme. Du blanc toujours, pour la momie façon homme invisible, des chaussettes au bonnet, et quelques bandes Velpeau qu'une personne patiente aura enroulées. Pour le squelette, le noir est la couleur de base (collant et justaucorps), puis on dessine à la craie ses propres os (brrrr !) et on s'enduit la figure d'une couche blanche cadavérique ! La sorcière, elle, empruntera une jupe et un t-shirt sombres trois tailles au-dessus, ainsi qu'un chapeau, plongera ses cheveux dans la farine, se mettra un faux nez busqué et des ongles crochus, avant d'enfourcher son balai... Tout le monde aura eu bien peur et aura bien ri... Belle journée !

IL Y A 40 ANS, EN 1965 : Deux avions américains bombardent par erreur un village sud-vietnamien. Ouverture du XVIIIe Salon de l'Enfance, à Paris. Le Hikari est le train le plus rapide du monde : il a parcouru Tokyo-Osaka à 163 kilomètres à l'heure.

LUNDI 31 OCTOBRE

Saint Quentin

Scorpion 1er décan

Le ciel est haut, la terre est basse ; il n'y a que la table et le lit qui soient à la bonne hauteur.

FRAMBOISES. Récoltez les dernières framboises sur les variétés remontantes. Ensuite récupérez des drageons sur vos plants, ils repartiront facilement. Si vous voulez ajouter d'autres variétés à votre culture, achetez-les en petites mottes sous sac plastique ou racines nues. Il vous faut en moyenne deux plants au mètre linéaire. (September, Fallgold en variété remontante, Rose de Côte d'or ou Malling Promise en variété non remontante.)

★★ MOUSSE DE ROUGETS. Disposez 4 rougets de 200 grammes environ dans un plat allant au four avec un peu de fenouil, 2 décilitres de Noilly et 1 décilitre de vin blanc, sel et poivre, et faites-les cuire une quinzaine de minutes à 200°. Préparez un roux. Lorsque vous sortez les rougets, récupérez le liquide de cuisson et versez-le sur le roux, rectifiez l'assaisonnement. Mélangez cette préparation avec la chair de rougets hachée ; ajoutez à ce mélange un quart de son volume de créme fouettée. Moulez dans une terrine et tenez au froid quelques heures. Servez avec une sauce de crème battue avec du jus de citron, sel, poivre, et estragon haché.

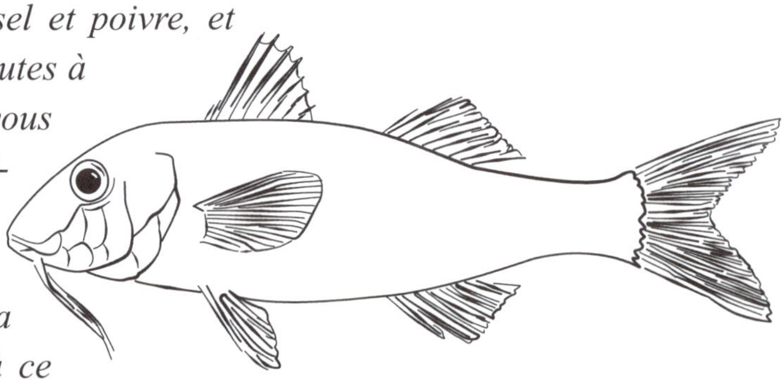

QUAND LA PRESSE S'EMBALLE. Affaire Dominici : Entendu toute la journée par le commissaire Chenevier, Gustave n'a rien dit.
Libre Poitou

Les pommes de terre se gardent dans un endroit abrité de la lumière, voire dans le noir complet. Sinon elles verdissent et produisent de la solanine qui est toxique.

IL Y A 40 ANS, EN 1965 : La loi martiale est décrétée dans le centre de Java. Début des travaux de démolition du théâtre de l'Ambigu, malgré de nombreuses protestations. Le violent ouragan qui frappe l'Europe de l'Ouest met plusieurs navires en difficulté sur la Manche et en mer du Nord.

La gourmandise tue plus de gens que l'épée.

Toussaint

Scorpion 1er décan

MARDI 1 NOVEMBRE

LES DRÔLES D'HISTOIRES DE PIERRE BELLEMARE

Avis prématuré

Felipe Lopez, député du Honduras, est victime, à la veille d'une séance particulièrement importante de la Chambre, d'un malaise cardiaque. Il est transporté d'urgence à l'hôpital où des examens sont pratiqués. Ceux-ci sont heureusement on ne peut plus satisfaisants. Le responsable du service cardiologie lui annonce qu'il va le garder deux ou trois jours par précaution, mais qu'il pourra reprendre très vite ses activités. Il peut même, s'il le souhaite, regarder dans sa chambre le débat parlementaire, qui est retransmis à la télévision.

Rassuré, Felipe Lopez suit donc depuis son lit les discussions de ses collègues. C'est l'empoignade habituelle entre le gouvernement et l'opposition, lorsque le président interrompt brusquement les débats :

« Je dois vous annoncer une triste nouvelle. Le député Felipe Lopez, qui avait été victime d'un infarctus, vient de décéder à l'hôpital. »

Après quoi, il improvise un éloge funèbre du disparu et réclame une minute de silence. Mais Felipe Lopez n'écoute plus… Un infarctus ! C'était donc beaucoup plus grave qu'on l'avait dit… Il appelle le médecin à grands cris. Celui-ci arrive et le trouve dans un état d'agitation extrême. Il lui dit de se calmer, mais rien n'y fait. Le député s'agite de plus en plus, tant et si bien qu'il est victime d'une crise cardiaque foudroyante. Tous les efforts pour le ranimer sont vains. Felipe Lopez a été tué par l'annonce de sa propre mort !

Malgré l'enquête qui a été menée par la suite, il a été impossible de trouver le responsable – journaliste maladroit, adversaire politique ou simple plaisantin – de cet avis nécrologique prématuré… et fatal.

IL Y A 40 ANS, EN 1965 : Aux élections israéliennes, le parti du Premier ministre M. Levi Eshkol renforce ses positions. À Saint-Nazaire, l'*Aldebaran*, le plus gros pétrolier français, prend la mer pour la première fois.

MERCREDI 2 NOVEMBRE

Jour des Morts

Scorpion 1er décan

Au royaume de l'espoir, il n'y a pas d'hiver (Russie).

LA SCIENCE AMUSANTE

VIBRATIONS D'UN VERRE DE CRISTAL. Prenez un verre de cristal mince et bien sonore, presque plein d'eau, et posez sur les bords parfaitement secs une croix à branches égales découpée dans du papier. Repliez à angle droit les extrémités des branches, afin d'empêcher la croix de glisser.

Pour faire chanter le verre, comme vous le savez, il suffit de le frotter avec un doigt mouillé. Mais un curieux phénomène va se produire : si votre doigt frotte le verre au-dessous d'une des branches de la croix, celle-ci reste immobile ; mais si vous frottez la partie du verre située entre les branches de la croix, cette dernière se mettra à tourner lentement et s'arrêtera au-dessus du point de friction. En déplaçant le doigt tout autour du verre, vous pourrez ainsi faire tourner la croix à votre volonté.

EXPLICATION : Cette expérience permet de démontrer l'existence des points que l'on appelle, en acoustique, les nœuds et les ventres de vibrations des corps sonores.

Les nœuds, où les branches de la croix s'arrêtent, sont les points où les bords du verre sont immobiles.

Les ventres, situés entre les nœuds, sont au contraire les points où la vibration des bords du verre est la plus sensible, ce qui explique pourquoi les branches de la croix ne peuvent rester immobiles.

Jeux d'esprit

Qu'est-ce qui descend en dansant et remonte en pleurant ?

Réponse :

Le seau dans le puits.

QUAND LA MUSE DÉLIRE. Le vieux gentilhomme se promenait tout seul dans son parc, les mains derrière le dos en lisant son journal.

Ponson du Terrail, *Le Forgeron de la Cour-Dieu.*

IL Y A 40 ANS, EN 1965 : Élection de M. John Lindsay, républicain indépendant, à la mairie de New York. Fidel Castro affirme que Che Guevara est vivant et accomplit une mission révolutionnaire quelque part en Amérique.

Le chameau a ri jusqu'à se fendre la lèvre (Perse).

Saint Hubert

Scorpion 2e décan

LES DRÔLES D'HISTOIRES DE PIERRE BELLEMARE

Charmante soirée !

Après un dîner à Oslo, Trond Hansen, cinquante-sept ans, rentrait chez lui en voiture en compagnie de ses deux jeunes enfants. En chemin, ses passagers se disputant violemment, leur père, pour tenter de détourner leur attention, s'est mis à aboyer sans discontinuer. Un témoin, qui a cru qu'un vrai chien s'en prenait aux enfants, a alerté la police qui a aussitôt intercepté le véhicule. Accusé de troubler l'ordre public, de terroriser ses enfants et de conduire en état d'ivresse, Hansen a été emprisonné pour la nuit et ses fils confiés aux services sociaux.
Devant le tribunal, la Cour n'a retenu aucune charge contre l'inculpé, qui a perçu cinq cent trente-six euros d'indemnités pour arrestation abusive. Il a été prouvé en effet que le discours confus de l'automobiliste était dû à une fausse dent branlante et non à un excès de boisson. Quant à ses aboiements jugés intempestifs, rien ne les interdit dans le Code civil norvégien, les citoyens pouvant s'exprimer librement dans la langue de leur choix.

Coup de tête

Recroquevillé dans la cellule d'une prison de Toulouse, Roger Garcia rumine le plan d'évasion qu'il a minutieusement échafaudé et qui abrégera de vingt-sept ans la durée de sa peine. Le détenu, qui a scié le bois autour de la serrure de sa porte, prévoit de se glisser la nuit venue hors de sa cellule, de bondir sur le gardien, de s'emparer de ses clés et de s'enfuir. Mais un fâcheux contretemps perturbe son projet : la serrure expirante tombe aux pieds du surveillant qui fait sa ronde. Furieux de sa maladresse, Roger le bouscule, dégringole deux étages, sort du bâtiment, escalade les quatre mètres du mur d'enceinte, enjambe le barbelé sous le tir nourri des sentinelles qui le ratent, s'attaque à la seconde enceinte, haute de six mètres, et s'évanouit dans la nature. Navré de l'incivilité de son client, son avocat, Me Pierre Le Bonjour, a déclaré le lendemain à la police :
« Garcia a toujours eu mauvais caractère. Quand il a vu que son évasion allait échouer, il a quitté la prison sans réfléchir. »

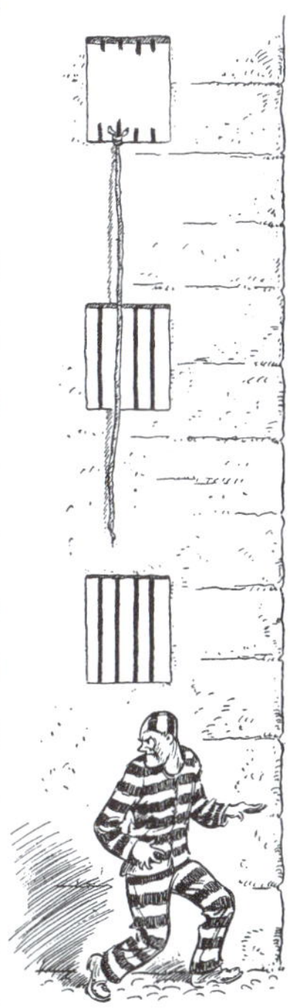

IL Y A 40 ANS, EN 1965 : De Gaulle annonce sa candidature à l'élection présidentielle du 5 décembre. Nouvelle vague de répression menée sans ménagement au Brésil. Inauguration du nouveau plafond du théâtre de l'Odéon, peint par André Masson.

VENDREDI 4 NOVEMBRE

Saint Charles

Scorpion 2e décan

Un chien dans sa maison est un lion (Angleterre).

CLÉMATITES RAMPANTES. Pour habiller le pied des grands arbres ou les sous-bois ombragés, tentez la clématite rampante (30 centimètres de haut) et très couvrante (2 mètres carrés). Elle s'appelle *Clematis x jouiniana*. Son feuillage dense et vert foncé se couvre de petites fleurs bleues ; elle pousse très bien en sol ordinaire. Autre clématite rampante : *C. recta*, qui habille gracieusement le pied des arbrisseaux, des grandes vivaces ou des rosiers. Cette herbacée est résistante, enracine facilement ses lianes, et fleurit abondamment dès le mois de juin en dégageant un parfum très agréable.

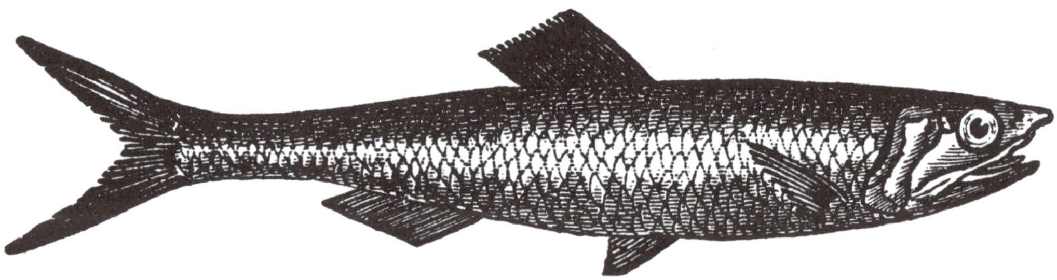

★★ LENTILLES AU BEURRE D'ANCHOIS. Faites cuire doucement à l'eau 600 grammes de lentilles, 1 oignon et 1 gousse d'ail épluchés. Rincez 100 grammes d'anchois conservés dans la saumure pour les dessaler au maximum. Épongez-les. Pilez ensemble les anchois et 100 grammes de beurre pour obtenir une pommade très homogène. Lorsque les lentilles sont à point, retirez l'oignon, l'ail et le bouquet garni. Égouttez. Faites chauffer de l'huile et 40 grammes de beurre dans une casserole ; versez-y les lentilles ; laissez-les revenir rapidement en agitant souvent la casserole ; incorporez, hors du feu, le beurre d'anchois, poivrez et mélangez. Versez les lentilles dans un plat de service chauffé et saupoudrez de persil haché.

LEVÉE DE BOUCLIERS. *Manifestation collective d'opposition.* L'expression provient de l'histoire romaine : les boucliers levés par une troupe exprimaient la résistance à un ordre.

IL Y A 40 ANS, EN 1965 : Le Ve Plan est adopté au Palais-Bourbon par 283 voix contre 184. À Londres, chez Sotheby's, vente des meubles de Napoléon à Sainte-Hélène. En remportant le match contre le Luxembourg, 4 à 1, la France se qualifie pour la Coupe du Monde de football.

Quel plaisir de faire d'une marmite une baignoire ! (Japon).

Sainte Sylvie

Scorpion 2e décan

SAMEDI 5 NOVEMBRE

Aimez votre voisin, mais n'abattez pas la haie.

Saint Léonard

Scorpion 2e décan

DIMANCHE 6 NOVEMBRE

Préparez un jardin d'oiseaux pour le printemps

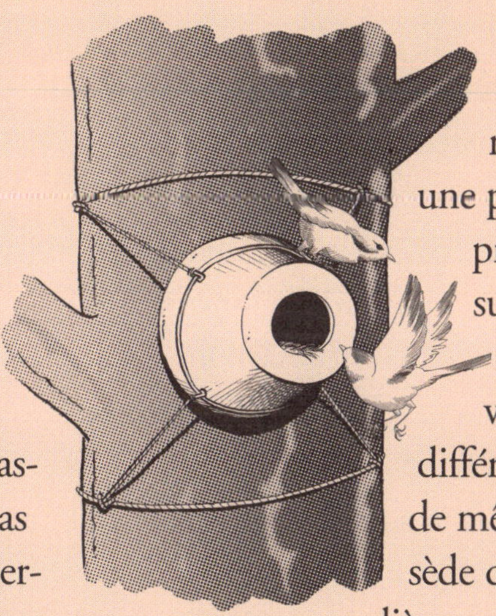

Vous aimez les oiseaux, vous installez tous les automnes une mangeoire avec des graines, vous leur donnez de la graisse et de l'eau pour leur permettre de passer l'hiver… Alors pourquoi ne pas leur offrir un nichoir, pour leur permettre d'établir leur nichée dans votre jardin au printemps ? Certains d'entre eux, comme les mésanges, recherchent déjà à l'automne des sites favorables pour leur future famille. Pour installer un nichoir de fortune, un pot de fleurs en terre cuite d'un diamètre de 15 centimètres environ fera l'affaire. Prenez-le avec un trou d'écoulement large, ou bien cassez la moitié du fond du pot pour obtenir un nichoir semi-ouvert. Fixez-le solidement sur un mur ou un arbre à 2 mètres de hauteur, c'est-à-dire hors de portée des regards indiscrets. La meilleure orientation du trou d'envol se situe est-sud-est, et à l'opposé des vents dominants. Si vous l'attachez à un arbre, disposez-le à bonne distance de branches horizontales pour le protéger des chats. Fixez autour du tronc des rameaux épineux dirigés vers le bas, ou une plaque métallique. Au printemps, vous aurez la surprise de découvrir à quel type d'oiseau convenait votre premier refuge… Les différentes espèces ne sont pas de même taille et chacune possède des exigences particulières… Il vous faudra apprendre par la suite à adapter vos nichoirs aux oiseaux auxquels l'environnement immédiat est particulièrement favorable… Des modèles prêts à poser existent. Vous pouvez également construire votre nichoir (ou plusieurs) vous-même en famille. Dans tous les cas, un bois résistant à l'humidité, d'un minimum de 1 centimètre d'épaisseur est conseillé. Certaines espèces, telles les bergeronnettes grises par exemple, ont besoin d'un trou d'envol assez vaste et utilisent des nichoirs semi-ouverts, d'autres se contentent d'un trou d'envol réduit, telle la mésange noire. Vous aurez toutes les informations nécessaires en vous adressant à la Ligue pour la protection des oiseaux, tél. : 05 46 82 12 34, et www.lpo-birdlife.asso.fr.

IL Y A 40 ANS, EN 1965 : La fusée orbitale soviétique est la vedette, à Moscou, du défilé du 48e anniversaire de la Révolution, sur la place Rouge. Signature d'un accord américano-cubain sur les réfugiés. Décès de Gilles Margaritis, connu pour sa célèbre émission « La Piste aux Étoiles ».

Sainte Carine

Scorpion 2e décan

La douleur est un trésor précieux, on ne le découvre qu'à ceux qu'on aime (Madagascar).

☆ DARIOLES DE CHAMPIGNONS. Nettoyez et lavez rapidement 1 kilogramme de champignons de Paris. Dans une sauteuse à fond épais, faites cuire les champignons dans le beurre 5 minutes et ajoutez 2 gousses d'ail pilées. Émiettez 150 grammes de mie de pain ou de pain brioché dans un saladier. Ajoutez 4 œufs battus, du persil haché, assaisonnez, puis ajoutez les champignons cuits. Mélangez bien la préparation et faites cuire au bain-marie dans des ramequins légèrement beurrés, pendant 45 minutes à four moyen. Démoulez les darioles et entourez-les de béchamel.

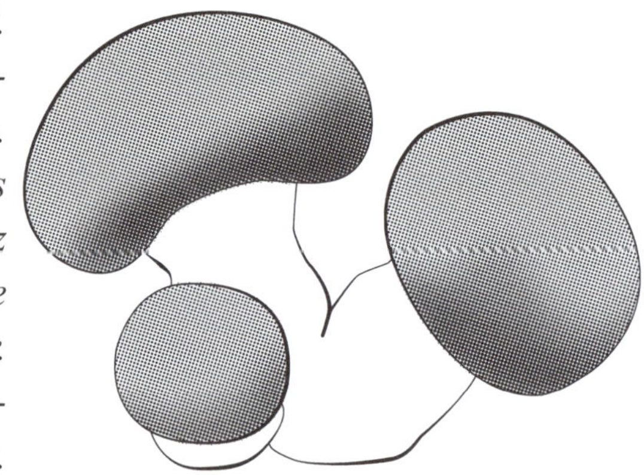

Le mot de la fin

« Ah Liberté, que de crimes on commet en ton nom ! » (Autre version : « Ah Liberté, comme on t'a jouée ! »)

Manon Roland, 8 novembre 1793, au pied de l'échafaud, en regardant la statue de la Liberté érigée au milieu de l'actuelle place de la Concorde

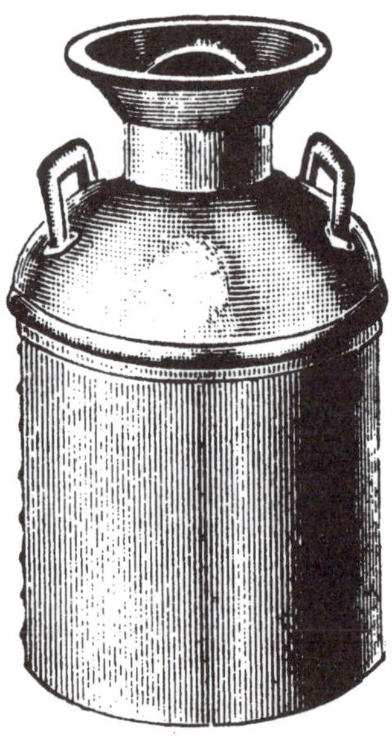

Sans yaourtière, vous pouvez faire des yaourts maison. Chauffez 600 millilitres de lait cru, ajoutez une cuillerée à soupe de yaourt nature et 50 grammes de lait en poudre. Versez le mélange dans une bouteille Thermos, attendez sept heures puis mettez à refroidir au réfrigérateur dans un récipient.

IL Y A 40 ANS, EN 1965 : Houphouët-Boigny est réélu président de la République de la Côte-d'Ivoire, par 99,88 % des votants. Art Arfons, dans son « Monstre vert », établit un nouveau record de vitesse terrestre à 927,869 km/h, sur le lac Salé de Bonneville dans l'Utah.

L'oignon offert vaut un mouton (Monde arabe).

Saint Geoffroy

Scorpion 2e décan

Compromettant bélier

Luigi et Mariano Pozzi, deux frères originaires d'Ancône, sur la côte adriatique, ont déjà un lourd passé de malfaiteurs derrière eux. Bien qu'ils ne soient âgés que de la trentaine, ils ont déjà effectué pas mal d'années de prison. Leur peu reluisante carrière présente deux particularités : ils ont toujours agi ensemble et ils se sont fait prendre à chacun de leurs coups.

Lorsqu'ils sont sortis de prison, début 2002, la chance a semblé pourtant tourner en leur faveur. Deux braquages dans des bijouteries ont réussi parfaitement et, bien qu'ils soient soupçonnés par la police, celle-ci n'a rien pu, faute de preuve… Six mois plus tard, Luigi propose à Mariano de tenter un nouveau coup grâce au 4 x 4 qu'il vient de s'acheter avec l'argent du butin. Il s'agit de faire un casse au bélier contre un distributeur de billets. Avec un engin pareil, cela ne devrait pas représenter de difficulté et rapporter gros.

Mariano donne son accord et l'opération a lieu de nuit, à Ancône même. C'est une réussite ! Au premier choc, le véhicule ébranle le distributeur et, au deuxième, il l'éventre complètement. Il n'y a plus qu'à faire main basse sur les euros. Quant au vaillant 4 x 4, il a magnifiquement joué son rôle de bélier : c'est à peine si son pare-chocs est un peu tordu.

Rentrés chez Luigi, les deux frères fêtent leur réussite jusqu'à la fin de la nuit, mais au matin, ils sont surpris par un coup de sonnette. C'est la police, qui vient leur passer les menottes. Leur bélier a bien fonctionné à un détail près : sous le choc, la plaque d'immatriculation s'est en partie détachée et elle est tombée dans leur fuite. Il n'y a eu qu'à la ramasser et à consulter le fichier pour les cueillir.

IL Y A 40 ANS, EN 1965 : Suicide par le feu d'un jeune Américain devant le siège des Nations Unies, pour protester contre la guerre au Viêt-nam. À l'heure de la sortie des bureaux, panne d'électricité aux États-Unis : toutes les villes de l'Est sont plongées dans l'obscurité pendant plusieurs heures.

MERCREDI 9 NOVEMBRE

Saint Théodore

Scorpion 2e décan

L'espérance est le plus utile et le plus pernicieux des biens.

⋆ PANURES DE TOPINAMBOURS ET DE POIREAUX.

Pour accompagner agréablement une grillade ou une escalope poêlée, faites cuire à l'eau bouillante salée des tronçons de 5-6 centimètres de blancs de poireaux. Égouttez-les et séchez-les avec du papier absorbant. Passez successivement les poireaux dans la farine, les œufs battus et la chapelure. Salez, poivrez. Faites-les frire dans la poêle suffisamment huilée. Faites de même avec les topinambours, mais crus, pelés et tranchés fins.

BOUQUETS DE BRANCHAGES. Avant la chute des feuilles, cueillez des branchages variés pour en faire des bouquets. C'est au début de leur coloration que les résultats seront les meilleurs. Traitez-les en les immergeant dans de la glycérine (en vente en pharmacie) diluée dans deux tiers d'eau chaude. Laissez tremper deux semaines avant de rincer avec de l'eau additionnée d'un liquide vaisselle.

Les perles ne supportent pas les différences de températures. Le meilleur moyen de les garder dans tout leur éclat reste de les porter le plus souvent possible à même la peau. Essuyez-les de temps en temps avec une peau de chamois.

IL Y A 40 ANS, EN 1965 : Lors de l'Assemblée générale à l'ONU, la France plaide pour l'admission de la Chine. Levée de la loi martiale à Djakarta. Sortie à Paris du film *Trois chambres à Manhattan* de Marcel Carné, avec Annie Girardot.

Si tu donnes le couscous, donne aussi la sauce (Afrique).

Saint Léon

Scorpion 2e décan

JEUDI **10** NOVEMBRE

LES DRÔLES D'HISTOIRES DE PIERRE BELLEMARE

Des journées bien remplies

À travers films et romans, les Américains se sont forgé une réputation de suractifs. Infatigables brasseurs d'affaires, sportifs accomplis, parents modèles et paroissiens exemplaires, ils donnent l'impression, vus de loin, d'être incapables de rester en place. Cette réputation est-elle usurpée ou correspond-elle à une réalité ?

Pour en avoir le cœur net, Tom Parker, un sociologue new-yorkais, a longuement enquêté pour savoir avec précision comment ses 280 millions de compatriotes occupaient une de leur journée. Les informations qu'il a recueillies ont été publiées par Mifflin Company et ne manquent pas de saveur.

Nous apprenons par exemple que, tandis qu'ils fabriquent 18 kilomètres de peau, les Américains parcourent 52 millions de kilomètres en joggant.

Plus de 8 000 femmes découvrent qu'elles sont enceintes sans l'avoir souhaité et 4 hommes qu'ils sont atteints de malaria sans avoir quitté leur domicile ; 10 font une overdose de vitamines, 3 changent de sexe, 126 perdent la vue.

Alors qu'en 24 heures, 150 kg de cocaïne disparaissent dans les narines américaines, les pesticides tuent 50 chiens, 30 chats, 10 chevaux, 6 000 poissons et rendent malades 125 personnes. Au moins une espèce d'insecte inédite est découverte et on fabrique 5 nouvelles armes nucléaires. Enfin, le téléspectateur moyen est exposé à 1 600 écrans publicitaires, en mémorise 80 mais ne réagit par un acte d'achat qu'à 12 d'entre eux.

Par contre, ne s'étant pas penché sur les pratiques alimentaires de ses contemporains, Tom Parker ne nous dit pas si leur fébrile activité est altérée par les tonnes de sucre, de graisse, de milk-shake et de soda qu'ils engloutissent chaque jour !

IL Y A 40 ANS, EN 1965 : Le Premier ministre Ian Smith proclame unilatéralement l'indépendance de la Rhodésie. À Bruxelles, vol du Manneken Pis : la célèbre statue a été brisée à la hauteur des pieds. Création au TNP de *La Folle de Chaillot* de Jean Giraudoux, avec Edwige Feuillère.

VENDREDI 11 NOVEMBRE

Armistice 1918

Scorpion 2e décan

Une lampée de vin, l'œil vif et coquin.

FLEURS ANNUELLES.

Remplacez les annuelles qui arrivent en fin de course et semez les annuelles rustiques, comme les bleuets, les pieds-d'alouette, les coquelicots, les lupins, les nigelles. Plantez également les bisannuelles : roses trémières, myosotis, giroflées, primevères se mettent en place ce mois-ci.

Lorsque vous posez un carrelage, pour harmoniser la teinte et le calibrage, mélangez les carreaux de tous les paquets que vous avez achetés.

★★ POMMES AUX GRAINES. Faites cuire au four des pommes reines des reinettes, pelées et évidées. Prévoyez un mélange suffisant de pistaches, amandes et noisettes, toutes concassées, pour remplir vos pommes. Faites-les revenir dans une poêle pour les dorer (sans graisse), ensuite ajoutez 50 grammes de beurre et 2 cuillerées à soupe de miel. Mélangez et faites dorer légèrement. Remplissez chaque pomme de cette préparation et laissez refroidir. Vous tapisserez chaque assiette de convive d'un lit de crème anglaise dans laquelle vous aurez émietté du pain d'épice, et vous poserez une pomme au centre.

LES PERLES DANS NOS RAPPORTS AVEC L'ADMINISTRATION. Si vous voulez que je vous paye, donnez-moi de l'argent !

IL Y A 40 ANS, EN 1965 : Le Conseil de Sécurité condamne la déclaration d'indépendance de la Rhodésie ; abstention de la France. Affaire Ben Barka : deux policiers parisiens sont mis en garde à vue par la brigade criminelle. Ils sont soupçonnés d'avoir joué un rôle important dans le rapt.

La louange et le chou ont bon goût, mais ils gonflent (Pologne).

Saint Christian

Scorpion 2e décan

SAMEDI 12 NOVEMBRE

Secret de deux, secret de Dieu ; secret de trois, secret de tous.

Saint Brice

Scorpion 3e décan

DIMANCHE 13 NOVEMBRE

Bracelets en récup'

Choisissez le format de boîtes de conserve qui pourra constituer un tour de bras (envi ron 7-8 centimètres de diamètre).
Enlevez soigneusement le papier pour mettre le métal à nu.
Découpez les deux bouts ronds le plus nettement possible, et poncez le bord coupant. Puis, à l'aide d'une scie à métaux ou d'une pince à découper les plaques de métal, coupez la boîte sur toute sa longueur, ce qui donnera au métal une certaine élasticité pour que vous puissiez l'enfiler au bras.
Enduisez de gel de silicone les parties coupantes.
Première déco : badigeonnez de colle et tendez de la dentelle sur toute la surface en la recourbant sur tous les bords. Assurez la finition en appliquant un ruban, collé à l'intérieur du bracelet pour éviter l'effilochage. Peignez l'ensemble à la peinture acrylique de votre choix, puis, avec un pinceau fin, soulignez les détails de la dentelle en camaïeu, de couleur vive si le fond est clair, ou le contraire selon votre goût.
Laissez bien sécher, puis fixez avec un vernis. Vous pouvez faire de même avec un macramé, ou peindre le fond d'une couleur, et laisser la dentelle ou le macramé nature.
Autre version : couvrez d'un fond de peinture acrylique unie, et peignez dessus des motifs qui vous plaisent : fleurs, lapin, paysage… Bordez un côté d'un liséré de couleur, sur lequel vous aurez cousu tout du long des perles, puis collez ce ruban en le recourbant vers l'intérieur du bracelet.

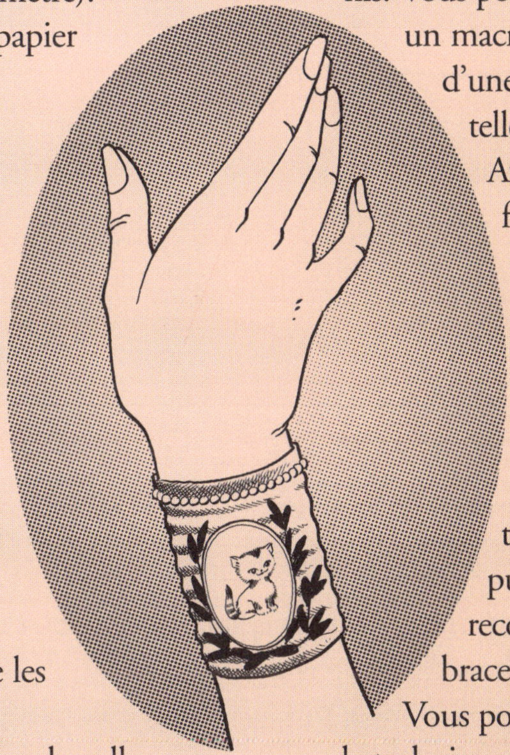

Vous pouvez également employer la technique des serviettes de papier. Peignez un fond. Découpez des éléments décoratifs dans les serviettes en papier, enlevez la sous-couche blanche de la serviette et disposez les motifs détachés sur le métal, puis collez délicatement avec le vernis colle. Pour vous, tout un jeu de bracelets originaux, ou quelques cadeaux pour les fêtes…

IL Y A 40 ANS, EN 1965 : L'explosion d'une chaudière provoque le naufrage du *Yarmouth Castle* : quatre-vingt-onze disparus. Le danseur Rudolf Noureev retrouve Paris, où il doit danser jusqu'au 22 novembre. Venise lance un emprunt de trente milliards de lires pour sauver la ville.

LUNDI 14 NOVEMBRE

Saint Sidoine

Scorpion 3e décan

Beaucoup traitent leur voisin d'âne, qui portent eux-mêmes des sacs (Suisse).

★★ TRUITES BEURRE À LA VIERGE.

Disposez 4 truites vidées dans une double feuille d'aluminium chacune. Rangez-les dans le compartiment perforé du cuisine-vapeur. Faites cuire 10 minutes couvercle fermé, et 5 minutes couvercle en biais. Pendant ce temps mettez dans un bol 100 grammes de beurre à température ambiante. Travaillez-le au fouet jusqu'à ce qu'il fasse une pommade. Ajoutez 3 cuillerées de crème fraîche. Salez, poivrez. Continuez à travailler votre beurre qui deviendra très léger. Terminez en incorporant quelques gouttes de jus de citron.

Jeux d'esprit

Il est poli, mais il ne parle pas,
Il réfléchit, mais il ne pense pas,
Il vous regarde,
mais il ne vous voit pas.

Réponse :

Un miroir.

MAHONIA. C'est en novembre que commence la floraison du mahonia, un arbuste au feuillage persistant bordé de dents pointues comme le houx, avec des grappes de fleurs jaune vif, délicatement parfumées, relayées ensuite par des baies bleu noir qui fleuriront jusqu'en février. Arbuste rustique, ne demandant aucun entretien, se développant jusqu'à deux-trois mètres, il pousse dans toutes les terres au soleil et à mi-ombre.

IL Y A 40 ANS, EN 1965 : Craig Breedlove établit un nouveau record absolu à bord du « *Spirit of America* » en atteignant 966,570 km/h sur le lac Salé de Bonneville. Présentation du projet de deux passages souterrains, place de l'Étoile, pour améliorer la circulation.

**Le monde est une rose,
respire-la et passe-la à ton ami.
(Monde arabe).**

Saint Albert

Scorpion 3ᵉ décan

MARDI 15 NOVEMBRE

LES DRÔLES D'HISTOIRES DE PIERRE BELLEMARE

Le braqueur à vélo

C'est à une étonnante série de braquages qu'est confrontée la petite ville de Polna, dans l'Illinois, durant cette année 2003. Plusieurs banques ont été attaquées par un homme seul, armé et cagoulé. Jusque-là, rien d'original. Mais le malfaiteur présente la particularité d'arriver en vélo, de garer son engin contre la façade de la banque et de repartir de la même manière, avec son butin, sans qu'on puisse le rattraper.

Lors de la dernière agression, les employés de l'établissement attaqué ont pourtant pu prévenir très rapidement la police. Celle-ci a opéré le bouclage de la ville, arrêtant tous les cyclistes, mais pas un seul n'était le bon. Le braqueur semblait s'être purement et simplement volatilisé.
Aussi, ce jour de novembre 2003, lorsque l'agent motocycliste Richard Lewis reçoit un appel annonçant que le braqueur à vélo vient de commettre une nouvelle agression, il a tout lieu d'être satisfait. Il se trouve juste à côté de l'adresse indiquée : cette fois, l'individu ne s'en sortira pas.
Arrivé presque immédiatement sur les lieux, le policier aperçoit l'homme qui saute sur sa bicyclette et s'enfuit. Il lui serait facile de lui mettre la main au collet, mais il préfère le suivre, pour arrêter d'éventuels complices. Et c'est ainsi qu'il découvre comment le braqueur à vélo a échappé jusque-là à toutes les recherches. Dans une rue adjacente, une voiture est garée. L'homme pile à côté, ouvre prestement le coffre, y dépose son engin, puis s'installe aux côtés du conducteur, qui démarre aussitôt. Il se révélera que ce dernier n'est autre que sa propre femme, et que ce sont leurs deux enfants en bas âge qui sont sagement assis sur la banquette arrière. Voilà comment cette famille en apparence si paisible pouvait passer sans problème tous les barrages…
Le couple a été arrêté et les enfants, à qui il donnait un bien mauvais exemple de conduite, ont été confiés aux grands-parents.

IL Y A 40 ANS, EN 1965 : Arrivée aux États-Unis du satellite français FR 1 qui doit être mis sur orbite par une fusée américaine. À l'assemblée générale de l'ONU, l'admission de la Chine est rejetée. Mort de William Cosgrave, fondateur de l'État libre d'Irlande en 1921.

MERCREDI 16 NOVEMBRE

Sainte Marguerite

Scorpion 3e décan

Le pays de l'homme, c'est son caractère ; le pays de la bête, c'est son maître (Éthiopie).

AVOIR UNE ÉPÉE DE DAMOCLÈS AU-DESSUS DE LA TÊTE.
Être en état de péril imminent.
Damoclès, courtisan de Denys, tyran de Syracuse, aurait, selon la légende relatée par Horace et Cicéron, été invité et traité magnifiquement au-dessous d'un glaive suspendu uniquement par un crin de cheval. Cette anecdote mythologique connue depuis longtemps n'a donné naissance à cette expression qu'à la Restauration.

★★ TENDRONS DE VEAU AU VINAIGRE. Passez 1 kilogramme de tendrons dans la farine. Faites-les dorer sur les deux faces dans l'huile chaude en cocotte. Ajoutez 6 centilitres de vinaigre de Xérès, 1,5 décilitre d'eau chaude, 4 gousses d'ail pressées et 3 cuillerées à soupe de persil haché. Assaisonnez et faites cuire à feu doux pendant 1 heure. Lavez et coupez en deux 4 grosses tomates, enlevez le pédoncule et posez-les dans le beurre chaud, côté chair contre la poêle ; piquez-les à la fourchette et laissez-les cuire 10 minutes. Retournez les tomates et gardez-les au chaud. Ajoutez 2 cuillerées à soupe de crème dans la poêle et mélangez délicatement. Rangez les tendrons sur un plat de service et entourez-les des demi-tomates ; versez le jus de cuisson des tomates dans la cocotte, mélangez à la spatule, versez sur les tendrons et servez.

QUAND LA PRESSE S'EMBALLE.
Un tueur en série peut très bien récidiver, affirme un expert.

Le Soir.

Lorsque vous retirez les crochets d'un rideau pour le laver, marquez leur emplacement avec un stylo bille. Vous ne chercherez plus le bon emplacement des crochets pour le raccrocher.

IL Y A 40 ANS, EN 1965 : Le projet de réforme de l'adoption est approuvé à l'unanimité par l'Assemblée nationale : les couples, même s'ils ont des descendants légitimes, pourront adopter un enfant; toutes les distinctions sont abolies entre enfant adopté et enfant légitime.

**Quand la maison est trop haute,
il n'y a rien au grenier.**

Sainte Elisabeth

Scorpion 3e décan

JEUDI 17 NOVEMBRE

LES DRÔLES D'HISTOIRES DE PIERRE BELLEMARE

L'important, c'est de participer

Chacun connaît la devise du baron de Coubertin, fondateur des Jeux olympiques modernes. À sa manière, le nageur de la Guinée équatoriale Éric Moussambani l'a illustrée de façon éclatante aux Jeux de Sydney, en 2000. Il s'aligne dans le 100 mètres nage libre. Étant donné les performances lamentables qui sont les siennes, il ne devrait pas passer le stade des éliminatoires. Seulement voilà : ses concurrents, impatients d'en découdre, se jettent à l'eau prématurément. Les uns après les autres, ils commettent un faux départ et se retrouvent disqualifiés. Il faut dire que Moussambani ne risquait pas une telle sanction : à chaque fois, il met un bon moment avant de se décider à plonger.

C'est ainsi qu'il se qualifie pour les quarts de finale. Le temps qu'il a réalisé pour terminer sa série est si catastrophique que la nouvelle s'est répandue parmi les journalistes et qu'ils sont nombreux à suivre sa course, dans l'espoir d'assister à un spectacle sortant de l'ordinaire. Ils ne seront pas déçus !

Comme à son habitude, Éric Moussambani prend tout son temps pour se mettre à l'eau. Après quoi, il entame son 100 mètres dans une étonnante nage, avec la tête hors de l'eau. Ses concurrents ont déjà terminé, qu'il en est encore à sa première longueur. Après un virage réalisé sans la moindre technique, il continue sur un train de sénateur et termine en 1 minute 52 secondes, deux fois et demi le temps du record, une performance que n'importe qui un peu doué peut réaliser dans sa piscine. Mais le plus étonnant est sa réponse aux journalistes, qui lui ont demandé pourquoi il ne mettait pas la tête sous l'eau. Il leur a répliqué placidement : « Parce que j'aime bien voir où je vais. »

IL Y A 40 ANS, EN 1965 : Ouverture légale de la campagne pour l'élection présidentielle, avec six candidats : le général de Gaulle, François Mitterrand, Jean Lecanuet, Pierre Marcilhacy, Me Tixier-Vignancourt et Marcel Barbu. Canonisation de Pie XII et Jean XXIII engagée par le pape Paul VI.

VENDREDI 18 NOVEMBRE

Sainte Aude

Scorpion 3e décan

Le cœur d'un homme, c'est tout un pays étranger (Afrique).

PELOUSE. N'oubliez pas que la pelouse est la principale tache verte du jardin en hiver. Il faut la soigner. Pour balayer les feuilles, utilisez un balai spécial à dents souples qui n'arrachent pas le gazon. Passez le râteau scarificateur, puis le rouleau. Tondez, mais pas trop ras. La dernière tonte de l'année sera un peu plus haute qu'à l'habitude (5 à 6 centimètres en moyenne) pour permettre au gazon de stocker le maximum d'énergie afin de passer l'hiver. Épandez un engrais anti-mousses. Puis retaillez les bordures, pour qu'elles soient nettes.

LA SCIENCE AMUSANTE

UN COMPAS DE FORTUNE.

Si vous devez dessiner un cercle et que vous n'ayez pas de compas à votre disposition, vous pourrez le remplacer à l'aide d'un canif et d'un bout de crayon.

Prenez un canif à deux lames, le plus grand possible ; la pointe de l'une des lames sera la pointe sèche du compas. Enfoncez fortement la pointe de l'autre lame dans un bout de crayon dont la longueur variera suivant la grandeur du canif ; ce sera la pointe traçante.

Pour caler une vis qui flotte dans un trou, fendez une allumette sur toute sa longueur. Glissez ensuite dans le trou une moitié d'allumette de chaque côté de la vis. La fixation ne bougera plus.

IL Y A 40 ANS, EN 1965 : Augmentation du déficit de la RATP qui passera de 515 millions en 1965 à 644 millions en 1966. Le CNRS fête ses vingt-cinq ans. Première transmission directe entre Paris et Madrid de télévision en couleurs, par le procédé SECAM.

Louer son fils, c'est se vanter ; blâmer son père, c'est se flétrir (Chine).

Saint Tanguy

Scorpion 3e décan

SAMEDI 19 NOVEMBRE

Il ne faut pas ourdir plus qu'on ne peut tisser.

Saint Edmond

Scorpion 3e décan

DIMANCHE 20 NOVEMBRE

Noël des animaux

Tous les ans, fin novembre, les refuges organisent le Noël des animaux, journées d'adoption où chiens et chats, de race ou croisés, attendent de futurs maîtres.

Attention : n'offrez pas un animal en cadeau pour Noël. Il est essentiel que le futur maître choisisse lui-même l'animal qui lui va.

L'adoption doit être un acte réfléchi et responsable, puisqu'il engage l'adoptant pour de nombreuses années.

Si vous êtes en studio, en ville et seul, absent pour votre travail toute la journée, pensez que la solitude pèsera à un chien qui ne peut sortir ou même à un chat qui n'a jamais de présence… Si vous avez la possibilité d'emmener votre animal au travail, alors optez pour un petit chien du type caniche ou bichon. Si vous vivez à deux dans un appartement moyen, et que vous pouvez vous organiser pour les promenades régulières dont a besoin n'importe quel chien, prenez un berger allemand ou un labrador, mais évitez les races qui ont besoin de courir ; réservez au chat son petit domaine sur lequel il pourra régner… et n'oubliez pas les caresses ! L'idéal pour l'accueil d'un animal ou de plusieurs est bien entendu la grande famille dans une grande maison à la campagne, la plupart des conditions d'une bonne cohabitation entre animaux s'y trouvant réunies. Question caractère, si vous êtes autoritaire, il vous faut un chien très attaché à son maître et nécessitant une éducation ferme : berger allemand, ou doberman, ou bien un petit chien à fort tempérament comme le fox-terrier, le scottish. Si vous êtes sportif, prenez un chien sportif lui aussi : berger des Pyrénées, colley, bobtail… Avant toute chose, renseignez-vous sur les besoins spécifiques de la race qui vous intéresse auprès des associations ou d'un vétérinaire… Quelles raisons vous feront plutôt prendre un chat ? Vous aimez les êtres indépendants et câlins à la fois : le chat est fait pour vous, ni bruyant ni exagérément exigeant, tout en tendresse élégante et discrète, et il s'éduque tout seul. Pas de promenades obligatoires, un encombrement dérisoire, un appétit modéré, des frais de garde acceptables et la satisfaction d'avoir un petit tigre domestique et affectueux chez soi… L'animal idéal est celui dont les besoins coïncident parfaitement avec le mode de vie de son maître. Faites votre choix en toute lucidité. Ce petit compagnon va vous donner beaucoup d'amour ; si vous êtes sûr de faire son bonheur, n'hésitez pas, adoptez !

IL Y A 40 ANS, EN 1965 : Viêt-nam : la plus grande bataille de la guerre se poursuit à Plei Me. Rupture des relations diplomatiques entre Paris et Conakry, à la suite de violentes attaques guinéennes contre le gouvernement français.

LUNDI 21 NOVEMBRE

Présence de Marie

Scorpion 3e décan

Une orange dans la rue : ou elle est pourrie, ou il y a des vers (Brésil).

DÉCOR HIVERNAL. Plantez un jasmin d'hiver qui est facile à palisser le long d'un mur, de même que le *Chimonanthus praecox* qui exhale un doux parfum au moment de sa floraison, courant janvier. Pour les scènes hivernales, pensez aux belles écorces. Les bouleaux sont les vedettes : leur écorce claire se desquame pour certains, révélant des taches orange (*Betula maximowicziana*) ; il y a certains érables comme l'érable à peau de serpent et le cornouiller à feuilles panachées (*Cornus alba*) dont les rameaux forment durant l'hiver des touffes d'un beau rouge vif.

★ BISCUIT AUX NOISETTES. Battre 4 blancs d'œufs en neige. Versez 150 grammes de sucre en poudre en pluie tout en continuant de battre. Incorporez 100 grammes de farine tamisée et 100 grammes de beurre fondu, puis 100 grammes de noisettes râpées. Répartissez la pâte dans un moule à manqué beurré et fariné. Cuisez à four modéré (thermostat 4) pendant 30 minutes. Laissez refroidir.

Pour essorer à la main un pull trop fragile pour la machine, étalez-le entre deux serviettes-éponges et passez un rouleau à pâtisserie. Ainsi il ne risque pas d'être déformé ou feutré.

LES DRÔLES D'HISTOIRES DE PIERRE BELLEMARE

Le stress du perroquet

À Miami, un homme a échappé à une lourde amende en prouvant à la police que son perroquet avait dévoré son disque de stationnement à l'intérieur de son véhicule.

Pour démontrer sa bonne foi, John Lomax s'est précipité au commissariat, sa contravention de cent dollars d'une main, Jack, son gourmand volatile, de l'autre.

Un policier a accepté de tenter l'expérience : il a posé un vieux disque en carton à proximité du perroquet qui l'a rageusement mis en pièces et dévoré. Le chef de la police a déclaré : « Convaincu par la performance de Jack de l'honnêteté de son propriétaire, j'ai fait annuler la contravention. »

Pour expliquer le comportement de son capricieux compagnon, John Lomax a pour sa part avancé une hypothèse : « Âgé de trente-cinq ans, Jack est stressé par la fuite du temps. Il s'attaque indifféremment aux montres, pendules et réveils. Je pense qu'il a dû inclure les disques de stationnement sur sa liste des objets à détruire. »

Pas beaucoup d'imagination

Caleb Philips, un jeune homme de vingt-deux ans, passe un entretien d'embauche dans une entreprise de travaux publics de Stillwater, Oklahoma. Le chef du personnel, qui l'écoute avec attention, a l'air tout à fait intéressé et lui déclare :

« Je vais parler de vous au directeur, je reviens. »

Il revient, en effet, quelques minutes plus tard, mais pas en compagnie du directeur, avec un policier qui passe les menottes au jeune Caleb. Ce dernier était venu la nuit même sur le chantier, pour dérober du matériel. Et, ayant vu sur une pancarte que la société embauchait, il n'avait rien trouvé de mieux que de se présenter le lendemain. Il ignorait qu'il avait été filmé par des caméras de surveillance et que le chef du personnel venait juste de visionner les enregistrements…

IL Y A 40 ANS, EN 1965 : Mort de la reine Élisabeth de Belgique, mère de Léopold III. Le championnat du monde de boxe des poids lourds est remporté par Cassius Clay contre Floyd Patterson. Violent incendie passage du Caire à Paris : onze magasins sont détruits.

MERCREDI 23 NOVEMBRE

Christ Roi

Sagittaire 1er décan

Nul ne skie assez doucement pour glisser sans laisser de traces (Finlande).

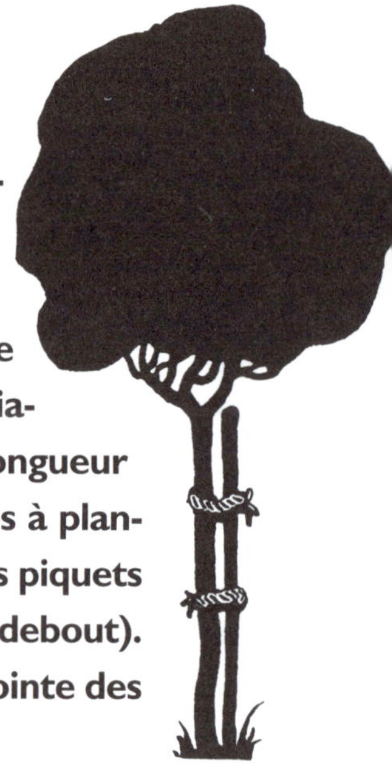

TUTEURS. Préparez vos tuteurs. Contribuez à nettoyer la forêt, à éclaircir les touffes de jeunes pousses de châtaigniers trop denses. C'est dans leurs taillis que vous trouverez le meilleur bois pour fabriquer des piquets. Les souches de châtaigniers dont les troncs mesurent de 6 à 10 centimètres de diamètre conviennent le mieux. Prenez des brins qui présentent une longueur suffisante pour faire des tuteurs de 1,50 mètre pour tous les arbres à planter. Faites des coupes nettes dans un bois en bonne santé. Taillez vos piquets en pointe en vous appuyant sur un billot (un gros rondin mis debout). Utilisez une serpe bien tranchante. Écorcez les pieux et passez la pointe des tuteurs à la flamme.

★ BIFTECK À L'ITALIENNE. Râpez des pommes de terre charlotte à la grosse grille, mélangez à du blanc d'œuf battu et assaisonnez. Formez des galettes plates que vous faites cuire à l'huile dans une poêle. Faites suer des oignons et de l'ail hachés grossièrement dans un peu de beurre, incorporez à du steak haché avec du persil et de la ciboulette, formez des pavés que vous faites sauter, cuisson selon goût, et posez chaque part sur un paillasson de pommes de terre.

Pour éviter de démonter les radiateurs lors de la pose du papier peint, fixez au bout du lé deux pinces à linge auxquelles vous aurez accroché deux morceaux de ficelle. Vous pourrez ainsi contrôler la descente du papier peint tandis que votre compagnon le guidera en tirant sur les deux ficelles.

IL Y A 40 ANS, EN 1965 : À Carmaux, un coup de poussier au puits de la Tronquié provoque le décès de douze mineurs. Début d'une grève de quatre jours à Air France. Panique dans le métro parisien à la suite d'un court-circuit : douze voyageurs sont blessés dans une bousculade.

Ne t'attriste de rien, tant que tu peux encore aimer (Hongrie).

Sainte Flora

Sagittaire 1er décan

LES DRÔLES D'HISTOIRES DE PIERRE BELLEMARE

Nouvelles technologies

Quatre femmes, âgées de dix-neuf à quarante-cinq ans, vivant en Algarve, dans le Sud du Portugal, ont porté plainte après qu'un mystérieux appel téléphonique les a incitées à se rendre sur leur balcon, la poitrine dévêtue, afin de se soumettre à une mammographie par satellite.

Un homme, se prétendant chercheur auprès du ministère de la Santé, les avait en effet informées qu'elles bénéficiaient d'une nouvelle méthode gratuite de dépistage des cancers du sein. Une femme, passionnée par l'expérience, s'était même présentée entièrement nue sur sa terrasse.

Les patientes ont subodoré une supercherie lorsque, toujours par téléphone, le mystérieux chercheur leur a demandé de prendre des attitudes incompatibles avec la bienséance et l'investigation satellitaire.

La police s'interroge sur le nombre des femmes bernées qui n'ont pas osé porter plainte.

Retour à l'envoyeur

Pour échapper aux camps de rééducation, Richard Van Pham, un Vietnamien de Saigon, a fui son pays pour se réfugier aux États-Unis. Depuis 1976, il vit heureux à bord de son voilier de sept mètres, à Long Beach, en Californie. Au début de l'année, il part naviguer le long de la côte, mais une tempête brise son mât et sa radio tombe en panne.

Au prix d'efforts surhumains, Van Pham parvient à survivre en récoltant l'eau de pluie et en pêchant. Après six mois d'errance, à bout de force, il aperçoit enfin les structures d'un garde-côte. En désespoir de cause, le naufragé met le feu à son voilier pour signaler sa présence et s'évanouit.

Quand il reprend connaissance, Van Pham constate que le navire qui l'a recueilli à son bord est un patrouilleur de la marine vietnamienne. Le bateau fait route vers le pays qu'il a quitté à ses risques et périls vingt-six ans plus tôt !

IL Y A 40 ANS, EN 1965 : L'armée prend le pouvoir à Léopoldville : le général Mobutu dépose le président Kasavuru. Affaire Ben Barka : les policiers de la brigade criminelle sont dessaisis de l'affaire. Inauguration à Paris, rue de Flandre, de l'immeuble le plus haut de France, la Tour Potin.

VENDREDI 25 NOVEMBRE

Sainte Catherine Labouré

Sagittaire 1er décan

Mieux vaut se coucher avec la colère qu'avec le repentir (berbère).

PASSEZ, MUSCADE.
Le tour est joué, tout s'est passé très vite, comme par enchantement.
L'expression est empruntée aux faiseurs de tours qui la prononçaient chaque fois qu'ils escamotaient au cours de leurs tours de passe-passe la « muscade », petite boule de liège, ainsi nommée à cause de la ressemblance avec une noix de muscade.

QUAND LA MUSE DÉLIRE.
« Vous êtes, dit Colbert, aussi spirituel que M. de Voltaire. »
Alexandre Dumas,
Le Vicomte de Bragelonne

Lors des lavages à la main dans le lavabo, vous avez souvent trop de mousse. Saupoudrez-la de talc pour la dissoudre. Vous n'aurez plus à vider plusieurs fois l'eau et à rajouter de l'eau claire.

☆☆ FLANS D'AIL À LA CUISINE VAPEUR.
Pour 4 personnes, épluchez 2 têtes d'ail et ôtez les germes s'ils sont verts. Faites cuire à la vapeur 15 minutes. Dans le bol du mixer placez l'ail cuit, 1 œuf entier et 1 blanc légèrement battu, 1 cuillerée à café de fécule, sel et poivre. Mixez. Ajoutez 4 cuillerées à soupe de crème fraîche. Mixez à nouveau. Remplissez 4 ramequins avec la préparation. Faite cuire à la vapeur 10 minutes, couvercle fermé, et 5 minutes couvercle entrouvert. Démoulez. Ces flans d'ail accompagnent bien un rôti de marcassin ou d'agneau.

IL Y A 40 ANS, EN 1965 : Lancé par la fusée Diamant, le satellite A 1 gravite autour de la Terre depuis 15 h 55 : la France devient la troisième puissance spatiale mondiale. L'ONU lance un appel en faveur de la suspension de tous les essais nucléaires : treize abstentions dont la France et l'URSS.

On a toujours plus de bien que de vie.

Sainte Delphine

Sagittaire 1er décan

SAMEDI 26 NOVEMBRE

Mieux vaut un raccommodage qu'un trou (Éthiopie).

Avent

Sagittaire 1er décan

DIMANCHE 27 NOVEMBRE

On peut toujours améliorer le quotidien

Lors d'un dimanche pluvieux, prenez le temps de faire le tour des petites améliorations à apporter sur le plan du confort, de la commodité, et de la sécurité dans votre maison. La plupart des dangers à éviter et des précautions à prendre recommandées aux « seniors » sont généralement profitables à tous… Êtes-vous sûr qu'aucun fil électrique ne vient court-circuiter votre chemin ? Dans le coin télé, par exemple, avec tous ces appareils qui s'accumulent et le lampadaire, il y a un enchevêtrement de rallonges inextricable. Si vous n'y trouvez pas de solution, il sera nécessaire de rendre votre installation plus rationnelle en faisant appel à l'électricien qui posera une ou deux prises supplémentaires. Vous-même avez buté plus d'une fois sur le coin du tapis qui repose sur un parquet glissant et vous avez failli tomber. Les magasins de bricolage sont généralement ouverts le dimanche, vous y trouverez des coins autocollants antidérapants qui fixeront tapis et descentes de lit. Disposez-vous partout d'un bon éclairage, y compris dans les escaliers et les couloirs ? Pour la nuit, laissez aux seniors une lampe de poche à portée de main, et pour les enfants qui risquent de se lever en cas de cauchemar et de tomber, installez des veilleuses si ce n'est déjà fait. Les sols mouillés sont extrêmement dangereux dans la salle de bain : prévoyez des tapis antidérapants couvrant un maximum de surface, et des poignées dans la douche et la baignoire. Dans la cuisine aussi, les projections d'eau peuvent rendre le sol glissant, au-delà du tapis devant l'évier. Les cuisines ne sont pas toutes fonctionnelles, et la personne qui prépare les repas est souvent astreinte à de nombreux va-et-vient parfois dangereux entre le réfrigérateur et l'évier, la table et le four. Il est suggéré aux seniors d'utiliser une chaise roulante pour circuler entre les différents points d'activité : c'est un confort qui sera apprécié également de toute personne qui passe beaucoup de temps aux activités culinaires… Vous avez commencé votre inspection ? Alors, vous allez sûrement découvrir beaucoup de choses à améliorer. De ces petites choses qui rendent le quotidien plus sûr et plus facile.

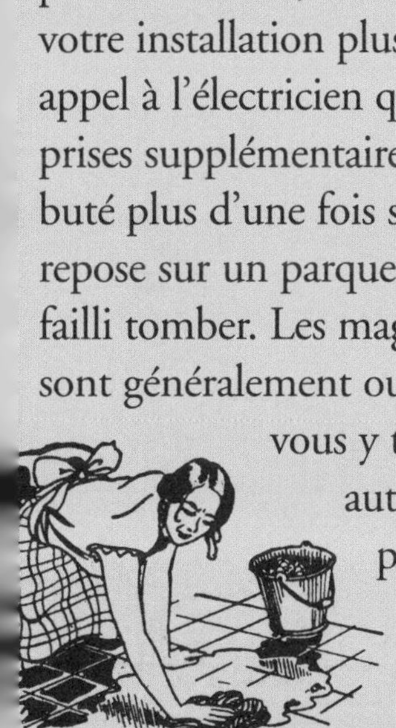

IL Y A 40 ANS, EN 1965 : La marche pour la paix au Viêt-nam a réuni plus de vingt-cinq mille personnes devant la Maison Blanche. Parution au *Journal officiel* des nouveaux panneaux de signalisation routière, dont Circulation à double sens, Circulation en sens unique.

LUNDI 28 NOVEMBRE

Saint Jacques de la Marche

Sagittaire 1er décan

Les hommes bêtes ne sont ni labourés ni semés, ils surgissent d'eux-mêmes (Finlande).

COUVRE-SOL. Les arbustes couvre-sol vous permettront de vous épargner bien des heures d'entretien. Il s'agit de plantes souvent basses ou tapissantes mais surtout capables de vraiment cacher la terre. Il y a les passe-partout comme la symphorine Hancock ou le *Cotoneaster damneri Skogholm*, le millepertuis ou la lavande ; mais aussi le *Ceanothe thyrsiflorus* repens aux fleurs bleues, et certains rosiers comme Max Graf ou Snow ballet, et le *Rubus* Betty Ashburner.

★★★ BÛCHE LÉGÈRE D'INGERSHEIM. Préparez la crème la veille : faites un caramel avec 12 morceaux de sucre. Versez délicatement 1 demi-litre de lait chaud sur le caramel puis versez ce lait coloré sur 3 cuillerées de Maïzena délayées dans un peu de lait froid, et mettez sur le feu afin que la crème se forme (elle ne doit être ni trop consistante ni trop liquide). Mélangez 1 blanc d'œuf battu à cette crème et laissez refroidir. Pour la pâte, mélangez 100 grammes de sucre à 3 jaunes d'œufs et 1 demi-paquet de levure. Après avoir bien malaxé, incorporez la farine avec un petit verre d'eau tiède, puis délicatement 3 blancs d'œufs battus. Étalez cette pâte sur un papier sulfurisé placé sur la plaque allant au four. Faites cuire à thermostat 4-5. Lorsque la pâte est cuite, renversez-la sur un autre papier sulfurisé placé sur une surface froide. Étalez la crème et roulez la bûche. Pour la garniture extérieure, faites fondre 50 grammes de beurre à feu doux, ajoutez 150 grammes de sucre glace et une cuillerée de chocolat en poudre et, pour terminer, le jaune d'œuf restant. Habillez la bûche avec ce mélange et décorez...Recette longue, mais légèreté garantie.

Pour éviter les problèmes de rangement dans la chambre d'enfants qu'ils partagent à deux ou trois, déterminez un logo ou une couleur pour chacun, que vous appliquerez sur les tiroirs de la commode, les portes de placards ou les boîtes de rangement.

IL Y A 40 ANS, EN 1965 : Publication du premier volume du roman historique *Les Rois maudits* de Maurice Druon. Malgré les polémiques soulevées quant à sa hauteur, le conseil municipal de Paris approuve la construction de la tour Maine-Montparnasse qui atteindra 185 mètres de haut.

**Qui reste dans son désert,
si rien n'y gagne, rien n'y perd.**

Saint André

Sagittaire 1er décan

MARDI 29 NOVEMBRE

LES DRÔLES D'HISTOIRES DE PIERRE BELLEMARE

Hydrothérapie

Pour guérir un état dépressif persistant, Kirk Jones, un plombier de Boston, consulte tour à tour psychiatre et psychanalyste. Le premier lui prescrit une poignée de pilules multicolores, qui ont pour effet de provoquer chez le jeune homme une fébrilité incompatible avec la purge sereine des lavabos et les soudures sur radiateurs ; contre une somme astronomique, le second l'allonge sur un divan et l'interroge sur son enfance : le traitement parachève sa dépression.
Désespéré, ruiné et sans emploi, Kirk Jones décide d'abréger son séjour sur terre. Il se rend aux chutes du Niagara et se jette dans les eaux glacées et bouillonnantes.
Mais la mort ne veut pas de celui qui voulait tant d'elle. Kirk est repêché en vie, cinquante-quatre mètres plus bas. « C'était comme un bain de glace. J'ai été avalé par le ventre de la bête. La pression était si forte que j'ai cru que ma tête allait être arrachée de mon corps », bredouille-t-il à ses sauveurs, en grelottant.
Tandis qu'un médecin répare fractures et contusions, Jones constate avec surprise et bonheur que plus rien ne subsiste de sa neurasthénie. Ses idées noires se sont dissoutes dans les eaux du fleuve. « Je suis en pleine forme, déclare-t-il à la presse. Comme si tous mes problèmes étaient restés au fond des flots. »
L'histoire serait trop belle si elle s'arrêtait là ! Un mois plus tard, le miraculé reçoit une contravention de six mille cinq cents dollars, le législateur américain assimilant sans doute un saut volontaire de cinquante-quatre mètres dans le vide à une baignade prohibée. L'opinion publique s'émeut de la sanction. Kirk obtient des circonstances atténuantes et une réduction substantielle de l'amende. Pour s'en acquitter, il se remet énergiquement au travail. Fort de son expérience aquatique, on dit qu'aujourd'hui il n'a pas son pareil pour colmater les fuites, juguler les chasses d'eau rebelles, endiguer les déluges domestiques !

IL Y A 40 ANS, EN 1965 : Auckland : Nouveau record du monde du 5 000 mètres par le Kenyan Keino. Le poète belge Henri Michaux refuse le Grand prix national des Lettres qui lui a été décerné. Bernard Jenny, directeur du théâtre du Vieux-Colombier, dépose son bilan.

MERCREDI 30 NOVEMBRE

Saint Saturnin

Sagittaire 1er décan

À mesure que nous vieillissons, ce sont nos maux qui rajeunissent (Scandinavie).

★★ CÔTES DE VEAU ARDÉCHOISES. Faites dégorger 1 livre de trompettes des morts soigneusement nettoyées à l'aide d'une brosse douce dans une poêle antiadhésive avant de les faire sauter dans un mélange d'huile et de beurre. Poêlez également les côtes dans un mélange de beurre et d'huile avec 10 gousses d'ail en chemise. Assaisonnez-les. Retirez-les et tenez-les au chaud. Déglacez la poêle au cognac. Ajoutez les champignons, un bocal de châtaignes égouttées, 50 centilitres de crème fraîche, du persil et la pulpe de l'ail confit que vous écrasez. Laissez cuire 10 minutes et entourez les côtes de veau de cette préparation.

LA SCIENCE AMUSANTE

UNE POSITION DÉLICATE. Si vous aimez grimper aux arbres, vous savez que, pour vous maintenir en l'air sans fatiguer les bras, il faut croiser les jambes, en passant votre pied sous le jarret de l'autre jambe. Mais, si vous vous laissez glisser, dans cette position, jusqu'au sol, vous voilà dans l'impossibilité de vous séparer de l'arbre.

LA SOLUTION : Pivotez de gauche à droite autour de l'arbre, et puisque l'action de vos pieds est paralysée par le poids de votre corps, vous devrez vous servir de vos mains comme point d'appui.

Jeux d'esprit

Qu'est-ce qu'on jette blanc en l'air,
Et qui retombe jaune sur le sol ?

Réponse :

Un œuf.

LES DRÔLES D'HISTOIRES DE PIERRE BELLEMARE

Bingo pour un dealer !

Quand la chance nous sourit, sachons l'accueillir avec modestie et reconnaissance ! Cadenassé dans une cellule de quatre mètres carrés où il purge une peine de huit ans de réclusion, José Luis Betancourt, un Texan de quarante-quatre ans, a tout le loisir de méditer cet adage, philosophique et agaçant.

Betancourt est un joueur têtu et méthodique. En dépit des statistiques, qui affirment qu'un joueur de Loto a une chance sur un million d'empocher le gros lot, il parie chaque semaine sur les six chiffres de sa date de naissance. Convaincu de l'infaillibilité de sa méthode, il ne s'émeut pas outre mesure lorsqu'il rafle la super-cagnotte de 5,5 millions de dollars.

Le sens commun voudrait que, aussi généreusement et brusquement pourvu, José Luis aille couler des jours heureux sous les tropiques, entre piscine et cocotiers. Mais il ne change rien à ses habitudes. Il place son magot en bons du Trésor, renouvelle ses paris et poursuit ses activités. Activités fort lucratives, puisqu'elles consistent à vendre de la drogue dans les bars de la ville !

Deux semaines plus tard, l'insatiable parieur est rattrapé par son destin. Un policier en civil l'arrête et l'expédie devant un juge. Au lieu de s'offrir discrètement les services d'une brigade d'avocats pour le sortir de ce mauvais pas, le dealer se vante de la rondeur de son compte en banque. Sa liberté vaut-elle un million de dollars ? Ses économies y pourvoiront ! Alerté, le procureur enquête. Il ne tarde pas à découvrir l'origine du pactole et à établir qu'au moment où il a acheté son billet, Betancourt se livrait déjà au trafic de stupéfiants. En conséquence, acquis avec de l'argent illégal, les 5,5 millions de dollars lui seront confisqués et rendus au gouvernement fédéral. José Luis a beau jurer ses grands dieux que l'argent du billet provient de la vente de vieux vêtements, le jury le condamne lourdement et vide son compte en banque.

Du fond de sa cellule, José Luis Betancourt joue-t-il encore au Loto ? Ou estime-t-il, qu'avec la chance, il a définitivement épuisé tout le capital qu'elle pouvait lui offrir ?

IL Y A 40 ANS, EN 1965 : Nouveauté à Londres : des cigarettes de tabac brun sont mises en vente. Pour la première fois en Alabama, un jury blanc condamne un Blanc pour le meurtre d'un Noir. Au Théâtre de l'Odéon, générale de *Des journées entières dans les arbres* de Marguerite Duras.

Sainte Viviane

Sagittaire 1er décan

**Là où le sang a coulé,
l'arbre de l'oubli ne peut grandir.**

Pour éviter que tout votre ourlet ne se défasse quand vous avez accroché le fil qui s'est déchiré, prenez soin de coudre trois ou quatre points les uns sur les autres tous les dix centimètres.

LES PERLES DES PETITES ANNONCES.

Dame soixantaine, tendre, affectueuse, assurerait douce et rapide fin de vie à Monsieur fortuné.

Nord-Isère

LANCER LE BOUCHON UN PEU TROP LOIN.

Exagérer.

La métaphore vient probablement du jeu de boules, où le cochonnet s'appelle aussi « bouchon », ou bien de la bouteille de champagne.

PLANTES POUR SALLES DE BAINS.

Le kalanchoe au feuillage persistant décoratif et aux belles fleurs rouges aime la chaleur, une luminosité maximale mais craint les courants d'air. Coupez la hampe fleurie lorsqu'elle est fanée. La capillaire nécessite la pulvérisation si l'humidité atmosphérique autour de la plante ne reste pas assez élevée, car elle meurt si elle sèche. Bien traitée, la beauté de ses frondes vert tendre, d'une finesse extrême rehaussée par la couleur brun-noir de la tige rigide et cylindrique, en fait une magnifique plante d'appartement.

IL Y A 40 ANS, EN 1965 : Audacieux attentat du Viêt-cong contre une caserne américaine en plein centre de Saigon. Lancement de Gemini VII, depuis Cap Kennedy, avec James Lovell et Frank Borman : le plus long vol dans l'espace est commencé avec une prévision de quatorze jours.

La prière monte et la grâce descend (Danemark).

Saint Xavier

Sagittaire 2e décan

SAMEDI 3 DÉCEMBRE

Dis à ton ami un mensonge et s'il en garde le secret, alors dis-lui la vérité (Portugal).

Sainte Barbara

Sagittaire 2e décan

DIMANCHE 4 DÉCEMBRE

Une maison en pain d'épices

Achetez un pain d'épices coupé en tranches, et un autre entier que vous éviderez pour obtenir une sorte de caisson, en gardant le fond et les trois côtés qui constitueront le sol et les murs de la maison. La découpe se fait par le quatrième côté, ce qui permet de creuser le pain facilement. La partie intérieure récupérée servira pour les deux pignons triangulaires, éventuellement des piliers centraux facilitant l'appui de la toiture, et différents éléments de décor (des bancs ou des sapins.) Selon la longueur du pain d'épices, il vous faudra quatre ou six tranches pour faire le toit, et une tranche pour le côté par lequel vous avez creusé. Il est important de dessiner la future maison en tenant compte des différents ingrédients décoratifs que vous aurez pu récolter dans les grandes surfaces. Le projet doit rester raisonnable par rapport au temps à y consacrer et à votre savoir-faire.

Posez votre maison sur un plateau. Fabriquez le « mortier » aussi bien pour construire que pour figurer la neige : battez deux blancs d'œufs en neige et mélangez-les avec 400 grammes de sucre glace. Collez le mur manquant et les deux pignons en utilisant le mortier avec une poche à douille, ensuite le toit sur lequel vous fixerez une cheminée. N'hésitez pas à vous aider de bâtonnets en bois pour consolider vos assemblages. Pratiquez éventuellement des ouvertures de fenêtres ou de portes à l'aide d'un cutter – opération à effectuer avant l'assemblage. Des morceaux de gaufrettes ou des langues de chat peuvent figurer les portes et les volets. C'est avec un crayon pâtissier que vous dessinerez les fenêtres et les arabesques sur les murs. Utilisez pour décorer des bonbons de couleur, des confettis en sucre, des petites boules argentées… Toutes choses que vous trouverez au rayon aide culinaire dans les magasins. Plus risqués : les glaçages colorés… N'oubliez pas de couvrir le toit de neige. Votre maison terminée, occupez-vous des abords : chemin dallé à l'aide de langues de chat, bancs, sapins découpés dans le reliquat de pain d'épices, et pourquoi pas une petite barrière… Imagination, patience et habileté feront le reste… Qui osera manger la petite maison ?

IL Y A 40 ANS, EN 1965 : Premier tour de scrutin de l'élection présidentielle : ballottage favorable pour le général de Gaulle avec 45 % des suffrages exprimés, 31 % pour François Mitterrand. Publication d'un livre rouge espagnol sur Gibraltar, réaffirmant la souveraineté de l'Espagne sur le Rocher.

LUNDI 5 DÉCEMBRE

Saint Gerald

Sagittaire 2e décan

L'homme qu'on transplante vit, l'arbre qu'on transplante meurt (Chine).

PLANTOIR À BULBES. Évitez de vous servir du plantoir pointu pour mettre les bulbes de printemps en terre. Il crée une poche d'air néfaste sous le bulbe. Ce dernier doit reposer à plat sur la terre. Utilisez le plantoir à bulbes, plus adapté à cette opération, car il permet d'ôter une large carotte de terre.

☆ ŒUFS COCOTTE AU POISSON. Passez des restes de poisson cuits (froids) au mixeur. Pour quatre convives, ajoutez un œuf, deux cuillerées à soupe de crème, de l'estragon, une pointe de Cayenne et du sel. Beurrez les ramequins. Placez le quart de la préparation au fond de chacun d'eux. Cassez un œuf sur la farce de chaque ramequin. Recouvrez de un cuillerée à soupe de crème fraîche. Saupoudrez de fromage râpé et ajoutez une coquille de beurre. Faites cuire à la vapeur 8 minutes.

Le mot de la fin

« N'avais-je pas dit que j'écrivais ce Requiem pour moi-même ? »
Wolfgang Amadeus Mozart, 5 décembre 1791, avant de perdre connaissance.

Pour faire disparaître des marques de calcaire à l'intérieur des carafes, bourrez l'intérieur avec des bandes de journaux humides, en les tournant. Laissez-les toute une nuit, l'encre « mangera » le calcaire.

IL Y A 40 ANS, EN 1965 : Le Viêt-cong a repris sa tactique de harcèlement des forces américaines en plusieurs secteurs du Sud-Viêtnam. Luna VIII atteint la Lune, mais manque son alunissage « en douceur » dans la mer des Tempêtes.

Mieux vaut donner sans promettre que promettre sans tenir.

Saint Nicolas

Sagittaire 2e décan

LES DRÔLES D'HISTOIRES DE PIERRE BELLEMARE

Match perdu

John Baldwin, employé comme magasinier dans un drugstore de Boston, au nord des États-Unis, a comme, beaucoup d'Américains, une passion pour le base-ball. Or, cette année-là, l'équipe de Boston, dont il est un supporter acharné, vient de se qualifier pour la finale de la coupe. Seulement cette dernière a lieu à Los Angeles, à l'autre bout du pays, et il lui faudrait deux jours de congé. Or, pas question de les demander à son patron, même en les prenant sur ses vacances, même en proposant de les rattraper en heures supplémentaires. Ce dernier est très étroit d'esprit et il n'a rien à faire des convenances personnelles. C'est pourquoi John Baldwin a recours à un procédé courant à défaut d'être très honnête : par un ami médecin, il se fait faire un certificat de complaisance et, pendant qu'il y est, il se fait arrêter pour toute la semaine.

Quelques jours plus tard, le voilà donc à Los Angeles et, comble de la joie, c'est son équipe qui gagne ! Avec la rallonge de congé qu'il a prise, il a tout le temps de fêter la victoire avec les autres supporters et c'est très satisfait qu'il reprend son travail au drugstore.

Seulement à peine est-il arrivé qu'il se voit appeler par son patron, qui lui demande sans élever la voix :

« Votre convalescence à Los Angeles s'est bien passée ? »

Et il lui signifie son renvoi immédiat… Par malchance pour John, après le coup de sifflet final, la caméra avait filmé en gros plan les supporters de Boston et on avait pu le voir au premier rang criant, gesticulant et donnant toutes les apparences d'une santé florissante. John Baldwin est parti la tête basse. Son équipe avait gagné son match contre ses adversaires, mais lui avait perdu le sien contre son patron.

IL Y A 40 ANS, EN 1965 : Tout Rhodésien qui écoutera la BBC en public sera condamné à deux ans de prison. Devant la situation internationale, Moscou augmente ses dépenses militaires. À Paris, vernissage de la XIe exposition du Surréalisme, dont André Breton est le promoteur

MERCREDI 7 DÉCEMBRE

Saint Ambroise

Sagittaire 2e décan

Le sage sort le crabe de son trou avec la main d'autrui (Italie).

FEUILLAGES COLORÉS. Les feuillages sont aussi décoratifs que les fleurs. L'érable du Japon offre des dizaines de variétés d'un grand intérêt ornemental. Les prunus ont un beau feuillage d'automne en plus de leurs fleurs rose pâle, cramoisies à l'automne. Parmi les cornouillers, vous trouverez différentes espèces de feuillages, panachés ou à grandes feuilles et ombelles de fleurs blanches, ou encore celles aux fruits en forme de fraises.

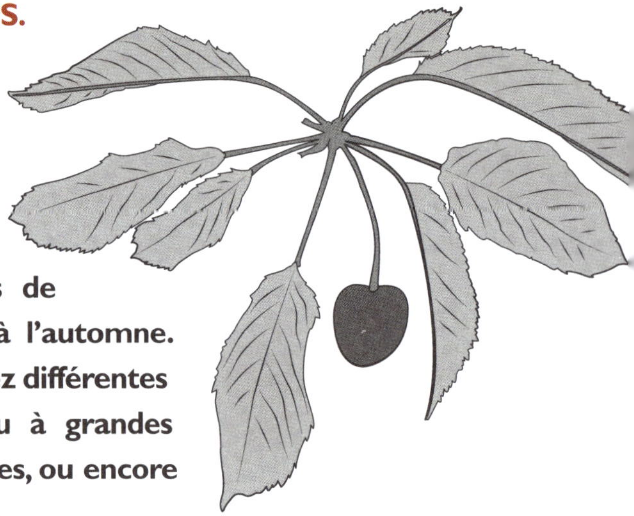

⋆ CARRÉS DE SEMOULE. Faites cuire 200 grammes de semoule dans 3/4 de litre de lait coupé de 1 demi-litre d'eau salée. Taillez une tranche épaisse de jambon de Paris en dés que vous incorporez dans la semoule cuite, ainsi qu'un œuf battu, de la ciboulette ciselée, 100 grammes de gruyère râpé. Étalez en gardant une épaisseur de 2 centimètres. Découpez des carrés que vous tournez dans la chapelure et faites-les dorer au four dans un plat légèrement huilé 15 minutes. Servez avec une salade de tomates.

Pour faire une pâte brisée sans vous salir les mains, mettez dans un bocal les ingrédients nécessaires à la pâte, fermez, et secouez énergiquement jusqu'à ce qu'une boule se forme.

QUAND LA PRESSE S'EMBALLE. Le défunt évoluait dans son quartier sans adresser la parole à âme qui vive.
Courrier de l'Ouest.

IL Y A 40 ANS, EN 1965 : À Rome, place Saint Pierre, cérémonies de clôture du concile Vatican II devant une foule immense. Manifestation de masse à Moscou contre « l'agression américaine » au Viêt-nam.

En la balance l'or et le fer ne font qu'un.

Immaculée Conception

Sagittaire 2e décan

JEUDI 8 DÉCEMBRE

LES DRÔLES D'HISTOIRES DE PIERRE BELLEMARE

Emportée par son élan

Jouissant d'une journée de liberté, Vivienne Hudson quitte Londres au volant de sa Mini Austin, franchit la Manche et débarque du ferry à Calais. Ayant raté l'embranchement du supermarché où elle comptait faire provision d'alcool et de cigarettes, Mme Hudson tente en vain de retourner vers le ferry. La conductrice persévérante poursuit vers le sud, prête à sortir à la bretelle suivante. Mais, habituée à circuler à gauche, elle néglige de regarder les panneaux, qui, naturellement, sont placés à droite sur les autoroutes françaises. Emportée par son élan, c'est sans faiblir qu'elle traverse la France, avec courage qu'elle se lance dans l'ascension des Pyrénées, avec fougue enfin qu'elle traverse Barcelone et Valence. À Malaga, sa voiture n'étant pas amphibie, Vivienne renonce à franchir le détroit de Gibraltar et prive ainsi le Maroc de la joie de l'accueillir.

Alerté par téléphone, M. Hudson vient rejoindre son épouse en avion à Malaga.

« Heureusement qu'à bord j'avais de l'eau et du matériel de camping ! » s'est réjouie l'aventurière sur la route du retour. Confortablement installée sur le siège passager de sa Mini Austin.

L'imbécile de l'année

En feuilletant le *Livre Guinness des records*, on est frappé par le nombre de performances totalement stupides ou de mauvais goût qui y sont recensées. C'est ce qui a donné l'idée à un groupe de journalistes anglais de mettre sur pied un concours d'un nouveau genre. Les candidats sont invités à réaliser des prouesses aussi ineptes que possible, le gagnant se voyant décerner le titre d'« imbécile de l'année ». Voici le palmarès pour 2002, un excellent cru aux dires des organisateurs.

La médaille d'or est revenue à un Australien, Ken Wooth, qui a pu prouver, documents à l'appui, qu'il s'épilait les poils du ventre depuis 1984 et qui est venu avec le fruit de sa cueillette, soit 15,41 grammes. Il a soufflé de peu la première place à Harry Beckham, un Britannique, qui a dévoré devant le jury 38 cafards en 1 minute, 9 secondes et 2 centièmes. Enfin, le troisième, un autre Anglais, Tony Bath, méritait amplement de figurer sur le podium, avec un rot enregistré à 118,1 décibels.

IL Y A 40 ANS, EN 1965 : M. Mikoyan est remplacé par M. Podgorny à la tête de l'État soviétique. Affaire Ben Barka : le repris de justice Georges Figon, dans une lettre adressée à la presse, laisse entendre qu'une protection occulte le soustrairait au juge Zollinger.

VENDREDI 9 DÉCEMBRE

Saint Pierre Fourier

Sagittaire 2e décan

La reine des abeilles n'a pas d'aiguillon (Portugal).

★★ MARRONS BRAISÉS. Fendez 2 kilogrammes de marrons avec un couteau pointu. Mettez-les à four chaud (thermostat 7-8) quelques minutes. Épluchez les deux peaux. Faites fondre 50 grammes de saindoux dans une sauteuse. Mettez deux oignons émincés à dorer. Ajoutez 100 grammes de lard maigre coupé en dés. Laissez dorer doucement, puis retirez oignons et lard, et faites dorer vivement sur chaque face trois tranches de jambon de campagne (250 grammes). Mettez 50 grammes de saindoux dans une cocotte. Posez une tranche de jambon égoutté dans le fond. Versez par-dessus les marrons, une tranche de jambon, les lardons et les oignons, et terminez par la troisième tranche pour couvrir le tout. Ajoutez la gousse d'ail écrasée, puis versez un verre de vin blanc. Couvrez. Laissez cuire doucement pendant 35 minutes. Servez très chaud.

Pour fariner le poisson sans répandre de la farine sur les mains, la table et les ustensiles, glissez-le dans un sac plastique à l'intérieur duquel vous aurez mis de la farine. Fermez le sac avec une ficelle et secouez. Votre poisson sera parfaitement fariné de tous les côtés.

FIER COMME ARTABAN.

Très fier.

Artaban, roi parthe du IIe siècle avant J.-C., est un personnage important d'un immense roman historique de 4 153 pages de Gautier de La Calprenède, intitulé *Cléopâtre*, paru au XVIIe siècle et aujourd'hui complètement oublié. La sonorité du nom Artaban a probablement contribué à la conservation de l'expression.

IL Y A 40 ANS, EN 1965 : Ouverture de la campagne du second tour de l'élection présidentielle. Première au théâtre Marigny de *La Mamma* d'André Roussin avec Elvire Popesco et Anny Duperey. Sortie du film de Louis Malle *Viva Maria* avec Brigitte Bardot et Jeanne Moreau.

Ce qui vient par la rapine s'en va par la ruine.

Saint Romaric

Sagittaire 2e décan

SAMEDI **10** DÉCEMBRE

Qui ne veut pas quand il peut ne peut plus quand il veut (Italie).

Saint Daniel

Sagittaire 2e décan

DIMANCHE **11** DÉCEMBRE

Gardez votre sapin jusqu'à la galette des rois

Le sapin de Noël ne s'achète ni trop tôt ni trop tard… en tout cas, pas à la hâte. Profitez du dimanche pour vous promener en famille au milieu de ces forêts éphémères installées sur les trottoirs et dans les jardineries, et faire votre choix. Coupé ou avec motte ? Dans les deux cas, il est indispensable de le garder au frais en rentrant, le plus longtemps possible, sur le balcon ou dans le garage. Pour qu'il résiste en beauté à son séjour en appartement, décorez-le la veille seulement de la fête, l'émerveillement et la magie de Noël n'en seront que plus intenses pour les enfants.

Vous l'avez choisi coupé ? Alors, pour le garder jusqu'à la galette des rois, essayez des « trucs » qui, paraît-il, se sont révélés efficaces : les sujets aux troncs légèrement fendillés, plongés dans l'eau claire, se portent le mieux ; l'eau sucrée fait également effet selon les chercheurs… En revanche, hydrater l'arbre au vaporisateur fait tomber les aiguilles dans les appartements surchauffés. La technique la plus efficace à adopter est de placer le sapin dans un pied en plastique avec réserve d'eau, au lieu de la classique bûche dans laquelle il est planté à la vente en général.

Si vous avez un jardin, vous avez opté peut-être pour un sapin à replanter. Prenez-le de préférence un peu trapu, de forme pyramidale presque parfaite, avec des branches bien équilibrées et une flèche toute droite. Placez-le dans un endroit frais, entourez son conteneur d'un linge humide et de papier aluminium, que vous masquerez lors de la décoration avec de la mousse, par exemple. Arrosez quotidiennement la motte, et ne le mettez jamais près d'un radiateur.

L'épicéa est le sapin classique le plus répandu, apprécié pour son parfum intense, la finesse et la quantité importante de ses épines qu'il a tendance à perdre, hélas… Le Nordmann est moins sensible aux risques d'assèchement. Appelé le sapin bleu pour le reflet de ses épines larges aux pointes arrondies qui ne piquent pas les mains lors de la décoration, il est résistant et ne perd par ses aiguilles. Faites votre choix !

IL Y A 40 ANS, EN 1965 : Abidjan : inauguration de la plus importante raffinerie de pétrole de l'Afrique francophone. Le départ de Gemini VI est manqué, mais pour Gemini VII, c'est le record absolu de durée à bord d'une cabine spatiale.

LUNDI 12 DÉCEMBRE

Sainte Jeanne de Chantal

Sagittaire 2e décan

Une jument de noble race n'a pas honte de son fumier. (Monde arabe).

BÊCHAGE. Pour bêcher en terre ordinaire ou légère, employez une bêche classique. En terre très lourde, collante aux outils, préférez le louchet, sorte de bêche au fer plus étroit et plus long. En terrain caillouteux, c'est une fourche bêche qu'il vous faut. Posez le pied sur le tranchant pour enfoncer la bêche verticalement et décollez la motte par un mouvement d'avant en arrière du manche. En la soulevant et la retournant sur place, vous enfouirez les mauvaises herbes qui se décomposeront et enrichiront la terre. Progressez toujours à reculons pour ne pas piétiner les parties bêchées.

C'EST DE LA BOUILLIE POUR LES CHATS.

C'est un travail mal fait.

C'est un jeu de mots fait sur l'ancien mot « chas » qui signifiait « colle d'amidon », « mauvais bouillon ». L'usage du chas étant devenu rare, l'expression est devenue bouillie pour « chats », tout en gardant l'image de gâchis.

Jeux d'esprit

Par moi, tout finit,
Par moi, tout commence,
Par moi, la terre a pris naissance,
Et si je n'existais pas, un moment n'aurait pas de fin.

Réponse :

La lettre T

IL Y A 40 ANS, EN 1965 : La Seine atteint 3,48 mètres au pont d'Austerlitz. Le président Boumediene est en visite officielle à Moscou, pour demander de l'aide économique et évoquer les problèmes internationaux.

Qui veut moucher autrui doit avoir les doigts propres (Scandinavie).

Sainte Lucie

Sagittaire 3e décan

MARDI 13 DÉCEMBRE

LES DRÔLES D'HISTOIRES DE PIERRE BELLEMARE

Signé Courteline

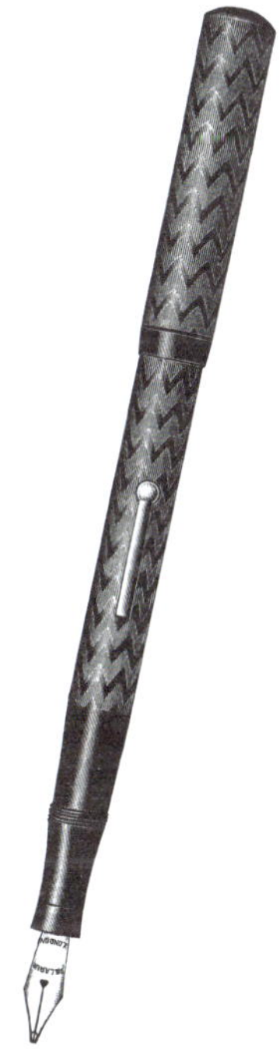

Aux demandes d'interview qui l'ennuyaient, Georges Courteline avait l'habitude de répondre par une circulaire ainsi rédigée :

Paris, le ...
Cabinet de Courteline
Centralisation des interviews

Monsieur,
En réponse à votre lettre du ..., par laquelle vous voulez bien me demander mon avis à propos de ..., j'ai l'honneur de vous informer que je m'en fous complètement !
Dans l'espoir que la présente vous trouvera de même, je vous prie d'agréer, Monsieur et Cher Confrère, l'assurance de mes sentiments les plus dévoués.

Et il signait de sa plus belle signature. Espérons pour leurs héritiers que les journalistes ainsi éconduits n'auront pas tous jeté d'un geste rageur la missive à la corbeille. Car ce petit chef-d'œuvre d'humour orné d'un autographe doit avoir aujourd'hui une jolie valeur.

Une vie après la mort ?

Après avoir vu au cinéma le film japonais *Une noble famille*, six jeunes filles chinoises ont regagné à pied leur village de montagne, « bouleversées par les images d'intérieurs somptueux, de riches vêtements, de bals animés et d'histoires d'amour enflammées ». Chemin faisant, une des adolescentes a assuré aux autres que, selon sa grand-mère bouddhiste, une autre vie est garantie après la mort. Convaincues de « n'être pas nées au bon endroit », dépitées de leurs modestes et tristes conditions d'existence, les jeunes filles ont décidé de se donner la mort collectivement dans l'espoir de se réincarner en créatures riches et parfaites aux États-Unis, au Japon et à Hong Kong. La police, qui a trouvé cinq corps sans vie dans un étang proche du village a tout d'abord cru à un assassinat.
Le récit du drame a été fait quelques jours plus tard par la sixième adolescente, qui, au dernier moment, avait renoncé à se jeter à l'eau.

IL Y A 40 ANS, EN 1965 : À la conférence ministérielle de l'OTAN, l'Allemagne fédérale tente de dissiper les craintes que soulèvent ses ambitions nucléaires. Les marines infligent une défaite au FNL, au sud de Da Nang. À Francfort, ouverture du second procès d'Auschwitz.

MERCREDI 14 DÉCEMBRE

Sainte Odile

Sagittaire 3e décan

Les mots sont des nains, les exemples des géants (Suisse).

★★ *SUPRÊMES DE PINTADES. Faites dorer 2 filets de pintade assaisonnés dans un mélange d'huile et de beurre clarifié, et couvrez pour laisser cuire environ 30 minutes. Réservez-les, videz le corps gras du sautoir. Déglacez avec un verre de vin de bordeaux. Faites réduire, incorporez 200 grammes de crème et faites réduire encore d'un tiers. Ajoutez au fouet 100 grammes de moutarde à l'ancienne à la réduction de crème. Servez avec des crosnes lavés, frottés dans un torchon avec du gros sel puis relavés, cuits 15 minutes à l'eau bouillante salée. Nappez le tout de la sauce.*

LA SCIENCE AMUSANTE

LES ARCS CONVERGENTS. Faites, avec un compas, une série de cercles concentriques, mais en ne faisant appuyer le crayon que sur une partie de chaque cercle, de façon à obtenir des arcs de cercle qui semblent mis les uns au bout des autres, mais sur des cercles différents.

Il vous semble alors, comme l'indiquent les lignes pointillées de la figure de droite, que si vous prolongiez ces arcs, tous du même côté, ils viendraient à se réunir en un même point. Cette illusion d'optique est d'autant plus évidente que le dessin est grand.

Pour la rectifier, à l'aide du compas, terminez chaque cercle, comme le montre le tracé en pointillé de la figure de gauche. La démonstration est faite que tous ces arcs étaient bien parallèles et non convergents.

Il faut observer des règles de prudence en utilisant une tronçonneuse : casque, lunettes de protection, gants et bottes antidérapantes, sont indispensables. Tenez votre appareil fermement avec les deux mains, les pouces serrant les poignées, attaquez toujours le bois à la vitesse maximale de la chaîne. Ne laissez pas la pointe du guide-chaîne entrer en contact avec une grosse branche, ne coupez jamais à une hauteur au-dessus de votre épaule. Recherchez toujours un appui stable et évitez de travailler seul.

IL Y A 40 ANS, EN 1965 : Réussite complète du premier rendez-vous spatial : six heures après son lancement, Gemini VI a rejoint Gemini VII. Le gouvernement indien décide un sévère rationnement alimentaire, en raison de la sécheresse et des mauvaises récoltes.

Il se noie plus de gens dans les verres que dans toutes les rivières (Allemagne)

Sainte Ninon

Sagittaire 3e décan

LES DRÔLES D'HISTOIRES DE PIERRE BELLEMARE

N'est pas miss qui veut

Si vous pensez que les concours de beauté prêtent à sourire, que les élections de miss sont des mascarades kitsch, tout juste bonnes à émoustiller les sens des téléspectateurs machistes, détrompez-vous. Les jolies filles qui s'adonnent à ces compétitions doivent répondre à des critères de sélection draconiens, qui méritent le respect. Jugez-en plutôt. Pour faciliter le choix de sa candidate à l'élection de Miss Monde, le comité de Miss Zimbabwe a édité un guide dans lequel on peut lire : « Si la concurrente a des cuisses plus courtes que les jambes, elle doit quand même les avoir suffisamment longues. Des chevilles et des genoux fins et bien articulés autour de la rotule. Les muscles des mollets pas trop saillants. Le cou délié et gracieux. Les jambes, les bras et les aisselles épilés. Pas de poils sur le visage. Pas de perruque. La concurrente doit respecter l'étiquette, c'est-à-dire ne pas jouer avec ses seins, éviter tout gloussement vulgaire et inopportun, mettre un mouchoir sur sa bouche avant de tousser, ne pas frétiller de la croupe, ne pas claquer des doigts, ne pas aguicher le public avec des œillades suggestives, ne pas sentir fort. »

Fort heureusement, les recommandations du comité de sélection du Zimbabwe ne portent pas exclusivement sur des critères physiques. Des qualités morales et intellectuelles sont également indispensables pour autoriser l'élue à se pavaner sur un podium. Ainsi, le manuel stipule que la candidate devra « être une patriote soucieuse de l'environnement, des droits de l'homme, de ceux des animaux, et faire preuve de capacités cognitives lui permettant d'appréhender l'avenir de l'humanité » !

Sachant maintenant quelles épreuves les miss doivent surmonter avant d'arborer fièrement les couleurs de leur pays, aurez-vous encore l'ingratitude de les prendre uniquement pour de « belles potiches à la tête vide » ?

IL Y A 40 ANS, EN 1965 : Amerrissage précis de Gemini VI. Mort de l'écrivain Somerset Maugham. Les États-Unis soutiennent la Grande-Bretagne dans l'affaire rhodésienne. Deux cent cinquante étudiants sont expulsés pour un an de l'université de Madrid, pour leur opposition au gouvernement.

VENDREDI 16 DÉCEMBRE

Sainte Alice

Sagittaire 3e décan

Si le corps se dresse bien droit, on ne s'inquiète pas si son ombre est de travers (Chine).

LÉGUMES RUSTIQUES. N'oubliez pas de noter l'emplacement des cultures de légumes réalisées cette année, pour éviter de cultiver deux ans de suite les mêmes légumes au même endroit. Un certain nombre de légumes rustiques peuvent être semés actuellement. Ils pousseront tranquillement, à condition toutefois d'être protégés par un film de forçage en voile non tissé, et vous donneront une récolte de qualité en avril-mai. C'est le cas des épinards, des carottes, des fèves et des laitues ; renseignez-vous sur les meilleures variétés à cet usage dans votre région. Posez des cloches sur ce qu'il vous reste de ciboulette et de persil pour prolonger la récolte de quelques semaines.

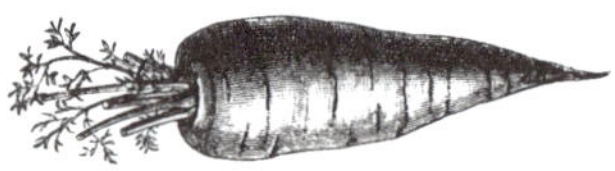

★ BOUCHÉES APÉRITIVES. Découpez six feuilles de bricks en bandes de 3 centimètres de large. Divisez les plus longues en deux dans le sens de la longueur. Recouvrez ces bandes d'un linge humide. Préparez trois sortes de garnitures pour obtenir une trentaine de bouchées : cubes de fromage de chèvre, tronçons de surimi, mini boudins antillais que vous enroulez séparément dans une lanière de feuille de brick et que vous maintenez par une pique en bois. Disposez au fur et à mesure sur la plaque de cuisson du four recouverte d'un papier cuisson ou sulfurisé. Faites cuire et dorer au four à thermostat 5-6 pendant 15 minutes.

Pour pouvoir transporter des bouteilles en verre – vin, eau, alcool – dans un coffre de voiture sans risque de choc ou de casse, placez-les dans des bouteilles en plastique dont vous aurez préalablement découpé le goulot. Ce fourreau les protégera parfaitement des secousses.

QUAND LA MUSE DÉLIRE. De couleur vert pomme, sa chasuble, que des fleurs de lis agrémentaient, était bleu ciel.
Gustave Flaubert, *Bouvard et Pécuchet*.

IL Y A 40 ANS, EN 1965 : Fin du vol de Gemini VII, après quatorze jours dans l'espace : l'amerrissage est retransmis en direct sur toutes les télévisions. À Berlin, le « Mur de la Honte » s'entrouvre jusqu'au 2 janvier, à l'occasion des fêtes de Noël. Mort du grand ténor italien Tito Schipa.

On gâte souvent ce que l'on veut trop bien faire (Allemagne).

Saint Gaël

Sagittaire 3e décan

SAMEDI **17** DÉCEMBRE

L'homme crée la fortune, mais la fortune n'a jamais créé l'homme (Vietnam).

Saint Gatien

Sagittaire 3e décan

DIMANCHE **18** DÉCEMBRE

Ambiance Noël dans la maison

Noël, c'est avant tout le sapin, mais il y a aussi une ambiance chaleureuse à créer dans la maison, où les couleurs et la lumière jouent un rôle déterminant. Pour l'accueil de la famille et des amis dans l'entrée, choisissez quelques bûchettes – de 3 à 10 centimètres de diamètre sur 50 ou 60 centimètres de long – à placer debout dans un joli pot dont elles dépassent de moitié. Coupez leur extrémité supérieure en biseau, ce qui vous donne une section ovale où vous peignez sur fond de peinture blanche le visage schématisé du père Noël surmonté d'un bonnet rouge. Éclairez vos fenêtres, si vous en avez la possibilité, en alignant des bougies rouges sur le rebord extérieur, solidement fixées. Sur les vitres, réalisez des sujets peints en blanc ou collés (transferts) représentant le traîneau du père Noël, un renne, un bonhomme de neige ; avec des étoiles argentées et le ciel noir en fond, voilà un beau décor plein de mystère. Çà et là dans le salon, posez non loin d'une prise de courant des vases ou des récipients en verre dans lesquels vous enroulez des guirlandes lumineuses (non clignotantes !) mêlées à des branches de houx avec leurs boules rouges ou des rameaux blancs vaporisés à la bombe à neige. Utilisez également des guirlandes lumineuses pour enrubanner un lampadaire, un meuble qui s'y prête, ou une rampe d'escalier… Un centre de table peut présenter des inconvénients lors du repas quand il est trop volumineux. Éparpillez plutôt sur la nappe des noix et des pommes de pins dorées, des bûchettes enneigées nouées ensemble par un ruban doré et posées sur une branche de sapin, décors faciles à déplacer en cas de besoin pour le service. De même pour de simples chandeliers enrubannés, décorés de pampilles et d'anis étoilés dorés. Un lustre au-dessus de la table, avec des boules de Noël et des rubans rouge et or suspendus, parachèvera en beauté votre table de fête.

IL Y A 40 ANS, EN 1965 : Le général de Gaulle est réélu président de la République à une majorité de 55 %. Résolution adoptée à l'ONU pour l'indépendance de Chypre. En riposte à la saisie de ses réserves financières, la Rhodésie suspend le remboursement de ses dettes à la Grande-Bretagne.

LUNDI 19 DÉCEMBRE

Saint Urbain

Sagittaire 3e décan

Beaucoup manque au pauvre et tout à l'avare (Allemagne).

☆☆ *SALSIFIS EN MIREPOIX. Hachez deux oignons, deux carottes, 200 grammes de jambon blanc, 200 grammes de veau (existe haché en grandes surfaces). Versez le hachis dans une sauteuse avec du beurre et faites revenir doucement 10 minutes en remuant. Ajoutez deux verres de vin blanc sec, 1/4 de litre de bouillon, deux cuillerées à soupe de persil haché et un bouquet garni, couvrez et laissez mijoter 45 minutes. Faites cuire environ 20 minutes des tronçons de salsifis épluchés (vous pouvez les prendre surgelés). Ajoutez-les à la préparation. Goûtez pour rectifier l'assaisonnement. Faites doucement cuire l'ensemble 5 minutes, puis arrosez d'un jus de citron et parsemez de noisettes de beurre. Servez avec une purée de pommes de terre.*

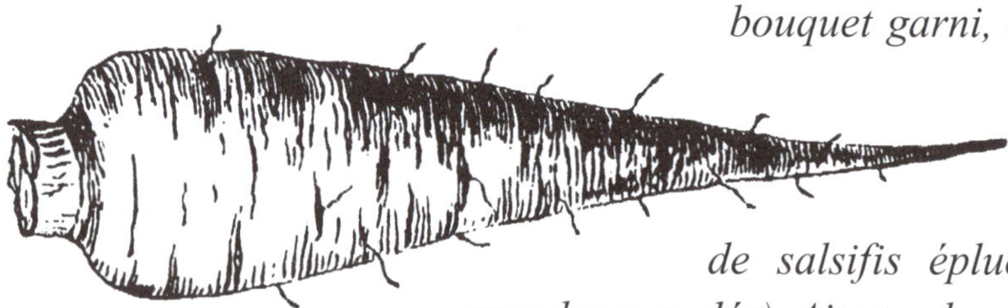

ÊTRE TREMPÉ COMME UNE SOUPE.

Être complètement mouillé par la pluie.

Cette locution, qui date de la fin du XVIIIe siècle, n'est plus comprise parce que la « soupe » ici évoquée n'est pas le liquide, le bouillon, mais la tranche de pain trempée dans le potage.

Pour transvaser le liquide d'une bouteille dans un flacon sans en mettre une goutte à côté, maintenez avec l'index une épaisse aiguille à coudre contre la paroi extérieure du goulot de la bouteille verseuse. Au moment de transvaser, l'aiguille a pour effet de « discipliner » l'écoulement et de réaliser l'opération sans dégâts.

LES PERLES DANS NOS RAPPORTS AVEC L'ADMINISTRATION. **Vous me dites que vous n'arrivez pas à lire mon écriture, mais moi non plus !**

IL Y A 40 ANS, EN 1965 : À Bruxelles, réunion des Cinq, avec un espoir de détente dans la crise du Marché commun. La France et l'Italie s'associent à l'embargo sur le pétrole destiné à la Rhodésie. Le Français dépense dans les magasins 50 % de plus qu'il y a dix ans.

La vaine gloire a des fleurs, et n'a point de fruit (Chine).

Saint Théophile.

Sagittaire 3e décan

MARDI 20 DÉCEMBRE

LES DRÔLES D'HISTOIRES DE PIERRE BELLEMARE

Les Allemands : infidèles et méthodiques

L'efficacité méthodique du peuple allemand est bien connue. Mais sait-on par contre que nos voisins d'outre-Rhin sont des êtres volages et volontiers inconstants ? Une étude des plus sérieuses révèle en effet que 51 % des hommes et 43 % des femmes n'hésitent pas à égratigner leur contrat de mariage. Comment donc aider près de la moitié de la population à concilier efficience et infidélité ? C'est pour répondre à cette demande qu'est née, il y a peu en Allemagne, une véritable industrie de l'alibi. « Une aventure au lieu de la fête d'anniversaire de belle-maman ? » suggère par exemple un site Internet racoleur. Aucun problème : le bas de gamme des services offerts est un message SMS qui vous délivre de l'engagement familial sous prétexte d'un rendez-vous professionnel. Il ne vous en coûtera que 8,50 euros à verser à l'agence Alibi parfait. Compétence et pragmatisme allemands obligent, l'agence vous propose sans supplément un lien vers un site spécialisé dans la recherche de l'âme sœur. Si l'épouse soupçonneuse doute de l'authenticité du message, pour une quinzaine d'euros supplémentaires, un correspondant très convaincant lui confirmera au téléphone que vous venez d'être convoqué par votre chef. Quant au mâle batifoleur, s'il peine à séduire, l'agence peut lui fournir une identité factice, comprenant un CV flatteur, des cartes de visite attestant d'une position sociale enviable et même la photo de son entreprise à New York ou de son yacht dans les Caraïbes.

Plus étonnant : le tiers des demandes provient du sexe prétendument faible. Et le journal *Berliner Zeitung* de citer le cas d'une galante qui n'a pas hésité à commander deux alibis, l'un destiné à son mari, l'autre à l'épouse de son amant. On n'est jamais assez prudent !

L'attaque étant la meilleure défense, d'autres agences offrent aux époux suspicieux des ripostes machiavéliques. Ainsi, Test de fidélité, à Berlin, se charge de mettre à l'épreuve la constance du conjoint. Choisis sur papier glacé en fonction des fantasmes prêtés à l'autre, une créature de rêve ou un don juan facturés cent soixante-dix-neuf euros la séance de séduction tenteront de les détourner du droit chemin. Et un candidat sur deux se fait piéger ! La suite de l'histoire se joue souvent devant les tribunaux, qui prononcent deux cent mille divorces par an. Éventuellement après le passage par une autre institution en pleine expansion : les laboratoires spécialisés dans les tests de paternité !

Hiver

L'HIVER

L'Air paraît tout obscur ; la clarté diminue ;
Les arbres sont tous nus ; les ruisseaux tous glacés ;
Et les rochers affreux, sur leurs fronts hérissés,
Reçoivent cet amas, qui tombe de la Nue.

Tout le Ciel fond en eau ; la grêle continue ;
Des vents impétueux, les toits sont renversés ;
Et Neptune en fureur, aux Vaisseaux dispersés,
Fait sentir du Trident, la force trop connue :

Un froid âpre et cuisant a saisi tous les corps ;
Le Soleil contre lui fait de faibles efforts ;
Et cet Astre blafard n'a chaleur, ni lumière :

L'Univers désolé n'a plus herbes ni fleurs ;
Mais on le doit revoir dans sa beauté première,
Et l'orage éternel ne se voit qu'en mes pleurs.

Georges de SCUDÉRY

IL Y A 40 ANS, EN 1965 : Mise en service de la portion d'autoroute entre Paris, porte de la Chapelle et Saint-Denis. À Washington, fin des entretiens Johnson/Erhard : le chancelier n'a pas obtenu de concessions américaines sur les armes atomiques.

MERCREDI 21 DÉCEMBRE

Saint Pierre Canisius

Sagittaire 3e décan

Les riches ont plus d'argent et les pauvres plus de bébés (États-Unis).

CYCLAMEN. Le cyclamen n'est pas une plante d'intérieur, installez-le dehors, en pleine lumière, dans un endroit abrité de la pluie car l'humidité le ferait pourrir rapidement. Il se plaît entre 10 et 13°, et peut même résister à une petite gelée. Au-delà de 18°, il jaunit rapidement.

★★ DIPLOMATE AUX CHÂTAIGNES. Tapissez le fond et le tour d'un moule à charlotte d'une bonne vingtaine de biscuits à la cuiller trempés dans un mélange d'eau et de cognac préparé dans une assiette creuse. Montez 500 grammes de crème en chantilly (non sucrée ou peu). Mélangez-la délicatement à une boîte de 500 grammes de crème de marrons avec une pincée de vanille en poudre, ainsi que des éclats de marrons glacés. Remplissez le moule avec cette préparation et couvrez d'une couche de biscuits trempés. Mettez le moule au réfrigérateur jusqu'au lendemain et démoulez. Garnissez le dessus de quelques éclats de marrons glacés.

Si votre théière prend une odeur de moisi, frottez-la avec une moitié de citron, côté pulpe, ou remplissez-la de jus de citron et agitez énergiquement jusqu'à ce que les odeurs disparaissent. Si vous n'êtes qu'un buveur occasionnel de thé, un morceau de sucre placé à l'intérieur de votre théière après usage empêchera que se développe l'odeur de renfermé. En tout cas, ne lavez jamais votre théière avec un détergent.

IL Y A 40 ANS, EN 1965 : Pour mettre fin aux querelles des partis, le général Soglo et l'armée prennent le pouvoir au Dahomey. Vingt-huit pays ont mis l'embargo sur les importations venant de Salisbury. Sortie du film de Peter Ustinov, *Lady L*, avec Sofia Loren, et Paul Newman.

L'amour qui se nourrit de présents a toujours faim (Anglais)

Saint François-Xavier

Capricorne 1er décan

JEUDI 22 DÉCEMBRE

LES DRÔLES D'HISTOIRES DE PIERRE BELLEMARE

Fatale négligence

La soirée du 24 décembre est déjà bien avancée. John Citro, un New-Yorkais de trente et un ans, dispose d'une heure pour faire les courses du réveillon avant le retour de son épouse. Il jette en trombe un manteau sur ses épaules et s'élance dans la rue. Il court une centaine de mètres puis s'engouffre dans un grand magasin. Citro ignore que son existence, jusqu'à présent sans histoire, va soudain basculer dans un cauchemar.

Perdu dans ses pensées, il hésite entre les huîtres et la langouste. Comme la chaleur est étouffante, il ouvre son manteau en grand et défait sa cravate. Aussitôt un cri strident le fait sursauter. Une énorme vendeuse vociférante pointe un doigt tremblant en direction de son bas-ventre. La foule qui l'entoure s'écarte, horrifiée. Un garde de sécurité fond sur lui et le jette à terre. Abasourdi, le nez dans la poussière, Citro ignore les raisons de l'agression dont il est l'objet. « Faire ça un soir de Noël devant les enfants, vous êtes un monstre ! » grogne le vigile contre son visage.

John cherche à comprendre. Il se contorsionne pour se libérer et découvre avec horreur que, dans sa hâte, il a oublié de fermer sa braguette et qu'elle laisse entrevoir son sexe. Insulté, humilié, menacé d'être livré à la police, il quitte le magasin sous les huées et rentre chez lui les mains vides. Naturellement, le réveillon est un désastre.

Traumatisé par l'incident, le comptable consulte un psychiatre qui lui prescrit des médicaments anti-dépressifs. Il en abuse et devient rapidement dépendant. La mauvaise publicité donnée à son affaire éloigne la clientèle. Quand il perd son emploi, sa femme le quitte.

Trois mois plus tard, rassemblant le peu qui lui reste d'argent et d'énergie, John Citro intente une action en justice contre les propriétaires du magasin, responsables selon lui d'avoir brisé sa vie. « Je ne suis pas un exhibitionniste, plaide-t-il, penaud, devant la cour. Bien sûr, j'aurai dû vérifier ma tenue avant de sortir, mais j'ai déjà payé très cher ma négligence. »

Sensible à ses arguments, le jury a condamné le magasin à verser à l'étourdi 200 000 dollars de dommages-intérêts !

IL Y A 40 ANS, EN 1965 : Une trêve de trente heures est décidée par le commandement des forces américaines au Viêt-nam. Première à New York du film de David Lean, *Docteur Jivago*, avec Omar Sharif, Geraldine Chaplin et Julie Christie.

VENDREDI 23 DÉCEMBRE

Saint Armand

Capricorne 1er décan

Où il y a un écu, il y a un diable ;
Où il n'y en a pas, il y en a deux.

ARBRES FRUITIERS. **Taillez les pommiers et les poiriers. Taillez la vigne. Et apportez de l'engrais spécial « arbres fruitiers » (riche en potasse) à tous vos arbres. En cas d'arrivages de jeunes arbres fruitiers par temps de gel, ne les entreposez pas dans le sous-sol chauffé. Laissez-les dehors couchés contre un mur, les racines enfouies sous la tourbe ou la terre. Ne plantez pas d'arbre à noyau à l'emplacement d'un autre arbre à noyau. Alternez avec un arbre à pépins, par exemple un poirier derrière un pêcher, ou un pommier derrière un abricotier.**

LA SCIENCE AMUSANTE

L'ŒUF DANS LE VERRE. Prenez un verre à moitié plein d'eau, une carte de visite, une alliance et un œuf dur.

Posez la carte de visite sur le verre, sur cette carte mettez l'alliance et, dessus, l'œuf debout en équilibre.

Vous annoncez que vous allez, d'une chiquenaude, envoyer la carte de visite à travers la pièce. Les spectateurs s'attendent à ce que l'œuf suive la carte et tombe sur la table. Il n'en sera rien si vous donnez la pichenette bien horizontalement sur le bord de la carte de visite : elle glisse et s'échappe seule pour voler dans la pièce, l'œuf et la bague tombant dans le verre.

EXPLICATION : En vertu du principe d'inertie, les objets posés sur la carte de visite n'ont pas eu le temps de participer au mouvement de celle-ci et ne peuvent que tomber dans le verre.

Jeux d'esprit

Je suis rond, je suis long,
Je suis gros, je suis petit,
Je suis blanc, je suis gris,
Je suis frais plus je suis chaud.

Réponse :

Le pain.

IL Y A 40 ANS, EN 1965 : Noël est placé sous le signe de la pénurie et du rationnement en Rhodésie comme en Zambie. Au Viêt-nam, les armes se sont tues : Saigon tente d'oublier la guerre dans un décor de fête. Un accident de téléphérique au Sancy fait six morts et dix-neuf blessés.

C'est un bon orateur, celui qui se convainc lui-même (Angleterre).

Sainte Adèle

Capricorne Ier décan

SAMEDI 24 DÉCEMBRE

Chaumière où l'on rit vaut mieux que palais où l'on pleure (Chine).

Noël

Capricorne Ier décan

DIMANCHE 25 DÉCEMBRE

Panier et fruits en pâte à sel pour décorer la cuisine

Les proportions pour la pâte à sel sont de 3 verres de farine pour 1 verre de sel et 1 verre et demi d'eau : vous les ajusterez à la taille de l'objet que vous désirez fabriquer.

Pétrissez ce mélange avec vos mains pour obtenir une pâte bien lisse sans grumeaux. La pâte se conserve très bien au réfrigérateur, enveloppée d'un papier aluminium. Commencez par faire un boudin de pâte à sel qui servira d'anse. Formez ensuite le panier avec une grosse boule, aplatissez-la en la disposant légèrement en croissant. Reliez les deux parties étalées sur la plaque par des piques en bois. Le panier est prêt à recevoir les décors de fruits. Confectionnez avec de petites boules de pâte des pommes, des poires, des cerises, des bananes… Découpez dans la pâte aplatie des feuilles, sur lesquelles vous tracez des nervures avec un couteau. Avec une fourchette croisez des lignes sur le panier et l'anse pour donner l'illusion d'un tressage d'osier. Pour parfaire l'ensemble, confectionnez un nœud à placer au sommet de l'anse. Enfin, avec des clous de girofle, figurez les queues ou les dessous des fruits. Pour sécher votre panier en pâte à sel, mettez-le au four sur la plaque 1 heure à température basse (80°). Mettez à 150° et laissez encore 1 h 30, puis retirez la pâte du four. Ensuite, peignez les fruits et les feuilles selon votre goût. Laissez sécher et pour finir passez une couche de vernis incolore. Vous pourrez suspendre votre panier au mur par des fils de nylon invisibles que vous passerez au milieu du nœud (ou un ruban de la même couleur que le nœud.) Appétissant, ce panier de fruits dans la cuisine, au-dessus de la table du repas !

IL Y A 40 ANS, EN 1965 : Un Allemand de l'Ouest est tué en tentant de franchir le mur de Berlin. Les hostilités ont repris officiellement sur l'ensemble du territoire viêtnamien. Tension entre l'Iran et l'Irak : des Migs irakiens mitraillent des villages frontaliers iraniens.

LUNDI 26 DÉCEMBRE

Saint Étienne

Capricorne 1er décan

La vie est un oignon : on pleure en le pelant (États-Unis).

CROUSTADE DE VOLAILLES. Creusez un pain de mie entier en forme de caisse et dorez-le sur toutes ses faces. Remplissez-les avec des morceaux de volailles cuites, des quenelles de volailles coupées en rondelles, et deux briques de béchamel aux champignons. Mettez au four à chauffer doucement thermostat 5-6. Vous pouvez faire de même avec du poisson et des quenelles de poisson.

QUAND LA PRESSE S'EMBALLE. Le 25 décembre tombant le jour de Noël, la foire, qui devait avoir lieu ce jour-là, se tiendra la veille.
République sociale

ORCHIDÉE. Lors de l'achat, faites emballer votre orchidée en pot avec plusieurs couches de papier et rentrez directement à la maison. Pour les phalénopsis par exemple, il suffit d'une heure, à une température de quelques degrés, pour que les boutons floraux déjà formés tombent. À la maison, veillez à ce que vos orchidées ne stagnent pas dans un endroit sans aération. Il faut que l'air soit régulièrement brassé autour d'elles pour que le feuillage reste sain.

Si vous recevez des fumeurs, pour éviter que les cigarettes mal éteintes ne se consument en répandant une odeur désagréable, saupoudrez le fond des cendriers de bicarbonate de soude.

LES DRÔLES D'HISTOIRES DE PIERRE BELLEMARE

Quand le hasard fait bien les choses

Depuis la plus haute antiquité, les hommes ne cessent de s'interroger sur les lois mystérieuses qui régissent chance et malchance. Bien qu'elles n'apportent aucune explication, les deux histoires suivantes sont pourtant édifiantes.

Juan Piana, un industriel de Guayaquil, en Équateur, a pour habitude de recevoir chaque semaine dans son bureau un vendeur de billets de loterie. Ce jour-là, pour la tranche de Noël, la plus importante de l'année, le vendeur a réservé à son fidèle client un billet plein, le numéro 49346. Or, surchargée de travail et d'une humeur massacrante, la secrétaire lui interdit l'accès du bureau de son patron. Le pauvre homme, éconduit, déambule dans les rues. Il croise un groupe de cinq adolescents qu'il convainc de se cotiser pour acheter le billet. Ce billet porte le numéro gagnant du gros lot. Les adolescents se partagent 3 millions d'euros. Le vendeur relate l'affaire à l'industriel qui licencie sur-le-champ sa secrétaire.

Un jour de 1999, Christian, un étudiant à l'école des Beaux-Arts, se promène seul et le vague à l'âme dans le port de Méjean, près de Marseille. Ses yeux se portent sur une bouteille qui vient de s'échouer sur le rivage. Il s'en saisit : elle renferme un message écrit en anglais et signé d'une certaine Brenda. Le jeune homme apprend que la mystérieuse correspondante habite à Los Angeles et qu'elle a lancé le flacon au fil de l'eau lors d'une croisière au large de Majorque. Un échange de lettres s'engage des deux côtés de l'Atlantique. Un jour, la belle Américaine (à en juger par la photo qu'elle a fait parvenir à Christian) informe son nouvel ami qu'elle est hospitalisée. Réunissant ses économies, l'étudiant rejoint la malade à son chevet. Les sentiments s'exacerbent. Les jeunes gens s'interrogent aujourd'hui pour savoir lequel des deux va quitter son pays et s'ils doivent signer le contrat que leur propose un producteur hollywoodien pour adapter leur conte de fées au cinéma…

IL Y A 40 ANS, EN 1965 : L'Australie conserve la Coupe Davis grâce à la victoire en double de Newcombe-Roche sur les Espagnols Santana-Arilla. À Londres, le neuvième centenaire de l'abbaye de Westminster est célébré avec faste en présence de la reine.

MERCREDI 28 DÉCEMBRE

Sainte Innocents

Capricorne 1er décan

Le paon a de belles plumes, mais de vilaines pattes (Angleterre).

UTILITÉ DE LA NEIGE. La neige est un excellent isolant, elle renferme une grande quantité d'air entre ses particules, et reste une protection efficace par temps de grand gel. De plus, elle est un bon fertilisant, riche en oligo-éléments immédiatement assimilés par les végétaux qui se réveillent. Elle contient des substances azotées pénétrant lentement dans le sol qui favoriseront la végétation. Par contre, libérez les branches de vos conifères qui ploient sous le fardeau. Les formes érigées en particulier ont beaucoup de mal à retrouver leur silhouette si elles sont restées déformées plus de deux jours.

★★ GRATIN DE CRABE À L'AMÉRICAINE. Cuisez 250 grammes de macaronis. Égouttez, tenez au chaud, beurrez légèrement. Réservez les plus beaux morceaux des 300 grammes de crabe en boîte et émiettez le reste. Réchauffez la bisque de homard en boîte, ajoutez-y 150 grammes de champignons en boîte, le crabe émietté, 120 grammes de cheddar coupé en lamelles, une cuillerée à soupe de sauce de soja, et le jus d'un demi-citron, sel de céleri, sel, poivre. Disposez dans une terrine les deux tiers des macaronis. Versez au milieu votre préparation. Mettez le reste des macaronis contre les bords de la terrine. Passez à four chaud pendant 15 minutes. Garnissez avec les tronçons de crabe et saupoudrez de persil haché.

AVOIR PLUSIEURS CORDES À SON ARC

Avoir plusieurs moyens d'action pour obtenir ce que l'on veut.

L'expression remonte au XIIIe siècle, sous la forme « avoir deux cordes à son arc », l'idée étant de pouvoir parer à toute éventualité, car rien ne sert d'avoir un bon arc et de nombreuses flèches, si la corde se rompt.

IL Y A 40 ANS, EN 1965 : Offensives diplomatiques de Washington et de Saigon, décidés à accepter une trêve proposée par le Vietcong pour le Nouvel An vietnamien, le 21 janvier. Pour la première fois cette année, EDF aura fourni aux Français plus de 100 milliards de kilowatts/heures.

Si vous voulez savoir le prix de l'argent, essayez d'en emprunter.

LES DRÔLES D'HISTOIRES DE PIERRE BELLEMARE

Le Père Noël est une ordure

Emily Fallings, une vieille dame qui vit seule dans un petit village de l'Oregon, aux États-Unis, est ravie de recevoir, en cette fin décembre 2003, la carte de vœux que son petit-fils Joshua, qui habite New York, ne manque jamais de lui adresser. Elle regarde l'enveloppe : elle reconnaît son écriture, pas de doute, c'est lui. Seulement, il n'y a pas que l'écriture de Joshua sur l'enveloppe. Au-dessus, à côté de l'oblitération du timbre, a été imprimé, par la même machine à affranchir, un Père Noël sur son traîneau. Et ce dernier, qui affiche un air goguenard, lui lance, dans une bulle, à la manière des bandes dessinées, un seul mot, mais bien senti : « Salope ! »

Après avoir manqué de se trouver mal, la vieille dame prend son téléphone pour appeler son bureau de poste. Elle exige des explications et, les employés n'étant au courant de rien, elle annonce qu'elle va porter plainte, ce qu'elle fait le jour même.

Des plaintes contre le même Père Noël mal embouché, l'administration postale en a reçu beaucoup d'autres et elle lance une enquête… qui aboutit rapidement.

Tout vient de la poste centrale de New York. Elle avait reçu une nouvelle machine à affranchir et l'employé chargé de la tester a choisi pour l'opération ce mot peu distingué. Il est ensuite parti déjeuner, pensant programmer à son retour l'inscription prévue : « Joyeux Noël ! » Mais lorsqu'il est revenu, un autre employé avait mis en marche la machine, qui avait eu le temps d'envoyer son message à 10 000 destinataires aux quatre coins du pays.

Décidément, à New York comme à Paris, le Père Noël est une ordure !

IL Y A 40 ANS, EN 1965 : En dépit de l'annonce de la trêve et des nombreux remous diplomatiques, des combats d'une violence accrue se déroulent dans tous les secteurs au Viêt-nam. En 1965, 9 millions de voyageurs de plus qu'en 1964 ont utilisé le réseau de la RATP.

VENDREDI 30 DÉCEMBRE

Saint Roger

Capricorne 1er décan

Le buffle laisse sa peau en mourant, l'homme mort laisse sa réputation (Vietnam).

AZALÉE. Janvier est le mois de l'azalée. Elle fleurit sans discontinuer pendant quatre à six semaines, même en appartement, car elle se plaît au chaud, à condition de ne pas souffrir de la sécheresse. Placez son pot dans un cache-pot large en conservant au fond quelques centimètres d'eau non calcaire. En cas d'oubli, trempez le pot un moment dans un seau d'eau à température ambiante et supprimez les fleurs et les boutons desséchés. Sa meilleure place est dans une pièce lumineuse, non loin d'une fenêtre.

★★ ŒUFS DUCHESSE. Épluchez et passez à la moulinette 1 kilogramme de pommes de terre cuites pour les réduire en purée. Incorporez trois jaunes d'œufs en mélangeant à la cuillère en bois. Sur une plaque beurrée, déposez quatre tas de purée à l'aide d'une douille pour former des galettes épaisses de 10 centimètres de diamètre. À l'aide d'un pinceau, badigeonnez la surface de ces fonds de purée, enfournez la plaque et laissez cuire pendant 8 à 10 minutes (th. 8) pour que la purée soit bien dorée. Préparez quatre œufs pochés : mettez-les dans 1 litre d'eau avec deux cuillerées à soupe de vinaigre, réglez le feu pour que l'eau frémisse sans bouillir. Cassez tour à tour les œufs et faites-les glisser dans l'eau frémissante en les laissant pocher 3 minutes. À l'aide de l'écumoire, déposez un œuf sur chaque fond duchesse ; nappez-les de béchamel toute prête que vous agrémentez à votre gré de champignons, d'herbes, de fromage.

Si l'humidité de l'hiver a fait gonfler la porte d'entrée et qu'elle frotte le sol, attendez qu'elle soit bien sèche. Puis placez dessous une feuille de gros papier de verre (n° 2 ou 3), maintenez bien la feuille et passez la porte dessus dans un mouvement de va-et-vient.

IL Y A 40 ANS, EN 1965 : Le colonel Jean-Bedel Bokassa, chef des forces armées, a déclenché un coup d'État en République centrafricaine. L'aérogare d'Orly a été cette année le monument de Paris le plus fréquenté. Décès de l'ancien président de la République Vincent Auriol.

Une ville riche est comme un fromage gras, elle nourrit bien des vers (Angleterre).

Saint Sylvestre

Capricorne 1er décan

SAMEDI 31 DÉCEMBRE

Pour vivre longtemps, il faut être vieux de bonne heure.

Jour de l'An

Capricorne 2e décan

DIMANCHE 1 JANVIER

Accueil féerique pour la Saint-Sylvestre

Offrez à vos invités le passage à l'an neuf sous une couronne de gui originale que vous aurez confectionnée. Défaites un bouquet de gui acheté, ou cueillez-en dans un arbre – et fixez chaque branche autour d'une couronne en osier ou en polystyrène que vous trouverez dans les magasins de loisirs créatifs. Faites pendre à cette couronne une multitude de rubans, de fils d'or et d'argent – l'essentiel étant de donner une impression de légèreté – qui flotteront au moindre souffle, et qui scintilleront. Vous y accrocherez de place en place des rondelles d'oranges, des sablés en forme de cœur, des lunes et des étoiles brillantes. Suspendez la couronne par quatre rubans au-dessus du seuil de votre salon, éclairez-la par un ou deux projecteurs posés à terre pour lui donner un aspect féerique…

Si vous avez un jardin, placez de chaque côté de votre entrée un « photophore éphémère » que vous aurez fabriqué. Remplissez d'eau, éventuellement teintée, deux grands récipients (des seaux conviendraient le mieux). Plongez dans chacun d'eux un autre récipient vide – par exemple une bouteille en plastique dont vous avez coupé le haut – que vous lestez de pierres ou de poids pour qu'il ne remonte pas à la surface. Si la température est très basse depuis plusieurs jours dans votre région, il vous sera possible de pratiquer la congélation à l'extérieur ; sinon mettez le tout à congeler dans un congélateur-bahut – ou servez-vous de récipients moins encombrants.

Ces photophores en glace ne seront à disposer devant l'entrée qu'à la dernière minute – à moins qu'il fasse moins de 0° ! Entourez chaque seau d'une serviette trempée dans l'eau chaude pour démouler, versez un peu d'eau tiède dans le récipient central pour le dégager, et remplacez-le par une à trois bougies selon le volume de l'habitacle ainsi créé. Posez vos « photophores » dehors, à l'accueil, sur une surface plane garnie de feuilles, en veillant au bon écoulement de l'eau lors de la fonte. Effet garanti !

IL Y A 40 ANS, EN 1966 : En République centrafricaine, calme à Bangui, après le coup d'État du commandant en chef Bokassa. État d'urgence en Haute-Volta décrété par le président Yameogo, à la suite de la découverte d'un « mouvement de subversion d'inspiration communiste ».

LUNDI 2 JANVIER

Saint Basile

Capricorne 2e décan

En mûrissant, faites comme la lavande, adoucissez-vous (Angleterre).

ARBUSTES À BAIES. Ils constituent un des principaux attraits de la saison hivernale. Les fruits rouge vif, roses, ou jaunes de quelques arbustes égaient le jardin d'hiver. Les baies habillent les ramures des caducs, comme les viornes aux fruits en grappes roses, rouge vif, jaunes, ou les pommiers d'ornement Evereste et Golden Hornet ; elles mettent en valeur le feuillage persistant du pyracantha adossé au mur ou du cotonéaster dans ses formes variées. Le callicarpa (à pailler au nord) découvre après la chute de ses feuilles une multitude de grappes de baies violettes qui durent jusqu'en février.

☆☆ ROULADE CANADIENNE. Faites couper en une grande tranche plate 1 kilogramme de paleron chez votre boucher. Préparez une farce avec 250 grammes de pain sec coupé en petits dés, deux oignons hachés, 150 grammes de carottes râpées gros. Mélangez le tout avec du céleri en grains, des clous de girofle, de la cannelle en poudre, du sel et 100 grammes de beurre légèrement fondu. Étendez cette préparation sur la viande, et roulez-la en forme de cylindre. Ficelez très serré ce rôti et mettez-le dans une marmite d'eau bouillante. Couvrez et faites cuire 3 heures. En milieu de cuisson, salez l'eau. Lorsque vous retirez l'eau de cuisson, laissez la roulade refroidir dans la cocotte, recouvrez la viande d'une planchette et de poids pour bien la tasser. La roulade se découpe en tranches minces et s'accompagne d'une salade de pommes de terre.

Jeux d'esprit

Nous avons un palais pour maison,
Nous sommes sur deux rangs, bien rangées,
Il faut nous forcer pour qu'une en sorte,
Pourtant, cent fois par jour, on nous ouvre la porte.

Réponse :

Les dents.

IL Y A 40 ANS, EN 1966 : L'armée aurait pris le pouvoir en Haute-Volta, suite à un coup d'État. L'Organisation mondiale de la santé lance un cri d'alerte pour la France de 1975 : il y aura un déficit de vingt mille médecins !

Quand la bourse se rétrécit, la conscience s'élargit.

Sainte Geneviève

Capricorne 2e décan

MARDI 3 JANVIER

LES DRÔLES D'HISTOIRES DE PIERRE BELLEMARE

Le crime est-il légal en Angleterre ?

Accusé de meurtre sans préméditation, Tom Waterford, un chauffeur-livreur anglais de trente-quatre ans, comparait devant le tribunal de Manchester. En dépit du réquisitoire accablant du procureur et de la présentation de l'arme du crime – un cric un peu rouillé –, le visage du prévenu ne se dépare pas d'un sourire satisfait. Vient le tour de l'avocat de la défense. Il invoque, à la décharge de son client, un état psychique fragile et des difficultés à contrôler ses instincts belliqueux. Comme, tout au long de la plaidoirie, Waterford reste toujours étrangement serein, le juge finit par s'adresser directement à lui.

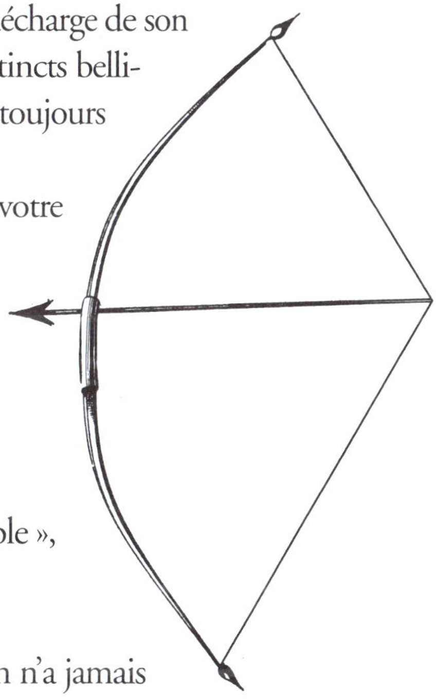

« M. Waterford, vous n'avez pas l'air de bien réaliser la gravité de votre acte. Avez-vous un argument qui appuierait votre défense ?

– Bien sûr, Votre Honneur. Ce que j'ai fait n'est pas condamnable puisque le meurtre est légal en Angleterre. »

Un frisson d'incrédulité parcourt l'assistance.

« Que voulez-vous dire ? » demande le juge.

Waterford extrait de sa poche un carnet couvert de notes.

« Je veux parler d'une loi vieille de mille ans et qui est toujours valable », lance le prévenu en brandissant son carnet.

Le juge l'interrompt.

« Vous avez parfaitement raison. La loi à laquelle vous faites allusion n'a jamais été abrogée. »

Frappés de stupeur, les membres du jury retiennent leur souffle. Le juge poursuit :

« Toutefois, d'après ce texte, il y a quelques conditions à respecter pour rendre un meurtre licite dans ce pays : la victime doit être galloise. Le crime doit être commis un dimanche dans la ville de Hereford, au sein du cloître de la cathédrale et au moyen d'un arc. Il me semble, pour votre part, que vous avez tué un ressortissant pakistanais à Manchester, d'un coup de cric et un vendredi soir. Désolé, mais vos arguments sont irrecevables. »

IL Y A 40 ANS, EN 1966 : Gigantesque incendie de la raffinerie de Feyzin dans l'Isère : cinq réservoirs d'hydrocarbure ont explosé l'un après l'autre. On déplore 12 morts et 64 blessés. En Haute-Volta, Le président Yameogo s'est effacé devant le colonel Lamizana.

MERCREDI 4 JANVIER

Saint Odilon

Capricorne 2e décan

L'amour est riche de miel et de fiel (Italie).

LA SCIENCE AMUSANTE

LE JOURNAL PLUS FORT QU'UN HOMME. Posez sur le bord d'une table une grande règle plate d'au moins 60 centimètres de longueur. En soufflant sur le bout de la règle, vous la ferez immédiatement basculer et tomber.
Pourtant, faites le pari que personne ne pourra faire tomber la règle, replacée dans la même position, en donnant un vigoureux coup de poing sur la partie dépassant de la table de la moitié de sa longueur.
Pour seule condition, vous appliquez bien à plat, sur la partie de la règle restée sur la table, un journal de grand format.
Tous les essais demeureront infructueux : impossible de faire basculer la règle !
EXPLICATION : C'est un phénomène dû à la brusque compression de l'air s'exerçant sur toute la surface du journal. Le choc soulève bien le bout de la règle placée sous la feuille, mais aussitôt, par suite du vide produit sous le papier, la pression de l'air applique contre la table tout le pourtour du journal, et cela d'autant plus que le coup de poing a été asséné fermement.

★★ JOUES DE LOTTE AU CHABLIS. Faites revenir la lotte dans le beurre à feu vif 2-3 minutes, versez un verre de cognac, flambez et arrosez avec un quart de litre de chablis. Ajoutez des dés de tomates pelées, carottes, échalotes, persil, thym et laurier. Laissez cuire à bonne ébullition une dizaine de minutes. Égouttez les morceaux de lotte, réservez au chaud, filtrez la sauce, puis liez-la avec un jaune d'œuf délayé à la crème. Remettez à feu vif un instant et ajoutez une pincée de poivre.

Par grand froid, le meilleur moyen de ne pas grelotter dans vos vêtements : plutôt que d'enfiler un gros pull, superposez quatre ou cinq couches de vêtements fins, c'est un vieux truc qui marche.

LES DRÔLES D'HISTOIRES DE PIERRE BELLEMARE

Tous les moyens sont bons

Roger Joanes, un Anglais de soixante sept ans, est l'heureux propriétaire d'une maisonnette et d'un jardin attenant. Tout irait pour le mieux dans le meilleur des mondes si la propriété du retraité n'était menacée par la construction d'une nouvelle route. Dans un premier temps, pour éviter l'expulsion, Joanes recourt à toutes les procédures habituelles. Il bombarde de lettres le ministère britannique du Transport, l'implorant de modifier le tracé de la route. Il fonde avec des voisins une association de défense de la nature, colle des affiches, alerte la presse locale. Rien n'y fait. L'avis d'expropriation est prononcé et une date fixée pour l'arrivée des premiers bulldozers. Mais Roger Joanes trouve une parade. Il divise son jardin en cinq cents lots d'une superficie de 926 centimètres carrés chacun et les vend par petites annonces à des acquéreurs domiciliés dans les endroits les plus lointains et exotiques de la planète, tels Vanuatu, Guam ou le Yémen du Nord. Au moment de la construction de la route, les nouveaux propriétaires devront se faire connaître auprès des autorités britanniques et entamer avec elles les démarches normales de rachat du sol et d'indemnisation. Dans l'immédiat, les nouveaux propriétaires reçoivent contre la somme de 3 livres (4,5 euros) un acte de propriété en bonne et due forme et un plan du cadastre, désignant avec précision l'emplacement de leur minuscule lopin de terre.

Pour parvenir à ses fins, espérant que ces procédures longues et compliquées décourageront le ministère, M. Joanes n'a pas lésiné sur la dépense. Dans un premier temps, il a dressé la liste des principaux journaux en circulation dans une cinquantaine de pays éloignés. Ensuite, avec l'aide d'une équipe de traducteurs, il a rédigé des annonces dans les langues locales pour expliquer aux lecteurs sa situation et convaincre des futurs acheteurs. Les frais d'actes notariés ont achevé d'écorner ses économies.

Pour autant, l'astucieux retraité se réjouit aujourd'hui du bon tour joué à l'Administration.

« La vente de mon jardin en cinq cents parcelles ne m'a rapporté que 1 500 livres (2 300 euros) et j'ai dépensé trois fois cette somme dans l'opération. Peu importe, j'ai réussi : les travaux sont suspendus et certaines satisfactions personnelles n'ont pas de prix ! »

IL Y A 40 ANS, EN 1966 : Le Viêtcong oblige les forces gouvernementales à battre en retraite au sud de Da Nang. Mort du maître de la tapisserie Jean Lurçat, à Saint-Paul-de-Vence.

VENDREDI 6 JANVIER

Sainte Mélaine

Capricorne 2e décan

**L'homme avide,
même lorsqu'il est rassasié, a faim
(Roumanie).**

Un placage de meuble de cuisine en contreplaqué peut se soulever ou se gondoler à certains endroits sous l'effet de l'humidité. Pour le remettre en place, posez sur la partie à rénover un linge humide (de préférence un tissu de soie) et appliquez par-dessus un fer chaud. La colle va fondre et en refroidissant maintiendra de nouveau le placage. Pensez toutefois à exercer une pression sur ce dernier de façon à garantir le résultat.

TAILLE DE FRUITIERS. Il est essentiel d'effectuer correctement les coupes. Tenez bien le sécateur dans le bon sens, la lame coupante doit reposer sur la partie de branche gardée et non sur celle que l'on taille. Laissez un centimètre au-dessus de l'œil conservé, sous peine de l'atrophier. Inclinez légèrement la coupe à l'opposé de l'œil. Si vous n'êtes pas habitué à ce genre de travail, exercez-vous sur les branches des arbustes moins exigea

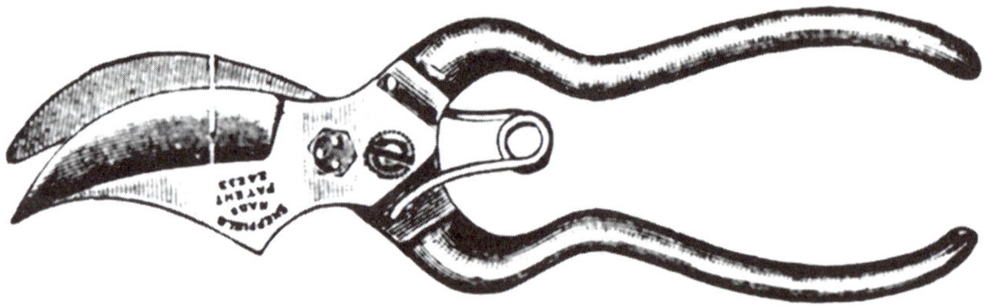

CHERCHER NOISE

Chercher querelle à quelqu'un sans réel motif.

Le vieux mot « noise », du latin *nausea* – mal de mer –, apparu au XIe siècle, signifiait « bruit, tapage », puis, à partir du XVe siècle « querelle bruyante, dispute ». Depuis le XVIIe siècle, il ne subsiste plus que dans la locution « chercher noise » ou « des noises ».

QUAND LA PRESSE S'EMBALLE. Victor Hugo appréciait aussi cette région. Sa fille s'est noyée dans la Seine, en face de Villequier.
Le Figaro

IL Y A 40 ANS, EN 1966 : Création des instituts universitaires de technologie (IUT). Un nouveau gouvernement est constitué par Georges Pompidou, premier ministre, avec Michel Debré aux Affaires économiques, financières et sociales, André Malraux aux Affaires culturelles.

Celui qui n'a que des vertus n'est guère meilleur que celui qui n'a que des défauts (Scandinavie).

Saint Raymond

Capricorne 2e décan

SAMEDI 7 JANVIER

Quand on met la main à la pâte, il en reste toujours quelque chose aux doigts.

Épiphanie

Capricorne 2e décan

DIMANCHE 8 JANVIER

Collectionnez les fèves

À l'occasion de la fête des Rois, qui ne déguste pas au moins une galette ? Petits et grands s'amusent à découvrir la fève cachée, et l'on peut parfois s'émerveiller devant ce petit objet d'art… et de collection qu'est devenue la fève. Car il y a en France près de 30 000 fabophiles, plusieurs associations, des salons, et même un musée de la fève à Blain (44130), 2 place Jean-Guilhard, ouvert toute l'année. Finis ces petits poupons en porcelaine, effigies du petit Jésus en porcelaine blanche, conservées comme porte-bonheur. Leur ont succédé les fers à cheval, puis les personnages de dessins animés, avant que publicitaires, marques, industriels envahissent le marché de la galette. Aujourd'hui, chaînes de boulangeries et épiceries de luxe ne savent plus quoi faire pour se dépasser et donner des lettres de noblesse à ces petites miniatures parfois même offertes à la vente en coffret dans leur devanture… sans galette ! Devant l'abondance de la production, si vous êtes débutant, choisissez un thème. Ciblez votre collection sur une époque, un artisan, un événement, une actualité. Avec plus de 5 000 nouveaux modèles référencés chaque année, il y en a forcément pour tous les goûts. On trouve des fèves à tous les prix, de 1 à 150 euros, lors des salons ou sur Internet. Près de 75 % des pièces se négocient autour de 1 euro, ou 2 euros les trois modèles. Les fèves publicitaires portant la griffe de leur marque se vendent un peu plus cher, les fèves anciennes datant d'avant 1940 entre 3 et 30 euros. Si vous êtes mordu, vous allez vous intéresser à des raretés. Comme la fève Mickey des années 1960, au faible tirage, qui vaut 150 euros. Des événements qui peuvent vous paraître importants comme le Mondial 1998 ont occasionné une production de 11 millions d'exemplaires représentant les joueurs de foot, et ne valent pas grand-chose. Mais tout collectionneur ne cherche pas à faire des affaires : il peut aussi pratiquer des échanges pour compléter ses séries. C'est amusant de voir s'aligner sur l'étagère tous les personnages de la crèche, un défilé de petites voitures, ou des animaux. Un conseil : dans votre hâte à découvrir ce qui se cache dans votre galette, ne l'enfournez pas dans le micro-ondes si la fève risque d'être en porcelaine ou en cristal !

Association des fabophiles français : 4 rue des Grands-Clos, Saint-Gibrien (Marne) ; tél. 03 26 64 27 93 ; www.aff.free.fr/

IL Y A 40 ANS, EN 1966 : À Varsovie, interdiction pour le cardinal Wyszinski de se rendre à Rome pour le millénaire de la chrétienté en Pologne. Vaste opération héliportée lancée par les Américains au nord-ouest de Saigon. Jean-Claude Killy remporte le slalom géant d'Adelboden.

LUNDI 9 JANVIER

Saint Alix

Capricorne 2e décan

Personne n'est fou toujours, chacun l'est quelquefois (Angleterre).

★★ *MOUSSE DE BANANES. Coupez en morceaux six bananes bien mûres et arrosez-les d'un jus de citron. Réduisez-les en purée à la moulinette. Ajoutez 50 grammes de sucre ; battez ce mélange au fouet pour qu'il soit bien mousseux. Faites une chantilly avec 2 décilitres de crème fraîche. Ajoutez une pincée de sel à deux blancs d'œufs et battez-les en neige. Incorporez successivement et délicatement à la purée de bananes la crème fouettée puis les œufs en neige. Versez cette préparation dans des moules individuels et placez-les plusieurs heures au réfrigérateur. Retournez les moules et servez glacé ; parsemez d'éclats de pralines.*

HELLÉBORES. Cette vivace très rustique au feuillage persistant aime la mi-ombre et un sol riche et frais. Elle s'épanouit en fleurs d'un rose un peu vert et dans les camaïeux de rouges de décembre à avril, sa floraison atteignant son apogée en février. Il en existe de nombreuses variétés, la plupart se multipliant à l'automne en prélevant les jeunes pousses à la périphérie du pied. *Helleborus argutifolius* est la reine des hellébores par la beauté de son feuillage ciselé et la nuance rare de ses corolles vertes. Contrairement aux autres espèces, elle se multiplie en se ressemant en abondance au bout de quelques années, au pied même des touffes adultes.

Vous n'arrivez pas à séparer deux verres qui se trouvent l'un dans l'autre. Il suffit de remplir d'eau froide le verre du haut tout en faisant tremper celui du bas dans un récipient d'eau chaude. La différence de température dilatera ce dernier.

Le mot de la fin

À son médecin lui demandant ce qu'il sentait :
« Je ne sens autre chose qu'une difficulté d'être. »
Fontenelle, 9 janvier 1757

IL Y A 40 ANS, EN 1966 : Quelques heures après avoir signé l'accord de réconciliation avec le Pakistan, le premier ministre indien Lal Bahadur Shastri succombe à une crise cardiaque. Au Viêt-nam, résultats décevants pour la grande opération héliportée lancée par les forces américaines.

Que sert d'avoir une cuvette en or pour y cracher du sang (Grèce).

Saint Guillaume

Capricorne 2e décan

MARDI 10 JANVIER

LES DRÔLES D'HISTOIRES DE PIERRE BELLEMARE

Un gadget maléfique

Petit génie de l'électronique, Graham Lee s'emploie depuis deux ans à mettre au point le « gaydar », un gadget destiné aux personnes malentendantes. Il s'agit d'une sorte d'alarme vibrante et silencieuse capable, selon son inventeur, de permettre aux sourds de signaler leur présence. La fabrication de son engin achevée, Lee va l'expérimenter dans un jardin public. Tandis que le jeune homme déambule en actionnant discrètement l'instrument, caché dans le fond de sa poche, il s'aperçoit assez vite qu'un homme d'apparence efféminée, puis deux, et bientôt quatre, lui emboîtent le pas. Résolument hétérosexuel, Graham prend ses jambes à son cou.

Bien décidé à poursuivre ses essais, l'inventeur retourne dans le parc à la nuit tombée, espérant cette fois ne plus être importuné. Parvenu à proximité des bosquets, il met à nouveau son gadget en marche et se retrouve aussitôt face à un blaireau en rut. Il parvient à se débarrasser de l'amoureux transi mais se heurte à une horde d'écureuils surexcités.

Dépité par les effets étranges autant qu'indésirables qu'engendre son appareil, Graham regagne son domicile. Il procède néanmoins à un ultime essai. Cette fois, ce sont les alarmes des voitures, stationnées dans la rue, qui se mettent à hurler sur son passage.

« Je n'y comprends rien, cet engin est diabolique. Expliquez-moi pourquoi il ne produit que des catastrophes ? » finit-il par demander à un électronicien expérimenté, auquel il remet le « gaydar » pour analyse.

Le technicien examine le spectre sonore de l'appareil et rend son verdict.

« Le "gaydar" émet des ultrasons semblables à ceux des bips électroniques qu'utilisent les homosexuels pour s'aborder discrètement dans les lieux publics. Cette fréquence stimule également des réflexes sexuels dans le cerveau de certains animaux. Enfin, elle déclenche les alarmes des voitures. Croyez-moi, modifiez au plus vite le réglage de votre engin ou conseillez aux malentendants d'utiliser des sonotones ! »

IL Y A 40 ANS, EN 1966 : La France est sous vingt centimètres de neige : tous les transports sont sérieusement perturbés. Cinquante-six dessins et lavis de Fragonard, Boucher, Rembrandt, etc., sont volés au musée de Besançon. Mort du sculpteur et peintre Alberto Giacometti.

MERCREDI 11 JANVIER

Saint Paulin

Capricorne 3e décan

Trois choses donnent la mesure de l'homme : le malheur, le commandement et la richesse (Monde arabe).

PERSISTANTS. En observant votre jardin en hiver, vous constaterez l'importance des persistants pour structurer l'espace. C'est le bon moment pour revoir l'architecture de votre jardin en fonction des conifères, ifs, buis, houx, rhododendrons qui pourraient manquer à votre décor. Leurs feuillages, leurs formes et leurs tailles sont à prendre en considération pour bien accompagner les vivaces qui s'épanouiront à proximité. Il faudra attendre toutefois mars pour les planter.

★★ POTAGE DE CÉLERI. Épluchez et coupez un céleri-rave de 750 grammes en dés. Arrosez-le avec un jus de citron pour éviter qu'il noircisse, puis faites-le revenir dans 25 grammes de beurre. Saupoudrez de farine, mouillez avec 10 centilitres de vin blanc sec et 1 litre d'eau en remuant bien. Salez. Laissez cuire 20 minutes. Passez la préparation au mixeur. Coupez deux côtes de céleri en minces tranches. Faites-les étuver dans le reste de beurre (25 grammes), mouillez avec un quart de litre d'eau. Laissez cuire 20 minutes puis versez-les dans la soupe. Ajoutez de la crème légèrement fouettée, de la ciboulette coupée aux ciseaux et du poivre blanc.

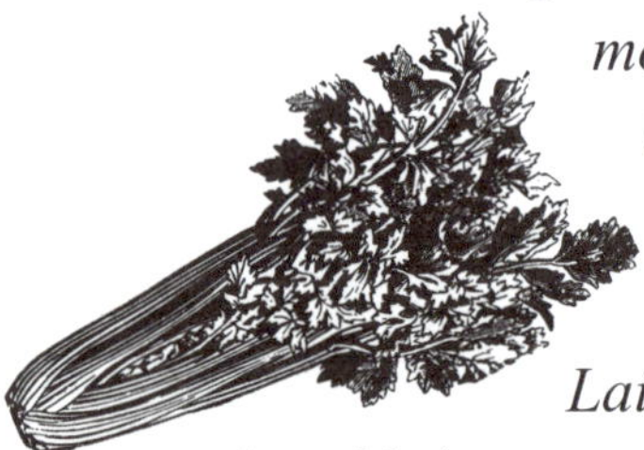

Vous constatez une fuite d'eau et vous la localisez dans le tuyau en plomb ou en plastique. En attendant l'intervention du plombier, vous pouvez provisoirement introduire de la vaseline dans la fissure, puis enrouler un chiffon ou de l'adhésif étanche autour du tuyau. Fermez l'arrivée d'eau et ouvrez tous les robinets pour purger le système.

QUAND LA MUSE DÉLIRE. « Oui, nous partons », dit Pierre, qui se détourna, cherchant son chapeau pour s'essuyer les yeux.
Émile Zola, *Lourdes*.

IL Y A 40 ANS, EN 1966 : À Rio de Janeiro, des milliers de victimes et de sans-abri à la suite des pluies torrentielles qui ont provoqué le glissement des collines entourant la ville. Mille hommes de troupe sont réquisitionnés pour déblayer la neige des rues de Paris.

L'emprunteur reçoit une corde et il rend à l'usurier une courroie (Russie).

Sainte Tatiana

Capricorne 3e décan

LES DRÔLES D'HISTOIRES DE PIERRE BELLEMARE

Cent fois marié, jamais comblé

À cinquante-quatre ans, Giovanni Vigliotto n'a rien perdu de sa superbe. Portant beau, les tempes argentées, ce fringant américain comparaît devant le tribunal de Phœnix, en Arizona. Chef d'inculpation : abandon du domicile conjugal et escroqueries aggravées. Vigliotto s'est, en effet, éclipsé après la nuit de noces, empochant les économies de sa nouvelle conjointe. Cette dernière, bafouée et furieuse, s'est lancée à sa poursuite et a fini par le faire arrêter, quatre mois, douze États et 16 000 kilomètres plus loin.

« Quelle est votre profession ? lui demande le juge.

– Commerçant, répond le bellâtre. Je vends, j'achète, je gagne ma vie ici et là. J'ai même travaillé sous des pseudonymes pour la CIA. »

Le juge poursuit son interrogatoire sans beaucoup d'effort, Giovanni n'est pas avare de confidences.

« Combien de fois avez-vous changé de nom ?

– Difficile à dire. J'ai commencé mes errances à l'âge de huit ans, en compagnie d'un oncle, après la mort de mes parents. Du Brésil à la Corée, j'ai arpenté la planète. Dans les pays où j'ai séjourné, j'ai à chaque fois changé de nom et de… femme !

– Que voulez-vous dire par "femme" ? demande le magistrat, intrigué.

– Ben, que je me suis marié dans tous les pays », précise Giovanni.

Et le prévenu raconte devant le tribunal éberlué qu'il a effectivement épousé une bonne centaine de femmes dans une trentaine de pays.

« Et, j'imagine que vous avez soulagé toutes vos femmes de leurs économies ?

– Ah non, monsieur le juge ! se récrie le don juan. Pas toutes ! J'ai même un témoin à décharge. »

Après enquête, on retrouve effectivement une certaine Jenny Paterson, que Vigliotto a épousée deux fois en Floride et à qui il n'a rien volé.

« Pourquoi l'avoir épargnée, elle, et pas les autres ? demande le magistrat.

– Je suis sentimental et Jenny était sans le sou ! »

IL Y A 40 ANS, EN 1966 : Fin de la grève à New York où les autobus et les métros roulent de nouveau. Le physicien atomiste Louis Leprince-Ringuet est élu à l'Académie française. L'URSS accroît son aide à Hanoï.

VENDREDI 13 JANVIER

Sainte Yvette

Capricorne 3e décan

Le mariage est comme une nasse d'anguilles ; ceux qui sont dehors veulent y entrer, ceux qui sont dedans veulent en sortir (Norvège).

☆ JAMBON À LA MOUTARDE. Posez quatre tranches de jambon de 5 millimètres (ou plus) d'épaisseur dans un plat de service que vous couvrez et que vous mettez sur une casserole d'eau en ébullition. Faites fondre dans une poêle la moitié d'une tablette de bouillon de viande dans un demi-verre d'eau et un demi-verre de vin blanc. Ajoutez une gousse d'ail écrasée. Faites bouillir 1 minute. Délayez une cuillerée à soupe de moutarde dans un jaune d'œuf et trois cuillerées à soupe de crème. Versez cette préparation dans la sauce et mélangez bien. Ajoutez de l'estragon haché et des cornichons coupés en rondelles. Laissez épaissir à feu très doux en remuant sans cesse. Nappez les tranches de jambon de cette sauce.

QUAND LA PRESSE S'EMBALLE. L'Association veille à ce que chaque soir la flamme soit ravivée par les propres frères du combattant inconnu.

Le Figaro.

Pour nettoyer des gants de cuir, il suffit de les enfiler, de les laver avec du savon de Marseille comme si on se lavait les mains, puis de les essuyer avec un chiffon et de les garder sur soi jusqu'au séchage complet.

ÉCONOMIES DE BOUTS DE CHANDELLES

Économies insignifiantes et mesquines.

L'expression vient probablement de l'habitude qu'avaient certains domestiques de revendre aux ciriers les bouts de chandelles et de bougies non consumées.

IL Y A 40 ANS, EN 1966 : Léonard Firestone, le magnat du caoutchouc, échappe à un enlèvement à Beverley Hills. Rebondissement dans l'affaire Ben Barka : au lendemain même du rapt, la Sûreté nationale et la Préfecture de police ont été informées par le contre-espionnage.

Si quelqu'un t'a mordu, il t'a rappelé que tu as des dents (Afrique).

Sainte Nina

Capricorne 3e décan

SAMEDI 14 JANVIER

Tout homme abrite en lui une bête sauvage (Allemagne).

Saint Remi

Capricorne 3eme décan

DIMANCHE 15 JANVIER

Faire et défaire son décor en un rien de temps

Vous avez l'esprit jeune, ou vous ne savez pas encore quel parti prendre pour installer votre home, ou vous avez horreur du définitif. Les meubles « nomades » sont là pour vous, multifonctionnels et modulables à souhait. Adaptés au mode de vie actuel, ils vous permettent de changer l'aspect et l'ambiance de votre intérieur sans qu'il soit nécessaire de tout chambouler. C'est le voyage permanent à domicile, selon votre humeur, selon les saisons.

Un meuble de rangement peut être polyvalent et se présenter comme une étagère sur roues, un côté comportant des portes légères en altuglas, et l'autre servant de bibliothèque. Il peut parfaitement aujourd'hui marquer une séparation dans une pièce, et demain être adossé à un mur. Tous les éléments mobiliers se poussent et se déplacent avec des roulements à billes : lampadaire, plateau télé, fauteuil, bureau, table d'ordinateur, portant à vêtements, commode basse, plantes vertes et arbustes… Aujourd'hui le soleil entre par les fenêtres de la pièce numéro 1 ? Une geste suffit pour glisser le bureau vers le fond et rouler la table et les chaises de la pièce numéro 2 vers la zone ensoleillée. Imaginez votre lit à roulettes : c'est un canapé convertible faisant 160 x 200 ouvert, mais fermé il est conçu pour naviguer d'une pièce à l'autre sans problème. Les tables sont légères et gigognes. Elles prennent peu de place. Il y en a certaines à deux plateaux superposés, dont l'inférieur est pivotant : encore un gain de place. Même dans les plus petits appartements, la circulation est aisée. L'éclairage s'adapte aux décors changeants grâce aux baladeurs et aux lampes pivotantes. Les chariots à tiroirs servent aussi bien à ranger les produits de cuisine, les éléments de bureau que les accessoires de salle de bains. Tout ce qui se met au mur, on l'accroche grâce à des ventouses – il y en a de solides à clapet et il y en a de belles de toutes les couleurs : tableau, porte-serviettes, paniers de rangement trouvent leur place sans clou ni marteau. Même les rideaux, vous les fixez aux fenêtres avec des ventouses. Tout est mobilité dans cet univers nomade.

IL Y A 40 ANS, EN 1966 : La France est le pays d'Europe le plus touché par le froid, une distribution de charbon est organisée pour les plus démunis. Au Nigeria, le premier ministre Sir Abubakar est aux mains des rebelles.

LUNDI 16 JANVIER

Saint Marcel

Capricorne 3e décan

La lune et l'amour, quand ils ne croissent pas décroissent (Portugal).

⭑ CÔTES DE BLETTES À LA MOELLE.

Lorsque vous ferez un pot-au-feu, réservez une partie du bouillon et prévoyez deux os à moelle supplémentaires. Cuisez à l'eau salée et citronnée pendant 10 minutes des tronçons de côtes de blettes. Rafraîchissez et égouttez. Faites cuire les os de bœuf dans une partie du bouillon où vous les laissez au chaud. Faites un roux (farine et beurre) dans une sauteuse, versez dessus un demi- litre de bouillon avec 1 décilitre de vin blanc. Portez à ébullition pendant 5 minutes. Salez, poivrez. Versez la sauce sur les cardons et ajoutez des dés de moelle.

Jeux d'esprit

Je suis aux champs avec ma tête,
Dans la basse-cour, sans ma tête,
Si l'on me mange avec ma tête,
On me mange aussi sans ma tête ;
Je suis très gros avec ma tête,
Je suis fort petit sans ma tête,
Couvert de poils avec ma tête,
Je suis lisse, uni, sans ma tête ;
Roux, gris, blanc, noir, avec ma tête,
Et toujours très blanc sans ma tête.

Réponse :

Bœuf-œuf.

Pour éviter les dégâts causés par la neige partiellement fondue et qui regèle, arrondissez à la taille le sommet de vos haies, la neige ne pourra pas s'y accumuler.

SUR LE TAS

Sur le lieu de travail.

C'est à l'origine une expression de maçonnerie, le « tas » désignant l'endroit où sont taillées les pierres à bâtir, puis où les murs sont élevés.

IL Y A 40 ANS, EN 1966 : Affaire Ben Barka : Figon est retrouvé mort dans un studio. Collision entre un avion-citerne et un bombardier B-52 au-dessus d'Almeria : on recherche activement une bombe H probablement abîmée dans les eaux de la Méditerranée.

Obéissez aux vieux et ne vieillissez pas avec eux.

Sainte Roseline

Capricorne 3e décan

MARDI 17 JANVIER

Fidèle jusqu'à la mort

C'est une émouvante histoire, comme le sont souvent celles qui mettent en scène des animaux. Elle se passe à Tcheliabinsk, grande ville de l'Oural. Ce jour-là, Oleg Markov, un retraité de soixante-six ans, se promène avec son chien, dans un jardin public. Soudain, il tombe la tête la première, victime d'une attaque vasculaire. Les passants se précipitent pour lui porter secours, mais ils doivent reculer aussitôt : le chien, un molosse redoutable, dressé devant son maître allongé, leur montre les crocs en grondant.

Les pompiers ne tardent pas à arriver. Ils sont entraînés à faire face aux situations dangereuses et ils s'avancent résolument, mais ils doivent reculer à leur tour. Cette fois, le chien devient féroce et il s'en faut de peu qu'ils n'y laissent un bout de bras ou de mollet.

Les passants essaient bien d'intervenir encore en lançant à l'animal de la nourriture ou des friandises pour l'écarter. Mais il n'y a rien à faire, ce dernier ne bouge pas, tantôt montrant les crocs, tantôt appelant son maître inanimé par de petits cris ou lui léchant le visage. Tant et si bien que la police est alertée à son tour.

Cette dernière se montre tout aussi impuissante. À la différence près que les policiers, eux, sont armés. Toutes les tentatives ayant échoué, ils décident d'abattre l'animal, qui s'écroule, foudroyé, sur le corps de l'homme. On se précipite enfin, mais c'est pour constater qu'il a cessé de vivre.

Peut-être, sans l'intervention malheureuse de son compagnon à pattes, Oleg Markov aurait-il pu être sauvé, mais doit-on en vouloir à ce dernier ? C'était un chien, pas un médecin, et, dans son esprit de chien, il n'y avait qu'un devoir, qu'il a accompli envers et contre tous : être fidèle à son maître jusqu'à la mort.

IL Y A 40 ANS, EN 1966 : La fille de Nehru, Mme Indira Gandhi, est élue Premier ministre de l'Inde. En France, 750 000 personnes âgées, premières victimes de l'hiver, n'ont que 5,20 F par jour pour vivre et se chauffer.

MERCREDI 18 JANVIER

Sainte Prisca

Capricorne 3e décan

Le cœur de l'homme est la première chose qui s'agite dans le sein de sa mère et la dernière qui meurt en lui (Norvège).

☆ SOUPE VELOUTÉE AUX LENTILLES. Versez 300 grammes de lentilles dans 2,5 litres d'eau. Ajoutez un gros oignon piqué d'un clou de girofle, trois feuilles de laurier, un poireau émincé, deux carottes coupées en rondelles, 300 grammes de lard fumé. Faites cuire à feu doux pendant 1 heure. Retirez les aromates, assaisonnez et passez la soupe au mixeur. Ajoutez un grand verre de lait, et remettez-la sur le feu encore un quart d'heure en ajoutant des morceaux de saucisses de Montbéliard ou de Morteau. Au moment de servir, coupez le lard en lamelles, mettez le tout dans la soupière et parsemez de cerfeuil haché.

Pour détruire les pucerons qui se sont logés dans l'écorce des arbres fruitiers, badigeonnez les troncs avec de l'alcool à brûler dans le courant de l'hiver, par temps froid. Les larves seront détruites et vous n'aurez plus de fruits véreux.

Le mot de la fin

« Je suis contente de mourir un dimanche, il est triste de vivre un lundi. »

Rachel, tragédienne, 1858.

SE SOUCIER DE QUELQU'UN OU DE QUELQUE CHOSE COMME D'UNE GUIGNE

N'y attacher aucune importance.

La locution, employée à la fin du XIXe siècle, signifie littéralement « se soucier de quelqu'un ou de quelque chose comme d'une cerise », c'est-à-dire pas du tout. En effet, la guigne est une variété de cerise.

LES DRÔLES D'HISTOIRES DE PIERRE BELLEMARE

Une mangeuse d'hommes

Lorsqu'ils apprennent qu'en l'espace de quelques semaines une douzaine de cadavres, entreposés à la morgue municipale, ont été atrocement mutilés, les habitants de la petite ville de Rousaevka, en Russie, sont en état de choc. Les paupières des trépassés ont été lacérées, laissant leurs yeux à vif. Les hypothèses les plus folles vont bon train. Une rumeur laisse entendre qu'un dangereux maniaque se laisserait enfermer la nuit dans la chambre froide pour s'adonner à ces profanations sadiques. Un journaliste soutient quant à lui qu'on aurait affaire à un réseau mafieux, qui prélèverait les iris pour les vendre à une banque des yeux afin d'être transplantés. Experts en criminalité et médecins légistes accourent de Moscou pour examiner les mutilations. Ils concluent que l'auteur de ces actes barbares porte des coups légers mais précis sur les paupières avec un objet dur et mal aiguisé. Pour surprendre l'intrus, des policiers dissimulent des caméras de surveillance face aux portes des réfrigérateurs. Sans résultat. Alors un inspecteur courageux se couche à côté d'un cadavre et, le 20 janvier 2002, la vérité éclate sur la première page de la *Komsomols Kara Pravda.*

« Vers minuit, le silence de la morgue a été troublé par un étrange couinement. Le maniaque trottinait avec insolence sur le sol puis il sauta sur un cadavre et s'accrocha à sa paupière. La souris, puisque c'était bien une souris, est parvenue à s'échapper ! »

Pressé de questions, le procureur chargé de l'affaire a avancé une explication :

« Il ne s'agit pas d'un rongeur ordinaire, a-t-il déclaré. C'est un mutant, une mangeuse d'hommes. Elle ne touche pas à la nourriture dont se régalent habituellement ses congénères. Autrefois, non loin de la morgue, se trouvait un container, dans lequel l'hôpital jetait les reliquats gynécologiques des avortements. La souris mutante a dû prendre goût à se nourrir de chair humaine. Après la fermeture de l'hôpital, elle aura reporté son appétit sur les yeux des cadavres ! »

La souris n'a jamais été attrapée.

IL Y A 40 ANS, EN 1966 : Affaire Ben Barka : des mandats d'arrêt internationaux sont lancés contre le général Oufkir, ministre de l'Intérieur marocain, et les deux chefs de la police marocaine. À Bad Gasten, Nancy Greene (Canada) remporte le slalom spécial devant Marielle Goitschel.

VENDREDI 20 JANVIER

Saint Sébastien

Capricorne 3e décan

L'égoïste démolit un palais pour prendre une tuile (Monde juif).

LAURIER-TIN. **Ce végétal persistant ne demande pratiquement aucun entretien. Il se plaît en terrains légers et chauds, mais accepte tous les sols, même calcaires. Il préfère les endroits ensoleillés, mais supporte bien la mi-ombre. Cette plante est à la fois résistante aux parasites et à la pollution atmosphérique. Elle se plaît également dans les jardins du bord de mer. Dès la fin de l'hiver, elle produit des fleurs d'un blanc rosé.**

★ HARICOTS ROUGES À L'AGNEAU. Faites blondir dans une cocotte avec un peu d'huile d'olive un oignon émincé, des cubes de viande d'agneau et de l'ail. (vous pouvez aussi utiliser des restes de gigot) Saupoudrez d'une cuillerée à soupe de curry et d'une demi-cuillerée de coriandre en poudre. Mouillez avec un demi-litre d'eau. Portez à ébullition. Couvrez et laissez cuire 25 minutes. Cinq minutes avant la fin de la cuisson, ajoutez 500 grammes de haricots rouges en boîte bien égouttés, et mélangez. Servez dans un plat creux, et parsemez de coriandre frais hachée.

Pour rendre leur brillant aux lames de couteaux anciens qui rouillent : frottez-les avec un bouchon de liège noirci à la flamme.

Soliflores et flacons précieux

Les petites bouteilles d'huile spéciale telles que celle de noisette de 25 ou 33 centilitres sont généralement gracieuses par leurs formes ou intéressantes par leurs motifs en relief. Elles se prêtent à différentes créations artistiques. Il faut les débarrasser de leur gaine de papier en les trempant toute une nuit dans l'eau tiède, et utiliser l'acétone pour les reliquats qui restent collés – on peut également décoller à la vapeur.

Pour une petite bouteille haute et fine, choisissez un motif, par exemple un losange découpé dans du papier de soie de la couleur choisie, pour servir de fond. Mettez du vernis colle sur la bouteille à l'endroit où vous poserez le losange. Recouvrez encore de vernis colle, et avant qu'elle ne sèche, placez des petites perles pour bien couvrir toute la surface, puis entourez le motif de cerne doré. Agrémentez le haut du goulot d'un cercle de peinture pour verre d'une couleur en harmonie avec le reste, ou collez autour une fine chaînette dorée. Remplissez le soliflore d'une eau teintée au colorant alimentaire. L'objet sera joli, même quand il n'y a pas de rose pour l'agrémenter.

Pour un autre flacon aux formes plutôt carrées, découpez des losanges, des cercles, différentes figures dans du papier de soie de couleurs variées. Mettez du vernis colle sur la bouteille pour y poser les découpes, repassez du vernis colle, et encerclez chaque motif avec de la peinture pour verre de différentes couleurs. Avec un bouchon en métal peint au vernis à dorer, ce flacon trouvera sa place dans une salle de bains pour contenir un tonique ou un démaquillant. D'autres pourront suivre au fur et à mesure de vos récupérations de flacons. En assortissant les figures en papier de soie aux couleurs de la salle de bains, vous créerez un bel ensemble.

IL Y A 40 ANS, EN 1966 : Affaire Ben Barka : la France rappelle son ambassadeur au Maroc, tandis que le roi Hassan II soutient son ministre de l'Intérieur, le général Oufkir. Karl Schranz remporte le combiné du Hahnenkamm, et Jean-Claude Killy est vainqueur du slalom.

LUNDI 23 JANVIER

Saint Barnard

Verseau 1er décan

Pour une puce, ne jette pas la couverture au feu (Roumanie).

FEU. Malgré le ramassage des déchets verts qui existe dans beaucoup de communes, il est indispensable parfois de faire du feu, sans pouvoir consacrer un espace à cette tâche. Pour ne pas endommager votre pelouse et contrôler le feu, posez une vieille lessiveuse ou, mieux, une grande bassine métallique sur quatre parpaings. Il est encore plus judicieux d'utiliser une grande tôle que vous courbez vers le haut sur deux côtés en tenant compte du sens du vent, permettant ainsi une meilleure combustion.

LA SCIENCE AMUSANTE

LA PIÈCE DANS L'EAU. Versez un peu d'eau dans une assiette plate, dans laquelle vous aurez placé une pièce de monnaie. Celle-ci doit être recouverte par l'eau.

L'exercice consiste à la retirer de l'assiette, mais sans se mouiller les doigts.

Pour cela, posez dans l'assiette une bougie chauffe-plats allumée et coiffez-la doucement avec un verre, en prenant soin de ne pas recouvrir en même temps la pièce. Vous verrez instantanément l'eau monter dans le verre et pourrez ainsi facilement reprendre la pièce qui n'est plus recouverte par le liquide.

EXPLICATION : L'ascension de l'eau est due à ce que la chaleur de la flamme ayant dilaté l'air contenu dans le verre et celui-ci s'étant refroidi lorsque vous l'avez posé dans l'assiette, il s'y est produit un certain vide qui a permis à la pression de l'air de refouler l'eau à l'intérieur du verre.

Si vous avez de jeunes enfants, collez des balles de ping-pong percées sur chacun des angles de la table basse, elles les protégeront s'ils se cognent.

IL Y A 40 ANS, EN 1966 : Affaire Ben Barka : Rabat rappelle à son tour son ambassadeur. Aucun survivant parmi les 117 occupants du Boeing d'Air Indi qui s'est écrasé sur le massif du Mont-Blanc. Le CNPF demande un effort pour intensifier la formation professionnelle en France.

Si l'on satisfait le porcelet qui grogne et l'enfant qui pleure, on aura vilain enfant et bon porcelet (Danemark).

Saint François de Sales

Verseau 1er décan

MARDI 24 JANVIER

LES DRÔLES D'HISTOIRES DE PIERRE BELLEMARE

Une femme pressée

Tom Bradley, un policier motocycliste, effectue un contrôle sur le bord d'une autoroute américaine. Constatant qu'un bolide vient de filer à plus de 160 kilomètres-heure, il enfourche sa moto et se lance à sa poursuite. Bientôt parvenu à la hauteur du véhicule, le policier n'en croit pas ses yeux : non seulement la conductrice dépasse de 50 kilomètres-heure la vitesse autorisée, mais elle donne le sein à un bébé, téléphone d'une main et prend des notes de l'autre, un carnet et le bébé coincés contre le volant. Bradley active sirène et gyrophares et, par gestes, intime à la contrevenante l'ordre de ralentir et de se ranger sur le bas-côté. La jeune femme obtempère. Elle ralentit, abrège le repas de son enfant et coupe son téléphone mais refuse de s'arrêter. Elle n'est interceptée qu'au péage, vingt kilomètres plus loin, et immédiatement traduite devant un tribunal.

« Pourquoi avez-vous pris la fuite ? demande le juge.

– J'ai été agressée par un officier de police l'année dernière, plaide Catherine Donkers. Après cela, mon mari m'a recommandé de m'arrêter uniquement dans un endroit fréquenté. J'ai donc attendu d'atteindre le péage.

– Soit ! concède le juge. Pour autant vous conduisiez en excès de vitesse, en allaitant un enfant, en téléphonant et en prenant des notes. Qu'avez-vous à dire pour votre défense ?

– Que je suis épouse, mère de famille et institutrice, réplique la jeune femme, imperturbable. J'ai un emploi du temps très chargé. »

Le visage du juge s'éclaire d'un grand sourire.

« Madame, cela fait des années que j'attends qu'une institutrice comparaisse devant ce tribunal. Je vous condamne tout d'abord à une amende de 3 000 dollars. Ensuite, asseyez-vous à cette table et écrivez cinq cents fois : "Ce n'est pas parce que je suis pressée que je dois mettre en péril ma vie, celle de mon enfant et celle des autres." »

IL Y A 40 ANS, EN 1966 : À Rome, M. Aldo Moro se succède à lui-même. En Chine populaire, crise entre le parti communiste et l'armée. Mme Landers, une habitante de Westphalie, détient le record des tricoteuses : elle a tricoté 124, 314 kilogrammes de laine, soit 400 kilomètres de fil.

MERCREDI 25 JANVIER

Conversion saint Paul

Verseau 1er décan

L'argent est rond pour rouler, dit le prodigue ;
L'argent est plat pour s'entasser, dit l'avare.

★★ DESSERT LORRAIN. Travaillez quatre jaunes d'œufs avec 150 grammes de sucre en poudre jusqu'à ce que le mélange blanchisse. Ajoutez 2 cuillerées à soupe d'alcool de mirabelle (à défaut, de l'armagnac). Incorporez 250 grammes de farine et un paquet de levure chimique aux jaunes d'œufs et travaillez l'appareil jusqu'à le rendre bien lisse. Ajoutez un à un six petits-suisses, puis quatre blancs d'œufs en neige. Dans un moule à manqué beurré versez la préparation et faites cuire 20 minutes à four moyen. Disposez les mirabelles égouttées (dénoyautées, en bocal) à la surface de l'entremets, puis laissez la cuisson s'achever pendant 35 minutes. Démoulez et servez tiède ou froid.

Si vous avez un vase qui vous plaît et que vous ne pouvez utiliser parce qu'il est poreux, faites fondre de la paraffine et enduisez-en le fond.

SAINT-PAULIA. Cette violette d'intérieur fleurit plusieurs fois dans l'année et se décline en divers coloris. Arrosez par le bas, car les feuilles craignent l'eau et pourrissent. À la fin de l'hiver, enlevez quelques feuilles centrales pour éclaircir le cœur de la touffe et suspendez l'arrosage jusqu'à l'apparition de nouveaux boutons floraux blancs, roses, pourpres, simples ou doubles. Elle aime un endroit frais, une bonne lumière loin du soleil direct, et une température constante de 16 à 18 °. Une plante bien soignée dure plusieurs années.

IL Y A 40 ANS, EN 1966 : À Abou Simbel, le ministre égyptien du Tourisme pose symboliquement, sur leur nouvel emplacement, la première pierre des deux temples découpés pour être sauvés des eaux après la construction du barrage sur le Nil. Sortie du film de Jean-Paul Rappeneau, *La Vie de château*.

La lune brille
mais elle ne chauffe pas
(Russie).

Sainte Paule

Verseau 1er décan

JEUDI 26 JANVIER

LES DRÔLES D'HISTOIRES DE PIERRE BELLEMARE

Histoire de nez

Ce mois de janvier 2003, M. Versteeg de Rijwijk, aux Pays Bas, se présente à l'hôpital Princesse Béatrix de Bochum, pour une opération du ménisque. Il a eu un accident de ski, lors de ses vacances passées dans les Alpes autrichiennes, et il a préféré se faire opérer chez lui. L'intervention est d'ailleurs tout à fait bénigne et il pourra rentrer le jour même.

Les choses se passent sans le moindre incident. Après avoir été conduit au bloc opératoire, M. Versteeg se réveille dans sa chambre en tout à fait bonne forme. Et c'est là que se produit l'inattendu. Passant la main sur son genou droit pour y sentir le plâtre qu'on a dû lui poser, il a la surprise de constater qu'il n'y a absolument rien. Et, autre surprise, il découvre qu'il a sur le nez un volumineux pansement.

Il alerte à grands cris les infirmières et les médecins, et force est de constater l'incroyable méprise. M. Versteeg, qui a le nez naturellement de travers, est entré en même temps qu'un patient dont l'appendice nasal avait été tordu exactement de la même manière à la suite d'un coup. On l'a pris pour ce dernier... Émoi dans l'hôpital. On court au bloc opératoire où le chirurgien considérait, perplexe, le ménisque intact de l'homme qu'il avait devant lui et on amène à sa place M. Versteeg, pour qu'il subisse la bonne opération.

Mais les choses ne se sont pas arrêtées là ! Car M. Versteeg a exigé qu'on lui refasse le visage comme avant. Cela lui plaisait, à lui, d'avoir le nez de travers. Il estimait que, puisque la nature l'avait fait comme cela, on ne devait rien y changer. Les chirurgiens, qui avaient pour le moins manqué... de nez dans cette histoire, se sont exécutés, avec leurs excuses.

IL Y A 40 ANS, EN 1966 : Crues catastrophiques de la Loire : 900 personnes isolées dans 262 maisons inondées. Retour à la scène d'Arletty, dans *Les Monstres sacrés* de Jean Cocteau. À Saint-Gervais, Marielle Goitschel gagne le slalom spécial.

VENDREDI 27 JANVIER

Sainte Angèle

Verseau 1er décan

Qui n'est pas bon pour soi ne l'est pour personne (Angleterre).

PELOUSE. **Si le terrain de votre pelouse est lourd, il est impératif de procéder à son aération en le perforant par des trous verticaux. S'il s'agit d'une petite surface, piquez-la avec votre fourche bêche ou avec des patins spéciaux à la semelle desquels sont fixées des pointes. Pour un terrain plus grand, ayez recours à un rouleau muni de piques que vous poussez devant vous. Vous empêcherez les trous de se refermer en épandant du sable.**

★★ *NOISETTES DE FILET MIGNON. Mettez dans un plat creux le jus d'un demi-citron, un verre de vin blanc, du sel, du poivre concassé, une feuille de laurier, deux clous de girofle et une gousse d'ail. Faites tremper le filet mignon puis arrosez-le d'huile, et remettez-le à macérer une demi-heure. Faites-le dorer dans une cocotte, couvrez, et laissez mijoter 15 à 20 minutes selon grosseur. Pendant la cuisson, faites dorer dans une poêle des tranches de pain de mie rond au beurre sur chaque face. Tartinez-les de mousse de foie gras. Puis coupez des tranches d'environ 50 grammes de filet mignon et disposez-les sur les croûtons de pain. Nappez d'une sauce madère toute prête.*

FAIRE CAVALIER SEUL.

Agir seul.

L'expression vient du langage de la danse. Le quadrille, danse apparue à la fin du XVIIIe siècle, avait une figure appelée « cavalier seul » et qui était justement dansée par un homme seul.

IL Y A 40 ANS, EN 1966 : Émeutes de la faim dans l'État de Kerala, dans le Sud de l'Inde. À Rouen, cri d'alarme au Congrès international de l'Industrie morutière : « On pêche trop et on dévaste les fonds. » Sortie du film *Quoi de neuf, Pussycat ?* de Clive Donner, avec Peter Sellers.

Il faut faire vite ce qui ne presse pas pour pouvoir faire lentement ce qui presse (Chine).

Saint Thomas d'Aquin

Verseau 1er décan

SAMEDI 28 JANVIER

Jette l'homme chanceux dans le Nil, et il remontera avec un poisson dans la bouche (Égypte).

Saint Gildas

Verseau 1er décan

DIMANCHE 29 JANVIER

Journée crêpes de la Chandeleur

Il n'y aura pas que les enfants qui se régaleront, chacun peut marier les saveurs et choisir sa garniture. Il est indispensable de disposer d'au moins deux poêles anti-adhésives ou en acier à fond épais et parfaitement plat, de préférence à très petit bord. Dans un saladier, faites une fontaine (un creux) au milieu de 250 grammes de farine, mettez-y une pincée de sel, deux œufs, une cuillerée d'huile et délayez peu à peu avec 3 décilitres de lait. Le tout doit être battu énergiquement. Pour les crêpes sucrées, ajoutez une pincée de vanille en poudre et 3 cuillerées de rhum ou de cognac. Laissez reposer la pâte pendant 2 heures. Pour une pâte plus légère, faites les crêpes à l'eau, ou à la bière pour une pâte un peu soufflée. Vous pouvez également utiliser de la farine de sarrasin pour les crêpes salées. Pour graisser la poêle bien chaude, servez-vous d'un nouet de chiffon imprégné de beurre fondu dont vous enduisez la poêle entre chaque crêpe. Versez rapidement une cuillerée à sauce de la pâte et faites-la couler dans la poêle de manière à en recouvrir le fond. Agitez la poêle par saccades pour que la crêpe n'attache pas. Lorsqu'elle est prise, retournez-la d'un coup sec en frappant sur la queue de la poêle, ou servez-vous de l'écumoire ! Empilez les crêpes les unes sur les autres dans un plat que vous maintenez au chaud en le posant sur une casserole d'eau chaude. Les garnitures peuvent s'inventer à l'infini…

Ne négligez pas la présentation, car il y a plusieurs manières de plier les crêpes. Pli double : étalez un hachis de poulet cuit et échalotes mélangé à un œuf au centre de la crêpe, pliez un côté sur la garniture, en la couvrant presque complètement, et l'autre côté sur le dessus. En rouleau : déposez de la viande hachée revenue à la poêle avec de la tomate concassée et roulez votre galette. En aumônière : déposez au centre un émincé de petits légumes poêlés avec jambon et crème fraîche, soulevez les bords et ramenez-les vers le haut puis nouez-les avec un brin de ciboulette. Vous pouvez plier également en pochette, en cornet…gruyère râpé.
N'oubliez pas de faire sauter une crêpe à chacun des convives, avec une pièce de monnaie dans l'autre main !

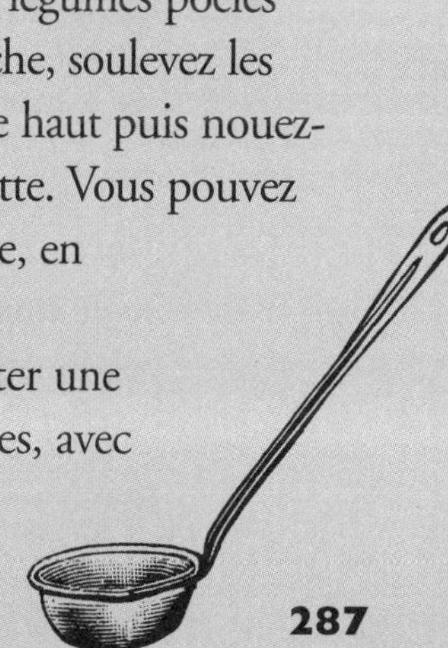

IL Y A 40 ANS, EN 1966 : Au Luxembourg, fin de la crise européenne qui durait depuis sept mois : un accord de compromis est conclu sur les problèmes posés par la France. Atmosphère d'émeute dans les charbonnages du Limbourg belge qui protestent contre leur prochaine fermeture.

LUNDI 30 JANVIER

Sainte Martine

Verseau 1er décan

Célibataire, un paon ; fiancé, un lion ; marié, un âne (Espagne).

ARBRES FRUITIERS. S'il ne gèle pas, procédez à la plantation de tous vos arbres fruitiers. Apportez de l'engrais à ceux qui sont en place, en griffant le sol à l'aplomb de la ramure pour y déposer les granulés. Traitez en pulvérisant une bouillie bordelaise sur les pêchers et les abricotiers pour empêcher le développement de la cloque. Quant aux pommiers, effectuez un traitement insecticide sur le tronc et le collet contre le puceron lanigère.

LES PERLES DANS NOS RAPPORTS AVEC L'ADMINISTRATION. Je ne suis pas rancunière, mais je ne pardonne à personne.

Jeux d'esprit

Dès le printemps, je me couvre un peu plus chaque jour,
Mais quand le froid approche,
Je quitte peu à peu tous mes atours,
Pour me retrouver, l'hiver, tout à fait nu.

Réponse :

L'Arbre

Si le parquet grince sous vos pas, versez un peu de talc dans les fentes des lames, et enlevez aussitôt l'excédent à l'aide d'un aspirateur ou d'un balai.

IL Y A 40 ANS, EN 1966 : Reprise des bombardements contre le Nord-Viêt-nam et appel du président Johnson au Conseil de sécurité pour trouver une solution rapide. Lancement d'une nouvelle sonde russe, Luna IX, vers la Lune.

À la chasse et en amour, on commence quand on veut et on cesse quand on peut.

Sainte Marcelle

Verseau 1er décan

MARDI 31 JANVIER

LES DRÔLES D'HISTOIRES DE PIERRE BELLEMARE

Acharnement post mortem

Les services de recouvrement de certaines entreprises font parfois montre d'un acharnement et d'un manque de discernement consternants. Par exemple, la compagnie téléphonique de Sprint, dans le Massachusetts, aux États-Unis, n'abandonne jamais les relances lorsqu'il s'agit de factures impayées. C'est ainsi que David Towles a reçu un commandement à payer la somme de 12 cents (10 centimes d'euro !) pour une communication passée cinq ans après son décès ! L'entreprise ne pouvait ignorer l'état de son ex-abonné puisqu'elle avait bien adressé la facture à sa dernière adresse connue : « Cimetière de Hillside, section Evergreen, Auburn, Massachusetts. »

Le responsable du cimetière, qui a révélé le fait à la presse, n'a pas caché son étonnement :

« Nos clients ne reçoivent généralement pas de courrier. Mais je me demande maintenant si je ne devrais pas installer des boîtes à lettres à côté des pierres tombales », a-t-il déclaré.

Le père Karl Terhorst, de l'église catholique de Ramsdorf, en Allemagne, est une autre victime de ces stupides persécutions. En janvier 2003, il reçoit une seconde mise en demeure, menaçant Mme Walburge S.T., gracieusement hébergée par la paroisse, de poursuites judiciaires et de 1 000 euros d'amende si cette dernière ne s'acquitte pas de sa redevance télé.

Le prêtre informe alors l'organe de collecte que « Mme Walburge, née en Angleterre, abbesse supérieure de monastère, éminent personnage de l'Église francisque de saint Boniface, n'est plus de ce monde depuis un certain temps, puisqu'elle a été canonisée par le Vatican en l'an… 880 » !

« Il s'agit d'une regrettable erreur. Les fonctionnaires ne font pas de miracle », a reconnu Eckland Ohliger, le directeur du ministère chargé du recouvrement de la taxe.

IL Y A 40 ANS, EN 1966 : La femme française devient juridiquement l'égale de son mari. Une nouvelle pièce de 5 centimes est mise en circulation : l'ancienne pièce était confondue trop souvent avec celle de 20 centimes. Mort de Buster Keaton., acteur et metteur en scène, pionnier du cinéma.

Sainte Ella

Verseau 2e décan

La plus courte réponse est l'action (États-Unis).

★★ CARRELET PROVENÇAL. Faites revenir dans le beurre deux oignons émincés. Taillez en dés des tomates épluchées épépinées, des poivrons en lanières, et émincez les champignons. Dans un plat long beurré allant au four, disposez la moitié des légumes, puis le (ou les) carrelet(s) vidé(s) et préparé(s). Recouvrez de l'autre moitié de légumes. Mouillez le fond du plat avec 3 décilitres de fumet de poisson et 2 décilitres de vin blanc sec. Saupoudrez le(s) poisson(s) de chapelure et répartissez quelques noix de beurre. Faites cuire au four (th. 6) 20 minutes pour 1,500 kilogramme de poisson. Éparpillez des feuilles de basilic coupées.

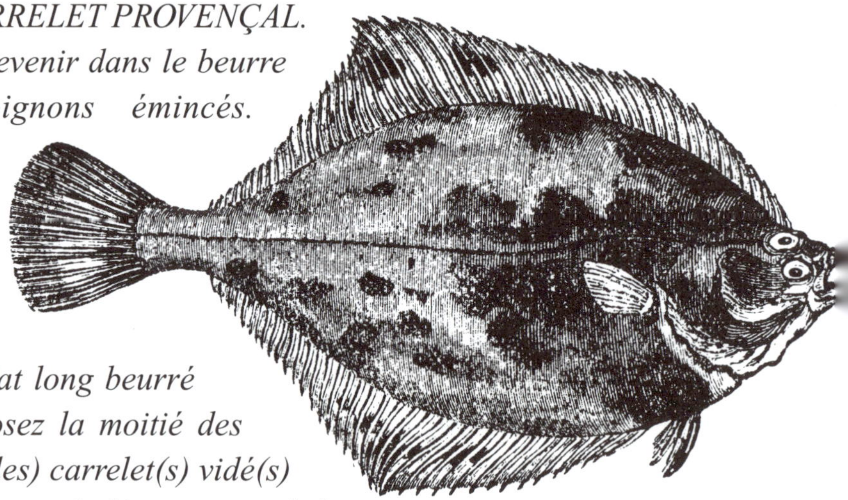

Vous avez besoin d'accélérer le séchage de votre vernis à ongles, plongez vos doigts dans un bol d'eau glacée, il se figera deux fois plus vite.

QUAND LA PRESSE S'EMBALLE. Avant de mourir, la femme sans tête était allée chez le coiffeur. *France-Soir*.

FAIRE DANSER L'ANSE DU PANIER

Faire des profits illicites sur les denrées que l'on achète.

Depuis la fin du XVIIe siècle, se dit des domestiques qui profitent des achats pour falsifier les prix. Déjà au Moyen Âge, « faire panier » signifiait tricher, tromper ; plus tard apparut l'expression « faire danser quelqu'un » qui signifie lui donner du tracas, s'en moquer.

IL Y A 40 ANS, EN 1966 : Aux Nations-Unies, inscription du problème vietnamien à l'ordre du jour du Conseil de sécurité. Le commissaire Maurice Galibert, qui enquêtait sur l'affaire Ben Barka, est tué par un repris de justice. Nos excédents de beurre ne trouvent plus preneurs, même à bas prix, sur les marchés étrangers.

Fais le bien et jette-le à la mer.
Si les poissons l'ignorent, Dieu le saura
(Monde arabe).

Présentation

Verseau 2e décan

JEUDI 2 FÉVRIER

LES DRÔLES D'HISTOIRES DE PIERRE BELLEMARE

Un héros de western

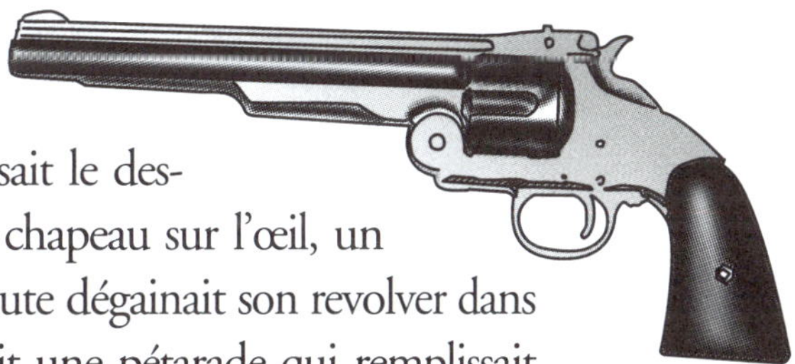

Dans les westerns de notre enfance, les scènes d'affrontements entre bons et méchants atteignaient des sommets. Chaque fois qu'apparaissait le desperado, genoux fléchis, bottes plantées dans la poussière, chapeau sur l'œil, un délicieux frisson nous glaçait le sang. Invariablement, la brute dégainait son revolver dans un stupéfiant ralenti et faisait feu sans même viser. Suivait une pétarade qui remplissait l'écran de sang et de fumée. À cette époque, les belles bagarres se réglaient au Smith & Wesson, le revolver de légende de l'Ouest américain !

Créée par Horace Smith et D. B. Wesson, la firme, qui a produit en un siècle et demi plus de six millions d'armes de poing, est toujours florissante. C'est pourquoi, en février 2004, quand James Joseph Minder, soixante-quatorze ans, son président, présente sa démission après un mois seulement d'exercice, il déconcerte ses associés.

« Mon secret est trop lourd à porter. Je vous dois aujourd'hui la vérité, a expliqué Minder devant son conseil d'administration. Sachez donc que, dans les années 1950-1960, je m'étais spécialisé dans… le braquage des banques. Mon arme préférée, celle qui me paraissait la plus fiable, était un Smith & Wesson de calibre 38 mm. »

L'homme a ensuite dévoilé son passé sulfureux. Il a confessé qu'après avoir purgé plus de dix ans de prison, il avait reconstruit sa vie de façon exemplaire. Il avait dirigé des programmes d'aide aux délinquants puis s'était entièrement consacré à la réhabilitation des jeunes drogués. Pour autant, le braqueur repenti avait toujours conservé un goût immodéré pour les armes à feu. Au point, en 2001, d'investir toute sa fortune dans une fabrique de revolvers, Saf-T-Hammer, qui avait, deux ans plus tard, racheté Smith & Wesson.

Parvenu au sommet de la hiérarchie de la mythique entreprise, James Minder avait enfin réalisé son rêve : posséder honnêtement un stock inépuisable de ses revolvers fétiches. Ayant atteint son but, il avait décidé d'affronter sans trembler ses actionnaires. Comme un héros du Far West !

IL Y A 40 ANS, EN 1966 : Luna IX s'est posé en douceur sur la lune. Accord entre le gouvernement belge et les délégués des mineurs : la flambée de violence devrait rapidement s'apaiser dans les cités en colère. À Rome, M. Aldo Moro ne parvient pas à constituer un nouveau gouvernement de centre gauche.

VENDREDI 3 FÉVRIER

Saint Blaise

Verseau 2e décan

Bien que le renard soit rusé, on vend plus de peaux de renards que de peaux d'ânes (Danemark).

GEL. Vous redoutez le gel, et vous avez protégé certains arbustes en les emmaillotant dans des voiles d'hivernage. Ne touchez pas à ceux dont les rameaux, dans leur enveloppe de glace, sont cassants comme du verre ; attendez le dégel. Mais le gel présente aussi quelques avantages : il travaille les grosses mottes laissées par votre bêchage, en les faisant éclater en phase de dégel. Il est aussi capable de détruire un bon nombre d'insectes parasites.

★ DOMINOS DE VOLAILLES FRITS. Hachez des restes de volailles avec du jambon cuit, des foies de volailles (cuits ou crus), de la mie de pain trempée dans du lait, persil et ciboulette, pignons de pin, un œuf cru et assaisonnez. Formez des rectangles, passez-les dans la farine et faites frire à la poêle dans l'huile 5 minutes de chaque côté. Servez avec des haricots verts.

Dans le jardin, parmi les matières à ne jamais composter, il y a la sciure provenant d'agglomérés, les résidus de végétaux malades, l'herbe coupée montée à graines qui ensemencerait le jardin en prairie rustique, les produits laitiers et les viandes.

IL Y A 40 ANS, EN 1966 : Dans l'incapacité de régler le conflit des médecins, le gouvernement belge présente sa démission au roi Baudouin. Un Boeing 727 s'abîme en mer, aux environs de Tokyo, avec ses 133 occupants. À Jérusalem, Mme Golda Meir est nommée secrétaire générale du Mapai, parti de la majorité du gouvernement israélien.

La richesse donne des jambes aux boiteux, de la beauté aux laids, et de l'intérêt aux larmes (Arménie).

Sainte Véronique

Verseau 2e décan

SAMEDI 4 FÉVRIER

Qui s'attache à bon arbre en reçoit une bonne ombre (Espagne).

Sainte Agathe

Verseau 2e décan

DIMANCHE 5 FÉVRIER

Optimisez un jardin de poche

Presque toujours, un tout petit jardin est un jardin clos, en ville. Il est essentiel de concevoir dès le départ les murs qui le ferment comme un élément du jardin lui-même (prenez garde toutefois à respecter les règlements avant d'utiliser les murs des voisins !). S'ils ont un bel aspect et un beau coloris, contentez-vous de tendre des fils pour y faire grimper des plantes. Sinon, peignez-les, en évitant le blanc qui donne une impression de froideur lorsque le temps est gris et se salit vite. Les murs légèrement teintés de rose ou de saumon renvoient au maximum la lumière et serviront de toile de fond à vos compositions. Dans un espace clos, des dallages ou une plate-forme en bois paraissent toujours plus décoratifs que le gazon.
Répartissez judicieusement les endroits réservés à vos plantations. Aménagez des massifs surélevés à des niveaux différents, retenus par des bordures de briques ou des murets en pierres sèches. Ils auront l'avantage d'être faciles à entretenir. Les centres d'intérêt placés en hauteur et non au niveau du sol évitent la désagréable impression d'être enfermé entre quatre murs. Ils seront très décoratifs, surtout s'ils comportent des plantes retombantes ou traçantes. Utilisez aussi au maximum la verticalité des murs. Habillez-les de plantes grimpantes. Adossez un piédestal composé de deux ou trois étagères en bois ou en métal pour les pots.
Suspendez des paniers avec des potées somptueuses. Une astuce consiste à placer un miroir sur un mur – à bonne hauteur pour ne pas l'éclabousser lors des arrosages : il doublera l'espace fleuri d'une plante grimpante, par exemple un chèvrefeuille ou une ipomée. Le choix de vos végétaux doit être minutieusement étudié par rapport à la lumière et au soleil, rare dans les petits jardins de ville. Répartissez persistants et caducs dans vos massifs de sorte que ceux-ci ne soient jamais complètement dégarnis. Jouez aussi sur les différentes formes de feuillages. Créez un centre d'intérêt pour le regard : un petit arbre qui reste beau par la forme de ses branches même quand il a perdu ses feuilles, ou alors un conifère développé à la verticale ; agrémentez votre domaine d'une vasque de pierre, d'un bain d'oiseau, d'une statuette, et installez un banc qui ne craint pas les intempéries. Tout est question de proportion et d'équilibre.

IL Y A 40 ANS, EN 1966 : Les médecins belges reportent leur ordre de grève : le roi a refusé la démission du gouvernement Un tremblement de terre secoue le Nord de la Grèce. À peine découverte dans « Télé-Dimanche », Mireille Mathieu connaît un début de carrière fulgurant.

LUNDI 6 FÉVRIER

Saint Gaston

Verseau 2e décan

Ce n'est pas ce qui est beau qui est cher, mais ce qui est cher qui est beau.

MASSIF D'ARBUSTES. Pour composer un massif d'arbustes, tenez compte de leur forme au moment de les acheter. Il y a ceux à forme dressée, érigée à planter au milieu d'un groupe ; ceux à forme plutôt ronde qui remplissent les creux ; ceux à port étalé qui tapissent le sol, et ceux à port pleureur. Ne les plantez pas trop serrés car ils pourraient se gêner mutuellement en se développant.

★★ SOUPE À L'OSEILLE AUX GNOCCHIS. Faites étuver deux oignons émincés dans le beurre sans les dorer. Ajoutez les feuilles d'une botte d'oseille lavée sans les tiges que vous faites mijoter 5 minutes avec une grosse poignée de feuilles d'épinards. Versez 1,5 litre d'eau, assaisonnez et faites cuire sur feu moyen 30 minutes. Pendant la cuisson, réduisez des pommes de terre épluchées et cuites à l'eau salée en purée. Pour 1 livre de pommes de terre, ajoutez 25 grammes de beurre, 80 grammes de farine, un œuf entier et un jaune, sel, poivre et muscade. Mélangez bien et formez des boules de la grosseur d'une noix que vous jetez dans une casserole d'eau bouillante. Faites cuire 3 à 5 minutes, jusqu'à ce qu'elles remontent à la surface. Égouttez Dans le fond de la soupière, battez trois jaunes d'œufs avec de la crème fraîche. Passez le potage au mixeur, remettez sur le feu jusqu'au premier bouillon et faites couler les blancs d'œufs légèrement battus pour qu'ils forment des sortes de fils en se coagulant. Versez le potage dans la soupière en remuant pour bien mélanger avec le fond, et ajoutez les gnocchis de pommes de terre.

TOMBER DANS LE PANNEAU.

Tomber dans le piège.

Déjà employée par Corneille, l'expression est le mot technique pour désigner le filet pour prendre le gibier à plume ou à poil.

IL Y A 40 ANS, EN 1966 : Grève des journalistes de l'ORTF. Reprise des importations des vins d'Algérie, suspendues pour enrayer l'effondrement des cours des vins français. Affaire Ben Barka : le commandant Finville reconnaît avoir plusieurs fois omis de transmettre les renseignements de son informateur.

**Après avoir appris à voler,
il faut encore apprendre à être pendu
(Inde).**

Sainte Eugénie

Verseau 2e décan

MARDI 7 FÉVRIER

LES DRÔLES D'HISTOIRES DE PIERRE BELLEMARE

Est-ce ainsi que les hommes vivent ?

L'extravagance sordide de certains faits divers nous laisse désemparés et repose une lancinante question : « Mais dans quelle étoffe est donc taillée l'âme humaine ? »

L'histoire qui suit, et qui se déroule aux États-Unis, en est une parfaite illustration. Frère et sœur, John et Julia Gavis, vingt-huit et vingt-quatre ans, tous deux sans emploi, vivotent de petits travaux sur la propriété familiale de Spotsylvania. Leur père, John, a été sauvagement assassiné cinq ans plus tôt par un frère aîné et enterré dans le jardin. Une nuit, le sympathique duo décide de profaner la tombe paternelle. Il s'agit de vérifier une rumeur qui a bercé leur enfance : leur père, un ancien capitaine des Marines, se serait fait graver sur une dent le numéro d'un compte bancaire en Suisse. John et Julia creusent un trou de deux mètres pour atteindre le cercueil. À l'aide d'une pince-monseigneur, ils soulèvent le couvercle et forcent, à l'aide d'une lime, la bouche du défunt, qui a été cousue et paraffinée par un embaumeur. Ils brisent les mâchoires de leur géniteur à grands coups de marteau, extraient ses dents en or, comblent la tombe grossièrement et retournent à la maison se coucher, l'âme et l'esprit en paix.

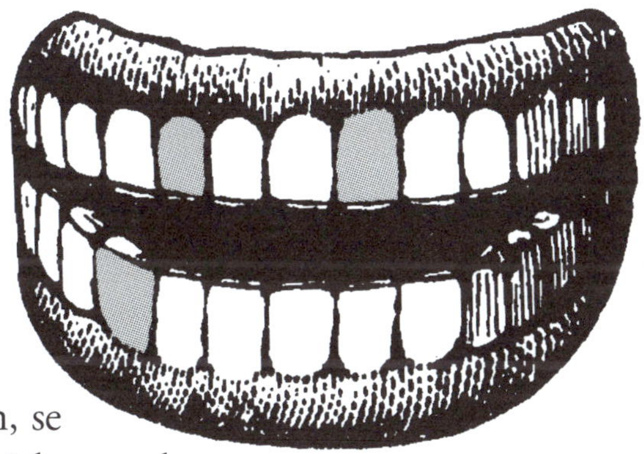

Dès potron-minet, le couple, muni de son butin, se rend chez un bijoutier. Ils lui demandent de dénicher sur les dents aurifères le numéro du compte bancaire. Armé d'une loupe puissante, le bijoutier s'exécute mais ne trouve rien. Déçus mais pas résignés, John et Julia lui demandent alors d'aplatir les dents paternelles et de les garnir d'anneaux pour pouvoir les porter en sautoirs. Ainsi parés, les jeunes gens quittent fièrement le magasin. Tandis que le bijoutier appelle aussitôt la police pour les faire arrêter.

IL Y A 40 ANS, EN 1966 : FR 1, le premier satellite français, lancé le 6 décembre dernier, a parcouru 40 millions de kilomètres. Le président Nasser condamne sévèrement le projet d'alliance islamique du roi Fayçal d'Arabie. Au Brésil, la totalité des pouvoirs de l'État sont concentrés entre les mains des militaires.

MERCREDI **8** FÉVRIER

Sainte Jacqueline

Verseau 2e décan

C'est son caractère qui fait à chacun sa destinée (Italie).

SEMIS. Lorsqu'elles sont de bonne taille, semez les graines une à une dans des petits godets de tourbe compressée. Ceux-ci formeront une sorte de motte qui favorisera la mise en pleine terre. Si vous avez des petites graines, par exemple celles récoltées de vos impatiens de l'année dernière, mettez-en plusieurs dans un godet. Il vous faudra simplement éliminer dans chacun les pousses les plus faibles.

★★ RÂBLES DE LAPIN VIGNERONNE. Disposez les râbles au fond d'une terrine avec thym, laurier, romarin. Poivrez puis arrosez avec 3 centilitres de calvados et trois cuillerées d'huile. Laissez mariner 1 heure en retournant parfois les morceaux. Égouttez bien la viande et gardez la marinade passée au tamis. Dans une cocotte, faites dorer les râbles au beurre sur toutes leurs surfaces uniformément, avec deux oignons coupés en rondelles. Versez 5 centilitres de calvados et flambez. Arrosez avec la marinade, puis un quart de litre de cidre brut. Couvrez la cocotte et laissez cuire à feu doux une vingtaine de minutes. Pour servir, disposez les râbles sur un plat de service tenu au chaud ; versez 1 décilitre de crème dans le jus de cuisson resté au fond de la cocotte. Ajoutez des grains de raisin pelés épépinés (type Italia) et faites bouillir 2 à 3 minutes la sauce avant d'en napper les râbles.

En traitant votre pelouse au sulfate de fer, vous avez, par inadvertance, taché le dallage de l'allée. Enduisez abondamment les taches avec de l'acide oxalique en chauffant les parties traitées avec une lampe à souder. Puis rincez.

IL Y A 40 ANS, EN 1966 : Le général Massu est nommé commandant en chef des forces françaises en Allemagne fédérale. Fin de la grève des journalistes de l'ORTF. En Afrique du Sud, une jeune femme blanche qui vient d'accoucher d'un bébé métis est condamnée à six mois de prison avec sursis pour immoralité.

Celui qui vit au galop s'en va au trot en enfer (Allemagne).

Sainte Apolline

Verseau 2e décan

JEUDI 9 FÉVRIER

Un SOS assaisonné

L'aventure, qui s'est déroulée en Afrique du Sud, devrait faire réfléchir tous ceux qui ont exclu le ketchup de leur alimentation. Bien que les qualités gustatives et diététiques de cette sauce tomate soient en effet discutables, trente et une personnes lui doivent aujourd'hui la vie !

Surpris par d'impressionnantes chutes de neige, un groupe de randonneurs se trouve coincé au col de Sani, à 2 874 mètres d'altitude, par une température de –30°C. Si les infortunés ne sont pas rapidement secourus, ils périront de froid et d'épuisement.

Ayant détecté le bourdonnement lointain d'un avion de reconnaissance, Alain Champkings, le guide, fouille furieusement dans les sacs de provisions. Il s'empare d'une bouteille de ketchup et trace sur la neige immaculée un H géant pour *Help !* (Au secours !).

Grâce à cette inscription, le lieutenant Steven Lownie, des forces aériennes sud-africaines, repère les alpinistes et donne leur position à un hélicoptère qui les récupère sains et saufs.

On frémit à l'idée qu'au ketchup les randonneurs aient préféré emporter de la sauce mayonnaise !

IL Y A 40 ANS, EN 1966 : Démission du gouvernement belge. Affaire Ben Barka : Leroy, alias Finville, est écroué. Le projet du tunnel sous la Manche est géologiquement réalisable, d'après une étude soumise aux gouvernements français et anglais. À Chamrousse, Guy Périllat est vainqueur du slalom géant.

VENDREDI 10 FÉVRIER

Saint Arnaud

Verseau 2e décan

L'épine dans la chair d'autrui est facile à enlever (Afrique).

LA SCIENCE AMUSANTE

COMMENT ENLEVER D'UNE ASSIETTE, SANS LA TOUCHER, UNE PIÈCE DE 50 CENTIMES

Mettez la pièce de monnaie au milieu d'une rondelle de papier, dont le diamètre sera un peu plus petit que celui d'un bol.
Le papier portant la pièce étant mis dans l'assiette, recouvrez-le avec le récipient. Enlevez le bol brusquement, non pas verticalement mais dans une direction légèrement oblique. Vous produisez ainsi une aspiration d'air qui enlève la feuille de papier et la pièce, et celle-ci retombe en dehors de l'assiette.

Avant de mettre la viande au réfrigérateur, badigeonnez-la d'huile : elle se conservera bien mieux et ne prendra pas de mauvaises odeurs.

★★ CANETTE NORDIQUE. Cuisez, dans un demi-litre d'eau salée, le cou et le gésier pendant 1 heure. Gardez le bouillon. Coupez quatre pommes reinettes épluchées en dés. Faites gonfler quinze pruneaux dénoyautés dans l'eau tiède puis égouttez. Mélangez les deux fruits avec sel et poivre. Farcissez la canette avec ces fruits, le foie et le gésier. Fermez l'orifice par une couture. Cuisez au four à th. 6 pendant 1 heure en arrosant avec le bouillon de cuisson. Pour servir, découpez le canard, et servez la farce à côté.

IL Y A 40 ANS, EN 1966 : À Londres, la Chambre des Communes approuve un projet de loi aux termes duquel l'homosexualité en privé cesse d'être considérée comme un crime. Legs très important de Michel Monet à l'Académie des Beaux-Arts : la propriété de Giverny, et 60 tableaux.

L'homme maître de soi n'aura point d'autre maître (Chine).

Notre-Dame de Lourdes

Verseau 3e décan

SAMEDI 11 FÉVRIER

Pour épargner un clou, on perd un cheval (Espagne).

Sainte Eulalie

Verseau 3e décan

DIMANCHE 12 FÉVRIER

Cœur en fleurs ou en mosaïque pour la Saint-Valentin

Vous avez le choix d'utiliser du plâtre, de la pâte à sel, ou de l'argile naturelle à modeler qui durcit à l'air. Prenez un moule à gâteau en forme de cœur. Mettez une couche d'un bon centimètre d'épaisseur de la matière choisie. Réservez un vide au milieu pour y incruster le couvercle d'une petite boîte en plastique carrée ou rectangulaire transparente qui servira d'habitacle à une photo de votre couple (les petites boîtes à vis ou à clous conviennent bien). La partie extérieure et plane du couvercle doit être tournée vers le fond du moule, les rebords enchâssés dans l'épaisseur de la pâte. Avant que la pâte ne sèche, insérez également dans le haut du cœur une attache pour tableau ou un petit bout de ficelle formant une boucle. Laissez sécher votre cœur dans le moule. Lorsqu'il est sec, sortez-le et retournez-le ; nettoyez bien le couvercle en plastique qui servira à protéger la photo. Passez un papier émeri sur les bords du cadre si nécessaire pour qu'il soit bien lisse. Pour le décorer, commencez par étendre une couche de peinture acrylique de votre choix pour servir de fond, par exemple, à des fleurs, des feuilles ou des pétales séchés. Apposez la colle, puis délicatement, avec une pince à épiler, saisissez les fleurs ou les pétales pour les y poser. Vous pouvez procéder de même avec des fleurs artificielles. Protégez ensuite par une couche de vernis colle, en tamponnant la surface pour ne pas abîmer vos décors. Une autre idée, simple à réaliser, est de peindre la surface à la couleur acrylique rouge. Cassez des coquilles d'œufs que vous aurez débarrassées de la fine peau qui les recouvre. Faites des petits morceaux au maximum de 1 à 1, 5 centimètre carré. Avec de la colle-vernis, fixez harmonieusement les petits morceaux de coquille d'œufs, et vous obtenez une jolie mosaïque décorative. Il ne vous restera plus qu'à choisir la photo de votre couple que vous mettrez dans le cadre par l'arrière du cœur, en la faisant tenir dans le couvercle de boîte par quatre pastilles adhésives.

IL Y A 40 ANS, EN 1966 : Mort de Marguerite Long, la grande dame du piano. Violent incident armé entre les forces israéliennes et syriennes dans la zone de Hule. Pour procurer du travail à des familles paysannes, le gouvernement grec exproprie des terrains appartenant aux monastères du Mont-Athos.

LUNDI 13 FÉVRIER

Sainte Béatrice

Verseau 3e décan

Un homme est bon s'il rend les autres meilleurs (Ukraine).

TAILLE. **En aérant un arbuste, vous évitez d'y laisser du bois faible ou mort ; en coupant les branches qui se croisent, vous éliminez les risques de frottement, donc de formation de chancres ; en coupant les branches desséchées ou les feuilles bizarrement tachées, vous prévenez l'extension du mal, l'action sanitaire de la taille est surtout préventive. Si un arbuste est plus vigoureux d'un côté que de l'autre, c'est le côté le plus faible qu'il faut tailler très court de manière à lui redonner de la vigueur. Brûlez toujours toutes les branches malades, appliquez un cicatrisant sur les plaies de taille importante, et apportez un engrais complet avec un arrosage copieux.**

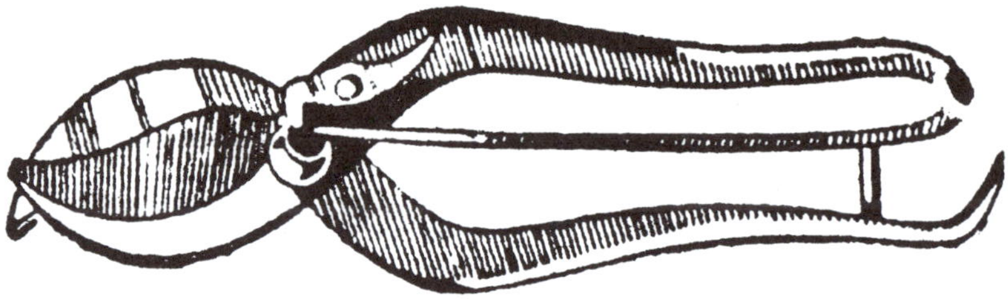

QUAND LA MUSE DÉLIRE. Alors, elle aperçut un pied qui riait dans un rayon de soleil.
Émile Zola, *Contes à Ninon.*

Jeux d'esprit

Ne m'a pas qui voudrait m'avoir,
Qu'on me laisse partir,
Il est rare que je revienne,
Il faut donc que l'on se souvienne,
Qu'on doit bien me saisir.

Réponse :

L'occasion.

Vous avez fait un pot-au-feu et il vous reste une grande quantité de bouillon que vous voulez pouvoir déguster toute la semaine. Il se conservera bien au réfrigérateur, mais faites-le bouillir chaque jour avant de l'absorber.

Des pauvres millionnaires

Les splendeurs innombrables, les trésors archéologiques et artistiques qui embellissent la ville de Naples ne peuvent pas faire oublier la misère des quartiers populaires. Sachant cela, on comprend mieux l'étonnement des policiers de la brigade anti-fraudes lorsque, en menant une vaste opération de contrôle des bateaux naviguant sur la célèbre baie, ils découvrent que la plupart des yachts les plus luxueux appartiennent à des ménagères sans ressources ou à des marchands ambulants des faubourgs.

Fort de cette ahurissante constatation, le ministre de l'Économie dépêche 170 hommes de la garde des finances, 18 unités garde-côtes et 2 hélicoptères pour systématiser ses investigations : 212 embarcations de plus de douze mètres et d'une valeur supérieure à 350 000 euros sont contrôlées. Allant de surprise en surprise, les enquêteurs établissent qu'un voilier d'une valeur de 420 000 euros appartient en toute propriété à un vendeur de fleurs, qui possède par ailleurs une minuscule échoppe dans une ruelle du vieux port et qu'une dizaine d'autres navires tout aussi coûteux enrichissent le patrimoine de ménagères vivant d'aides sociales. Moins surprenant : l'enquête révèle d'autre part que bon nombre de yachts ont été enregistrés au nom de sociétés fictives.

« Naples est l'une des villes les plus pauvres d'Italie en terme de revenu – elle se situe au 86e rang – mais elle occupe aussi l'une des premières places pour la consommation, a expliqué Vittorio Sbordone, le juge en charge de la coordination de l'opération. La Camorra, la mafia napolitaine, contrôle toute une économie parallèle. Elle recrute des gens parmi les plus pauvres pour servir de prête-nom pour blanchir l'argent de la drogue. S'en prendre à eux ne résoudrait rien, a ajouté le juge. Nous devons frapper à la tête de l'organisation. En attendant, les bateaux sont confisqués et je ne suis pas sûr que le ministère ait les moyens de les entretenir convenablement… »

IL Y A 40 ANS, EN 1966 : « Les glaces du pôle Nord commencent à fondre et elles vont disparaître dans un avenir relativement proche », affirme un savant soviétique, le professeur Budyko. Trois mille tonnes de poudre de lait pour l'Inde sont données par le Fonds d'orientation et de régulation des marchés agricoles.

MERCREDI 15 FÉVRIER

Saint Claude

Verseau 3e décan

Le nain qui est sur l'épaule d'un géant voit plus loin que celui qui le porte.

BULBES D'ÉTÉ. C'est le moment de planter dahlias et glaïeuls, mais pensez également au lis royal qui épanouit en juillet ses grandes corolles au puissant parfum. Plantez les bulbes à 10 centimètres de profondeur et 15 centimètres d'espacement dans un sol riche, bien drainé, au soleil ou à mi-ombre. Vous pourrez les laisser en terre, car ces bulbes sont de vraies vivaces qui formeront, au fil des années, des touffes de plus en plus importantes. Les aulx d'ornement fleurissent en même temps que les lis et se caractérisent par leur inflorescence en boules plus ou moins grosses selon la variété, et perchées sur une longue tige. La palette des couleurs va du rouge au blanc, en passant par le jaune et le bleu.

★★ ASPICS À LA MOUSSE DE FOIE DE CANARD. Pour huit aspics, il vous faut 1 litre de gelée (instantanée). Lorsque vous l'avez préparée, coulez un demi-centimètre de gelée au fond des ramequins et faites prendre au réfrigérateur. Sur la gelée prise, disposez une couche de champignons émincés (en boîte) ou quelques fines rondelles de cornichons. Posez un disque de jambon de Paris d'un diamètre légèrement inférieur à celui du ramequin. Travaillez 200 grammes de mousse de foie de canard (en boîte) avec 3 centilitres de cognac et la moitié de 1 décilitre de crème fraîche. Répartissez la préparation dans les huit moules à l'aide d'une poche munie d'une douille cannelée. Coulez le reste de la gelée froide non prise et faites prendre à nouveau au réfrigérateur. Retournez les ramequins pour servir.

BATTRE COMME PLÂTRE.

Battre très fort une personne.

C'est une métaphore remontant au XVe siècle, portant sur le gâchage du plâtre, qui doit se faire avec beaucoup d'énergie.

IL Y A 40 ANS, EN 1966 : Pour la première fois, aux États-Unis, un chirurgien détruit une tumeur sur un être humain à l'aide d'un rayon laser. Premiers essais de l'« Hovercraft », qui se déplace sur un coussin d'air, entre Ramsgate et Calais. Soirée de gala à l'Odéon pour *Le Partage de midi*, de Paul Claudel, mis en scène par Jean-Louis Barrault.

La meilleure sauce du monde, c'est la faim (Espagne).

Saint Onésime

Verseau 3e décan

JEUDI 16 FÉVRIER

LES DRÔLES D'HISTOIRES DE PIERRE BELLEMARE

Une belle frayeur

Ricardo Lopez, électricien employé sur un chantier à Cannes, n'en peut plus. Depuis quelques heures, il est la proie d'une migraine qui va en s'accentuant. Et, à présent, la douleur est telle qu'elle l'empêche de travailler. Il va trouver son contremaître, qui lui donne la permission de se rendre à l'hôpital, d'ailleurs tout proche.

Aux urgences, comme il se plaint toujours et qu'on ne trouve rien, on décide de lui faire passer une radio de la tête. Et là, Ricardo entend l'interne pousser un cri de stupeur, puis lui poser cette question déconcertante :

« Est-ce que vous vous servez d'un tournevis dans votre travail ? »

Ricardo répond que oui, puisqu'il est électricien, et demande pourquoi. Le médecin lui répond alors :

« Parce que vous avez un tournevis dans le crâne ! »

Il lui montre le cliché : c'est parfaitement vrai, l'objet est là, en travers du cerveau. Ricardo Lopez jure ses grands dieux qu'il n'a pas eu d'accident et que, s'il lui était arrivé une chose pareille, il s'en serait rendu compte. L'interne est d'accord et a l'idée de faire venir l'installateur de la radio. C'est ce dernier qui trouve l'explication du mystère : il y avait eu une vérification la veille et le réparateur avait oublié son tournevis dans le chargeur du film.

Tout est donc rentré dans l'ordre et l'électricien en a été quitte pour une belle frayeur. Quant à sa migraine, elle est restée inexpliquée et elle a disparu toute seule peu après.

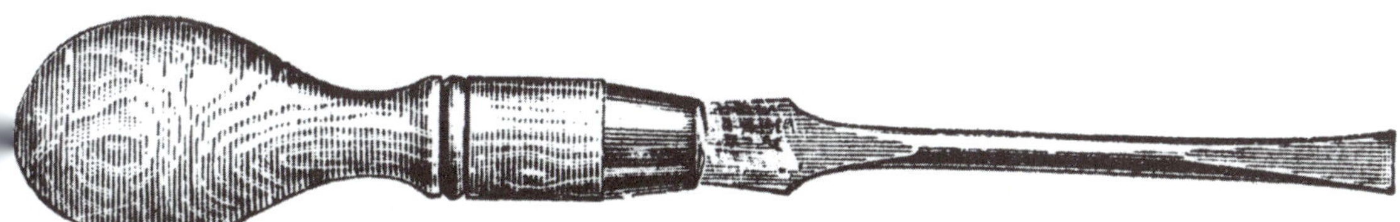

IL Y A 40 ANS, EN 1966 : À la conférence de Genève sur le désarmement, l'URSS demande l'interdiction des vols d'appareils porteurs de bombes nucléaires hors des frontières nationales. Un Tupolev s'écrase au décollage de l'aéroport de Moscou. Lancement réussi du satellite D1 A, par la fusée française Diamant.

VENDREDI 17 FÉVRIER

Saint Alexis

Verseau 3e décan

L'avare crierait famine sur un tas de blé.

VIGNE. Le premier hiver après la plantation de votre vigne, taillez durant le mois de février en ne conservant qu'une seule baguette de 5 centimètres. Au printemps, laissez repartir deux pousses vigoureuses et supprimez les autres. Le deuxième hiver, conservez une seule baguette sur une hauteur de 80 centimètres. En avril, laissez repartir trois ou quatre pousses au sommet de la baguette et supprimez toutes les autres. Au troisième hiver, ne conservez qu'une baguette de 1 mètre. Au printemps, laissez pousser tous les yeux de la baguette et supprimez ceux du pied. Si vos pieds de vigne sont âgés, pensez à les renouveler par marcottage. Conservez des rameaux bas au moment de la taille, courbez-les et enterrez-les. Laissez dépasser l'extrémité et tuteurez-les.

Ne serrez jamais un tuyau en PVC avec un étau ou un serre-joint, ça le fendrait.

★★★ SALADE DE POISSON CRU PÉRUVIENNE. Il vous faut 600 grammes de poisson à chair blanche et ferme sans peau ni arêtes et lavés (petites soles, éperlan, turbot, etc.) et dix citrons verts bien acides. Frottez la chair des poissons avec du citron. Lavez à l'eau froide courante. Recommencez cette opération trois fois de suite. Coupez la chair du poisson en petits cubes et mettez-les dans un saladier. Arrosez avec une sauce préparée avec le jus des citrons, du sel, de l'ail pilé et du piment rouge en poudre. Retournez les morceaux de poisson pour qu'ils soient bien imprégnés. Coupez 100 grammes de petits oignons nouveaux épluchés en fines lamelles, de même pour deux piments verts après les avoir ouverts pour enlever les graines. Étalez oignons et piments sur la chair de poisson. Pressez pour que le tout baigne dans le jus, et couvrez. Laissez au réfrigérateur 3 heures. Servez avec une garniture de laitue et du pain grillé. Placez les portions sur une feuille de salade dans des bols individuels avec une rondelle de tomate.

IL Y A 40 ANS, EN 1966 : Fin de l'opération Double Eagle, la plus importante lancée au Viêt-nam par les Américains. Conclusion des entretiens Nasser-Aref, le rapprochement Égypte et Irak est acquis : les deux présidents se soutiendront mutuellement au Kurdistan et au Yémen.

Les biens de ce monde ne sont que des prêts (Monde arabe).

Sainte Bernadette

Verseau 3e décan

SAMEDI 18 FÉVRIER

Ayez confiance dans l'homme qui chante dans sa baignoire (États-Unis).

Saint Gabin

Verseau 3e décan

DIMANCHE 19 FÉVRIER

Clôtures, tonnelles et arches en osier vivant

L'osier est une matière aux propriétés extraordinaires utilisée depuis toujours pour la fabrication des récipients, et dès le Moyen Âge pour l'aménagement des jardins. Il nous est donné par certains saules ; il suffit de s'en procurer des brins d'un an, gros comme le petit doigt, souples et pleins de vitalité, pour confectionner toutes sortes de structures pour le jardin.

Bêchez le périmètre de votre futur ouvrage, en sol frais uniquement, en éliminant bien les mauvaises herbes. C'est entre novembre et mars qu'il faut enfoncer les brins d'osier dans le sol, à 25 centimètres de profondeur, par groupes de deux à six brins les uns contre les autres, et aux intervalles que vous aurez prévus. Tassez bien la terre, arrosez, et attendez le printemps. En avril, commencez à attacher les brins en croisillons de 15 à 20 centimètres de côté avec du raphia. Il s'agit d'un entrecroisement devant-derrière selon la technique de la vannerie pour former des clôtures à claire-voie en losanges. Vous verrez chaque pousse donner des ramifications et créer un écran vert. Vous continuerez votre cloison végétale au fur et à mesure de la croissance des osiers : 50 centimètres la première année, 1 mètre ensuite.

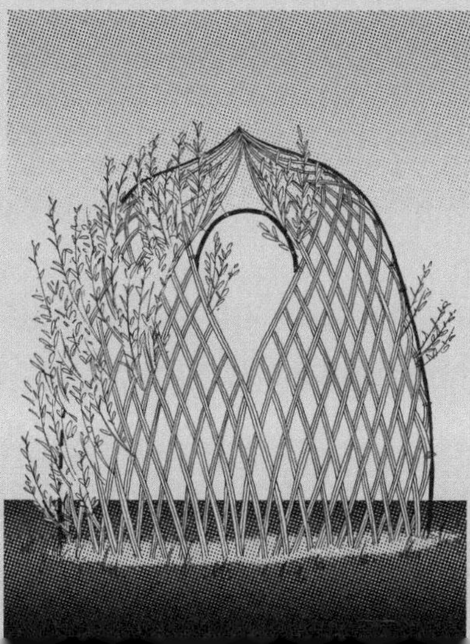

Pour former une tonnelle, plantez deux palissades parallèles. Au bout de deux ans, vous en courberez les tiges pour les faire se rejoindre, et vous commencerez le tressage du toit. Pour des développements plus importants en hauteur, des structures de soutien seront nécessaires. En support pour les plantes grimpantes estivales, formez une sorte de pyramide – ou tipi – en nouant les brins d'osier au sommet. Partout dans le jardin, l'osier vivant a sa place. Par exemple, pour subdiviser un vaste espace en zones plus petites, réalisez un arc marquant le passage. Si vous ne possédez pas de jardin, rien ne vous empêche de planter l'osier en jardinières en le laissant librement s'épanouir en hauteur. En une saison,vous disposerez, sur votre terrasse, d'un écran végétal original qui cache sans masquer. Quel que soit votre ouvrage, vous serez séduit par le charme de l'osier vivant.

IL Y A 40 ANS, EN 1966 : En trois vagues de 10 mètres, un raz de marée détruit plusieurs ports marocains. Premiers essais de l'Aérotrain, véhicule expérimental de Jean Bertin, sur coussins d'air, sur le tronçon de l'ex-voie ferrée Paris-Chartres. Mort de l'amiral Nimitz, figure légendaire de la guerre du Pacifique.

LUNDI 20 FÉVRIER

Sainte Aimée

Poissons 1er décan

Toute notre vie consiste à apprendre et à oublier (Allemagne).

LA SCIENCE AMUSANTE

LE BOURDON À DOMICILE. Voici une amusante expérience d'acoustique sur la propagation du son au moyen d'une ficelle.

Attachez une paire de pincettes de cheminée au milieu d'une ficelle dont vous appuyez les bouts contre vos deux oreilles. Penchez-vous légèrement en avant pour que les pincettes ne touchent pas votre corps. Si un ami les frappe doucement à l'aide d'un tisonnier, par exemple, il entendra un son ordinaire, alors que vous entendrez le son d'une cloche énorme !

EXPLICATION : Les corps solides transmettent le son bien mieux que l'eau et l'air.

Si vous avez besoin que le plâtre sèche moins rapidement pour vous permettre de le travailler, vous pouvez en retarder la prise en mélangeant en quantités égales de la bière et de l'eau, ou en utilisant de la colle à papier plutôt que de l'eau pour délayer le plâtre. Si vous n'avez qu'un raccord à exécuter, prenez soin d'humidifier l'emplacement avant d'appliquer le plâtre frais. Il adhérera beaucoup mieux.

★ RIZ AUX POIREAUX. Faites cuire à l'eau bouillante pendant 10 minutes des poireaux épluchés et nettoyés. Égouttez bien et coupez en tronçons de 5 à 6 centimètres. Faites-les revenir à l'huile dans une cocotte. Assaisonnez de sel et de petits bouts de piments. Ajoutez 100 grammes de riz (qui ne colle pas), 500 grammes de tomates pelées épépinées et coupées en morceaux. Mouillez avec deux fois le volume de riz en eau bouillante. Couvrez et mettez à feu moyen (ou au four) environ 20 minutes. Arrosez d'un jus de citron au moment de servir.

IL Y A 40 ANS, EN 1966 : Au cours d'une conférence de presse, le général de Gaulle annonce le retrait de la France de l'OTAN, afin de rétablir l'indépendance stratégique du pays. Mise en place du premier service d'ambulance pour nos amies les bêtes, dans la région parisienne. Mariage du footballeur Pelé.

L'Arno ne grossit pas sans qu'il y entre de l'eau trouble (Italie).

Saint Pierre Damien

Poissons 1er décan

MARDI 21 FÉVRIER

LES DRÔLES D'HISTOIRES DE PIERRE BELLEMARE

La gâchette facile

Les clients et les employés de cette banque de Marymore, dans le Michigan, ne sont pas près d'oublier le hold-up auquel ils ont assisté un matin de février 2004. Ce jour-là, deux hommes font irruption dans l'agence. Ils sont cagoulés et armés chacun d'un pistolet de gros calibre. L'un d'eux, qui semble être le chef, s'écrie d'une voix sans réplique :

« C'est un hold-up ! Les employés les mains en l'air, les clients allongés par terre ! »

Les uns et les autres s'exécutent en tremblant. Bientôt un silence de mort règne dans la pièce. Le même homme reprend la parole, de la même voix terrible :

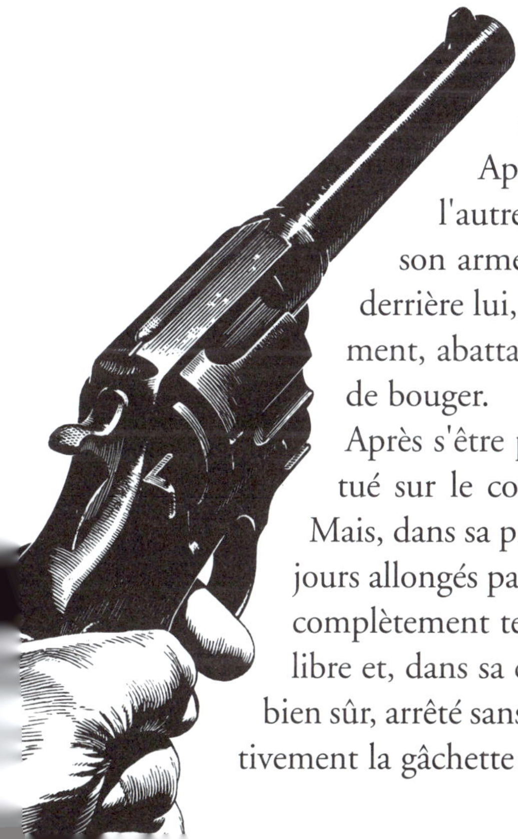

« Le premier qui bouge, je l'abats ! Et attention, j'ai la gâchette facile. »

Après quoi il se dirige vers le guichet, laissant l'autre gangster tenir tout le monde en respect avec son arme. C'est à ce moment qu'entendant un bruit derrière lui, il pivote sur lui-même et fait feu instantanément, abattant… son complice, qui venait effectivement de bouger.

Après s'être penché sur lui, pour constater qu'il avait été tué sur le coup, le braqueur décide de prendre la fuite. Mais, dans sa précipitation, il oublie les clients qui sont toujours allongés par terre et qui se font aussi petits que possible, complètement terrorisés. Il bute sur une femme, perd l'équilibre et, dans sa chute, se tire une balle dans la cuisse. Il sera, bien sûr, arrêté sans difficulté. Il n'avait pas menti : il avait effectivement la gâchette facile, et pas grand-chose dans la cervelle.

IL Y A 40 ANS, EN 1966 : À Rome, M. Aldo Moro a constitué un nouveau gouvernement de centre-gauche. Selon l'INSEE, 85,2 % des Français possèdent une radio, 58,7 % un réfrigérateur, 48,4 % une automobile, 45,5 % un aspirateur, 44,3 % un téléviseur et 41,2 % une machine à laver.

MERCREDI 22 FÉVRIER

Sainte Isabelle

Poissons 1er décan

Il est plus facile de connaître dix pays qu'un seul homme (Monde juif).

FRAMBOISIERS. Supprimez le bois mort de vos framboisiers et ne gardez que les plus belles tiges de l'an passé, une tous les 15 à 20 centimètres suffit. S'ils sont plantés en lignes, ne gardez que les cannes poussant sur une étroite bande au pied des fils où ils sont palissés. Essayez les framboises de couleur jaune, excellentes (Surprise d'automne). Il existe une nouvelle espèce issue d'un croisement de mûre et de framboise : la Tayberry. De croissance rapide, cet arbuste fournit de juillet à septembre des fruits au goût de framboise et de mûre. Il se taille et se palisse de la même manière que le framboisier.

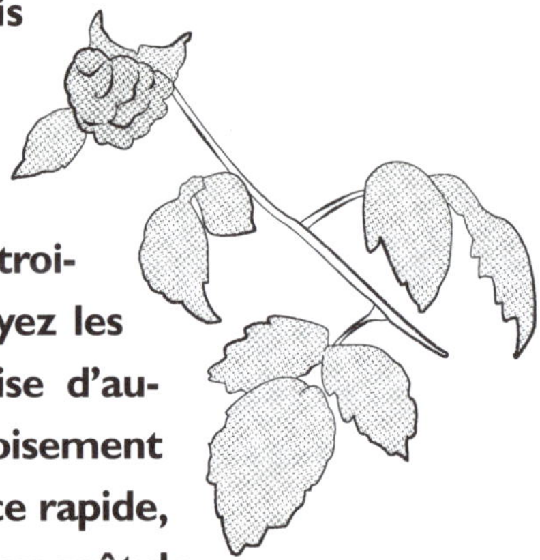

★ DESSERT ORIENTAL À LA SEMOULE. Faites blondir dans une casserole à fond épais anti-adhésif, en tournant sans cesse, 160 grammes de semoule de blé moyen et 80 grammes d'amandes hachées. Simultanément, dans une autre casserole portez à ébullition 1 litre d'eau avec 150 grammes de beurre et 250 grammes de sucre. Versez progressivement le liquide bouillant sur le mélange semoule amandes en remuant avec soin. Lorsque tout le liquide a été absorbé, et que la semoule est épaisse, posez un linge sur la casserole puis le couvercle, et laissez refroidir. Versez la préparation dans des moules passés à l'eau froide pour les mouler. Disposez sur un plat et saupoudrez de sucre vanillé.

Vous avez entrepris de rénover votre parquet en le ponçant. Masques et lunettes vous sont indispensables pour vous protéger de la poussière. Calfeutrez l'encadrement des portes pour empêcher la poussière d'envahir la maison et ouvrez grand vos fenêtres.

IL Y A 40 ANS, EN 1966 : En Syrie, des éléments extrémistes de l'armée, opposés à la politique de rapprochement avec Nasser, s'emparent du pouvoir ; le président Amin Hafez est arrêté. À Djakarta, la troupe ouvre le feu sur des étudiants manifestant contre la destitution du général Nasution.

Le châtiment qui se fait attendre n'en devient que plus terrible.

Saint Lazare

Poissons 1er décan

LES DRÔLES D'HISTOIRES DE PIERRE BELLEMARE

Volé par lui-même

Christian Mercadier est de fort méchante humeur, en se rendant dans son magasin de confection masculine, situé dans le centre de Toulouse. Ce matin, en prenant sa voiture, il a constaté que la portière avait été forcée. Le malfaiteur n'avait heureusement pas pu ou voulu voler le véhicule lui-même, mais il avait pris tout ce qui se trouvait dans la boîte à gants, dont une somme en liquide, un chéquier et son permis de conduire. Christian Mercadier a dû faire une déclaration à sa banque et passer au commissariat pour porter plainte. Bref, c'est le genre de mésaventure parfaitement exaspérante, qui vous gâche toute une journée.

Il a pourtant à peu près oublié l'événement, lorsque, vers la fin de l'après-midi, un jeune homme se présente pour s'acheter un costume. Il ne paye guère de mine, alors que la boutique est des plus élégantes, mais il le sert comme si de rien n'était… Le jeune homme se décide pour l'un des complets les plus chers et lui tend un chèque. Christian Mercadier le prend et lit… son nom, suivi de son adresse. Il a sous les yeux son chéquier et son voleur !

Il a le mérite de garder son sang-froid. Il réussit à dissimuler sa surprise et demande au jeune homme, d'une voix neutre :

« Auriez-vous une pièce d'identité ? »

Et, nouvelle surprise, il voit son voleur lui tendre avec aplomb son propre permis de conduire, dont il a remplacé la photo par la sienne. Deux agents passant à ce moment dans la rue, il court les chercher, ce qui permet l'arrestation du malfaiteur. Il s'agissait d'un petit délinquant sans envergure, déjà condamné à plusieurs reprises. Quant au commerçant, il n'avait plus qu'à méditer sur l'incroyable suite d'événements dont il avait été tour à tour la victime et le bénéficiaire.

IL Y A 40 ANS, EN 1966 : Au Ghana, l'armée s'empare du pouvoir et dépose le président Kwame Nkrumah, alors en voyage à Pékin. Le car-ferry *Provence*, destiné aux lignes corses, est lancé aux chantiers navals de Port-de-Bouc, sans joie face à l'incertitude de l'avenir de l'entreprise.

VENDREDI 24 FÉVRIER

Saint Modeste

Poissons 1er décan

L'arbre est connu pour ses fruits, non pour ses racines (Espagne).

LIENS EN OSIER. Plantez une touffe de saule des vanniers. Elle vous fournira les meilleurs liens pour attacher et palisser vos plantes ornementales et vos arbres fruitiers. Cultivée dans une terre fraîche, vous la taillerez en hiver et conserverez au frais les longs rameaux souples. Vous pouvez simplement repiquer une bouture du jardin de vos amis, elle reprendra.

★★ ARTICHAUTS À LA ROMAINE. Coupez les queues à 3 centimètres des feuilles d'artichauts nouveaux ou poivrades, grattez les parties filandreuses. Coupez la partie supérieure des feuilles en éliminant éventuellement les épines. Plongez-les au fur et à mesure dans une terrine d'eau additionnée de jus de citron. Faites un hachis d'ail, de persil et de basilic, ajoutez deux à trois cuillerées de chapelure et délayez avec quelques cuillerées d'huile, jusqu'à ce que vous obteniez une pommade épaisse. Salez et poivrez légèrement. Écartez les feuilles des artichauts soigneusement égouttés et déposez une petite cuillerée de farce au cœur de chacun d'eux. Refermez-les bien et retournez-les, queue en l'air, dans un plat à four. Arrosez avec de l'huile, puis avec de l'eau jusqu'à mi-hauteur des artichauts. Salez, poivrez. Faites cuire 1 heure à four moyen (th. 5-6)

FAIRE TOURNER LES SANGS

Causer une grande émotion.

L'expression est d'origine populaire et rurale. « Tourner » se comprend dans le sens de « cailler » comme le lait.

IL Y A 40 ANS, EN 1966 : À New York, suicide de Victor Kravtchenko, auteur de *J'ai choisi la liberté*. Au Ghana, le général Ankrah est promu chef d'État. Cap Kennedy : premier test réussi pour le lancement de la fusée Saturne I B emportant la capsule Apollo. Une Parisienne, Mlle Françoise Bouchard, a fêté ses 106 ans.

Celui qui se fâche a deux peines : celle de se fâcher et celle de se remettre.

Saint Roméo

Poissons 1er décan

SAMEDI 25 FÉVRIER

Tranquille est celui qui n'a pas d'âne : il ne s'occupe ni de sa paille, ni de son orge (Iran).

Saint Nestor

Poissons 1er décan

DIMANCHE 26 FÉVRIER

Fabriquez une portière

Pour une portière amusante, rustique et bon marché, utilisez des bouchons. Percez-les à l'aide d'une brochette métallique que vous faites chauffer à la flamme pour l'enfoncer au milieu. Essayez de collecter des bouchons modernes, car ils sont plus faciles à percer que les bouchons en liège. Badigeonnez-les à la peinture bois pour masquer les inscriptions qui s'y trouvent généralement. Avant d'installer la tringle en bois dans l'embrasure de la porte, pratiquez des encoches à intervalles réguliers pour y glisser les ficelles sur lesquelles vous enfilerez les bouchons, et les coincer. Coupez la ficelle de jute ou le fil à pêche (solide et transparent) en segments de la hauteur souhaitée en tenant compte de la boucle qui permettra de les accrocher à la tringle : préparez autant de longueurs qu'il en faut pour la largeur de la porte. Fermez chacune des boucles en enroulant la ficelle sur 3 ou 4 centimètres. Faites un point d'arrêt avec la colle. Enfilez ensuite les bouchons, bloquez le dernier, près du sol, par un gros nœud. Accrochez chaque longueur à la tringle en coinçant la boucle dans l'encoche et fixez par un point de colle. Vous pouvez alterner les bouchons avec des perles en bois, mais cela coûtera plus cher.

Pour une portière en perles, adoptez le même principe de tringle à encoches. Si vous diversifiez les formes et les couleurs, il faudra calculer au plus juste le nombre de perles à acheter. Prenez-les de préférence en plastique, légères et peu onéreuses. Servez-vous de fil d'acier ou de fil à pêche. N'oubliez pas dans le calcul de la longueur la boucle d'accrochage. Munissez-vous d'une bonne aiguille pour le fil à pêche, et enfilez les perles comme les bouchons.

Lorsque les fils sont fixés dans les encoches, enduisez ou mettez de la pâte à bois pour égaliser et peignez la tringle en harmonie avec le rideau. Si vous avez de la patience, créez un motif au milieu du rideau, par exemple des fleurs. Dans ce cas, dessinez avant votre modèle sur papier. Plus facile à faire : un dégradé de couleurs de haut en bas.

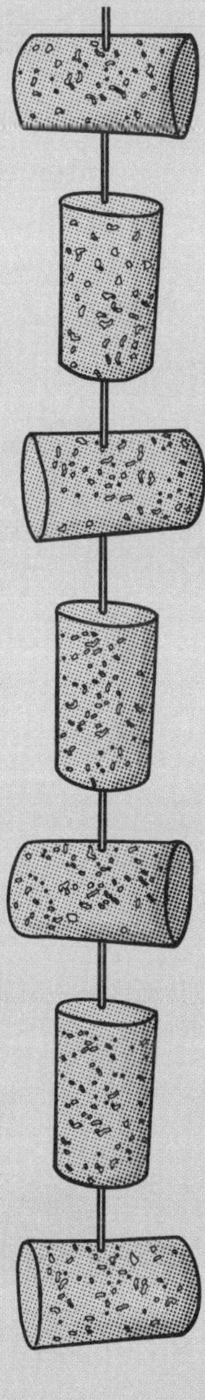

IL Y A 40 ANS, EN 1966 : M. Noureddine Al-Atasi est le nouveau président de la République de Syrie. Aux Nations-Unies, des doutes et des réserves sont émis sur l'efficacité du blocus de la Rhodésie. Le Centre anticancéreux de Montpellier est doté de la plus forte bombe au cobalt d'Europe.

LUNDI 27 FÉVRIER

Sainte Honorine

Poissons 1er décan

Où le fleuve est profond, il fait le moins de bruit (Espagne).

BOUTURAGE DU BÉGONIA À GRANDES FEUILLES. Sur la face inférieure d'une feuille, tranchez les plus grosses nervures. Fixez la feuille sur du sable humide avec des crochets, face intérieure posée sur le sable. Le pétiole raccourci est enterré. Recouvrez d'une plaque de verre. Des racines apparaissent sur la face intérieure et des pousses sur la face supérieure. Vous durcissez les plantes en ôtant progressivement la plaque de verre. Lorsque les pousses ont 4 ou 5 centimètres, détachez-les de la feuille, rempotez-les en compost pour « jeunes plantes ».

★★ BOUQUETS EN GELÉE. Faites revenir vivement carotte, échalote et oignon hachés fin dans du beurre et de l'huile. Ajoutez ensuite une vingtaine (ou une trentaine selon grosseur) de grosses crevettes roses (bouquets) décortiquées, étuvez pendant 2 minutes. Ajoutez 1 décilitre de cognac. Flambez, puis arrosez avec un verre de vin blanc. Laissez cuire à couvert 10 minutes. Dans un moule à cake, versez la moitié de 1 litre de gelée instantanée ; remuez le moule pour que la gelée tapisse également les bords. Disposez les crevettes au fond. Étalez une couche de guacamole tout prêt (ou une purée d'avocat maison bien assaisonnée) légèrement gonflée en incorporant de la crème fouettée. Lorsque l'autre moitié de la gelée est presque prise, versez-la sur le guacamole. Mettez votre préparation au réfrigérateur. Pour démouler, il suffira de tremper le fond du moule une seconde dans l'eau chaude. Servez sur des feuilles de laitues.

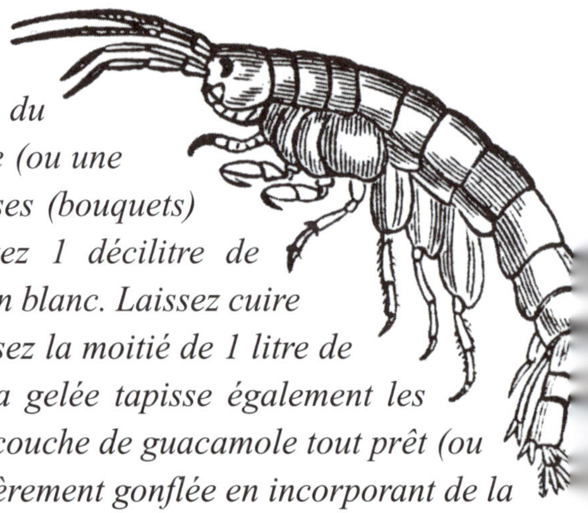

Après un hiver particulièrement rude, certains arbustes font grise mine et semblent gelés. Ne vous hâtez pas pour les arracher. Il faut parfois attendre l'été pour que des signes de reprises se manifestent et que la circulation de la sève se rétablisse. Soyez patient. Si des rejets et des bourgeons apparaissent à la base, contentez-vous de supprimer les branches mortes.

IL Y A 40 ANS, EN 1966 : À Bruxelles, réouverture des négociations sur le Marché commun agricole. Elliot See et Charles Bassett, les deux astronautes américains désignés pour le vol de Gemini IX, sont tués au cours d'un vol d'entraînement.

Même au paradis, il n'est pas bon d'être seul (Roumanie).

Mardi Gras

Poissons 1er décan

MARDI 28 FÉVRIER

LES DRÔLES D'HISTOIRES DE PIERRE BELLEMARE

Un scientifique « plume » son budget

À l'étude de quels phénomènes sont consacrés les budgets scientifiques ? À en juger par le choix de quelques chercheurs audacieux, nous sommes parfois en droit de nous interroger. Ainsi Bernard Vannegut, de l'université d'État d'Albany, aux États-Unis, vient-il de publier les résultats de tests longs et coûteux, menés avec de l'argent public des années durant. Objet de ses recherches : comment utiliser des poulets comme unité de mesure des forces dégagées par une tornade !

Après avoir exposé sur plus de deux cents pages, couvertes de graphiques et d'équations, les aspects théoriques de son étude, le savant est entré dans le vif du sujet : « Attrapez un poulet vivant qui a toutes ses plumes et fixez-lui un émetteur. L'introduire ensuite dans un "pistolet à poulet", destiné à envoyer la volaille au cœur de la tornade à une hauteur raisonnable. Attendre qu'il redescende. Récupérez le poulet grâce à son émetteur et observez.

Les dégâts constatés sur le plumage du gallinacé sont proportionnels à la puissance des vents, dont la vitesse est alors lisible sur un tableau de concordance. Ainsi un poulet est totalement déplumé lorsque la vitesse du vent est supérieure à 200 kilomètres-heure. Le poitrail, le dos et le croupion se dégarnissent entre 140 et 155 kilomètres-heure. »

En scientifique rigoureux, le professeur Vannegut a ensuite nuancé ses conclusions, en introduisant des facteurs plus suggestifs, susceptibles de modifier l'interprétation des résultats : « Naturellement mes conclusions ne sont valables que si l'état mental des poulets n'est pas affecté par des troubles psychologiques, a précisé le chercheur devant un parterre d'étudiants médusés. Un poulet de batterie stressé perd plus facilement ses plumes qu'un poulet de grain élevé en plein air. »

Ces travaux ont valu à ce physicien de haut niveau d'être candidat au prestigieux « Ignoble Nobel », le prix qui récompense chaque année l'étude scientifique la plus farfelue.

IL Y A 40 ANS, EN 1966 : Grève du métro parisien : cinquante camions militaires sont réquisitionnés pour aider les voyageurs sur le parcours de la ligne de Sceaux. Première « journée continue » dans les administrations parisiennes. La sonde spatiale russe Vénus III atteint Vénus.

MERCREDI **1** MARS

Cendres

Poissons 2e décan

Tant que l'on n'a pas traversé la rivière, on n'insulte pas le crocodile (Afrique).

TAILLE DU BUIS. **C'est le bon moment, avant le gonflement des bourgeons printaniers, pour tailler les bordures de buis. Afin de réaliser un travail précis et d'obtenir une coupe parfaitement régulière, commencez la taille par la face supérieure. Aidez-vous d'un cordeau, posez dans son alignement une planche sur la tranche et appuyez les cisailles sur le dessus. Le résultat sera impeccable.**

LA SCIENCE AMUSANTE

L'ALLUMETTE PLIÉE. Pliez en deux une allumette suédoise, en veillant à ce que les deux parties ne tiennent plus l'une à l'autre que par quelques fibres de bois.

Placez-la, ainsi pliée, sur le goulot d'une bouteille ; posez sur l'allumette une pièce de 5 centimes, par exemple.

Comment faire tomber la pièce dans la bouteille, sans toucher ni à la pièce, ni à l'allumette, ni à la bouteille ?

EXPLICATION : Laissez tomber, sur l'angle formé par l'allumette, quelques gouttes d'eau ; aussitôt les fibres du bois, gonflées par l'humidité, tendent à se redresser, et vous verrez l'angle de l'allumette s'ouvrir petit à petit jusqu'à ce que, l'allumette ne supportant plus la pièce de monnaie, celle-ci tombe dans la bouteille. C'est aussi simple que cela !

Vous voulez vérifier si vos semences de l'année dernière sont encore bonnes ? Versez-les dans un verre d'eau. Celles qui sont toujours valables tomberont au fond du verre, au bout d'une demi-heure, celles restant en surface sont périmées.

IL Y A 40 ANS, EN 1966 : Au Viêt-nam, le corps expéditionnaire américain est porté à 235 000 hommes. Les ouvriers des chantiers de Port-de-Bouc s'opposent au départ du *Provence*. Sortie du film *Du rififi à Paname* de Denys de La Patellière, avec Jean Gabin.

Chacun trouve que sa chouette est un faucon (Hollande).

Saint Charles le Bon

Poissons 2e décan

LES DRÔLES D'HISTOIRES DE PIERRE BELLEMARE

L'aventure de Bernadette

Bernadette Matambo, une jeune Congolaise habitant Poto-Poto, une bourgade perdue dans la brousse, est sur le point d'avoir un heureux événement. Comme Poto-Poto n'a pas de maternité, son mari et elle se rendent en car, peu avant la date prévue pour l'accouchement, dans la petite ville voisine de Lekana, qui dispose d'un dispensaire. C'est plus prudent, car les pistes sont mauvaises et, s'il fallait faire venir une ambulance en urgence au village, il n'est pas sûr qu'elle pourrait arriver à temps.

À Lekana, tout se passe à merveille, Bernadette accouche d'un magnifique garçon et rentre avec son mari et son bébé à Poto-Poto. C'est la nuit suivante que l'événement se produit. La jeune femme est de nouveau prise de douleurs. Il n'y a aucun doute : elle va accoucher d'un autre enfant et il est trop tard pour appeler qui que ce soit… Heureusement, grâce à une voisine qui a été infirmière dans sa jeunesse, la délivrance se passe sans encombres et Bernadette donne naissance, cette fois, à une fille. Mais elle est très faible et, au matin, elle part en ambulance pour la ville de Djembala, qui dispose d'un véritable hôpital.

C'est là qu'on apprend à celle qui a déjà accouché à deux reprises que ce n'est pas fini et qu'elle porte encore un troisième enfant ! Comme les deux premières fois, la mise au monde se passe sans problème et une seconde fille vient rejoindre son frère et sa sœur.

Rentrée à Poto-Poto, Bernadette Matambo a eu enfin le temps de se remettre de ses émotions. Elle a pu aussi se rendre compte de l'extraordinaire aventure qu'elle venait de vivre : elle avait donné le jour à des triplés, qui avaient trois lieux et trois dates de naissance différents !

IL Y A 40 ANS, EN 1966 : La situation se dégrade à Port-de-Bouc : les chantiers sont fermés. Détrôné huit jours auparavant au Ghana, Kwame Nkrumah devient président de la Guinée. Le Garde des sceaux français déclare : « Nos bâtiments pénitentiaires sont la honte d'un grand pays. »

VENDREDI 3 MARS

Saint Guénolé

Poissons 2e décan

La femme infidèle a des remords ; la femme fidèle a des regrets (Chine).

★ PENNE AUX PÉTONCLES. Faites sauter des pétoncles crus décortiqués dans l'huile d'olive. Flambez-les au noilly et mouillez au fumet de poisson. Ajoutez des feuilles de céleri ciselé. Enlevez du feu. Faites pocher des pois gourmands 4 minutes dans l'eau salée. Coupez-les en deux ou trois et mélangez-les à la sauce aux pétoncles. Faites cuire les penne à l'eau en les gardant al dente*, égouttez et mélangez à la préparation dans la poêle à feu vif 2 minutes en ajoutant une cuillerée d'huile d'olive.*

LES PERLES À L'ÉCOLE. Les 30 et 31 février sont donc considérés comme des jours fériés…

À LA BONNE FRANQUETTE

Sans façon, simplement.

La forme actuelle apparaît vers 1755. Le mot « franquette », d'origine normande-picarde, signifie « sincèrement, en toute franchise ».

Jeux d'esprit

Qui a le dos devant,
Et le ventre derrière ?

Réponse :

Le mollet.

Pour obtenir des plantes vigoureuses, il est bon de faire germer le plus vite possible les semences. Pour cela faites-les tremper vingt-quatre heures dans de l'eau tiède légèrement vinaigrée avant de les planter.

IL Y A 40 ANS, EN 1966 : Dégradation sérieuse de la situation militaire entre Da Nang et le 17e parallèle. En Guinée, le président Sékou Touré retrouve ses fonctions. Des renforts indiens sont envoyés d'urgence pour mater la « révolte des Mizo », tribu de montagnards qui ont proclamé leur indépendance.

Si tu fais l'âne,
ne te plains pas que les gens
te montent dessus (États-Unis).

Saint Casimir

Poissons 2e décan

SAMEDI 4 MARS

Pas de mariage sans larmes,
pas d'enterrement sans rires
(Italie).

Saint Olive

Poissons 2e décan

DIMANCHE 5 MARS

Cadeau douillet et parfumé pour la fête des grand-mères

Confectionnez une jolie têtière pour votre grand-mère. Elle lui permettra d'être plus confortablement installée devant la télé, de mieux caler sa tête dans la chaise longue lorsqu'elle sera au jardin, et adoucira la raideur d'un banc. Préparez tout d'abord une simple poche de 20 x 45 centimètres en tissu blanc, bourrée de copeaux de mousse. Pour l'envelopper, vous choisirez un joli tissu, aussi doux au toucher qu'à l'œil : coton, lin, soie, imprimé de motifs dans les tons aux coloris qu'elle préfère. Cette enveloppe, vous la confectionnerez aux mêmes dimensions que le coussin, augmentées d'au moins 2 centimètres en largeur et en longueur. Réservez un côté pour une fermeture à glissière. Ainsi vous pourrez glisser à l'intérieur un sachet parfumé de feuilles, de fleurs et d'herbes séchées. À vous d'en doser le mélange. Prévoyez par exemple une bonne portion de pétales de roses et de géranium rosat toujours très appréciés, des feuilles de marjolaine, de sauge, de mélisse, de romarin… et, parmi les épices, des clous de girofle, cannelle, muscade, macis… Ajoutez trois ou quatre mesures de racines d'iris en poudre qui, en plus de son odeur de violette, sert de fixatif. Vous mélangerez bien tous les ingrédients et vous ajouterez quelques gouttes d'huile essentielle choisie au goût de votre grand-mère : santal ou patchouli si elle aime la touche orientale, orange ou pomme si elle aime le goût fruité, citron ou citronnelle pour la fraîcheur… et pour faire fuir les insectes ! Enfermez votre mélange deux semaines dans un récipient hermétiquement clos en secouant de temps en temps, ce qui vous permettra également de réajuster les senteurs. Puis mettez-le dans un petit sachet en coton ou en mousseline fermé, ou ouvert d'un côté afin d'en modifier le contenu lorsque celui-ci perd de son parfum. Glissez-le entre le petit oreiller et l'enveloppe fermée par une fermeture à glissière. Utilisez papier de soie et rubans pour le paquet-cadeau, et un petit mot doux et tendre pour l'accompagner.

IL Y A 40 ANS, EN 1966 : Aux élections à Vienne, les populistes, chrétiens démocrates, obtiennent la majorité absolue. Les Croix-Rouge française et allemande abolissent leur frontière, pour un secours réciproque en cas de catastrophe. Violents combats et lourdes pertes vietcongs.

LUNDI 6 MARS

Sainte Colette

Poissons 2e décan

Aie un cheval qui t'appartient et tu pourras en emprunter un autre (Angleterre).

PELOUSE. **Pour éliminer la mousse, pulvérisez du sulfate de fer et ôtez-la, quand elle a noirci, au balai à gazon une dizaine de jours plus tard. C'est le moment de réparer les zones de pelouse piétinées. Grattez l'emplacement avec les pointes d'un râteau. Sur les endroits pelés, semez des graines enrobées d'une fine pellicule contenant un fongicide et de l'engrais, et semez à la volée sur la surface à reboucher ; recouvrez très légèrement d'un peu de terreau, tassez et arrosez. Maintenez humide jusqu'à l'apparition des brins d'herbe. Refaites les bordures : utilisez un dresse-bordure, c'est un outil à main en demi-lune qui vous permet de tailler dans le gazon et dans la terre pour une finition parfaite.**

★★ TOURTE SALÉE BRÉSILIENNE. Faites dorer dans une casserole au beurre chaud un oignon et une gousse d'ail finement hachés avec trois tomates coupées en morceaux ; ajoutez 1 kilogramme de cœurs de palmiers en morceaux. Incorporez trois cuillerées à soupe de fécule délayée à froid avec 2 décilitres de lait. Faites épaissir en vérifiant l'assaisonnement et ajoutez des fines herbes. Étendez les deux tiers d'une pâte brisée dans un moule à tarte. Mettez la garniture sur cette pâte, et couvrez avec le restant de pâte. Dorez à l'œuf et cuisez à four chaud pendant 30 minutes.

Deux semaines avant de planter vos légumes au potager, arrosez régulièrement la terre déjà bien préparée des plates-bandes, ce qui aura pour effet de faire germer toutes les semences des mauvaises herbes. La veille du semis de vos légumes, il suffira d'un bon coup de râteau pour les détruire.

IL Y A 40 ANS, EN 1966 : Deux attaques vietcongs, à 25 kilomètres de Saigon, contre les positions gouvernementales. À Strasbourg, M. Alain Poher est élu président au Parlement européen. Après les accords intervenus entre direction et syndicats, le *Provence* quitte Port-de-Bouc.

Mieux vaut glisser du pied que de la langue (Italie).

Sainte Félicité

Poissons 2e décan

MARDI 7 MARS

LES DRÔLES D'HISTOIRES DE PIERRE BELLEMARE

De la suite dans les idées

Pinedo Arsenik, un Espagnol de vingt-sept ans, erre dans les rues de Valence, dans la Drôme, avec une seule idée en tête : rejoindre à Marseille une jeune fille qu'il connaît à peine, mais dont il est tombé éperdument amoureux. Les difficultés liées à la réalisation de son projet ne seraient pas insurmontables si Arsenik n'était pas sans domicile fixe et sans le sou. Il quitte le centre-ville et va se poster à l'embranchement de l'autoroute, dans l'espoir d'être pris en auto-stop. Sa tenue négligée, son air peu engageant et les gestes, intempestifs et désordonnés, qu'il adresse aux automobilistes contrarient son plan. Après deux heures de vaine attente, Pinedo change de stratégie. Il retourne dans le centre, dérobe une voiture et prend la route en direction du sud. N'étant pas un conducteur très expérimenté et ayant une connaissance approximative du code de la route, le jeune homme brûle le premier feu rouge qu'il rencontre et emboutit un autocar. Il abandonne la voiture endommagée et s'enfuit sans être inquiété. Une heure plus tard, il s'empare d'un autre véhicule, mais le style inimitable de sa conduite (Pinedo semble incapable de distinguer la pédale du frein de celle de l'accélérateur) lui vaut d'être rapidement arrêté par les forces de l'ordre et conduit à la gendarmerie. Jugé un peu « simple » par l'officier qui l'interroge, il est sermonné et remis en liberté.

Pinedo part alors à pied vers Bourg-lès-Valence. Longeant la voie ferrée, il découvre un drapeau rouge dans un cabanon de la SNCF et s'en sert pour arrêter le rapide Lyon-Marseille, demandant au conducteur de le prendre à son bord jusqu'au terminus. Persuadé d'avoir affaire à un dangereux déséquilibré, le machiniste feint d'accepter mais dépose son encombrant passager à la gare suivante, après avoir discrètement actionné un signal de détresse. Écroué à Valence, Pinedo Arsenik devra patienter trois mois en cellule avant d'imaginer une autre manœuvre pour tenter de rejoindre sa belle !

IL Y A 40 ANS, EN 1966 : Le pape reçoit en audience privée l'avant-centre Pelé et sa jeune épouse en voyage de noces en Europe. Assaut américain aérien massif sur le Nord-Viêt-nam. À Dublin, la statue de l'amiral Nelson est dynamitée : la police suspecte l'organisation clandestine « Armée républicaine irlandaise ».

MERCREDI 8 MARS

Saint Jean de Dieu

Poissons 2e décan

On attache le bœuf par les cornes, et l'homme par le cœur (Roumanie).

★ ŒUFS DURS À L'ANCHOÏADE. Chauffez l'huile d'olive dans une sauteuse. Faites blondir un oignon haché. Incorporez 1 livre de tomates épépinées coupées en morceaux, thym et romarin émiettés, ail, échalote ; assaisonnez et laissez cuire 20 minutes à feu moyen, pilez quatre filets d'anchois à l'huile et ajoutez à la purée de tomates. Couvrez des œufs durs coupés en deux de cette anchoïade.

LA SCIENCE AMUSANTE LE JAVELOT MAGIQUE. Prenez une aiguille à coudre, de grosseur moyenne et dont la pointe soit bien acérée.

Placez-vous à moins d'un mètre d'une cible en liège par exemple, et essayez, en tenant l'aiguille comme une fléchette, de la planter sur la cible. Quelle que soit votre adresse, vous ne pourrez y parvenir.

Passez alors, dans le chas de cette aiguille, un simple bout de fil et vous réussirez chaque fois à la planter.

EXPLICATION : Ce léger bout de fil transforme votre aiguille en une véritable flèche, et fera que la pointe, sous l'impulsion donnée, viendra se planter et se fixer normalement sur la cible.

Pour éloigner les oiseaux de vos cultures toutes fraîches, tendez une vieille bande de magnétophone entre deux piquets. Ce ruban bourdonnant leur fera peur.

IL Y A 40 ANS, EN 1966 : Au Palais de la Défense, ouverture du 35e Salon des Arts ménagers : c'est le triomphe des robots. À Djakarta, menace de guerre civile. OTAN : le Conseil des ministres français déclare que la France entend rétablir sa pleine souveraineté sur son territoire.

**Il ne faut pas compter les paroles,
il faut les peser
(Monde juif).**

Sainte Françoise Romaine

Poissons 2e décan

JEUDI 9 MARS

LES DRÔLES D'HISTOIRES DE PIERRE BELLEMARE

Cher disparu

Amedeo Bertoldi, un habitant de Pescara, en Italie, a toujours eu auprès de ses voisins une solide réputation d'avarice. Cet employé de mairie de quarante ans ne s'est jamais marié, non en raison d'une quelconque préférence pour le célibat, mais « parce que la cérémonie coûte trop cher ». Et ainsi de suite pour le reste : il n'a jamais eu de voiture et roule depuis vingt ans avec la même mobylette. Par le même souci d'économie, il partage avec son père veuf un modeste pavillon.

Tout commence lorsque, inquiets de ne plus le voir père Bertoldi promener son chien, les voisins préviennent la police. Celle-ci perquisitionne et découvre un spectacle effrayant : le père est bien là, mais en pièces détachées. Sa tête est dans le réfrigérateur, certaines parties de son corps dans des sacs plastique, dans le congélateur, d'autres enfin sont retrouvées enterrées dans le jardin. Aux questions horrifiées des carabiniers, Amedeo répond sans se troubler :

« Je n'ai pas tué mon père. Il est mort subitement. J'ai gardé son corps pour ne pas payer les frais d'enterrement. »

Et, tandis qu'on l'emmène, menottes aux poignets, il lance aux policiers :

« Surtout, éteignez bien la lumière dans la cave ! »

Dans un premier temps, Amedeo Bertoldi est inculpé de meurtre, mais, une fois que tous les morceaux du puzzle macabre sont reconstitués, force est de constater qu'il a dit vrai : la cause de la mort est naturelle. Amedeo n'était pas un meurtrier mais un avare comme il y en a peu !

IL Y A 40 ANS, EN 1966 : À Amsterdam, mariage de la princesse Beatrix de Hollande et de Claus von Amsberg. Au Viêt-nam, les rebelles s'emparent d'un camp américain sur la frontière laotienne. Mort de l'écrivain irlandais Frank O' Connor qui avait activement participé à la guerre civile irlandaise.

VENDREDI 10 MARS

Saint Vivien

Poissons 2e décan

Le méchant est comme le charbon ; s'il ne vous brûle pas, il vous noircit (Italie).

CÉANOTHES. Les céanothes à feuillage persistant sont d'une couleur bleue inimitable. Ils existent en couvre-sol ou en gracieux buissons, à associer avec les clématites Montana d'un rose tendre et un arbuste à fleurs blanches tel que *Viburnum plicatum mariesii*, pour former un décor spectaculaire en avril-mai. De tous les céanothes, le céanothe *Thyrsyflorus* est le plus rustique. Si le climat de votre région n'est pas toujours clément, palissez-le contre un mur bien exposé.

QUAND LA MUSE DÉLIRE. Cette main, secouée dans le vide, hurlait au secours.
Henri Lavedan, *Qui ?*

Vous voulez lessiver les murs et les meubles de votre cuisine ? Fermez portes et fenêtres. Laissez sur le feu des grands faitouts remplis d'eau bouillante, de façon à produire de la vapeur. Celle-ci, en se déposant sur toutes les surfaces, ramollira la couche de poussière grasse et vous facilitera la tâche.

AVOIR LE COUP DE BAMBOU

Avoir un accès de folie.

L'expression vient de l'infanterie coloniale, probablement d'Indochine. Elle est attestée dès 1919. C'est l'équivalent exotique de « coup de barre » ou « coup de marteau ».

Le mot de la fin

À son confesseur :

« Monsieur l'abbé, je vais tout vous dire en deux mots : j'ai été jeune, j'ai été jolie, on me l'a dit – et je l'ai cru… jugez du reste ! »

Mme de Grolée, XVIIIe siècle

IL Y A 40 ANS, EN 1966 : Le gouvernement s'est donné cinq ans pour supprimer les 89 bidonvilles autour de Paris, dans lesquels vivent plus de 40 000 étrangers. Les Chinois nationalistes sont expulsés de l'ambassade de l'avenue George V à Paris. Premiers raids des B 52 sur le Sud-Viêt-nam.

C'est aussi un art que d'être fou de temps en temps (Allemagne).

Sainte Rosine

Poissons 3e décan

SAMEDI 11 MARS

Un simple frôlement de manches fait naître l'amour (Japon).

Sainte Justine

Poissons 3e décan

DIMANCHE 12 MARS

Faites briller vos débardeurs à deux sous

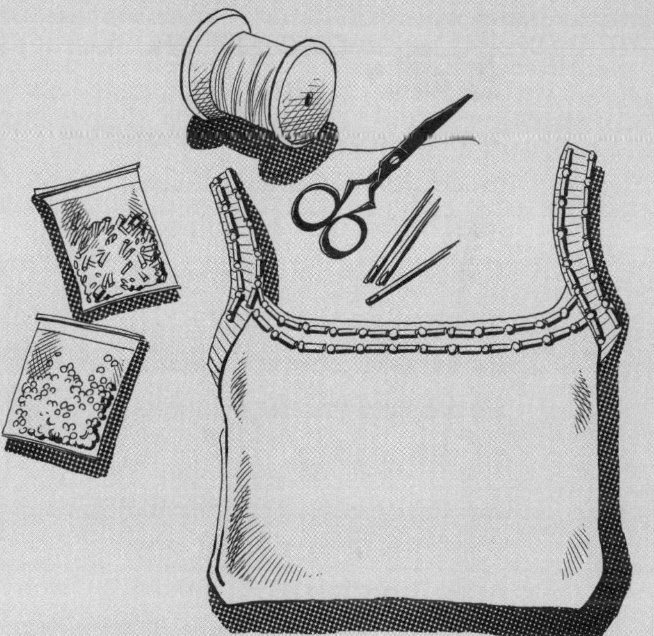

Pour donner de l'allure à un petit débardeur blanc sans prétention, il vous suffit d'acheter quelques sachets de 15 grammes de perles… petites perles de rocaille rondes de 2 millimètres et longues de 8 millimètres, vertes et rouges. Munissez-vous d'une aiguille à coudre très fine qui puisse passer dans les perles, et de fil à coudre polyamide blanc, que vous enfilez et que vous mettez en double.

Commencez par le bord du décolleté en haut à gauche, à la base de la bretelle, faites deux points puis enfilez une perle ronde verte, faites deux points, enfilez une perle longue rouge, faites deux points, enfilez une perle ronde verte, faites deux points, une autre perle ronde verte, deux points, puis une perle longue rouge, deux perles rondes vertes, une perle longue rouge et ainsi de suite… Arrivé à l'autre bout du décolleté, arrêtez votre ouvrage par deux points. Faites la deuxième rangée à l'inverse de la première : commencez par rouge, vert, rouge, etc. Exécutez les bretelles de la même manière. Vous aurez réalisé un bien joli débardeur pour les beaux jours.

Plus habillé, et très raffiné, un débardeur noir pour vos soirées. Vous adopterez le même principe de perles longues et rondes en alternance, mais vous les choisirez très brillantes et dorées. Prévoyez déjà, pour les soirs d'été, le « top » de votre couleur préférée, en alignant des paillettes le long des bretelles. Cousez ces paillettes avec une perle dorée qui formera le cœur. Si la largeur de la bretelle le permet, placez toutes les six paillettes quelques fleurs formées de cinq paillettes avec une perle en cœur et cousez au centre des cinq paillettes trois perles dorées.

IL Y A 40 ANS, EN 1966 : À Lyon, Mlle Jeanine Bourguignon, grenobloise, devient championne du monde de sténotypie avec 250 mots à la minute. Au Parc des Princes, les Rémois menés par Raymond Kopa ont obtenu 1 à 1 contre Rennes, pour les huitièmes de finale de la Coupe de France de football.

LUNDI 13 MARS

Saint Rodrigue

Poissons 3e décan

Point de sermons à qui ne veut être sauvé (Angleterre).

CHOISIR UN ARBRE.

Si vous projetez de planter un arbre près de la maison, ne le faites pas à moins de 5 mètres pour ne pas risquer d'endommager les fondations par ses racines et d'apporter de l'humidité. Choisissez parmi les arbres dont la ramure n'est pas très dense, donnant une ombre légère, tels que les amandiers, arbousiers, pruniers, robiniers, sophoras, sorbiers et sureaux.

☆ TULIPES DE BRICKS AU CRESSON. Superposez 2 feuilles de bricks. Pour chaque convive, coupez 2 ronds et mettez-les dans des ramequins en faisant dépasser la pâte des bords. Faites cuire à four moyen 5 minutes. Nettoyez le cresson. Supprimez toutes les tiges. Hachez finement 3 tranches de jambon un peu épais et le cresson. Mélangez à un bol de mayonnaise en répartissant bien tous les éléments. Garnissez chaque tulipe de cette préparation et servez frais.

VEILLER AU GRAIN

Se prémunir contre tout danger.

L'expression apparaît au XIXe siècle et est d'origine maritime : le « grain » a le sens de coup de vent imprévu. L'image exprime la vigilance contre un danger qui menace.

LES DRÔLES D'HISTOIRES DE PIERRE BELLEMARE

La magistrate et le voyou

Une affaire peu banale défraie la chronique dans la presse allemande à sensation. Devant le tribunal de Hambourg, Mme Anna Von Blick, procureur de la République, vient d'être inculpée et condamnée à deux ans de prison avec sursis pour « association de malfaiteurs et vols aggravés ».

Voilà son histoire. En 1984, la ravissante magistrate, âgée de trente-trois ans, spécialisée dans les cas de délinquance juvénile, fait la connaissance de Johan, un garçon de douze ans, poursuivi pour « vols à la tire ». Au début, par « engagement social », Anna tente d'alléger les charges retenues contre le jeune prévenu. Elle lui rend fréquemment visite au foyer surveillé dans lequel il est condamné à séjourner trois ans. Au fil des rencontres, une étrange passion amoureuse naît entre la procureur et le délinquant, à peine sorti de l'adolescence. Dès lors, envoûtée par son nouvel amant, Anna Von Blick n'a de cesse de combler ses désirs les plus coûteux. Vêtements de luxe, gadgets électroniques, puis week-ends de rêve à Paris et à Rome. Lorsque le garçon est remis en liberté, la magistrate a épuisé ses dernières ressources en dépenses somptuaires.

Rapidement ruinée, Anna échafaude des projets de cambriolages, qu'exécutera son protégé. Elle se fait inviter chez des collègues magistrats afin d'étudier la disposition de leur appartement et recenser leurs objets de valeur. Mise en alerte, la police de Hambourg focalise son enquête sur le personnel du Palais de justice. Sur Anna Von Blick en particulier lorsqu'un inspecteur découvre sa liaison avec Johan. Quelques semaines plus tard, le couple est arrêté, pris en flagrant délit.

Devant le tribunal, la jeune femme a plaidé la « folie passagère ». L'amour étant enfant de bohème, ses pairs, peu rancuniers, se sont montrés cléments, la condamnant à une peine légère. Quant à son insatiable amant, il s'est empressé de rompre et d'aller vendre à un journal à grand tirage le récit de sa scabreuse aventure !

IL Y A 40 ANS, EN 1966 : Un sondage américain révèle que 88 % de la population est en faveur de négociations avec le Vietcong. Deux chiens, Veterok et Ougolvok, ont passé 22 jours dans l'espace, battant le record de durée des cosmonautes américains. Jacques Anquetil remporte le Paris-Nice, devant Raymond Poulidor.

MERCREDI 15 MARS

Sainte Louise

Poissons 3e décan

Dans les larmes d'une femme, le sage ne voit que de l'eau (Russie).

CHOIX DE POTS. Le charme de la terre cuite vient de son naturel ; sa porosité laisse respirer la terre. Toutefois ce matériau provoque une évaporation accélérée et, en cas d'excès d'humidité, l'apparition à sa surface de taches blanchâtres disgracieuses. Le plastique moulé est intéressant par son absence de pourrissement. Choisissez des bacs à réserve d'eau qui faciliteront votre travail d'arrosage, ce qui compensera le trop fréquent manque de charme de cette matière. Si vous choisissez des pots en bois pour leur esthétique, achetez les modèles traités, avec un doublage de zinc, voire de plastique.

☆ POIVRONS FARCIS. Pour pouvoir vider de leurs graines les six poivrons verts ou rouges, enlevez le pédoncule, pratiquez une ouverture à l'aide d'un couteau, puis utilisez une cuillère. Écrasez à la fourchette 600 grammes de fromage de brebis frais, ajoutez trois œufs, salez. Farcissez chaque poivron de ce mélange. Mettez de l'huile d'olive dans un plat à four, disposez les poivrons. Émiettez du fromage de brebis plus sec et plus corsé dans de l'huile d'olive, et nappez-en les poivrons. Cuisez à four chaud th. 8 pendant 30 minutes.

Si vous voulez réaliser un bouquet bien équilibré, servez-vous d'un pique-fleurs qui maintiendra les tiges pour une jolie composition. Il est très facile d'en improviser un : garnissez le fond de votre vase de sable, de billes de couleur si le vase est transparent, d'un petit bout de grillage à mailles fines replié, ou même de pâte à modeler.

LES DRÔLES D'HISTOIRES DE PIERRE BELLEMARE

Qu'importe le flacon

Roger Doudna, cinquante-six ans, peut se prévaloir d'un curriculum vitae impressionnant. Il est en effet docteur en philosophie, diplômé de l'université du Kansas et ancien professeur de l'université de San Francisco.

Adulé par ses étudiants, respecté de ses collègues, reconnu par l'Académie, Doudna aurait été un homme comblé si un néfaste penchant pour le whisky n'avait peu à peu embrumé son esprit et contrarié sa carrière. Après plusieurs cures de désintoxication alcoolique sans succès, le philosophe réfléchit à un autre moyen, radicalement différent, pour venir à bout de sa dipsomanie.

Ayant retourné la question en tous sens, Doudna décide de se rendre en Écosse pour y faire l'acquisition d'un énorme tonneau dans une distillerie de whisky en rénovation. Faisant transporter son bien, de 9 mètres de diamètre et de 2,40 mètres de hauteur, sur une lande déserte face à la mer, le philosophe entreprend de l'aménager confortablement. Ainsi son habitacle rond, de 28 mètres carrés, se dote bientôt du chauffage électrique, de l'eau courante et d'une ligne téléphonique, reliée à Internet. Une cuisine et une salle de bains adjacentes complètent la nouvelle demeure. Au-dessus du salon, une mezzanine tient lieu de chambre à coucher. Portes et fenêtres sont soigneusement découpées dans la barrique en chêne et surmontées d'un toit en cuivre.

Bien qu'ayant déboursé la coquette somme de 65 000 euros pour son acquisition et les aménagements, Roger Doudna s'est montré enchanté.

« Certains philosophes ont spéculé sur les effets de la forme de l'habitat sur la conscience, a-t-il confié à un magazine. Je ne sais pas quelle forme procure le bien-être mais j'aime beaucoup vivre et travailler ici. Je me suis inspiré de Diogène le Cynique, qui, comme vous le savez, vivait il y a plus de 2 300 ans dans un tonneau. Ici, depuis que je vis du matin au soir dans les effluves du whisky, j'ai définitivement cessé de boire ! »

IL Y A 40 ANS, EN 1966 : Plusieurs débrayages tout au long de la journée à la SNCF. La bombe H manquante perdue le 17 janvier est enfin repérée par 760 mètres de fond. La femme française divorcée ne perdra plus dorénavant le droit à la Sécurité sociale.

VENDREDI 17 MARS

Saint Patrice

Poissons 3e décan

C'est s'enrichir que s'ôter des besoins (Chine).

★ COQUELET PRINTANIER. Sur une plaque allant au four faites suer (th. 7) une brunoise de légumes nouveaux : oignons, carottes, navets, céleri-branche dans 2 centilitres d'huile d'olive et assaisonnez. Mouillez de 3 centilitres de vin blanc et mettez à cuire sur la brunoise deux coquelets fendus en deux, partie intérieure sur les légumes, sur le dessus légèrement huilés et salés. Faites-les cuire environ 30 minutes, la peau doit être bien dorée. Servez-les dans un plat creux, posés sur la brunoise.

Jeux d'esprit

L'homme me met en lui,
Mort, on le met en moi.

Réponse :

La bière.

ROSIERS-TIGES. Si vous êtes tenté par l'élégance des arbres de roses, choisissez l'emplacement pour les mettre en valeur : en ligne au milieu d'un massif en longueur, ou groupés au milieu d'un massif rond. Un sujet isolé peut ponctuer un parterre. Il est essentiel de bien les planter. Lorsque vous avez ouvert le trou de plantation, enfoncez le tuteur dont le haut ne doit pas dépasser la naissance des branches. Placez le rosier contre le tuteur du côté opposé aux vents dominants, enterrez les racines en ajoutant un peu de terre sableuse et comblez avec la terre. Tassez au pied, formez le sol en cuvette, arrosez copieusement. Fixez le rosier au tuteur au moyen de deux attaches d'osier ou de raphia.

IL Y A 40 ANS, EN 1966 : Robert Kennedy lance un appel solennel en faveur de l'intégration raciale. La crise ministérielle belge est enfin résolue : M. Paul Van den Boeynants a annoncé au roi l'accord des sociaux-chrétiens et des libéraux. Inauguration à la Conciergerie de l'exposition du millénaire du Mont-Saint-Michel.

Les paroles d'or sont souvent suivies d'actes de plomb (Hollande).

Saint Cyrille

Poissons 3e décan

SAMEDI 18 MARS

Qui place tout son bien en un lieu le place au beau milieu du feu (Italie).

Saint Joseph

Poissons 3e décan

DIMANCHE 19 MARS

Essayez le carnet de voyage

Escapade de week-end ou voyage de printemps… Au lieu de rapporter les classiques photos et le cendrier, prenez dans vos bagages les outils pour fabriquer des souvenirs très personnels : plume, crayons, aquarelles et pinceau, ciseaux, colle, appareil photo. Choisissez un carnet à feuilles blanches unies et préparez-vous à multiplier les techniques pour graver sur ces pages vos impressions. Est-ce par les mots ou par les images que vous exprimez le mieux vos sentiments ? Vous allez peut-être vous découvrir des talents dont vous ne soupçonniez pas l'existence. Il n'y a pas d'ordre ni de logique à suivre. Il suffit de vibrer en toute liberté pour faire parler les images et raconter une histoire. Visite d'un château ? Emportez le ticket d'entrée à coller… mais ne soyez pas conventionnel (le), osez « croquer » au crayon ce qui vous a réellement marqué(e) : la barbichette d'un visiteur qui s'attarde devant un portrait de seigneur qui a le même type de barbichette… Le ton emphatique du guide vous fait penser à Victor Hugo : griffonnez le vers du poète qui vous vient à l'esprit sur le prospectus du château et que vous collerez sur une page du carnet. Au bord de l'étang, un bout de papier vole au vent, vous le saisissez… justement, la moitié du soleil s'attarde derrière les grands murs de la ville ; il est orange, votre rouge à lèvres aussi, alors vous l'utilisez pour dessiner le soleil couchant sur le bout de papier… Il y a aussi la gargouille que vous découpez sur une carte postale, et il vous vient l'envie de lui faire cracher des perles au pinceau… Une lumière particulière éclairant un coin de rue vous a provoqué une émotion vive : reproduisez-la par une tache de couleur à l'aquarelle. Écrivez des mots, des sentiments. Glanez, collectionnez, dessinez, découpez, collez. Faites ce que vous aimez et ce que vous savez faire… Vous serez étonné(e), en reprenant ce carnet en main par la suite, du relief que prendra chacun de ces témoignages…

Moins intime, mais très enrichissant aussi : le carnet de voyage que vous élaborerez avec vos enfants. La libre expression créera la surprise et révélera peut-être chez eux des dons jusque-là ignorés.

IL Y A 40 ANS, EN 1966 : Le Français consomme 220 oeufs et 9 kilogrammes de volaille par an, tandis que l'Américain consomme 300 œufs et 17 kilogrammes de volaille. Fêtes pour le dixième anniversaire de l'indépendance de la Tunisie.

LUNDI 20 MARS

Saint Herbert

Poissons 3e décan

Ne vous mariez pas pour de l'argent, vous pouvez emprunter à meilleur marché (Angleterre).

★★ PETITS FLANS À L'ORANGE. Faites blanchir 2 minutes à l'eau bouillante des bandes de zestes d'oranges. Rafraîchissez-les, égouttez-les et mettez-les à confire, sur feu doux, dans une petite casserole avec de la grenadine. Pelez deux oranges maltaises à vif, coupez-les en tranches, retirez les pépins, mettez-les à cuire 10 minutes dans une casserole avec un peu d'eau et mixez-les. Mélangez au batteur deux œufs et 80 grammes de sucre, puis incorporez 200 grammes de crème, une cuillerée à soupe de maïzena et enfin la pulpe d'orange. Remplissez des ramequins beurrés avec cette préparation, faites-les cuire au bain-marie dans le four 25 à 30 minutes. Laissez refroidir puis mettez les flans au réfrigérateur. Démoulez au moment de servir et décorez-les de zestes d'orange confits à la grenadine.

LA SCIENCE AMUSANTE

CONSTRUIRE D'UN COUP DE POING UN HEXAGONE RÉGULIER

Collez ensemble les extrémités d'une bande de papier de 5 centimètres de largeur sur 26 centimètres de longueur, plus 1 centimètre pour le recouvrement de la partie collée. Pour obtenir une bande sans fin, avant de le coller, donnez à l'un des bouts une demi-torsion. Vous obtenez ainsi un bracelet de papier ayant l'aspect de la figure 1 de notre dessin. En pressant à plat sur la table, vous formerez instantanément un hexagone régulier.

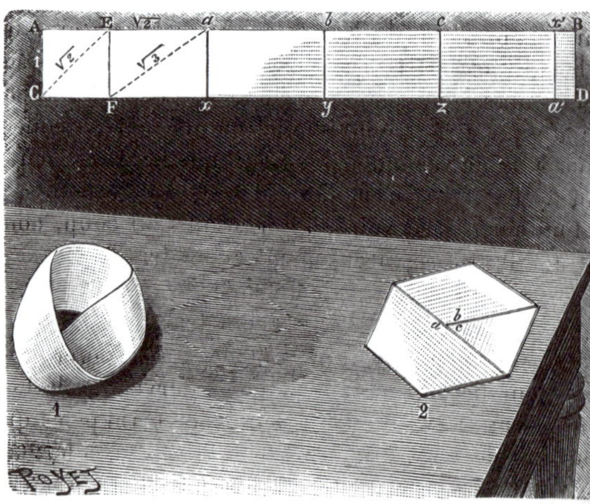

Vous êtes envahi par les fourmis dans la maison. Placez sur leur passage une poignée de lavande macérée dans 1 demi-litre de vinaigre blanc. Elles changeront immédiatement de direction et disparaîtront définitivement de votre vue.

Vous avez peut-être vécu une histoire extraordinaire.
Rédigez-la en deux pages maximum et envoyez-la aux
Editions Albin Michel, 22 rue Huyghens, 75014 Paris.
Les histoires retenues paraîtront dans une prochaine édition.

Achevé d'imprimer en France par Pollina, Luçon
N° d'impression : L20108
N° d'édition : 21765
Dépôt légal : novembre 2004